高等教育城市轨道交通系列教材

城市轨道交通安全

主　编　刘　岩

副主编　王利杰　陈　磊

主　审　左忠义

北京交通大学出版社

·北京·

内 容 简 介

本书共分为 12 章。第 1 章绪论，介绍城市轨道交通概念、特点和种类，城市轨道交通发展概述，城市轨道交通安全概述；第 2 章安全的基本理论，介绍安全的基本概念及特征，安全系统工程相关概念，可靠性理论、事故致因理论和事故预防原理；第 3 章城市轨道交通安全分析与评价，介绍城市轨道交通安全分析、评价的相关内容和方法；第 4 章城市轨道交通安全预测，介绍城市轨道交通安全预测所涉及的理论和方法；第 5 章人员与城市轨道交通安全，介绍人在城市轨道交通安全中的作用和影响；第 6 章设施设备与城市轨道交通安全，介绍设施设备在城市轨道交通安全中的地位和作用；第 7 章安全管理与城市轨道交通安全，介绍城市轨道交通安全中管理因素所起到的重要作用；第 8 章环境与城市轨道交通安全，介绍环境对城市轨道交通安全的影响意义；第 9 章城市轨道交通事故调查与处理，介绍如何调查和处理城市轨道交通相关的事故；第 10 章城市轨道交通公共安全，介绍城市轨道交通对公共安全的影响；第 11 章城市轨道交通事故案例分析，介绍不同类型的事故案例，以起到警示和教育的作用；第 12 章安全教育和职业健康，结合城市轨道交通，对安全教育和职业健康进行阐述。

本书内容结合实际，语言通俗易懂，案例充分翔实。

本书可作为高等学校城市轨道交通相关专业本科生教材，也可作为高等职业教育、继续教育以及其他各类教育和培训的教材，并可作为城市轨道交通行业工程技术人员和技术工人的学习资料。

图书在版编目（CIP）数据

城市轨道交通安全 / 刘岩主编. —北京：北京交通大学出版社，2021.7
ISBN 978-7-5121-4520-7

Ⅰ. ① 城… Ⅱ. ① 刘… Ⅲ. ① 城市铁路–交通运输安全 Ⅳ ① U239.5

中国版本图书馆 CIP 数据核字（2021）第 140788 号

城市轨道交通安全
CHENGSHI GUIDAO JIAOTONG ANQUAN

策划编辑：张 亮
责任编辑：陈可亮
出版发行：北京交通大学出版社　　　　　　电话：010-51686414　　　http://www.bjtup.com.cn
地　　址：北京市海淀区高梁桥斜街 44 号　　邮编：100044
印 刷 者：北京鑫海金澳胶印有限公司
经　　销：全国新华书店
开　　本：185 mm×260 mm　　印张：18.25　　字数：450 千字
版 印 次：2021 年 7 月第 1 版　　2021 年 7 月第 1 次印刷
印　　数：1～2 000 册　　定价：48.00 元

本书如有质量问题，请向北京交通大学出版社质监组反映。对您的意见和批评，我们表示欢迎和感谢。
投诉电话：010-51686043，51686008；传真：010-62225406；E-mail：press@bjtu.edu.cn

前　言

我国经济进入高质量发展时期，城市化水平越来越高，城市人口急剧增加，随之而来的交通压力也越来越大，城市轨道交通是解决此问题的重要手段。截至 2020 年底，我国已有 28 个省（自治区、直辖市）的 45 个城市开通运营城市轨道交通，运营总里程 7 978.19 km。我国城市轨道交通运行态势总体平稳，但随着近年来运营里程迅速增加、线网规模不断扩大，城市轨道交通安全运行压力日趋加大。

2018 年《国务院办公厅关于保障城市轨道交通安全运行的意见》中指出：城市轨道交通是城市公共交通系统的骨干，是城市综合交通体系的重要组成部分，其安全运行对保障人民群众生命财产安全、维护社会安全稳定具有重要意义。

本书正是为了满足城市轨道交通安全相关人员的需要，对城市轨道交通安全进行了全面的介绍。

本书由大连交通大学刘岩主编，大连交通大学王利杰和中铁大连地铁 5 号线有限公司陈磊为副主编。大连交通大学左忠义任主审。全书的具体分工如下：

第 1、2 章由刘岩、大连交通大学林小玉编写，第 3、4 章由王利杰编写，第 5、6、7、8 章由刘岩、林小玉、大连交通大学葛杨洁编写，第 9、10、11 章由陈磊、大连交通大学张阔编写，第 12 章由刘岩、葛杨洁编写。

在本书编写过程中，参考了大量的文献，在此向作者表示衷心感谢，并对本书编写给予支持的大连交通大学教务处和北京交通大学出版社相关人员表示感谢。

由于编者水平所限，书中难免存在不妥之处，恳请同行和读者批评指正。

编　者
2021 年 4 月于大连

目　　录

第1章

绪　　论

城市轨道交通是城市公共交通出行的骨架，每天承载着大量的客流，系统的安全运营涉及大量人员的生命安全和公共财产安全。城市轨道交通运营出现安全问题，会造成群死群伤的重大安全事故，所以城市轨道交通安全问题已经成为城市社会公共安全的重要环节，越来越引起社会的广泛关注。

1.1　城市轨道交通概述

1.1.1　城市轨道交通概念

根据《城市公共交通分类标准》（CJJ/T 114—2007）中的定义，城市轨道交通为采用轨道结构进行承重和导向的车辆运输系统，依据城市交通总体规划的要求，设置全封闭或部分封闭的专用轨道线路，以列车或单车形式，运送相当规模客流量的公共交通方式。

在《城市轨道交通技术规范》（GB 50490—2009）中，城市轨道交通定义为"采用专用轨道导向运行的城市公共客运交通系统，包括地铁系统、轻轨系统、单轨系统、有轨电车、磁浮系统、自动导向轨道系统、市域快速轨道系统"。

1.1.2　城市轨道交通特点

1. 可靠性高

城市轨道交通一般建于地下或高架，与其他交通工具无相互干扰，且自身有可靠的安全保障措施，在没有突发灾害或事故的情况下，运行安全能够得到充分的保障。如果是建在地下隧道内的线路，则受气候条件影响小。

2. 运量大

现代化的城市轨道交通运用先进的技术，使得列车密度和单列载客能力得到了大幅度提高，从而大大提高了城市轨道交通的运输能力，能够充分满足现代化城市大客流的需要。例如：地铁单向每小时运送能力超过 3 万人次，轻轨交通则在 1 万～3 万人次。

3. 绿色环保

由于城市轨道交通是大运量客运系统，以每人公里计算能源消耗要远远低于其他任何一种城市交通方式。城市轨道交通采用电力牵引，在运行时对环境没有污染，有利于环境和生态的可持续发展，符合现代化城市的绿色环保要求。

4. 运行快速、准时

城市轨道交通有专用线路，采用先进的电力牵引，有先进的信号安全系统和自动控制体系，基本不受道路交通状况的影响，也极少受到其他交通工具或气候的干扰，列车能够快速运行；一般不会出现类似道路交通阻塞产生的时间延误问题，可保证旅客准时抵达目的地。

5. 节约用地

城市轨道交通多建于地下或高架，充分利用城市空间，节省宝贵的土地资源。从土地使用效率来看，在同等运能下，道路公交用地是轨道交通的8～10倍，而小汽车占用道路资源更多。

6. 舒适性好

在城市轨道交通系统中，车站、售检票和车厢内均有配套的环境控制设施作为保障，乘客可以享有较好的乘车环境。车辆有着先进的控制系统，保证有较好的运行环境。城市轨道交通可靠性和准时性高，使乘客能够对旅行时间有较好的把握。

1.1.3 城市轨道交通种类

轨道交通的分类迄今仍是一个颇具争议的问题。世界各国根据相对位置、运营范围、系统容量、路权等不同标准提出不同的分类方式，同时传统的分类方式也不再适合轨道交通发展的现状。我国的《城市公共交通分类标准》中，明确城市轨道交通分类为：地铁系统、轻轨系统、单轨系统、有轨电车、自动导向轨道系统、磁浮系统、市域快速轨道系统。

1. 地铁系统

地铁，英语称为 metro（但是在英美等国实际不常用）、underground（英国常用）和 subway（美国常用）。国际隧道协会将地铁定义为轴重相对较重，单方向输送能力在3万人次/h以上的城市轨道交通系统。按照我国的建设标准，地铁系统采用钢轮钢轨导向，标准轨距为1 435 mm，主要在大城市地下空间修筑的隧道中运行，当条件允许时，也可穿出地面，在地上或高架桥上运行。

地铁具有容量大、速度快、安全、准时、舒适、运输成本低、不占城市用地等优点，但是建设成本较高。基于上述特点，地铁适用于出行距离较长、客运需求较大的城市中心区域。

2. 轻轨系统

轻轨系统最初指"轻型轨道交通系统"，国外将有轨电车也纳入"轻型轨道交通系统"的范畴。在我国，所谓"轻型轨道交通系统"的道床、轨道结构、运行车辆和运行管理系统与地铁相似，享有独立路权。

与地铁相比，轻轨运量较小，因而编组车辆少、运营线路短、行驶速度慢、行车间隔略长。根据我国规范，轴重较轻、客运量为1万～3万人次/h的轨道交通系统称为轻轨，其走行形式可以是钢轮钢轨的双轨，也可以是单轨。

3. 单轨系统

单轨系统是指车辆在一根轨道上运行的轨道交通系统，其线路通常为高架结构，路轨可以是钢梁、钢筋混凝土梁等形式，宽度一般为0.85 m。

单轨系统的优点：占用土地少，运量较大，能适应复杂地形，建设工期短，造价低，安全，正点，噪声与振动均较低，且无废气污染等公害，乘坐舒适。单轨系统的缺点：运量在实践中还没有达到过计算运量；折返设备因需承载线路、列车做转动或平移，故建造与投资均有难点；转辙器构造复杂，且转辙时间比普通道岔长，将加大单轨系统的行车间隔。

4. 有轨电车

有轨电车是一种低运量的城市轨道交通，主要铺设在城市道路路面上，也可修建在地下隧道或高架轨道上，与其他地面交通混合运行，通常采用缘石、栅栏或通过设置高差的形式将线路与其他交通分离。

与地铁相比，有轨电车容量小，最高运行速度较低（仅为 70 km/h），存在平交道口以及站间距短（一般为 500～800 m），运量低，一般为 7 000 人次/h。相比老式有轨电车，客运能力大、速度高、底盘低、舒适灵活。

5. 自动导向轨道系统

自动导向轨道系统是列车沿着特制的导向装置行驶，车辆运行和车站管理采用计算机控制的中运量旅客运输系统，可实现全自动化和无人驾驶技术。

系统可依其服务容量与路径形式分成下列三种：

（1）穿梭/环路式快速运输系统（shuttle/loop transit，SLT）；

（2）群体快速运输系统（group rapid transit，GRT）；

（3）个人快速运输系统（personal rapid transit，PRT）。

6. 磁浮系统

磁浮系统利用电导磁力悬浮技术使列车上浮，采用直线电机驱动行驶，现行标准轨距为 2 800 mm，主要在高架桥上运行，特殊地段也可在地面或地下隧道中运行。该系统是中运量轨道运输系统的一种先进技术客运方式，适用于 1.5 万～3.0 万人次/h 的中、远程交通走廊。

我国在 1991 年启动对磁浮系统的研究，目标为中低速磁浮系统。2004 年，我国首条商业运营的磁浮线路——上海浦东磁浮线在上海开通运营，而这也是当时世界上仅有的投入商业运营的磁浮线。

7. 市域快速轨道系统

市域快速轨道系统，简称市域快轨，是指运营速度为 120～160 km/h，服务于市域范围内中长距离客运（具有通勤服务功能）的一种城市轨道交通系统制式，标准轨距为 1 435 mm，是一种大运量的轨道交通系统，客运量可达 20 万～45 万人次/d（一般不采用高峰小时客运量的概念）。

1.2　城市轨道交通发展概述

1.2.1　国外城市轨道交通发展

19 世纪，有轨公共马车作为城市轨道交通的雏形，开始登上历史舞台。世界上第一条城市有轨公共马车于 1827 年出现在纽约的百老汇大街上。19 世纪 80 年代，有轨电车登上历史舞台。世界上第一条投入商业运行的有轨电车系统位于 1888 年美国弗吉尼亚州的里士满市。到 20 世纪 30 年代，有轨电车在全世界有了很大的发展。

1863 年伦敦诞生了世界上第一条地铁线路。20 世纪最初 24 年，在欧洲和美洲有 9 座城市建成了地铁。1925—1949 年间，各国的地铁建设处于低潮期。1950—1974 年，世界范围地铁建设蓬勃发展，约有 30 座城市相继建成了地铁。20 世纪 70—80 年代是世界建设地铁的高峰期，有超过 30 座城市建成或开始修建地铁。

1888 年法国人在爱尔兰铺设了约 15 km 的跨座式单轨铁路，用蒸汽机车牵引，从此单轨走向实用化。1893 年德国人 Langer 发明了悬挂式单轨车辆，1901 年在伍珀塔尔开始运营，长度 13.3 km，其中 10 km 线路跨河架设，成为利用河道上空建设单轨铁路的先驱。

德国从 1968 年开始研究磁浮列车，1983 年在埃姆斯兰建设了一条长 32 km 的试验线并完成载人试验。日本于 1972 年用 ML100 型试验车实现了 60 km/h 的悬浮运行，1975 年修建宫崎试验线。英国于 1973 年开始进行磁浮铁路的研究，于 1984 年开通从伯明翰机场至国际车站之间的低速磁浮列车，平均速度为 25 km/h。加拿大从 1970 年开始研究磁浮列车。

1.2.2 国内城市轨道交通发展

1. 1906—1949 年：有轨电车时代

1906 年天津第一条有轨电车线路运营，天津成为我国第一个拥有有轨电车的城市。1908 年上海、大连相继建成有轨电车线路。之后，北京、沈阳、鞍山、长春、哈尔滨、武汉等城市先后建成了多条有轨电车线路。但是这一时期我国城市轨道交通不仅数量少，而且技术标准低、质量低，布局也不合理。

2. 1949—20 世纪 80 年代末：缓慢发展期

有轨电车纷纷退出历史舞台，地铁建设处于起步阶段，城市轨道交通处于时断时续的缓慢发展期。除了长春和大连等少数城市之外，大部分城市都拆除了老式有轨电车。北京的第一条地铁于 1969 年 10 月建成通车，线路长度为 23.6 km；第二条地铁于 20 世纪 80 年代通车运行。天津是内地建成地铁的第二个城市，于 1984 年 12 月建成通车，全长 7.4 km。香港地铁首条线路建成于 1979 年。

3. 20 世纪 80 年代末至今：快速发展期

国家先后批准了深圳、上海等多个城市的轨道交通项目开工建设，我国轨道交通建设进入了快速发展期。除了线路和运营里程大幅增加外，轨道交通的形式也向多样化发展。

中国第一列无人驾驶地铁在香港运营，2013 年上线。2014 年 8 月，上海轨道交通 10 号线实现无人驾驶。2017 年 12 月底，北京地铁燕房线正式运营，这也是北京最智能的地铁，采用无人驾驶技术，而且是我国内地首条拥有完全自主知识产权、全自动运行的地铁线。

截至 2020 年 12 月 31 日，中国已有 28 个省（自治区、直辖市）的 45 个城市开通运营城市轨道交通，运营总里程共 7 978.19 km，其中，地铁 6 302.79 km，占比 79%；轻轨 217.6 km，占比 2.73%；单轨 98.5 km，占比 1.23%；市域快轨 805.7 km，占比 10.1%；现代有轨电车 485.7 km，占比 6.09%；磁浮交通 57.7 km，占比 0.72%；APM（自动旅客捷运系统）10.2 km，占比 0.13%。

1.3 城市轨道交通安全概述

城市轨道交通作为城市的公共交通工具，特别是在大城市、特大城市中，每天要运送乘客几百万人次。因此，投入运营后的城市轨道交通的安全问题直接关系到高密度人群的生命财产安全，甚至直接影响城市的社会经济和民生。投入运营后的城市轨道交通的安全问题一般可分为两类，即公共安全和运营安全。

1.3.1　城市轨道交通公共安全

1. 社会的公共安全

现代社会的公共安全问题已经和一个国家的安全紧密相连。一个社会的公共安全，涉及每一个社会成员的切身利益，公共安全事件发生后，造成的损失和危害并不能同公共安全事件的本身一起结束，它所产生的危害甚至会在今后的一段时间内不断地产生后果，并引起相关领域的连锁反应。

1）有关公共安全的概念

公共安全是指不特定多数人的生命、健康、财产以及国家公共财产等社会公共利益的安全。现代社会的公共安全是指社会成员的人身、健康、财产的安全保障及社会本身处置突发性事件的能力。

公共安全危机是指以不特定人员的生命、健康、财产及社会公共利益安全为侵害对象的危害公共安全的事实。公共安全危机应包括危害公共安全的事件和危害公共安全的行为。

危害公共安全的事件主要包括自然灾害、安全生产事故等突发性事件，又称自然事实，是指与主体的意志无关的客观现象。危害公共安全的行为是指行为人故意或过失地实施危害不特定多数人的生命、财产、健康或社会公共财产安全的行为，受主体意志支配的活动。

公共安全危机具有极大的危害性，有时还会引起社会秩序的混乱、政局的动荡，其危害的广泛性和严重性往往难以预料和控制。

2）我国的公共安全问题

公共安全问题涉及自然灾害、安全生产事故、战争冲突、恐怖活动、暴力袭击、有害生物侵害、瘟疫等危害，损害人身健康、财物安全的事件，其涉及范围非常广泛。从我国社会来看，主要涉及重大责任事故、自然灾害、治安问题和疫情传播等所引发的公共安全问题。目前世界恐怖主义活动也正在逐渐潜入我国，伺机制造危害公共安全问题的动向，值得引起警惕。

一个国家若发生危害公共安全的事件，其造成的直接和间接损失都是难以计数的。我国每年因公共安全问题造成的国内生产总值损失占比高达约6%，每年因安全问题夺去约20万人的生命。

目前，我国应对公共安全突发事件的能力还比较脆弱，公共安全问题越来越成为全社会关注的焦点。

2. 城市轨道交通的公共安全

城市轨道交通是一个社会公共场所的缩影，是人群非常集中的场所，容易引发针对特定人群或个体的公共安全事件。近年来，国外连续发生的城市轨道交通公共安全事件已经给我们敲响了警钟，城市轨道交通的公共安全问题越来越受到各级政府和部门的重视。

同社会的公共安全问题一样，城市轨道交通也面临着安全生产事故、自然灾害、人为灾祸、治安事件、有害生物侵害、疫情传播等危害城市轨道交通公共安全的事件威胁，但造成威胁的因素构成比例不尽相同。

纵观世界各国的城市轨道交通，构成对城市轨道交通公共安全的主要威胁有以下几个方面。

1) 恐怖暴力袭击

城市轨道交通的车站、列车、区间、运营控制中心等重要部位都面临着恐怖暴力袭击的危险。近 10 多年来,全球的城市轨道交通共发生数十次恐怖袭击事件,造成了大量的人员伤亡和财产损失。例如:2005 年 7 月 7 日,英国伦敦地铁 6 座车站相继遭到恐怖袭击,发生爆炸事件,造成 50 多人死亡,700 多人受伤。

2) 地铁火灾

由于地铁所具有的建筑和环境特点,地铁中发生的各种灾害以火灾所带来的损失和伤亡最为严重。例如:1995 年阿塞拜疆的巴库地铁火灾造成了死 558 人、伤 269 人的重大事故。

3) 大量客流拥堵

各种因素导致的瞬间客流大量聚集拥堵容易引发群体性伤亡事件的发生,一旦形成超大客流的瞬间聚集,使运能和运量矛盾急剧放大,极易产生"点堵、线瘫、面乱"的蔓延和辐射效应,造成局部秩序混乱,一旦遇到其他诱发因素更易导致骚乱性群死、群伤事件。

4) 阻碍运营事件

一旦出现运营故障、乘客滞留或其他群体性行为,都可能产生阻碍列车运营的事件,甚至有行为人因各种原因违规进入轨道、穿越轨道等行为而造成列车被迫停运的事件。

5) 有毒、有害的生物或气体的侵害

地下车站由于空间封闭、场地狭小、空气流通性较差,有毒、有害的生物或气体一旦侵入就较难控制,使涉及的伤害范围比较大。

6) 自然灾害和其他意外因素的侵害

自然灾害和其他意外因素也对城市轨道交通的公共安全构成威胁,例如台风刮倒电杆、大树,以及高空坠物等都可能威胁到地面城市轨道交通安全。

表 1-1 列举了 1975—2009 年全球城市轨道交通重大列车事故,写明了事故性质和事故后果。

表 1-1 全球城市轨道交通重大列车事故一览表

事故时间	事故地点	事故性质	事故后果
1975	英国伦敦	列车相撞	死 30 人
1990-08	法国巴黎	列车相撞	伤 43 人
1991-05	日本	列车相撞	死 42 人、伤 527 人
1991-08-28	美国纽约	列车脱轨	死 6 人、伤 100 余人
1999-03	日本	列车脱轨	死 3 人、伤 44 人
1999-06	美国纽约	列车脱轨	伤 89 人
1999-08	德国科隆	列车撞击	伤 74 人
1999-08-23	德国柏林	列车撞击	伤 67 人
2000-03-01	日本东京	列车脱轨	死 5 人、伤 63 人
2003-01-25	英国伦敦	列车脱轨	伤 32 人
2003-10	英国伦敦	列车脱轨	伤 8 人
2004-11-03	美国华盛顿	列车相撞	伤 20 人

事故时间	事故地点	事故性质	事故后果
2005－01－17	泰国曼谷	列车追尾	伤 140 余人
2005－04	日本	列车脱轨	死 91 人、伤 456 人
2006－07－03	西班牙巴伦西亚	列车脱轨颠覆	死 41 人、伤 47 人
2006－10－17	意大利罗马	与停站列车追尾	死 1 人、伤 236 人
2007－07－24	委内瑞拉	列车追尾	死 1 人、伤多人
2009－06－23	美国华盛顿	列车相撞	死 9 人、伤 76 人
2009－09－09	日本东京	列车相撞	影响约 29 万名乘客、早高峰停运约 6 h
2009－10－22	法国巴黎	列车脱轨	伤 36 人
2009－12－22	中国上海	列车相撞	影响约 50 万名乘客、早高峰停运约 4 h

表 1-2 列举了 1971—2006 年全球城市轨道交通火灾事故，分析了事故原因和事故后果。

表 1-2　全球城市轨道交通火灾事故一览表

事故时间	事故地点	事故原因	事故后果
1971－12	加拿大蒙特利尔	列车与隧道端头相撞起火	36 节列车被毁、司机死亡
1972－10	德国东柏林	火灾	1 座车站和 4 节列车被毁
1973－03	法国巴黎	人为列车纵火	1 节列车被毁、2 人死亡
1974－01	加拿大蒙特利尔	电线短路起火	9 节列车被毁
1975－07	美国波士顿	区间隧道火灾	隧道大火
1976－10	加拿大多伦多	人为列车纵火	4 节列车被毁
1978－10	德国科隆	丢弃烟头起火	伤 8 人
1979－01	美国旧金山	电路短路起火	死 1 人、伤 56 人
1979－09	美国费城	变压器火灾	伤 148 人
1980－04	德国汉堡	座位起火	2 节列车被毁、伤 4 人
1980－01	英国伦敦	丢弃烟头起火	死 1 人
1981－06	俄罗斯莫斯科	电路火灾	死 7 人
1982－03	美国纽约	传动装置故障起火	1 节列车被毁、伤 86 人
1982－06	美国纽约	火灾	4 辆列车被毁
1982－08	英国伦敦	电路短路起火	1 节列车被毁、伤 15 人
1983－08－16	日本名古屋	变电站起火	死 3 人、伤 3 人
1983－09	德国慕尼黑	电路起火	2 节列车被毁、伤 7 人
1985－04	法国巴黎	垃圾起火	伤 6 人
1987－11－18	英国伦敦	丢弃烟头致自动扶梯起火	死 31 人、伤 100 余人
1991	瑞士苏黎世	机车电线短路起火	伤 58 人

续表

事故时间	事故地点	事故原因	事故后果
1991-06	德国柏林	火灾	伤18人
1995-10-28	阿塞拜疆巴库	机车电路故障起火	死558人、伤269人
1999-10-01	韩国汉城	火灾	死55人
2001-07	英国伦敦	列车撞击月台起火	伤32人
2003-02-18	韩国大邱	人为列车纵火	死198人、伤146人
2004-01-05	中国香港	人为列车纵火	伤14人
2006-07-11	美国芝加哥	脱轨起火	伤152人

表1-3列举了1977—2006年国外城市轨道交通恐怖袭击事件，通过伤亡人数，可以看出恐怖袭击成为城市轨道交通新的安全问题。

表1-3　国外城市轨道交通恐怖袭击事件一览表

事故时间	事故地点	事故性质	人员伤亡
1977-11-06	俄罗斯莫斯科	爆炸袭击	死6人
1995-03-20	日本东京	沙林毒气袭击	死12人、伤5 500多人
1995-07-25	法国巴黎	炸弹爆炸袭击	死8人、伤117人
1996-06-11	俄罗斯莫斯科	爆炸袭击	死4人、伤7人
1996-12-03	法国巴黎	爆炸袭击	死4人、伤86人
1998-01-01	俄罗斯莫斯科	爆炸袭击	伤3人
2000-11-20	德国杜塞尔多夫	车站炸弹袭击	伤9人
2001-08	英国伦敦	爆炸袭击	伤6人
2001-09-02	加拿大蒙特利尔	毒气袭击	伤40余人
2004-02-06	俄罗斯莫斯科	自杀式爆炸袭击	死40人、伤134人
2004-08-31	俄罗斯莫斯科	爆炸袭击	死8人、伤10人
2005-07-07	英国伦敦	连环爆炸袭击	死56人、伤700余人
2006-07-11	印度孟买	连环爆炸袭击	死200人、伤700余人

表1-4列举了1985—2008年全球城市轨道交通自然灾害事故，写明了事故原因和事故影响。

表1-4　全球城市轨道交通自然灾害事故一览表

事故时间	事故地点	事故原因	事故影响
1985-09-19	墨西哥墨西哥城	地震（8.1级）	地铁侧墙与地层结构出现分离破坏
1995-01-17	日本神户	地震	5座车站、3 km隧道严重破坏，经济损失300亿日元

事故时间	事故地点	事故原因	事故影响
2001－09	中国台北	台风	台北捷运高架线路长时间停运
2003－05－26	日本仙台	地震	仙台地铁全线停运
2007－07－17	中国重庆	雷击	供电设备破坏,部分区间断电,部分线路停运达 7 h
2007－08－08	美国纽约	雨水倒灌	多条线路受淹,19 座车站关闭,地铁系统瘫痪 5 h
2008－04－09	中国上海	10 级大风	上海轨道交通 3 号线限速运营 0.5 h

表1-5列举了国内城市轨道交通系统水灾事故情况。

表1-5 国内城市轨道交通系统水灾事故一览表

事故时间	事故地点	事故原因	事故影响
2005－04－10	上海轨道交通河南中路站	管道破裂渗水	4 号出入口封闭超过 2 h,部分商铺受影响
2008－03－31	上海轨道交通人民广场站	泡沫塑料堵塞下水道	通道地面严重积水,4 部电梯停运,影响正常运营超过 2 h
2008－07－04	北京地铁 5 号线崇文门站	雨水倒灌入车站	停运 3 h

通过对历年来国内外城市轨道交通重大运营事故及灾害的分析,其发生的主要特征有:

(1)从发生的次数来看(见图1-1),火灾事故发生比例最高,占到近一半的比例。火灾事故、列车事故、恐怖袭击这三种事故类型是城市轨道交通运营中的主要重大事故,占总事故数的85%。

(2)从世界范围发生事故的趋势来看,近年来,火灾发生的周期较早期在逐渐缩短,发生频率在大幅加快;针对城市轨道交通的恐怖袭击事件呈现明显的上升趋势,绝大多数都集中在近 10 余年中,而未来城市轨道交通还将成为恐怖分子袭击的一大目标。

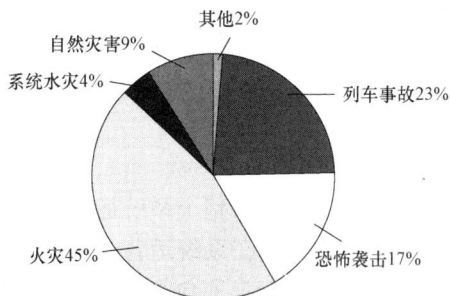

图1-1 城市轨道交通不同类型重大运营事故发生比例

(3)从发生的原因来看,事故致因呈现多样化。社会、自然和系统状态等运营管理所难以实施控制的环境因素、设施设备等系统自身因素、人为蓄意破坏行为、乘客不安全行为、工作人员不规范行为等人为因素,都可能引发重大运营事故。

通过历年来全球城市轨道交通典型事故的危害性分析，可归纳出重大运营事故及灾害的危害性特征如下：

（1）从单个事件的人员伤亡程度来看（见表1-6），火灾事故引发的人员伤亡人数最多，其次是爆炸袭击。

表1-6　城市轨道交通不同类型典型事故人员伤亡程度

事故类型	案例	伤亡情况
系统火灾	阿塞拜疆巴库	死558人、伤269人
人为纵火	韩国大邱	死192人、伤147人
爆炸袭击	印度孟买	死200人、伤700余人
列车脱轨	日本兵库县	死91人、伤456人
人员踩踏	白俄罗斯明斯克	死54人、伤100余人
列车相撞	日本滋贺县	死42人、伤527人
毒气袭击	日本东京	死12人、伤5 500多人

（2）次生危害大。从以往的城市轨道交通重大运营事故中不难看出，重大运营事故并不是一个孤立的事故类型，一般容易引发其他次生的事故危害。关键设备的故障可能导致列车相撞事故；列车脱轨事故、列车相撞事故，又可能引发列车火灾及供电设备和轨道线路的破坏。城市轨道交通发生火灾的同时，由于燃烧会产生大量烟雾、有毒气体，成为人员伤亡的主要原因；由于相对封闭的环境特点，高温会引发土建结构破坏；由于客流量大、人群密集，容易引发踩踏事件导致群死群伤。

（3）危害影响范围广。城市轨道交通重大运营事故或灾害的影响往往不仅局限于发生地点。由于城市轨道交通系统具有相对封闭、网络连通的特点，通常其影响范围会快速扩散。比如，大型的多线换乘车站一旦发生火灾，如果不能及时处置，将可能导致多条线路运营中断，甚至引发整个城市轨道交通网络的瘫痪。特别是由于恐怖袭击事件规模的扩大，针对城市轨道交通的恐怖袭击事件已由原来的单点发展到现在的连环、连续发生。例如伦敦地铁连环爆炸案中，恐怖分子将地点选择在环线地铁线上的地铁列车及换乘站，采用一定时间范围内的连环爆炸，引发了伦敦市公共交通的系统性瘫痪。

1.3.2　城市轨道交通运营安全

1. 运营安全性与可靠性的概念

对于城市轨道交通系统，运营安全性指在整个系统运营过程中，保障乘客和员工不受伤害以及设备不遭破坏的能力；运营可靠性指在系统运营过程中，保障乘客准时到达目的地的能力。通常所讲的"保障乘客安全正点旅行"即包含了运营安全性与可靠性两方面的概念。

保障乘客和员工不受伤害以及设备不遭破坏的能力包含两个方面，即不发生意外的安全（safety）和免遭破坏的安全（security），对应的事故也有两种，即意外发生的事故（accident）和故意造成的事件（incident）。

保障乘客准时到达目的地的能力也包含两个方面：一是运输容量能力，二是列车按计划正点运行能力。因乘车人多造成拥挤而导致无法登乘、列车无法准时出发，以及由此引发的后续列车运行延误和车底周转延误属于前者；因技术或管理原因造成的运营中断、列车延误，以及由此引发的后续列车运行延误和车底周转延误、或维修延误造成的列车运行延误等属于后者。

另外，"乘客方便舒适地旅行"是运营可靠性的另一项度量。如车站的空调、电梯等，列车上的灯光、座椅等，这些设备发生故障可能并不影响列车的正点运行，但会对乘客带来不便或不舒服。此项度量可作为更高一级的可靠性要求，即正点运营可靠性基础上的服务质量可靠性。

2. 保证运营安全的措施

城市轨道交通作为重要的公共交通工具，一旦发生安全事故，必将对城市的生产、生活产生重大的社会影响。因此，保证城市轨道交通的运营安全是城市轨道交通运营单位的首要任务和职责。为确保城市轨道交通运营安全，应着重做好以下几方面的工作。

1）建立、健全城市轨道交通法规体系及安全管理体系

做好城市轨道交通的立法工作使之有法可依，并制定一系列配套的具体法规。建立一个包括安全管理的机构、制度、责任、设施、岗位职责、人员配置、资金的投入和使用等一系列严密的管理体系。

2）做好城市轨道交通公共场所的安保防范工作

运营单位必须确立"防控第一"的安全战略，视防范和控制为第一要务，力求把涉及公共安全的灾难性事件消灭在萌芽状态。应针对城市轨道交通的特点和场所的具体情况，切实制定安保措施，加强安保巡逻。

3）做好城市轨道交通重点单位、重要部位的安全防范工作

关系到城市轨道交通安全运营全局的重点单位、重要部位，一旦出事就可能造成重大伤亡或经济损失，必须加强其安全防范工作。应加强对重点单位、重要部位人员的管理和安全教育，建立安全防范制度、岗位责任制度和检查制度，切实制定和落实相应的安全防范措施。

4）健全和落实确保城市轨道交通安全运营的各项技术措施

城市轨道交通运营单位应加大对城市轨道交通安全运营的监测、预警、预防和应急处置技术研发的投入，不断改进技术设备，建立健全城市轨道交通安全应急技术平台。

5）制订应对城市轨道交通突发事件的应急预案及组织实地演习

所谓城市轨道交通突发事件，是指在城市轨道交通区域（包括车站、列车内和区间线路）突发火灾、水灾、爆炸、毒品（气）施放或泄漏、大客流爆满或停电造成险情、车辆脱轨和人员伤亡等事件。为了有效预防和及时处置突发事件，防止事件扩大，减少人员伤亡和财产损失，城市轨道交通运营单位应针对不同的突发事件分别制订相应的应急处置预案，如：火灾、爆炸、毒气事件处置预案，大客流爆满处置预案，列车脱轨、冲突、颠覆事故处置预案等；建立应急救援组织，配备救援器材设备，并应定期或不定期地组织实地演习，以提高对突发事件的应急处置能力。

3. 城市轨道交通事故分类

目前国内城市轨道交通事故分类没有统一的标准，各个城市都在使用自己的事故分类标准。许多城市借鉴铁路的分类标准制定自己的标准，下面介绍上海、福州两个城市的分类标准。

1）上海市分类标准

按照性质、损失以及对行车造成的影响，分为重大事故、大事故、险性事故和一般事故4 个类型。

（1）重大事故。

① 载客列车发生冲突、脱轨、火灾或爆炸，造成下列后果之一时：

- 人员死亡 3 人或者重伤 25 人及其以上者；
- 双线中断行车 150 min 及其以上者；
- 根据列车、车辆破损的规定，电动客车中破一辆。

② 其他列车发生冲突、脱轨、火灾或爆炸，造成下列后果之一时：

- 人员死亡 3 人或重伤 5 人及其以上者；
- 双线行车中断 150 min 及其以上者；根据机车车辆破损规定，电动客车大破一辆或中破二辆；
- 根据机车、车辆破损规定，内燃机车大破一辆或轨道车报废一辆或车辆报废一辆或车辆大破一辆。

③ 调车重大事故。

调车作业（包括整备作业）发生冲突或脱轨，造成第二项后果之一时。

④ 其他重大事故。

由于其他原因造成第二项后果之一时。

（2）大事故。

① 载客列车发生冲突、脱轨、火灾或爆炸，造成下列情况之一时：

- 人员死亡或重伤 2 人及其以上者；
- 双线中断行车 90 min 及其以上者；
- 根据机车、车辆破损规定，电动客车小破一辆。

② 其他列车发生冲突、脱轨、火灾或爆炸，造成下列后果之一时：

- 人员死亡或重伤 2 人及其以上者；
- 双线中断行车 90 min 及其以上者；
- 根据机车、车辆破损规定，电动客车中破一辆；
- 根据机车、车辆破损规定，内燃机车中破一辆或轨道车大破一辆或车辆大破一辆。

③ 调车大事故。

调车作业（包括整备作业）发生冲突或脱轨，造成第二项后果之一时。

④ 其他大事故。

（3）险性事故。

凡事故性质严重，但未造成损害后果或者损害后果不够认定为大事故的行车事故为行车险性事故：

- 列车冲突；
- 列车脱轨；
- 列车分离；
- 载客列车错开车门、运行途中打开车门、车未停稳开车门；
- 载客列车车门夹人动车时；

- 载客列车夹物动车导致客伤事件和损坏城市轨道交通有关设备时；
- 列车冒进信号；
- 列车无人驾驶运行；
- 在运行中，电动客车的悬挂件脱落，造成列车下线或产生其他后果时；
- 列车及其他行车设备发生火警影响运行时；
- 异物侵入车辆限界造成后果时；
- 未经批准，自动切除 ATP 运行时；
- 未经批准，使用未正式投入使用的设备功能时；
- 未经批准，人员和列车进入已占用的线路时；
- 运营期间正线及折返线上挤岔；
- 未准备好进度，或未登记的阵线（含折返线）区间施工。

（4）一般事故。

- 调车冲突，调车脱轨；
- 调车作业冒进信号；
- 挤岔；
- 列车运行中，因车辆部件脱落或其他原因损坏行车设备；
- 因行车设备故障或其他原因造成单线行车中断 60 min 及其以上时；
- 行车有关人员因漏乘、漏接、出乘迟延耽误列车运行造成影响的；
- 错误办理行车凭证发车；
- 漏发、漏传、错传调度命令；
- 列车停车超过停车牌位置一节车厢及以上；
- 未预告司机变更列车运行径路，应停列车在车站通过或应通过列车在车站停车。

2）福州市分类标准

根据地铁运营安全评价事故等级和危害程度，将城市轨道交通事故划分为特别重大事故、重大事故、较大事故、一般事故、险性事件、一般事件和事件苗头。

（1）特别重大事故。

在运营生产中，发生下列情况或造成下列后果之一的为特别重大事故：

- 人员死亡 30 人以上（"以上"包括本数，"以下"不包括本数）；
- 人员重伤 100 人以上；
- 直接经济损失 1 亿元（人民币，下同）以上。

（2）重大事故。

在运营生产中，发生下列情况或造成下列后果之一的为重大事故：

- 人员死亡 10 人以上 30 人以下；
- 人员重伤 50 人以上 100 人以下；
- 连续中断行车 24 h 以上；
- 直接经济损失 5 000 万元以上 1 亿元以下。

（3）较大事故。

在运营生产中，发生下列情况或造成下列后果之一的为较大事故：

- 人员死亡 3 人以上 10 人以下；

- 人员重伤 10 人以上 50 人以下；
- 连续中断行车 6 h 以上 24 h 以下；
- 直接经济损失 1 000 万元以上 5 000 万元以下。

（4）一般事故。

在运营生产中，发生下列情况或造成下列后果之一的为一般事故：

- 人员死亡 1 人以上 3 人以下；
- 人员重伤 1 人以上 10 人以下；
- 连续中断行车 2 h 以上 6 h 以下；
- 直接经济损失 50 万元以上 1 000 万元以下。

（5）险性事件。

在运营生产中，发生下列情况或造成下列后果之一的为险性事件：

- 直接经济损失 30 万元以上 50 万元以下；
- 连续中断行车 90 min 以上 2 h 以下；
- 列车正线、辅助线冲突；
- 列车正线、辅助线脱轨；
- 列车正线、辅助线分离；
- 列车正线、辅助线挤岔；
- 未经批准向占用线接入列车；
- 未经批准向占用线或区间发出列车；
- 未准备好进路或错排进路接、发列车；
- 实行电话闭塞法等人工组织行车时，未办或错办行车手续发出列车；
- 未拿或错拿行车凭证出发；
- 客运列车冒进信号；
- 擅自改变列车运行方向行车；
- 列车溜走或机车车辆溜逸，且已经进入正线区间或车站；
- 客运列车错开车门、未关闭车门开车、运行途中开门、车未停稳开门，造成严重后果的；
- 客运列车夹人开车，造成严重后果的；
- 将人关在车门与屏蔽门之间开车，造成严重后果的；
- 供电系统发生漏停电、错停电、误送电；
- 信号错误升级显示；
- 运营时间内正线或辅助线走行轨由轨顶到轨底断裂；
- 运营时间内未经批准进入隧道内行走或隧道内施工作业未进行请销点；
- 运营时间正线或辅助线隧道结构或道床变形，影响安全的；
- 运营时间列车、设备、机房、办公用房、车站等非外力造成的火警，未能及时处置，对客运、正常秩序造成较大影响，关闭车站 2 h 以上；
- 经分公司安全管理委员会决定列入本项的。

（6）一般事件。

在运营生产中，发生下列情况或造成下列后果之一的为一般事件：

- 直接经济损失 10 万元以上 30 万元以下；
- 连续中断行车 30 min 以上 90 min 以下；
- 车辆段/停车场内列车、调车冲突；
- 车辆段/停车场内列车、调车脱轨；
- 车辆段/停车场内列车、调车分离；
- 车辆段/停车场内列车、调车挤岔；
- 列车或电客车、机车车辆溜逸但未进入正线区间或车站；
- 不具备载客条件的列车上线运营；
- 非客运列车、调车冒进信号；
- 车辆段/停车场内电客车、机车车辆溜动或错误操作，导致与其他电客车、机车车辆或设备发生碰撞；
- 车辆段/停车场线路由轨顶到轨底贯通断裂；
- 非运营时间内未经批准进入隧道内行走或隧道内施工作业未进行请销点；
- 接触网断线或断杆；
- 错挂、漏挂、错撤、忘撤接地线；
- 事故事件的录音或录像资料因人为操作缺失；
- 运营时间单一车站照明全部熄灭 60 min 以上；
- 运营时间单一车站全部自动售票机中断售票 120 min 以上或全线 60 min 以上；
- 因不可预见的人为操作不当引起运营时间内控制中心调度通信系统中断通信 60 min 以上；
- 主变电所全所供电中断 120 min 以上；
- 变电所保护拒动；
- 设备、设施超限，或机车车辆超限，机车车辆部件脱落，或装载货物超限、货物装载不良开车，导致设备设施损坏；
- 未撤除防溜措施动车；
- 列车运行中，齿轮箱、抗侧滚扭杆、牵引电机、空压机和牵引、制动电器箱等车辆整体重要部件脱落；
- 经分公司安全管理委员会决定列入本项的。

（7）事件苗头。

在运营生产中，发生下列情况或造成下列后果之一的为事件苗头：

- 直接经济损失 1 万元以上 10 万元以下；
- 应停载客列车未停站通过；
- 错发、错传，或漏发、漏收、漏传调度命令，延误列车运行；
- 未经允许列车搭载乘客进入非运营线路；
- 客运列车车门夹人夹物，设备已检测到，但旁路车门动车，未造成人员伤害；
- 运营时间设备、设施、备品脱落或掉入轨行区，侵入限界的；
- 轨行区内无施工许可作业，或作业人员、物料设备超出施工防护区域；
- 施工清场不彻底或轨行区内应撤除的设施、设备、物料、标志未及时撤除影响行车的；
- 车辆段/停车场线内施工作业未进行请销点；

- 施工作业未按要求设置或撤除安全防护装置；
- 无特种作业操作证操作相关设备，或无证违章操作安全相关命令；
- 未验电即挂地线；
- 场段供电系统发生错误停、送电；
- 设备、设施超限，或机车车辆超限，机车车辆部件脱落，或装载货物超限、货物装载不良开车；
- 运营期间正线给水主管、消防主管爆裂造成线路积水漫过轨面；
- 运营时间单一车站照明全部熄灭 10 min 以上 60 min 以下；
- 运营时间内控制中心调度通信系统中断通信 10 min 以上 60 min 以下；
- 运营时间单一车站全部自动售票机中断售票 60 min 以上或全线自动售票机中断售票 30 min 以上；
- 运营时间单一车站进闸机或出闸机全部故障 30 min 以上；
- 人为原因造成自动消防设施误动作、在紧急情况下不动作，或在操作过程中出现明显失误；
- 自动消防设施因检修或故障不具备相关监控功能的情况下，未及时通知相关人员采取相应措施；
- 未经批准关闭、屏蔽防灾设备；
- 运营期间，未经行调允许擅自切除客运列车的车载安全装置开车；
- 电客车由有电区闯入无电区；
- 客运列车错开车门、未关闭车门开车、运行途中开门、车未停稳开门未造成后果的；
- 将人关在车门与屏蔽门之间开车未造成后果的；
- 车站紧急停车装置失效或列车达到紧急制动条件时，信号保护装置未触发紧急停车模式，或列车紧急停车装置失效；
- 臆测行车；
- 经分公司安全管理委员会决定列入本项的。

其他危及生产安全的事件，分公司安全管理委员会认为有必要时可定为事故事件；同时，分公司安全管理委员会也有权对事故事件重新认定。

第 2 章

安全的基本理论

自从有人类活动开始，人类就面临安全的问题，安全问题来自生活和生产活动两个方面。随生产力的发展，生活、生产活动中的安全越加突出，为保证生活、生产活动的安全，形成安全工程学科。安全工程学科具有明显的对象性，与具体的生活、生产活动内容密切相关，随生活、生产活动的发展而发展。

最初主要是工业生产过程中发生的事故，安全要保证顺利进行工业生产，保护劳动者在生产过程中的生命健康。随着产品的安全性问题引起了人们的普遍关注，安全工程研究对象从工业生产过程安全扩展到了工业产品安全。随着社会的发展，安全工程中关于生活事故预防的研究越来越广泛深入。安全工程的基本内容是根据对伤亡事故发生机理的认识，应用系统工程的原理和方法，在工业规划、设计、建设、生产直到废除的整个过程中，预测、分析、评价其中存在的各种不安全因素，根据有关法规综合运用各种安全技术措施和组织管理措施，消除和控制危险因素，创造一种安全的生产作业条件。

2.1 安全基本概念及特征

2.1.1 安全的基本概念

1. 安全（safety）

"安全"是人们频繁使用的词汇。"安"字是指不受威胁、没有危险，即所谓无危则安；"全"字是指完满、完整、齐备或指没有伤害、无残缺、无损坏、无损失等，可谓无损则全。显然，"安全"是指免受人员伤害、疾病或死亡，或避免引起设备、财产破坏或损失的状态，安全问题既涉及人又涉及物。

在当前条件下，对安全问题内涵的理解可以分为两大类，即绝对安全观和相对安全观。

绝对安全观认为：安全就是无事故、无危险，指客观存在的系统无导致人员伤亡、疾病，无造成人类财产、生命及环境损失的条件。这一观点在相当长的历史时期内十分盛行，目前仍在一部分生产管理人员、科研人员和工程技术人员的思想中有着深深的烙印。这种安全观认为发生死亡、工伤等的概率为零，这在现实生产系统中是不存在的，它是安全的一种极端理想状态。

相对安全观认为：安全是在具有一定危险性条件下的状态，安全并非绝对无事故。事故与安全是对立的，但事故并不是不安全的全部内容，而只是在安全与不安全这一对矛盾斗争过程中某些瞬间突变结果的外在表现。

美国哈佛大学的劳伦斯教授认为,安全就是被判断为不超过允许限度的危险性,也就是指没有受到伤害或危险,或损害概率低的通常术语。霍巴特大学的罗林教授指出,所谓安全是指判明的危险性不超过允许限度。在《英汉安全专业术语词典》中将安全定义为:安全意味着可以容许的风险程度,比较地无受损害之忧和损害概率低的通用术语。

2. 危险(danger)

作为安全的对立面,可以将危险定义为:指在生产活动过程中,人或物遭受损失的可能性超出了可接受的范围的一种状态。危险与安全一样,也是与生产过程共存的过程,是一种连续性的过程状态,也可以说,危险是一种状态,它可以引起人身伤亡、机械破坏或降低系统完成运输功能的能力。危险包含了尚未为人所知的以及虽为人所认识但尚未为人所控制的各种隐患。同时,危险还包含了安全与不安全矛盾斗争过程中某些瞬间突变发生所表现出来的事故结果。

3. 事故(accident)

在职业健康安全管理体系相关规范中,将事故定义为:发生或可能发生与工作相关的健康损害或人身伤害(无论严重程度),或者死亡的情况。牛津词典中将事故定义为:意外的、特别有害的事件。

美国安全工程师海因里希认为,事故是非计划的、失去控制的事件。甘拉塔勒等人从更为一般的意义上提出,事故是与系统设计条件具有不可容忍的偏差的事件。吉雷进一步补充说明了事故是指任何计划之外的事件,可能引起或不会引起损失或伤害。伯克霍夫认为,事故是人(个人或集体)在为实现某种意图而进行的活动过程中,突然发生的、违反人的意志的、迫使活动暂时或永久停止、或迫使之前存续的状态发生暂时或永久性改变的事件。

1)事故的含义

现将事故概括如下:

(1)事故是违背人们意愿的一种现象。

(2)事故是不确定事件,其发生形式既受必然性的支配,但也不可避免地受到偶然性的影响。

(3)事故发生的原因,可归结为三类:目前尚未认识到的原因;已经认识,但目前尚不可控制的原因;已经认识,目前可以控制而未能有效控制的原因。

(4)事故一旦发生,可能造成以下几种后果:人受到伤害,物受到损失;人受到伤害,物未受损失;人未受伤害,物受到损失;人、物均未受到伤害或损失。事故和事故后果是互为因果的两件事,由于事故的发生产生了某种事故后果,但是在日常生产、生活中,人们往往把事故和事故后果看作一件事件,这是不正确的。

(5)事故的内涵相当复杂。从宏观的生产过程看,事故是安全与危险矛盾斗争过程中某些瞬间突变结果的外在表现形式,是时间轴上一系列离散的点;从微观而言,每一个事故均可看作是在极短时间内相继出现的事件序列,是一个动态过程,可以表达为如下形式:危险触发→以一定的逻辑顺序出现的一系列事件→产生不良后果。

综上所述,事故是指在生产活动过程中,由于人们受到科学知识和技术力量的限制,或者由于认识上的局限,当前还不能防止,或能防止而未有效控制所发生的违背人们意愿的事件序列。它的发生,可能迫使系统暂时或较长期地中断运行,也可能造成人员伤亡、财产损失或者环境破坏，或者其中二者或三者同时出现。

2）事故的特征

（1）事故的因果性。

事故是许多因素互为因果连续发生的结果，一个因素既是前一个因素的结果，又是后一个因素的原因。也就是说，因果关系有继承性，是多层次的。

事故的因果性决定了事故的必然性。事故因素及其因果关系的存在决定事故或迟或早必然要发生，其随机性仅表现在何时、何地、何原因意外事件触发产生而已。

掌握事故的因果关系，采取措施中断事故因素的因果连锁，就消除了事故发生的必然性，从而可能防止事故的发生。

（2）事故的偶然性、必然性和规律性。

从本质上讲，伤亡事故属于在一定条件下可能发生、也可能不发生的随机事件。就特定事故而言，其发生的时间、地点、状况等均无法预测。

事故是由于客观存在不安全因素，随着时间的推移，出现某些意外情况而发生的，这些意外情况往往是难以预知的。因此，掌握事故的原因，可降低事故发生的概率；掌握事故的原因是防止事故发生的必要条件。但是，即使完全掌握了事故原因，也不能保证绝对不发生事故。

事故的偶然性还表现在事故是否产生后果（人员伤亡、物质损失）以及后果的大小如何都是难以预测的。反复发生的同类事故并不一定产生相同的后果。事故的偶然性决定了要完全杜绝事故发生是困难的，甚至是不可能的。

事故的必然性中包含着规律性。既为必然，就有规律可循。必然性来自因果性，深入探查、了解事故因果关系，就可以发现事故发生的客观规律，从而为防止事故发生提供依据。应用概率理论，收集尽可能多的事故案例进行统计分析，就可以从总体上找出带有根本性的问题，为宏观安全决策奠定基础，为改进安全工作指明方向，从而做到"预防为主"，实现安全生产的目的。

由于事故或多或少地含有偶然性，因而要完全掌握它的规律非常困难。但在一定范畴内，用一定的科学仪器或手段却可以找出它的近似规律。

从偶然性中找出必然性，认识事故发生的规律性，变不安全条件为安全条件，把事故消除在萌芽状态之中，这就是防患于未然、预防为主的科学根据。

（3）事故的潜在性、再现性、预测性和复杂性。

事故往往是突然发生的。然而导致事故发生的因素，即"隐患或潜在危险"早就存在，只是未被发现或未受到重视而已。随着时间推移，一旦条件成熟，就会显现而酿成事故，这就是事故的潜在性。

事故一经发生，就成为过去。时间一去不复返，完全相同的事故不会再次显现。然而若没有真正地了解事故发生的原因，并采取有效措施去消除这些原因，就会再次出现类似的事故。因此，应致力于消除这种事故的再现性，这是能够做到的。

人们根据对过去事故所积累的经验和知识以及对事故规律的认识，并使用科学的方法和手段，可以对未来可能发生的事故进行预测。

事故预测就是在认识事故发生规律的基础上，充分了解、掌握各种可能导致事故发生的危险因素以及它们的因果关系，推断它们发展演变的状况和可能产生的后果。事故预测的目的在于识别和控制危险，预先采取对策，最大限度地减少事故发生的可能性。

事故的发生取决于人、物和环境的关系，具有极大的复杂性。

3）事故的分类

（1）按事故类别分类。

《企业职工伤亡事故分类》（GB 6441—1986）综合考虑起因物、引起事故发生的诱导性原因、致害物、伤害方式等，将事故类别分为 20 类：物体打击、车辆伤害、机械伤害、起重伤害、触电、淹溺、灼烫、火灾、高处坠落、坍塌、冒顶片帮、透水、放炮、火药爆炸、瓦斯爆炸、锅炉爆炸、容器爆炸、其他爆炸、中毒和窒息、其他伤害。

（2）按事故严重程度分类。

国务院于 2007 年颁布的《生产安全事故报告和调查处理条例》中，根据生产安全事故（以下简称事故）造成的人员伤亡或者直接经济损失，事故一般分为以下等级：

① 特别重大事故，是指造成 30 人以上死亡，或者 100 人以上重伤（包括急性工业中毒，下同），或者 1 亿元以上直接经济损失的事故；

② 重大事故，是指造成 10 人以上 30 人以下死亡，或者 50 人以上 100 人以下重伤，或者 5 000 万元以上 1 亿元以下直接经济损失的事故；

③ 较大事故，是指造成 3 人以上 10 人以下死亡，或者 10 人以上 50 人以下重伤，或者 1 000 万元以上 5 000 万元以下直接经济损失的事故；

④ 一般事故，是指造成 3 人以下死亡，或者 10 人以下重伤，或者 1 000 万元以下直接经济损失的事故。

（3）按事故后果分类。

根据事故发生后造成后果的情况，在事故预防工作中把事故划分为 3 类：

① 伤害事故或伤亡事故：造成人员伤害的事故；

② 损坏事故：造成财物破坏的事故；

③ 未遂事故或险肇事故：既没有造成人员伤害，也没有造成财物破坏的事故。

4. 隐患（accident potential/ hidden danger）

隐患就是在某个条件、事物以及事件中所存在的不稳定并且影响到个人或者他人安全利益的因素，它是一种潜藏着的因素。"隐"字体现了潜藏、隐蔽，而"患"字则体现了不好的状况。这是一个在长期工作实践中大家形成的共识用语，一般是指那些有明显缺陷、毛病的事物，亦即人的不安全行为和物的不安全状态。

隐患是指在生产活动过程中，由于人们受到科学知识和技术力量的限制，或者由于认识上的局限，而未能有效控制的有可能引起事故的一种行为（一些行为）或一种状态（一些状态）或二者的结合。隐患是事故发生的必要条件，隐患一旦被识别，就要予以消除。对于受客观条件所限，不能立即消除的隐患，要采取措施降低其危险性或延缓危险性增长的速度，减少其被触发的"概率"。

5. 危险源（hazard）

危险源一词译自英文单词 hazard，解释为"a source of danger"，即危险的根源的意思。哈默（Willie Hammer）定义危险源为可能导致人员伤害或财物损失事故的、潜在的不安全因素。在《职业健康安全管理体系要求及使用指南》（GB/T 45001—2020）中，将危险源定义为：可能导致伤害和健康损害的来源。

　　根据危险源在事故发生、发展中的作用，把危险源划分为两大类，即第一类危险源和第二类危险源。

　　第一类危险源是指系统中存在的、可能发生意外释放的能量或危险物质，实际工作中往往把生产能量的能量源或拥有能量的能量载体作为第一类危险源来处理。第一类危险源具有的能量越多，一旦发生事故其后果越严重。相反，第一类危险源处于低能量状态时比较安全。

　　第二类危险源是指导致约束、限制能量措施失效或破坏的各种不安全因素，包括人、物、环境三个方面的问题。

　　人的失误可能直接破坏对第一类危险源的控制，造成能量或危险物质的意外释放；同时，人的失误也可能造成物的故障，进而导致事故。第二类危险源往往是一些围绕第一类危险源随机发生的现象，它们出现的情况决定事故发生的可能性。第二类危险源出现得越频繁，发生事故的可能性越大。

6. 风险（risk）

　　在《职业健康安全管理体系要求及使用指南》（GB/T 45001—2020）中，将风险定义为：不确定性的影响。《现代劳动关系词典》对事故风险的解释为：从定性上说，事故风险指某系统内现存的或潜在的可能导致事故的状态，在一定条件下，它可以发展成为事故；从量上说，事故风险指由危险转化为事故的可能性，常以概率表示。

　　风险是描述系统危险程度的客观量，这主要有两种考虑：一是把风险看成是一个系统内有害事件或非正常事件出现可能性的度量；二是把风险定义为发生一次事故的后果大小与该事故出现概率的乘积。一般意义上的风险具有概率和后果的二重性，即可用损失程度 c 和发生概率 p 的函数来表示风险 R：

$$R = f(p, c)$$

　　为简单起见，大多数文献中将风险表达为概率与后果的乘积：

$$R = p \cdot c$$

　　上述风险定义中，无论损失或者后果，均是针对事故来定义的，包括已发生的事故和将会发生的事故。风险既然是对系统危险性的度量，则仅仅以事故来衡量系统的风险是很不充分的，除非能够辨识所有可能的事故形式。从整个系统的角度出发，风险是系统危险影响因素的函数，即风险可表达为如下的形式：

$$R = f(R_1, R_2, R_3, R_4, R_5)$$

式中：R_1——人的因素；

　　　　R_2——设备因素；

　　　　R_3——环境因素；

　　　　R_4——管理因素；

　　　　R_5——其他因素。

7. 安全性（safety property）

　　安全性为衡量系统安全程度的客观量，与安全性对立的概念是描述系统危险程度的指标——风险。

8. 可靠性（reliability）

　　可靠性是指系统或元件在规定条件下、规定时间内，完成规定功能的能力。可靠性是判断和评价系统或元件性能的一个重要指标。一般来说，机械设备、装置、用具等物的系统或元件的故障，可能导致物的不安全状态或引起人的不安全行为。因此，可靠性与安全性有着密切的因果关系，从某种程度上讲，可靠性高的系统，其安全性通常也较高。

2.1.2 相互关系

1. 安全与危险

安全与危险是一对矛盾：一方面双方互相反对，互相排斥，互相否定；另一方面两者互相依存，共同处于一个统一体中，存在着向对方转化的趋势。安全与危险这对矛盾的运动、变化和发展推动着安全科学的发展和人类安全意识的提高。

描述安全与危险的指标分别是安全性与危险性，安全性越高则危险性就越低，安全性越低则危险性就越高。即，二者存在如下关系：

$$安全性 = 1 - 危险性$$

2. 安全与事故

安全与事故是对立的，但事故并不是不安全的全部内容，而只是在安全与不安全一对矛盾斗争过程中某些瞬间突变结果的外在表现。系统处于安全状态并不一定不发生事故，系统处于不安全状态，也未必完全是由事故引起。

3. 危险与事故

危险不仅包含了作为潜在事故条件的各种隐患，同时还包含了安全与不安全的矛盾激化后表现出来的事故结果。事故发生，系统不一定处于危险状态；事故不发生，也不能否认系统不处于危险状态。事故不能作为判别系统危险与安全状态的唯一标准。

4. 事故与隐患

事故总是发生在操作的现场，总是伴随隐患的发展而发生在生产过程之中。事故是隐患发展的结果，而隐患则是事故发生的必要条件。

5. 危险源与事故

一起事故的发生是两类危险源共同起作用的结果。

第一类危险源的存在是事故发生的前提，没有第一类危险源就谈不上能量或危险物质的意外释放，也就无所谓事故。如果没有第二类危险源破坏对第一类危险源的控制，也不会发生能量或危险物质的意外释放。第二类危险源的出现是第一类危险源导致事故的必要条件。

在事故的发生、发展过程中，两类危险源相互依存、相辅相成。第一类危险源在事故发生时释放出的能量是导致人员伤害或财物损坏的能量主体，决定事故后果的严重程度；第二类危险源出现的难易决定事故发生的可能性的大小。两类危险源共同决定危险源的危险性。

2.1.3 安全的基本特征

1. 安全的系统性

安全问题涉及技术系统的各个方面，包括人员、设备、环境等因素，而这些因素又涉及经济、政治、科技、教育和管理等许多方面。对于交通运输这样的开放系统，安全既受系统内部因素的制约，也受系统外部环境的干扰。研究和解决安全问题应从系统观点出发，运用系统工程的方法，进行综合治理。

2. 安全的相对性

安全的相对性表现在三个方面：首先，绝对安全的状态是不存在的，系统的安全是相对于危险而言的；其次，安全标准是相对于人的认识和社会经济的承受能力而言，抛开社会环境讨论安全是不现实的；最后，人的认识是无限发展的，对安全机理和运行机制的认识也在不断深化，即人对安全的认识具有相对性。

3. 安全的依附性

安全是依附于生产而存在的，它不可能脱离具体的生产过程而独立存在，只要存在生产活动，就会出现安全问题。安全是生产的前提和保障，安全工作搞得不好，生产便无法顺利进行。因此，需要经常持久地抓好安全工作。

4. 安全的经济性

安全与否，直接与经济效益的增长或损失相关。要保证生产安全，必须在人员、设备、环境和管理方面有相应适时的安全投入；安全投入所产生的经济和社会效益却是间接的、无形的，难以定量计算。安全投入往往被忽视，只有发生事故、造成了损失之后才会意识到安全投入的必要性和重要性。安全的效益除了减少事故的直接和间接经济损失外，更重要的是在提高人员素质、改进设备性能、改善环境质量和加强生产管理等方面所创造的积极的经济和社会效益。

5. 安全的长期性和艰巨性

人对安全的认识在时间上往往是滞后的，很难预先完全认识到系统存在和面临的各种危险。而且，即使认识到了，有时也会由于受到当时技术条件的限制而无法予以控制。随着技术进步和社会发展，旧的安全问题解决了，新的安全问题又会产生。高技术总是伴随着高风险，随着现代科学技术的发展，各种技术系统的复杂化程度增加了，危险性也随之增加。安全工作是一个长期的过程，必须坚持不懈，始终如一地努力才行。

2.2　安全系统工程相关概念

2.2.1　系统

1. 系统概念

系统就是由相互作用和相互依赖的若干组成部分结合成的具有特定功能的有机整体。由定义可以分析出，系统的五个基本要素：功能、组元或组成、结构、运行与环境。

1）功能（function）

所谓功能是指系统将一定的输入（外界对系统的作用）转换为一定的输出（系统对外界的作用）的能力，且这种输入不等于输出。

2）组元或组成（component）

组元是指组成系统的成分，每个系统都有两个以上的组元。通常人们将组元理解为相对独立、具有特定功能的部件或要素。系统的组元依相对运动的特性可以分为三类：固定组元、运转组元和流动组元。交通运输系统中的基础设施（线路、港、站等）为固定组元；运载工具（飞机、轮船、汽车、列车等）为运转组元；运输计划、统计报表等为流动组元。

3）结构（structure）

系统的组元之间总以某种方式相互联系和作用着。某些组元之间往往存在着较为紧密而稳固的联系，而与其他组元相互作用时呈现出一定的整体特性——系统性。系统之内存在着较为紧密而稳固的组元团体称为子系统。所谓结构是指系统内子系统的划分及子系统功能的分配，自然包含子系统间的联系。系统的整体功能是其子系统功能的综合。

4）运行（operation）

在系统结构确定，即对流动组元的加工处理及流通的质与方向有明确规定的情况下，系统能动部分（即人）可以对流通的具体内容、数量及其在时间上的分布进行控制。这种在结构的基础上决定运转组元的实际运动，从而决定了流动组元的实际变换与流通的机制称为运行。显然，依托于一定结构上的运行最终决定了系统的实际功能。

5）环境（environment）

由系统功能的定义，必然有与它相互作用（有输入、输出关系）的外界，这个客观存在的与系统有着较密切联系的外界就是系统的环境，不存在没有环境的系统。许多系统，特别是生物系统和社会系统，离开环境无法生存，更不用说发展。

组元之间的有序联系形成事物的结构和事物变化的实际运行过程，事物与外界的有序联系形成事物的环境和功能，组成、结构、运行、环境与功能的统一，就是科学的系统概念。

2. 系统特性

系统有自然系统与人造系统、封闭系统与开放系统、静态系统与动态系统、实体系统与概念系统、宏观系统与微观系统、软件系统与硬件系统之分。不管系统如何划分，凡是能称其为系统的，都具有如下特性：

1）整体性

系统是由两个或两个以上相互区别的要素（元件或子系统）组成的整体。构成系统的各要素虽然具有不同的性能，但它们通过综合、统一（而不是简单拼凑）形成的整体就具备了新的特定功能。就是说，系统作为一个整体才能发挥其应有功能。所以，系统的观点是一种整体的观点，一种综合的思想方法。

2）相关性

构成系统的各要素之间、要素与子系统之间、系统与环境之间都存在着相互联系、相互依赖、相互作用的特殊关系，通过这些关系，使系统有机地联系在一起，发挥其特定功能。

3）目的性

任何系统都是为完成某种任务或实现某种目的而发挥其特定功能的，要达到系统的既定目的，就必须赋予系统规定的功能，这就需要在系统的整个生命周期，即系统的规划、设计、试验、制造和使用等阶段，对系统采取最优规划、最优设计、最优控制、最优管理等优化措施。

4）层次性

系统有序性主要表现在系统空间结构的层次性和系统发展的时间顺序性。系统可分成若干子系统和更小的子系统，而该系统又是其所属系统的子系统。这种系统的分割形式表现为系统空间结构的层次性。

5）环境适应性

系统是由许多特定部分组成的有机集合体，而这个集合体以外的部分就是系统的环境。系统从环境中获取必要的物质、能量和信息，经过系统的加工、处理和转化，产生新的物质、能量和信息，然后再提供给环境。另外，环境也会对系统产生干扰或限制，即约束条件。环境特性的变化往往能够引起系统特性的变化，系统要实现预定的目标或功能，必须能够适应外部环境的变化。研究系统时，必须重视环境对系统的影响。

3. 系统分析的基本原则

1) 整体性原则

整体性原则是把系统当作整体来对待，从整体与部分相互依赖、相互结合、相互制约的关系中揭示系统的特征和运动规律，整体功能不等于部分功能的总和，整体将产生部分所没有的功能。

2) 综合性原则

要求对系统从时间上、空间上进行综合考察和分析，再回到综合，每一层次分析的结果都要反馈到上一层次的综合中去；与整体进行比较，并进行修正，使部分与整体达到统一。

3) 联系性原则

构成系统的元素之间、元素与环境之间，有着特定的联系，物质与能量之间的相互转换及不同物质形态之间的信息交换，都体现着联系性。

4) 有序性原则

系统都是有序的，因此系统必然是有层次的，系统的发展一般是由较低级的有序状态走向较高级的有序状态的定向演化。在这一发展的过程中，系统必然是开放的，与外界环境之间存在着物质、能量和信息交换，系统内部各子系统将按照一定的目标协同运动，以达到系统总的目的。

5) 动态性原则

任何系统内部都存在着矛盾运动，推动着系统的发展，因此研究系统时，应在动态中协调各部分的关系，才能准确地掌握系统的规律，取得综合的动态平衡，使系统不断得以优化。

6) 结构性原则

系统的整体性功能是由系统的结构决定的，同样的元素，组成不同的结构，将会产生不同的功能。系统优化的一个重要方面就是取得最优的结构。

7) 模型化原则

模型化是使系统方法从定性到定量的重要途径，通过对真实模型的实验，可以具体分析系统的运行状态，也可以建立数学模型对系统进行定量描述。

2.2.2 人-机-环境系统工程及系统界面

1. 人-机-环境系统工程的含义

人-机-环境系统工程是运用系统科学理论和系统工程方法，正确处理人、机、环境三大要素的关系，深入研究人-机-环境系统最优组合的一门科学，其研究对象为人-机-环境系统。系统中的"人"，是指作为工作主体的人（操作人员或决策人员）；"机"是指人所控制的一切对象的总称（飞机、汽车、船舶、生产过程等）；"环境"是指人、机共处的特定的工作条件（温度、湿度、噪声、震动、有害气体等）。

人是一种安全因素和防护对象。在人-机-环境系统中，只有人向安全问题提出了具体的挑战，本着人-机-环境结合的目的，使技术和机器在更大程度上适合于人，才能提高人-机-环境系统的安全性。

机器也是一种安全因素。在机器的规划阶段，即在确定机器的功能及应用模式和对机器

25

的形式及有效性作必要的论证时，人－机关系就已开始形成；从机器制造到运行的各个阶段，人与机器之间的相互关系一直保持着。只有机器与人及其环境相互作用，才会成为一个安全因素。

环境亦是一种安全因素和应予保护的财富。人的操作可能引起机器方面的事故和损失，从而对环境产生有害影响；相反，人和机器都被置于一定的环境中，会对人或机器产生危害。

2. 人－机－环境系统工程的研究内容和方法

1）研究内容

人－机－环境系统工程的研究内容可用图2-1来形象描述。它包括七个方面：人特性的研究、机器特性的研究、环境特性的研究、人－机关系的研究、人－环关系的研究、机－环关系的研究、人－机－环境系统总体性能的研究。

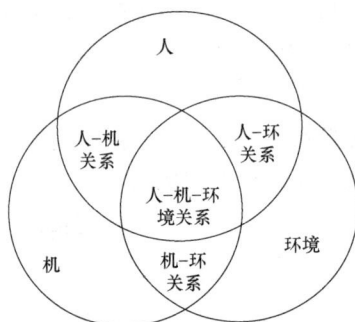

图2-1　人－机－环境系统工程的研究内容

（1）人特性的研究，主要包括人的工作能力研究，人的基本素质的测试与评价，人的体力负荷、脑力负荷和心理负荷研究，人的可靠性研究，人的数学模型（控制模型和决策模型）研究，人体测量技术研究，人员的选拔和训练研究等。

（2）机器特性的研究，主要包括被控对象动力学的建模技术、机器的防错设计研究、机器特性对系统性能影响的研究等。

（3）环境特性的研究，主要包括环境检测技术的研究、环境控制技术的研究、环境建模技术的研究等。

（4）人－机关系的研究，主要包括静态人－机关系研究、动态人－机关系研究等。静态人－机关系研究主要指作业域的布局与设计研究；动态人－机关系研究主要有人－机功能分配研究（人－机功能比较研究、人－机功能分配方法研究、人工智能研究）和人－机界面研究（显示和控制技术研究、人－机界面设计及评价技术研究）等。

（5）人－环关系的研究，主要包括环境因素对人的影响、个体防护技术的研究等。

（6）机－环关系的研究，主要包括环境因素对机器性能的影响，机器对环境的影响等。

（7）人－机－环境系统总体性能的研究，主要包括人－机－环境系统总体数学模型的研究，人－机－环境系统全数学模拟、半物理模拟和全物理模拟技术的研究，人－机－环境系统总体性能（安全、高效、经济）的分析、设计和评价等。

2）研究方法

人－机－环境系统工程的研究方法为：基于三个理论（控制论、模型论、优化论），分析三个要素（人、机、环境），历经三个步骤（方案决策、研制生产、实际使用），实现三个目标（安全、高效、经济）。

（1）基于三个理论。

人－机－环境系统工程是一门综合性边缘技术学科，其基础理论可以概括为控制论、模型论和优化论。

① 控制论：控制论的根本贡献在于，它用系统、信息、反馈等一般概念和术语，打破了有生命与无生命的界限，使人们能用统一的观点和尺度来研究人、机、环境这三个物质属性本是截然不同、互不相关的对象，并使其成为一个密不可分的有机整体。

② 模型论：模型论能为人－机－环境系统工程研究提供一套完整的数学分析工具，针对不同客观对象，通过建模、参数辨识、模拟和检验等步骤，用数学语言来阐明真实世界的客观规律。

③ 优化论：在人－机－环境系统的最优组合中，一般总有多种互不相同的方法和途径，而其中必有一种或几种最好或较好的，寻求最优途径的观点和思路，正是人－机－环境系统工程精髓的一种数学手段。

（2）分析三个要素。

主要是研究如何运用人、机、环境这三个要素来构成所需要的、具有特定功能的人－机－环境系统。通常，根据各种系统的性能特点及复杂程度，又可将人－机－环境系统分为三种类型：简单（或单人、单机）人－机－环境系统，复杂（或多人、多机）人－机－环境系统以及广义（或大规模）人－机－环境系统。

实践证明，对任何一个系统来说，系统的总体性能不仅取决于各组成要素的单独性能，更重要的是取决于各要素的关联形式，即信息的传递、加工和控制方式。

人们对人、机、环境这三种因素的研究，原先都是隶属于不同的学科领域，其研究方法和研究思想也大不相同。现在，为了将它们组合成一个复杂巨系统，首先就必须有一个能够统一描述人、机、环境各自能力及相互关系的理论，没有这样一个理论作指导，就根本谈不上对整个系统作深入研究，也就更谈不上实现全系统的最优化设计。所以，人－机－环境系统工程正是针对这种现实应运而生的。

（3）历经三个步骤。

为了将人－机－环境系统工程理论应用于各个领域，一般都应经历方案决策、研制生产和实际使用三个阶段。

① 方案决策阶段。方案决策属于理论分析范畴，也是最关键步骤。在这个阶段，是为人－机－环境系统的总体方案设计提供一套完整的决策理论，最重要的任务是建立人、机、环境的各自数学模型和系统的总体模型，并借助计算机进行全系统的数学模拟和优化计算，以确定人、机、环境的最优参数和系统的最优组合方案。

② 研制生产阶段。在研制生产阶段，人－机－环境系统工程的任务是确定实现最优方案的最佳途径。在这个阶段通过半物理模拟或全物理模拟，不断分析和检验人－机－环境系统的整体性能和局部性能，并协调各分系统的技术指标，使总体性能达最佳状态。

③ 实际使用阶段。在实际使用阶段，人－机－环境系统工程的任务是通过实际使用的验证，提出充分发挥现存系统性能的意见，如选拔操作人员的标准和训练操作人员的方案和计划，并为进一步改善和提高系统性能提出新的建议。

（4）实现三个目标。

一般而论，要同时满足安全、高效、经济这三个目标是困难的，而且有时是矛盾的。因此，为了用系统工程方法来使所建造的人–机–环境系统实现安全、高效、经济这三个目标，可以假设多个可能设计方案，然后针对每种方案用全数学模拟、半物理模拟或全物理模拟方法，获得人、机、环境各种参数对系统性能影响的关系曲线。

3. 系统界面

系统界面是人与机、环境以及其他人之间的信息或能量的交换空间。系统界面的优劣取决于系统要素（即人、机、环境）之间的匹配程度，其表现形式为信息或能量交换的准确性、及时性和有效性。系统界面包括人与硬件、软件、环境以及其他人之间的关系。前者是各种操纵装置和显示装置以及作业环境的各种设备，后者包括操作程序、信息表现形式等。

系统界面包括人–机界面（人与机器、硬件和软件、相互匹配）、人–环境界面（人与环境相互匹配）、人–人界面（人与人之间的分工和配合），这些界面必须相互匹配。

人处于特定的系统界面，可以用 SHEL 模型来描述。SHEL 模型的名称是由组成系统的四个要素，即软件（software）、硬件（hardware）、环境（environment）和生命件（liveware）的首字母组成的，是 Edwards 教授于 1972 年首先提出的，Hawkins 于 1975 年提出了经修改的框图以描述该模型。这些关系也被称为 SHEL 模型的四个界面：L–S 界面、L–H 界面、L–E 界面、L–L 界面，如图 2–2 所示。

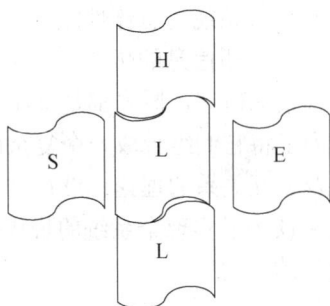

图 2–2　SHEL 模型界面

L–S 界面包括人与软件之间的关系，研究人与操作程序、检查单程序以及应急程序和计算机应用程序等之间的相互适应问题，以便简化作业环节，减少人的劳动负荷和劳动强度。

L–H 界面是指人与硬件之间的关系，研究人与显示器、操纵器之间的相互适应问题，以使系统界面设计更适合人的要求。

L–E 界面是指人与其所处环境的关系，研究特定环境中的噪声、振动、高低温、加速度、生物节律、时差等对人的影响以及适应过程和反应规律。

L–L 界面是指人与人之间的关系，即工作中人和其相关的人之间的配合协调关系。

由于 SHEL 模型中每个界面在元素间不匹配时都会存在潜在差错，因此可利用 SHEL 模型对人的失误进行分析。在设计过程中，设计者的思路必须建立在使机适应人的要求，尽力寻求降低人失误的设计方案。但在使用时，人机匹配模式已经固化，加强系统的安全和有效性的办法是人去适应机。

2.2.3　安全保障系统

安全保障系统是指配置在人 - 机 - 环境系统上，起保障系统安全作用的所有方法和手段的综合，一方面要保证系统内人员和设备的安全性，另一方面要保证系统不会对其外部环境构成威胁。

安全保障系统是一个以管理作为施控主体，以安全直接影响因素（人、机、环境）作为受控客体的控制系统，其目的是实现某一时期的系统安全目标。其中，安全直接影响因素为广义的概念，它不仅包括单独的每个因素，还包括因素间的关系及组合。

从本质上讲，安全保障系统是一个以"管理"为中枢、以"人"为核心、以"机"为基础、以"环境"为条件组成的总体性的以保障系统安全为目的的人 - 机 - 环境系统。

管理者为了实现对安全直接影响因素的有效控制，一方面必须时刻掌握以往控制效果的信息，进行系统安全评价；另一方面又需要对安全直接影响因素及其相互关系的变化、环境的干扰等进行预测，评价和预测的结果作为进一步实施控制的依据。在安全保障系统中，安全评价起着反馈回路的作用，安全预测起着前馈回路的作用，它们是管理者获取正确的控制信息的基础，缺乏该环节或者评价和预测缺乏科学性，都将使控制变成盲目的行为，难以达到预期效果。所以，科学、合理的安全评价与预测在安全保障系统中起着举足轻重的作用。

2.3　交通安全基本理论

2.3.1　可靠性理论

可靠性理论的基本原理是运用概率统计和运筹学理论和方法对产品（单元或系统）的可靠性作定量研究。可靠性是指产品（或系统）在一定条件下完成其预定功能的能力，丧失功能称为失效。可靠性理论是以产品（或系统）的寿命特征为研究对象的。

在可靠性理论中所用到的数学模型大体可分为两类：概率模型和统计模型。概率模型是从系统的结构及部件的寿命分布、修理时间分布等有关信息出发，推断出与系统寿命有关的可靠性数量指标如可靠度与失效率、修复率与有效度等，进一步可讨论系统的最优设计、使用维修策略等。统计模型是从观察数据出发，对部件或系统的寿命等进行估计与检验等。

1. 基本术语

1）可靠性

可靠性的经典定义是：产品或系统（设备）在规定条件下和规定时间内完成规定功能的能力。一个设备或系统本身不出故障的概率称为"结构可靠性"，满足精度要求的概率称为"性能可靠性"。狭义可靠性通常包括"结构可靠性"和"性能可靠性"。

2）可靠度

可靠度是衡量可靠性的尺度，它是指产品或系统（设备）在规定条件下和规定时间内完成规定功能的概率。一般记为 R，它是时间的函数，故也记为 $R(t)$，称为可靠度函数。

如果用随机变量 T 表示产品从开始工作到发生失效或故障的时间，其概率密度为 $f(t)$，则该产品在该时刻的可靠度为：

$$R(t) = \int_0^T f(t)\mathrm{d}t$$

3）失效率和失效率曲线

失效率是工作到某时刻尚未发生故障的系统或设备，在该时刻后单位时间内发生故障的概率。一般记为 λ，它也是时间 t 的函数，故也记为 $\lambda(t)$，称为失效率函数，有时也称为故障率函数或风险函数。

按上述定义，失效率是在时刻 t 尚未失效产品在 $t+\Delta t$ 的单位时间内发生失效的条件概率。即它反映 t 时刻失效的速率，也称为瞬时失效率。

失效率的观测值是在某时刻后单位时间内失效的产品数与工作到该时刻尚未失效的产品数之比，即失效率曲线，典型的失效率（或故障率）曲线反映产品总体寿命期失效率的情况。图 2-3 所示为失效率曲线的典型情况，有时形象地称为浴盆曲线。失效率随时间变化可分为三段时期。

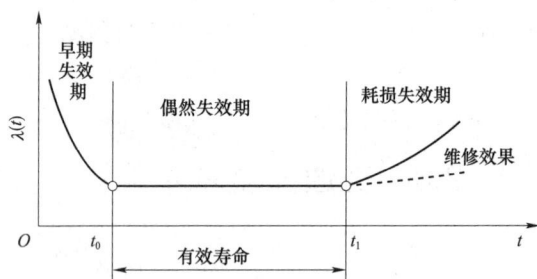

图 2-3 产品失效率曲线

2. 系统可靠度

产品、设备是由许多零（元）件、组件及部件等组合而成的，它们通过相互作用而实现联系，以完成一定的功能。由此可见，产品的系统可靠度是建立在系统中各个零（元）部件之间的作用关系和这些零（元）部件本身可靠度的基础上的。

1）串联系统

组成系统的所有单元中，任一单元故障就会导致整个系统发生故障；或者说只有当系统中所有单元都正常工作时，系统才能正常工作的系统称为串联系统。

图 2-4 串联系统的方框图

图 2-4 是由 n 个相互独立的单元组成的串联系统，假定第 i 个单元的可靠度为 $R_i(t)$，那么系统的可靠度为：

$$R_s(t) = \prod_{i=1}^{n} R_i(t)$$

可见，串联系统的可靠度小于或至多等于各串联单元可靠度的最小值。

2）并联系统

并联系统属于工作储备系统。由 n 个单元组成的并联系统具有如下特征：系统中只要有一个单元正常工作，系统就能正常工作；只有系统中所有单元都失效，系统才失效。

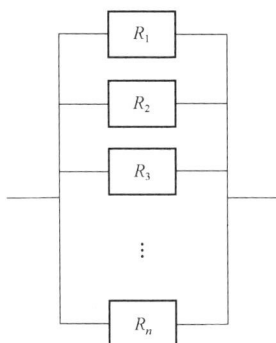

图 2-5　并联系统的方框图

图 2-5 是由 n 个相互独立的单元组成的并联系统，假定第 i 个单元的可靠度为 $R_i(t)$，不可靠度为 $F_i(t)=1-R_i(t)$，根据定义，若系统中所有单元均失效，系统才失效，所以有：

$$F_s(t)=\prod_{i=1}^{n}F_i(t)$$

根据可靠度与不可靠度的关系，有：

$$R_s(t)=1-\prod_{i=1}^{n}F_i(t)=1-\prod_{i=1}^{n}[1-R_i(t)]$$

可见，并联系统可靠度大于或至少等于各并联单元可靠度的最大值。

3）混合系统

实际系统多为串并联的组合，称为混合系统，如图 2-6 所示。在这种情况下，可以先把每一组成单元（串联与并联）的可靠度求出，转换成单纯的串联或并联系统，然后求出系统的可靠度。

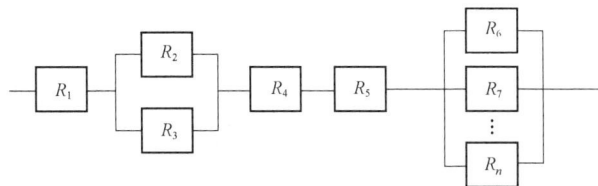

图 2-6　混合系统

4）表决系统

表决系统的特征是：系统中的 n 个单元中，至少要有 k（$1\leqslant k\leqslant n$）个单元正常工作，系统才能正常工作，也称为 k/n 系统，如图 2-7 所示。

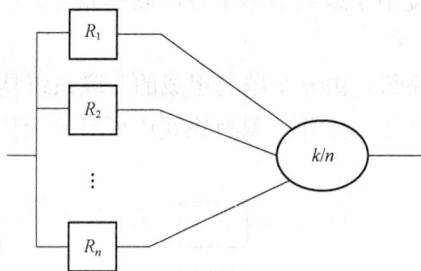

图 2-7　表决系统

设表决系统中每个单元的可靠度均为 $R(t)$ 时，根据二项式导出系统可靠度为：

$$R_s(t) = \sum_{i=1}^{n} C_n^i R^i(t)[1-R(t)]^{n-i}$$
$$= R^n(t) + nR^{n-1}(t)[1-R(t)] + \frac{n(n-1)}{2!}R^{n-2}(t)[1-R(t)]^2 + \cdots +$$
$$\frac{n!}{k!(n-r)!}R^k(t)[1-R(t)]^{n-k}$$

式中：n——系统内单元数；

k——使系统正常工作所必须的最少正常工作的单元数。

从上述分析可见：当 $k=1$ 时，则系统成为并联系统，即只要有一个单元不失效，则系统就不失效而正常工作；当 $k=n$ 时，系统则成为串联系统，即 n 个单元全部正常工作，系统才能正常工作。

5）复杂系统

有些系统中，各单元之间并不能简单归纳为上述哪一类系统模型，它是一种网络结构的可靠性问题，这类系统即复杂系统，如图 2-8 所示。

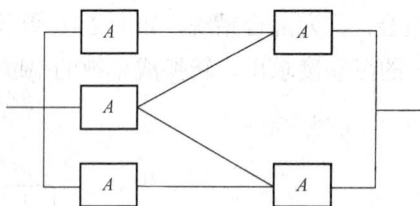

图 2-8　复杂系统

计算复杂系统的可靠度可用布尔真值表法、结构函数法、最小路集法、概率分解法、联络矩阵法等。

3. 人的可靠性

人在各种工程系统的可靠性中起着重要的作用，因为各种系统都是由人这个环节使之相互联系的。为了使可靠性分析有意义，必须考虑人的可靠性因素。

人的可靠性定义：人在系统工作的任何阶段，在规定的最小时间限度内（假定时间要求是给定的）成功地完成一项工作或任务的概率。在系统设计阶段，遵循人的因素的原则能有效地提高人的可靠性，仔细地挑选和培训有关人员等也有助于提高人的可靠性。

1）应力

应力是影响人的行为及其可靠性的一个重要因素。显然，一个承受过重应力的人会有较高的可能性造成失误。根据研究表明，人的工作效率与应力（或忧虑）之间有如图 2-9 所示的关系。

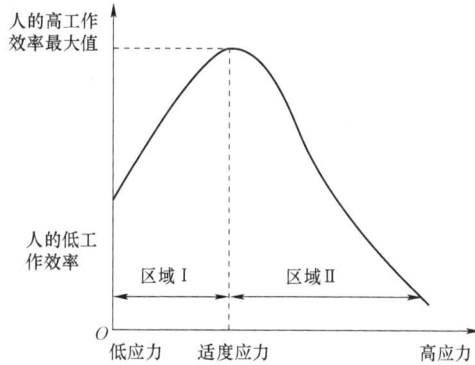

图 2-9　人的工作效率与应力之间关系图

应力不完全是一种消极因素。实际上，适度的应力有利于把人的功效提高到最佳状态。如果应力过轻，任务简单且单调，反而使人会觉得工作没有意义而变得迟钝，因而人的功效不会达到高峰状态；相反，若应力过重，超过中等应力情况下，将引起人的功效下降。引起下降的原因是多方面的，如疲劳、忧虑、恐惧或其他心理上的应力。图中曲线划分为两个区域：在区域 I 内，人的工作效率随应力的增加而提高；在区域 II 内，人的工作效率随应力的增加而降低。

2）人的差错（失误）

（1）人的差错含义和原因。

人的差错是指人在执行规定任务时发生失误（或做了禁止的动作）而可能导致预定操作中断或引起人员伤亡和财产损坏。人的差错对系统产生的影响随不同的系统而不同，造成的后果也是不一样的。因此，必须对人的差错的特点、类型以及后果加以分析，并定量化地给出它们发生的概率。人的差错的发生有各种不同原因，大多数人的差错发生的原因是基于这样一个事实，即人可以用各种不同方式去做各种不同的事情。

（2）人的差错分类。

人的差错一般可按以下几种形式分类。

① 按信息处理过程分类。

● 未正确提供、传递信息。如果发现提供的信息有误，那就不能认为是操作人员的差错。在分析人的差错时，对这一点的确认是绝对必要的。

● 识别、确认错误。如果正确地提供了操作信息，则要查明眼、耳等感觉器官是否正确接收到这　信息，进而是合正确识别到了。如果肯定其过程中某处有误的话，就判定为识别、确认错误。这里所谓识别，是指对眼前出现的信号或信息的识别；确认是指操作人员积极搜寻并检查作业所需的信息而言。

● 记忆、判断错误。进行记忆、判断或者意志决定的中枢处理过程中产生的差错或错误属于此类。

● 操作、动作错误。中枢神经虽然正确发出指令，但它未能转换为正确的动作而表现出来。这种情况包括姿势、动作的紊乱所引起的错误，或者拿错了操作工具及弄错了操作方向等错误，以及遗漏了动作等。

② 按执行任务性质分类。

人的差错按照执行任务阶段的错误性质可划分为以下几种类别。

● 设计错误。这是由于设计人员设计不当造成的错误。错误一般分为三种情况：设计人员所设计的系统或设备，不能满足人机工程的要求，违背了人机相互关系的原则；设计时过于草率，设计人员偏爱某一局部设计导致片面性；设计人员在设计过程中对系统的可靠性和安全性分析不够或没有进行分析。

● 操作错误。这是操作人员在现场环境下执行各种功能时所产生的错误，主要有：缺乏合理的操作规程；任务复杂而且在超负荷条件下工作；人的挑选和培训不够；操作人员对工作缺乏兴趣，不认真工作；工作环境太差；违反操作规程，等等。

● 装配错误。生产过程中装配错误有：使用了不合格的或错误的零件；漏装了零件；零部件的装配位置与图纸不符；虚焊、漏焊及导线接反等。

● 检验错误。检验的目的是发现缺陷或毛病。由于在检验产品过程中的疏忽而没有把缺陷或毛病完全检测出来从而产生检验错误，这是允许的，因为检验不可能有 100% 的准确性。一般认为检验的有效度只有 85%。

● 安装错误。没有按照设计说明书、图纸或安全手册进行设备安装造成的错误。

● 维修错误。维修保养中发生的错误例子很多，如设备调试不正确、校核疏忽、检修前和检修后忘记关闭或打开某些阀门、某些部位用错了润滑剂等。随着设备的老化、维修次数的增多，发生维修错误的可能性会逐渐增加。

（3）人的差错概率估计。

人的差错概率是对人的行为的基本量度。其定义为：

$$P = \frac{E}{O}$$

式中：P——在完成某项工作中，差错发生的概率；

　　　E——某项工作（作业对象）中，发生的差错数；

　　　O——某项工作中，可能发生差错的机会的总次数。

人们在处理或执行任何一次任务时，都有一个对任务（情况）的识别（输入）、判断和行动（输出）三个过程，在这三个过程中都有发生差错的可能性。因此，就某一行动而言，作业者的基本可靠度 R 为：

$$R = R_1 R_2 R_3$$

式中：R_1——与输入有关的可靠度；

　　　R_2——与判断有关的可靠度；

　　　R_3——与输出有关的可靠度。

R_1、R_2、R_3 的参考值见表 2-1。

表 2-1　R_1、R_2、R_3 的参考值

类别	影响因素	R_1	R_2	R_3
简单	变量不超过几个，人机工程学上考虑全面	>0.999 5～0.999 9	0.999 0	>0.999 5～0.999 9
一般	变量不超过 10 个	>0.999 0～0.999 5	0.995 0	>0.999 0～0.999 5
复杂	变量超过 10 个，人机工程学上考虑不全	0.990 0～0.999 0	0.990 0	0.990 0～0.999 0

由于受作业条件、作业者自身因素及作业环境的影响，作业者的基本可靠度还会降低。例如，有研究表明，人的舒适温度一般是 19～22 ℃，当人在作业时，环境温度超过 27 ℃，人的失误概率就会上升约 40%。因此，还需要修正系数 k 加以修正，从而得到作业者单个运动的失误概率为：

$$q = k(1 - R)$$

式中：k——修正系数，其计算公式为：

$$k = abcde$$

式中：a——作业时间系数；

b——操作频率系数；

c——危险状态系数；

d——生理、心理条件系数；

e——环境条件系数。

a、b、c、d、e 取值范围见表 2-2。

表 2-2　a、b、c、d、e 取值范围

符号	项目	内容	取值范围
a	作业时间	有充足的富裕时间	1.0
		没有充足的富裕时间	>1.0～3.0
		完全没有富裕时间	>3.0～10
b	操作频率	频率适当	1.0
		连续操作	>1.0～3.0
		很少操作	>3.0～10
c	危险状态	即使误操作也安全	1.0
		误操作时危险性大	>1.0～3.0
		误操作时有产生重大灾害的危险	>3.0～10
d	生理、心理条件	综合条件（教育、训练、健康状况、疲劳、愿望等）较好	1.0
		综合条件不好	>1.0～3.0
		综合条件很差	>3.0～10
e	环境条件	综合条件较好	1.0
		综合条件不好	>1.0～3.0
		综合条件很差	>3.0～10

2.3.2 事故致因理论

1. 事故致因理论的发展过程

事故致因理论是一定生产力发展水平的产物。在生产力发展的不同阶段，生产过程中出现的安全问题有所不同，特别是随着生产方式的变化，人在生产过程中所处地位的变化，引起人们安全观念的变化，产生了反映安全观念变化的不同的事故致因理论。

20 世纪 50 年代以前，工业生产方式是利用机械的自动化迫使个人适应机器，一切以机器为中心，个人是机器的附属和奴隶。与这种情况相对应，人们往往将生产中的事故原因推到操作者的头上。

1919 年，英国的格林伍德（M. Greenwood）和伍兹（H.H. Woods）经统计分析发现，工人中的某些人较其他人更容易发生事故。进而在 1939 年，法默（Farmer）等人据此提出了事故频发倾向的概念，其基本观点是：从事同样的工作和在同样的工作环境下，某些人比其他人更易发生事故，这些人即为事故倾向者，他们的存在会使生产中的事故增多，如果通过人的性格特点等区分出这部分人而不予雇用，就可以减少工业生产中的事故。

1936 年，美国人海因里希（W. H. Heinrich）在《工业事故预防》一书中提出了事故因果连锁理论，认为伤害事故的发生是一连串的事件按一定因果关系依次发生的结果，并用多米诺骨牌来形象地说明了这种因果关系。

1949 年，戈登（Gorden）利用流行病传染机理来论述事故的发生机理，提出了"流行病学方法"。戈登认为流行病病因与事故致因之间具有相似性，可以参照分析流行病因的方法分析事故。按照流行病学的分析，流行病的病因有三种，即当事者的特征（如年龄、性别、心理状况、免疫能力等）、环境特征（如温度、湿度、季节、社区卫生状况、防疫措施等）和致病媒介特征（如病毒、细菌、支原体等）。这三种因素的相互作用，可能导致人的疾病发生。与此相类似，对于事故，一要考虑人的因素，二要考虑环境的因素，三要考虑引起事故的媒介。

1961 年，由吉布森（Gibson）提出，并由哈登（Hadden）完善的能量转移论，是事故致因理论发展过程中的重要一步。该理论认为，事故是一种不正常的或不希望的能量转移，各种形式的能量构成了伤害的直接原因。因此，应该通过控制能量或控制能量载体来预防伤害事故，并提出了防止能量逆流人体的措施。

20 世纪 70 年代以来，随着生产设备、工艺及产品越来越复杂，人们开始结合信息论、系统论和控制论的观点、方法进行事故致因分析，提出了一些有代表性的且在现在仍发挥较大作用的事故致因理论。

1969 年，由瑟利（J. Surry）提出的"瑟利模型"，以人对信息的处理过程为基础描述了事故发生的因果关系，该理论认为，人在信息处理过程中出现失误从而导致人的行为失误，进而引发事故。而 1970 年黑尔（Hale）提出的"黑尔模型"、1972 年威格尔斯沃思（Wigglesworth）提出的"人失误的一般模型"、1974 年劳伦斯（Lawrence）提出的"金矿山人失误模型"以及 1978 年安德森（Anderson）等人对"瑟利模型"的扩展和修正等，都从不同角度探讨了人失误与事故的关系问题。

1972 年，本尼尔（Benner）提出了扰动起源事故理论，即 P 理论，指出在处于动态平衡的系统中，是由于"扰动"的产生导致了事故的发生。此后，约翰逊（W. G. Johnson）于 1975

年提出了"变化－失误模型"，塔兰茨（W. E. Talanch）在 1980 年介绍了"变化论模型"，佐藤吉信在 1981 年提出了"作用－变化与作用连锁模型"，都从动态和变化的观点阐述了事故的致因。

20 世纪 80 年代初期，人们又提出了轨迹交叉论。该理论认为，事故的发生不外乎是人的不安全行为和物的不安全状态两大因素综合作用的结果，即人、物两大系列时空运动轨迹的交叉点就是事故发生的所在。预防事故的发生就是设法从时空上避免人、物运动轨迹的交叉，使得对事故致因的研究又有了进一步的发展。

到目前为止，事故致因理论的发展还很不完善，还没有给出对于事故致因进行预测、预防的普遍而有效的方法，某个事故致因理论只能在某类事故的研究、分析中起到指导或参考作用。然而，人们必须认识到，通过对事故致因理论的研究，可以使人们深入理解事故发生的机理，指导事故调查分析乃至预防工作，为系统安全分析、危险评价和安全决策提供充分的信息和依据，最终促使对事故的研究从定性的物理模型向定量的数学模型发展，为事故的定量分析和预测奠定基础，真正实现安全管理的科学化。

2. 事故频发倾向论

1）事故频发倾向

事故频发倾向（accident proneness）是指个别人容易发生事故的、稳定的、个人的内在倾向。1919 年，格林伍德和伍兹对许多工厂里伤害事故发生次数资料进行统计检验，结果发现，工厂中存在着事故频发倾向者，并且前、后三个月事故次数的相关系数变化在（0.37±0.12）～（0.72±0.07）之间，皆为正相关。

1926 年，纽博尔德（E. M. Newbold）研究大量工厂中事故发生次数分布，证明事故发生次数服从发生概率极小且每个人发生事故概率不等的统计分布，他计算了一些工厂中前五个月和后五个月里事故次数的相关系数，其结果为（0.04±0.09）～（0.71±0.06）。之后，马勃（Marbe）跟踪调查了一个有 3 000 人的工厂，结果发现，第一年里没有发生事故的工人在以后几年里平均发生 0.30～0.60 次事故；第一年里发生过一次事故的工人在以后几年里平均发生 0.86～1.17 次事故；第一年里发生过两次事故的工人在以后几年里平均发生 1.04～1.42 次事故，这些都充分证明了存在着事故频发倾向者。

1939 年，法默（Farmer）和查姆勃（Chamber）明确提出了事故频发倾向的概念，认为事故频发倾向者的存在是工业事故发生的主要原因。

对于发生事故次数较多、可能是事故频发倾向者的人，可以通过一系列的心理学测试来判别。例如，日本曾采用内田－克雷贝林测验（Uchida Krapelin Test）测试人员大脑工作状态曲线，采用 YG 测验（Yatabe Guilford Test）测试工人的性格来判别事故频发倾向者。另外，也可以通过对日常工人行为的观察来发现事故频发倾向者。一般来说，具有事故频发倾向的人在进行生产操作时往往精神动摇，注意力不能经常集中在操作上，因而不能适应迅速变化的外界条件。事故频发倾向者往往有如下的性格特征：

（1）感情冲动，容易兴奋。

（2）脾气暴躁。

（3）厌倦工作、没有耐心。

（4）慌慌张张、不沉着。

（5）动作生硬而工作效率低。

（6）喜怒无常、感情多变。

（7）理解能力低，判断和思考能力差。

（8）极度喜悦和悲伤。

（9）缺乏自制力。

（10）处理问题轻率、冒失。

（11）运动神经迟钝，动作不灵活。

日本的丰原恒男发现，容易冲动的人、不协调的人、不守规矩的人、缺乏同情心的人和心理不平衡的人发生事故次数较多。

2）事故遭遇倾向

事故遭遇倾向（accident liability）是指某些人员在某些生产作业条件下容易发生事故的倾向。

许多研究结果表明，前后不同时期里事故发生次数的相关系数与作业条件有关。例如，罗奇（Roche）发现，工厂规模不同，生产作业条件也不同，大工厂的场合相关系数大约为0.6，小工厂则或高或低，表现出劳动条件的影响。高勃（P. W. Gob）考察了6年和12年间两个时期事故频发倾向的稳定性，结果发现前后两段时间内事故发生次数的相关系数与职业有关，变化在 $-0.08 \sim 0.72$ 的范围之内，当从事规则的、重复性作业时，事故频发倾向较为明显。

明兹（A. Mintz）和布卢姆（M. L. Bloom）建议用事故遭遇倾向取代事故频发倾向的概念，认为事故的发生不仅与个人因素有关，而且与生产条件有关。根据这一见解，克尔（W. A. Kerr）调查了53个电子工厂中40项个人因素及生产作业条件因素与事故发生频度和伤害严重度之间的关系，发现影响事故发生频度的主要因素有搬运距离短、噪声严重、临时工多、工人自觉性差等；与事故后果严重度有关的主要因素是工人的"男子汉"作风，其次是缺乏自觉性、缺乏指导、老年职工多、不连续出勤等，证明事故发生情况与生产作业条件有着密切关系。

米勒等人的研究表明，对于一些危险性高的职业，工人要有一个适应期，在此期间内新工人容易发生事故。大内田对东京都出租汽车司机的年平均事故件数进行了统计，发现平均事故数与参加工作后一年内的事故数无关，而与进入公司后工作时间长短有关。司机们在刚参加工作的前三个月里事故数相当于每年5次，之后的三年里事故数急剧减少，在第五年里则稳定在每年1次左右，这符合经过训练可以减少失误的心理学规律，表明熟练可以大大减少事故。

3）关于事故频发倾向理论的争议

自格林伍德的研究起，迄今有无数的研究者对事故频发倾向理论的科学性问题进行了专门的研究探讨，关于事故频发倾向者存在与否的问题一直有争议。实际上，事故遭遇倾向就是事故频发倾向理论的修正。

许多研究结果证明，事故频发倾向者并不存在：

（1）当每个人发生事故的概率相等且概率极小时，一定时期内发生事故次数服从泊松分布。根据泊松分布，大部分工人不发生事故，少数工人只发生一次，只有极少数工人发生二次以上事故。大量的事故统计资料是服从泊松分布的。例如，莫尔（D. L. Morh）等人研究了海上石油钻井工人连续两年时间内伤害事故情况，得到了受伤次数多的工人数没有超出泊松分布范围的结论。

（2）许多研究结果表明，某一段时间里发生事故次数多的人，在以后的时间里往往发生事故次数不再多了，并非永远是事故频发倾向者。通过数十年的实验及临床研究，很难找出事故频发者的稳定的个人特征。换言之，许多人发生事故是由于他们行为的某种瞬时特征引起的。

（3）根据事故频发倾向理论，防止事故的重要措施是人员选择。但是许多研究表明，把事故发生次数多的工人调离后，企业的事故发生率并没有降低。例如，沃勒（Waller）对司机的调查、伯纳基（Bernacki）对铁路调车员的调查，都证实了调离或解雇发生事故多的工人，并没有减少伤亡事故发生率。

3. 事故因果连锁论

在事故因果连锁论中，以事故为中心，事故的结果是伤害（伤亡事故的场合），事故的原因包括三个层次：直接原因、间接原因、基本原因。由于对事故各层次原因的认识不同，形成了不同的事故致因理论。因此，人们也经常用事故因果连锁的形式来表达某种事故致因理论。

1）海因里希事故因果连锁论

海因里希首先提出了事故因果连锁论，用以阐明导致事故的各种原因因素之间及与事故、伤害之间的关系。该理论认为，伤害事故的发生不是一个孤立的事件，尽管伤害可能发生在某个瞬间，却是一系列互为因果的原因事件相继发生的结果。

海因里希把工业伤害事故的发生、发展过程描述为具有一定因果关系的事件的连锁，即：

（1）人员伤亡的发生是事故的结果。

（2）事故的发生是由于人的不安全行为或物的不安全状态。

（3）人的不安全行为或物的不安全状态是由于人的缺点造成的。

（4）人的缺点是由于不良环境诱发的，或者是由先天的遗传因素造成的。

海因里希最初提出的事故因果连锁过程包括如下五个因素：

（1）遗传及社会环境：遗传因素及社会环境是造成人的性格上缺点的原因。遗传因素可能造成鲁莽、固执等不良性格；社会环境可能妨碍教育，助长性格上的缺点发展。

（2）人的缺点：人的缺点是使人产生不安全行为或造成机械、物质不安全状态的原因，包括鲁莽、固执、过激、神经质、轻率等性格上的先天的缺点，以及缺乏安全生产知识和技能等后天的缺点。

（3）人的不安全行为或物的不安全状态：所谓人的不安全行为或物的不安全状态是指那些曾经引起过事故或可能引起事故的人的行为或机械、物质的状态，它们是造成事故的直接原因。

（4）事故：事故是由于物体、物质、人或放射线的作用或反作用，使人员受到伤害或可能受到伤害的、出乎意料的、失去控制的事件。坠落、物体打击等能使人员受到伤害的事件是典型的事故。

（5）伤害：直接由于事故产生的人身伤害。

人们用多米诺骨牌来形象地描述这种事故因果连锁关系，得到如图 2-10 所示的多米诺骨牌系列。在多米诺骨牌系列中，一颗骨牌被碰倒了，则将发生连锁反应，其余的几颗骨牌相继被碰倒。如果移去连锁中的一颗骨牌，则连锁被破坏，事故过程被中止。海因里希认为，企业事故预防工作的中心就是防止人的不安全行为，消除机械的或物质的不安全状态，中断事故连锁的进程而避免事故的发生。

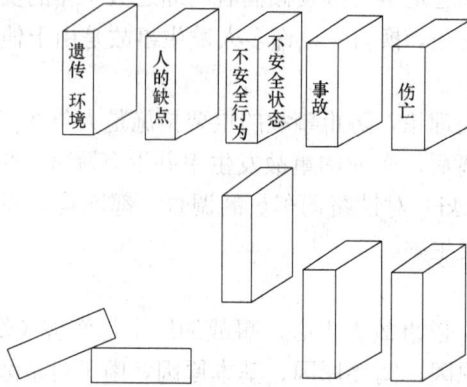

图 2-10　海因里希事故因果连锁论

2）轨迹交叉论

根据日本的统计资料，1969 年机械制造业的休工 8 天以上的伤害事故中，96%的事故与人的不安全行为有关，91%的事故与物的不安全状态有关；1977 年机械制造业的休工 4 天以上的 104 638 件伤害事故中，与人的不安全行为无关的只占 5.5%，与物的不安全状态无关的只占 16.5%。这些统计数字表明，大多数工业伤害事故的发生，既是由于人的不安全行为，也是由于物的不安全状态。

现在，越来越多的人认识到，一起工业事故之所以能够发生，除了人的不安全行为之外，一定存在着某种不安全条件。斯奇巴（Skiba）指出，生产操作人员与机械设备两种因素都对事故的发生有影响，并且机械设备的危险状态对事故的发生作用更大些。他认为，只有当两种因素同时出现时，才能发生事故。

反映这种认识的理论叫轨迹交叉论。该理论认为，在事故发展进程中，人的因素的运动轨迹与物的因素的运动轨迹的交点，就是事故发生的时间和空间。即，人的不安全行为和物的不安全状态发生于同一时间、同一空间，或者说人的不安全行为与物的不安全状态相遇，则将在此时间、空间发生事故，如图 2-11 所示。

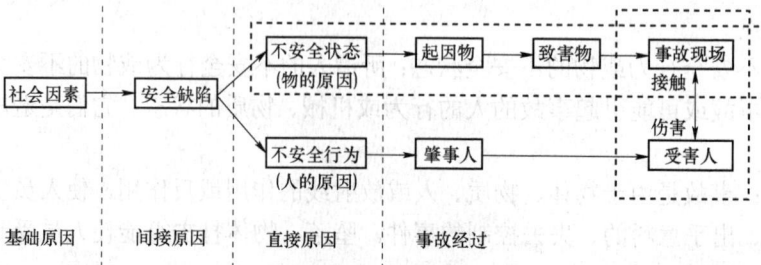

图 2-11　轨迹交叉论事故模型

根据轨迹交叉论的观点，消除人的不安全行为可以避免事故。但是应该注意到，人与机械设备不同，机器在人们规定的约束条件下运转，自由度较少；而人的行为受各自思想的支配，有较大的行为自由性。这种行为自由性一方面使人具有搞好安全生产的能动性，另一方面也可能使人的行为偏离预定的目标，发生不安全行为。由于人的行为受到许多因素的影响，控制人的行为是件十分困难的工作。

消除物的不安全状态也可以避免事故。通过改进生产工艺，设置有效安全防护装置，根除生产过程中的危险条件，使得即使人员产生了不安全行为也不致酿成事故。在安全工程中，把机械设备、物理环境等生产条件的安全称做本质安全，在所有的安全措施中首先应该考虑的就是实现生产过程、生产条件的本质安全。但是，受实际的技术、经济条件等客观条件的限制，完全地杜绝生产过程中的危险因素几乎是不可能的，只能努力减少、控制不安全因素，使事故不容易发生。为了有效地防止事故发生，必须同时采取措施消除人的不安全行为和物的不安全状态。

3）管理失误论

在海因里希的事故因果连锁论中，把遗传和社会环境看做事故的根本原因，表现出其时代局限性。尽管遗传因素和人员成长的社会环境对人员的行为有一定的影响，却不是影响人员行为的主要因素。在企业中，如果管理者能够充分发挥管理的控制机能，则可以有效地控制人的不安全行为和物的不安全状态。

（1）博德的事故因果连锁论。

博德在海因里希事故因果连锁论的基础上，提出了反映现代安全观点的事故因果连锁论，如图 2-12 所示。

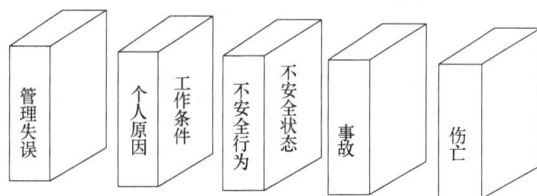

图 2-12　博德的事故因果连锁论

① 控制不足——管理失误。

事故因果连锁中一个最重要的因素是安全管理。安全管理者应该懂得管理的基本理论和原则。控制是管理（计划、组织、指导、协调及控制）中的一种机能。安全管理中的控制是指损失控制，包括对人的不安全行为、物的不安全状态的控制。它是安全管理工作的核心。

在安全管理中，企业领导者的安全方针、政策及决策占有十分重要的地位。它包括生产及安全的目标，资料的利用，责任及职权范围的划分，职工的选择、训练、安排、指导及监督，信息传递，设备、器材及装置的设计、采购、维修及保养，正常及异常时的操作规程等。管理系统随着生产的发展而不断变化、完善，十全十美的管理系统并不存在。由于管理上的缺陷，从而导致事故基本原因的出现。

② 基本原因——起源论。

为了从根本上预防事故，必须查明事故的基本原因，并针对查明的基本原因采取对策。基本原因包括个人原因及与工作有关的原因。个人原因包括缺乏知识或技能，动机不正确，身体上或精神上的问题。工作方面的原因包括：操作规程不合适，设备、材料不合格，通常的磨损及异常的使用方法等，以及温度、压力、湿度、粉尘、有毒有害气体、蒸气、通风、噪声、照明、周围的状况（容易滑倒的地面、障碍物、不可靠的支持物、有危险的物体）等环境因素。只有找出这些基本原因才能有效地控制事故的发生。

所谓起源论，是在于找出问题的基本的、背后的原因，而不仅停留在表面的现象上。只有这样，才能实现有效的控制。

③ 直接原因——征兆。

不安全行为或不安全状态是事故的直接原因，是必须加以追究的原因。但是，直接原因不过是深层原因的征兆，是一种表面的现象，在实际工作中，如果只抓住了作为表面现象的直接原因而不追究其背后隐藏的深层原因，就永远不能从根本上杜绝事故的发生。另外，安全管理人员应该能够预测及发现这些作为管理缺陷的征兆的直接原因，采取恰当的改善措施；同时，为了在经济上可能及实际可能的情况下采取长期的控制对策，必须努力找出其基本原因。

④ 事故——接触。

从实用的目的出发，往往把事故定义为最终导致人员肉体损伤、死亡，财物损失的，不希望的事件。但是，越来越多的安全专业人员从能量的观点把事故看做是人的身体或构筑物、设备与超过其阈值的能量接触，或人体与妨碍正常生理活动的物质接触。于是，防止事故就是防止接触。为了防止接触，可以通过改进装置、材料及设施防止能量释放，通过训练提高工人识别危险的能力，以及佩戴个人保护用品等来实现。

⑤ 伤害、损坏——损失。

事故后果包括人员伤害和财物损坏，二者统称为损失。

在许多情况下，可以采取恰当的措施使事故造成的损失最大限度地减少。例如，对受伤人员的迅速抢救，对设备进行抢修以及日常对人员进行应急训练等。

（2）亚当斯的事故因果连锁论。

亚当斯（Edward Adams）提出了与博德类似的事故因果连锁论（见表2-3）。

表2-3 亚当斯事故因果连锁论

管理体制	管理失误		现场失误	事故	伤害或损坏
目标	领导者在下述方面决策错误或没做决策	安技人员在下述方面管理失误或疏忽	不安全行为		伤害
组织	政策 目标 权威 责任 职责	行为 责任 权威 规则 指导	不安全状态	事故	损坏
机能	注意范围权限授予	主动性 积极性 业务活动			

在亚当斯的事故因果连锁论中，把事故的直接原因，即人的不安全行为和物的不安全状态称作现场失误。本来，不安全行为和不安全状态是操作者在生产过程中的错误行为及生产条件方面的问题，采用现场失误这一术语，其主要目的在于提醒人们注意不安全行为及不安全状态的性质。

　　该理论的核心在于对现场失误的背后原因进行了深入的研究。操作者的不安全行为及生产作业中的不安全状态等现场失误，是由于企业领导者及事故预防工作人员的管理失误造成的。管理人员在管理工作中的差错或疏忽，企业领导人决策错误或没有做出决策等失误，对企业经营管理及事故预防工作具有决定性的影响。管理失误反映企业管理系统中的问题，它涉及管理体制，即如何有组织地进行管理工作，确定怎样的管理目标，如何计划、实现确定的目标等方面的问题。管理体制反映作为决策中心的领导人的信念、目标及规范，它决定各级管理人员安排工作的轻重缓急、工作基准及指导方针等重大问题。

　　（3）北川彻三的事故因果连锁论。

　　上述事故因果连锁模型把考察的范围局限在企业内部，用以指导企业的事故预防工作。实际上，工业伤害事故发生的原因是很复杂的。企业是社会的一部分，一个国家、一个地区的政治、经济、文化、科技发展水平等诸多社会因素，对企业内部伤害事故的发生和预防有着重要的影响。

　　日本广泛采用北川彻三的事故因果连锁论作为指导事故预防工作的基本理论，北川彻三从四个方面探讨事故发生的间接原因：

　　① 技术原因。机械、装置、建筑物等的设计、建造、维护等技术方面的缺陷。

　　② 教育原因。由于缺乏安全知识及操作经验，不知道、轻视操作过程中的危险性和安全操作方法，或操作不熟练、习惯操作等。

　　③ 身体原因。身体状态不佳，如头痛、昏迷、癫痫等疾病，或近视、耳聋等生理缺陷，或疲劳、睡眠不足等。

　　④ 精神原因。消极、抵触、不满等不良态度，焦躁、紧张、恐怖、偏激等精神不安定，狭隘、顽固等不良性格，智力缺陷等。

　　在工业伤害事故的上述四个方面的原因中，前两种原因经常出现，后两种原因相对地较少出现。

　　北川彻三认为，事故的基本原因包括下述三个方面的原因：

　　① 管理原因。企业领导者不够重视安全，作业标准不明确，维修保养制度方面有缺陷，人员安排不当，职工积极性不高等管理上的缺陷。

　　② 学校教育原因。小学、中学、大学等教育机构的安全教育不充分。

　　③ 社会或历史原因。社会安全观念落后，工业发展的一定历史阶段，安全法规或安全管理、监督机构不完备等。

　　在上述原因中，管理原因可以由企业内部解决，而后两种原因需要全社会的努力才能解决。

4. 能量意外释放论

　　能量是物体做功的本领，人类社会的发展就是不断地开发和利用能量的过程，但能量也是对人体造成伤害的根源，没有能量就没有事故，没有能量就没有伤害。1961年吉布森（Gibson）、1966年哈登（Haddon）等人提出了解释事故发生物理本质的能量意外释放论。其基本观点是：不希望或异常的能量转移是伤亡事故的致因。即人受伤害的原因只能是某种能量向人体的转移，而事故则是一种能量的不正常或不期望的释放。

　　能量按其形式可分为动能、势能、热能、电能、化学能、原子能、辐射能（包括离子辐射和非离子辐射）、声能和生物能等。人受到伤害都可归结为上述一种或若干种能量的不正常或不期望的转移，在能量意外释放论中，把能量引起的伤害分为两大类。

第一类伤害是由于施加了超过局部或全身性的损伤阈值的能量而产生的。人体各部分对每一种能量都有一个损伤阈值，当施加于人体的能量超过该阈值时，就会对人体造成损伤，大多数伤害均属于此类伤害。例如，在工业生产中，一般都以 36 V 为安全电压。亦即在正常情况下，当人与电源接触时，由于 36 V 在人体所承受的阈值之内，就不会造成任何伤害或伤害极其轻微；而由于 220 V 电压大大超过人体的阈值，与其接触，轻则灼伤，或某些功能暂时性损伤，重则造成终身伤残甚至死亡。

第二类伤害则是由于影响局部或全身性能量交换引起的。譬如因机械因素或化学因素引起的窒息（如溺水、一氧化碳中毒等）。

从能量意外释放论出发，预防伤害事故就是防止能量或危险物质的意外释放，防止人体与过量的能量或危险物质接触。约束、限制能量，防止人体与能量接触的措施叫作屏蔽，这是一种广义的屏蔽。在工业生产中经常采用的防止能量意外释放的屏蔽措施主要有以下几种：

（1）用安全的能源代替不安全的能源。有时被利用的能源具有的危险性较高，这时可考虑用较安全的能源取代。例如，在容易发生触电的作业场所，用压缩空气动力代替电力，可以防止发生触电事故。但是应该注意，绝对安全的事物是没有的，以压缩空气做动力虽然避免了触电事故，但压缩空气管路破裂、脱落的软管抽打等都带来了新的危害。

（2）限制能量，在生产工艺中尽量采用低能量的工艺或设备，这样即使发生了意外的能量释放，也不致发生严重伤害。例如，利用低电压设备防止电击，限制设备运转速度以防止机械伤害等。

（3）防止能量蓄积。能量的大量蓄积会导致能量突然释放，因此，要及时泄放多余的能量，防止能量蓄积。例如，通过接地消除静电蓄积，利用避雷针放电保护重要设施等。

（4）缓慢地释放能量，缓慢地释放能量可以降低单位时间内释放的能量，减轻能量对人体的作用。例如，各种减振装置可以吸收冲击能量，防止人员受到伤害。

（5）设置屏蔽设施。屏蔽设施是一些防止人员与能量接触的物理实体，即狭义的屏蔽。屏蔽设施可以被设置在能源上（例如安装在机械转动部分外面的防护罩），也可以被设置在人员与能源之间（例如安全围栏等）。人员佩戴的个体防护用品，可被看做是设置在人员身上的屏蔽设施。

（6）在时间或空间上把能量与人隔离。在生产过程中也有两种或两种以上的能量相互作用引起事故的情况，例如，一台吊车移动的机械能作用于化工装置，使化工装置破裂而有毒物质泄漏，引起人员中毒。针对两种能量相互作用的情况，可考虑设置两组屏蔽设施：一组设置于两种能量之间，防止能量间的相互作用；一组设置于能量与人之间，防止能量达及人体。

（7）信息形式的屏蔽。各种警告措施等信息形式的屏蔽，可以阻止人员的不安全行为或避免发生行为失误，防止人员接触能量。

根据可能发生的意外释放的能量的大小，可以设置单一屏蔽或多重屏蔽，并且应该尽早设置屏蔽，做到防患于未然。从能量的观点出发，按能量与被害者之间的关系，可以把伤害事故分为三种类型，相应地，应采取不同的预防伤害措施：

（1）能量在规定的能量流通渠道中流动，人员意外地进入能量流通渠道而受到伤害。设置防护装置之类的屏蔽设施防止人员进入，可以避免此类事故。警告、劝阻等信息形式的屏蔽可以约束人的行为。

（2）在与受害者无关的情况下，能量意外地从原来的渠道里逃脱出来，开辟新的流通渠道使人员受伤害。按事故发生时间与伤害发生时间之间的关系，又可分为两种情况：

① 事故发生的瞬间人员即受到伤害，甚至受害者尚不知发生了什么就遭受了伤害，这种情况下，人员没有时间采取措施躲避伤害。为了防止伤害，必须全力以赴地控制能量，避免事故的发生。

② 事故发生后人员有时间躲避能量的作用，可以采取恰当的对策防止受到伤害。例如，在发生火灾、有毒有害物质泄漏事故的场合，远离事故现场的人们可以恰当地采取隔离、撤退或避难等行动，避免遭受伤害。这种情况下人员行为正确与否往往决定他们的生死存亡。

（3）能量意外地越过原有的屏蔽而开辟新的流通渠道，同时被害者误进入新开通的能量渠道而受到伤害。这种情况实际上较少发生。

5. 心理动力理论

心理动力理论是由弗洛伊德为解释精神病成因的个性动力理论引申而来。弗洛伊德认为，精神病不是生理疾病，而是因为一些动力因素，如情绪混乱、有意识与无意识的记忆及内驱力与欲望的冲突所致。而且环境和家庭的压力是造成心理失调乃至精神病的关键。如缺乏父母慈爱，过严的惩罚与虐待，兄弟姐妹间的竞争，过高的要求及工作学习上的一些挫折，都会影响和破坏身体和心理健康。

心理动力理论引用了此观点解释事故的成因。该理论认为，事故是一种无意识的希望或愿望的结果，这种希望或愿望通过事故象征性地得到满足。也就是说，肇事者是由于受到某种精神上的刺激或较大的心理压力才下意识地产生不安全行为而导致事故的。同时该理论还指出：通过更改人的愿望满足的方式或通过心理咨询分析完全消除那种破坏性的愿望，就可以避免事故的发生。

与海因里希事故因果连锁等理论一样，心理动力理论也存在着只关注人的因素对事故的影响的片面性的问题，同时也无法提供手段去证实某个特定的动机与特定事故的必然联系。但该理论却对事故致因的研究和安全管理工作有着较大的贡献。因为该理论不仅明确指出无意识的动机是可以改变的，不是某个人本身固有的特性，而且指出了控制由人的心理因素而导致的事故的两类方法，即更改人的愿望满足的方式或进行心理分析。前者为当事人开辟了另一条安全地释放其心理压力的方式，避免了其在工作中的无意识释放而导致事故；后者则通过专业的心理咨询，找出心理刺激或压力来源，使人消除心理所受刺激影响，以正常的心态从事学习和工作。

6. 系统理论

系统理论把人、机和环境作为一个系统（整体），研究人、机、环境之间的相互作用、反馈和调整，从中发现事故的致因，揭示出预防事故的途径。

系统理论着眼于下列问颐的研究，即机械的运行情况和环境的状况如何，是否正常；人的特性（生理、心理、知识技能）如何，是否正常；人对系统中危险信号的感知，认识理解和行为响应如何；机械的特性与人的特性是否相匹配；人的行为响应时间与系统允许的响应时间是否相容，等等。在这些问题中，系统理论特别关注对人的特性的研究，这包括：人对机械和环境状态变化信息的感觉和察觉怎样；对这些信息的认识怎样；对其理解怎样；采取适当响应行动的知识怎样；面临危险时的决策怎样；响应行动的速度和准确性怎样，等等。

系统理论认为事故的发生是来自人的行为与机械特性间的不协调，是多种因素互相作用的结果。

系统理论有多种事故致因模型，它们的形式虽然不同，然而涉及的内容大体相同。其中瑟利模型和安德森模型较具代表性。

1）瑟利模型

瑟利模型是在 1969 年由美国人瑟利（J. Surry）提出的，是一个典型的根据人的认知过程分析事故致因的理论。

该模型把事故的发生过程分为危险出现（指形成潜在危险）和危险释放（指危险由潜在状态变为现实状态）两个阶段，这两个阶段各自包括一组类似的人的信息处理过程，即感觉（对事故的感知）、认识（对事件的理解）和行为响应。在危险出现阶段，如果人的信息处理的每个环节都正确，危险就能被消除或得到控制；反之，就会使操作者直接面临危险。

在危险释放阶段，如果人的信息处理过程的各个环节都是正确的，则虽然面临着已经显现出来的危险，但仍然可以避免危险释放出来，不会带来伤害或损害；反之，危险就会转化成伤害或损害。瑟利模型如图 2-13 所示。

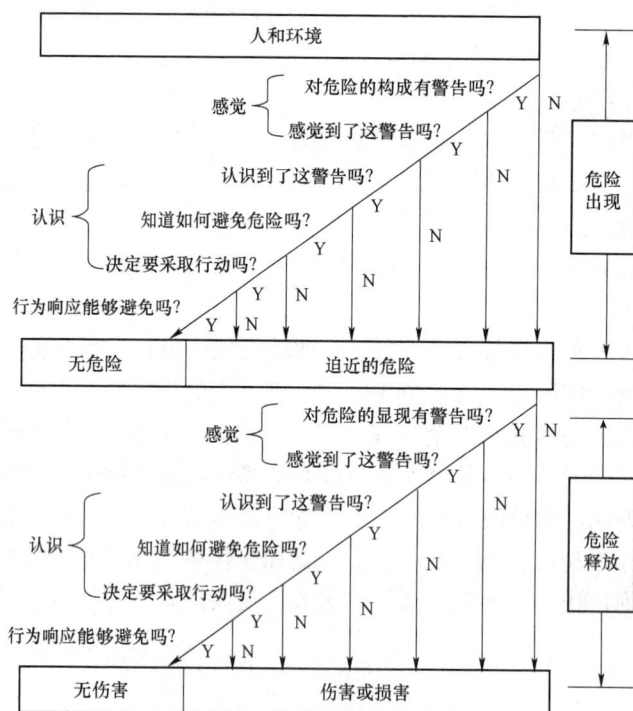

图 2-13　瑟利模型

由图 2-13 中可以看出，危险出现和危险释放两个阶段具有相类似的信息处理过程，即感觉、认识和行为响应三个部分，它们分别通过一个或几个问题来描述。

上述 6 个问题中，前两个问题均与人对信息的感觉有关，第 3～5 个问题与人的认识有关，最后一个问题与人的行为响应有关。这 6 个问题涵盖了人的信息处理全过程，并且反映了在此过程中有很多发生失误进而导致事故的机会。

瑟利模型不仅分析了危险出现、释放直至导致事故的原因，而且还为事故预防提供了一个良好的思路。即要想预防和控制事故，首先应采用技术的手段使危险状态充分地显现出来，使操作者能够有更好的机会感觉到危险的出现或释放，这样才有预防或控制事故的条件和可能；其次应通过培训和教育的手段，提高人感觉危险信号的敏感性，包括抗干扰能力等，同时也应采用相应的技术手段帮助操作者正确地感觉危险状态信息，如采用能避开干扰的警告方式或加大警告信号的强度等；再次应通过教育和培训的手段使操作者在感觉到警告之后，准确地理解其含义，并知道应采取何种措施避免危险发生或控制其后果，在此基础上结合各方面的因素做出正确的决策；最后则应通过系统及其辅助设施的设计使人在做出正确的决策后，有足够的时间和条件做出行为响应，并通过培训的手段使人能够迅速、敏捷、正确地做出行为响应。这样，事故就会在相当大的程度上得到控制，取得良好的预防效果。

2）安德森模型

瑟利模型实际上研究的是在客观已经存在潜在危险（存在于机械的运行和环境中）的情况下，人与危险之间的相互关系、反馈和调整控制的问题。然而，瑟利模型没有探究何以会产生潜在危险，没有涉及机械及其周围环境的运行过程。安德森等人曾在分析 60 件工业事故中应用瑟利模型，发现了上述问题，从而对它进行了扩展，形成了安德森模型。该模型是在瑟利模型之上增加了一组问题，所涉及的是：危险线索的来源及可察觉性，运行系统内的波动（机械运行过程及环境状况的不稳定性），以及控制或减少这些波动使之与人（操作者）的行为的波动相一致，如图 2-14 所示。

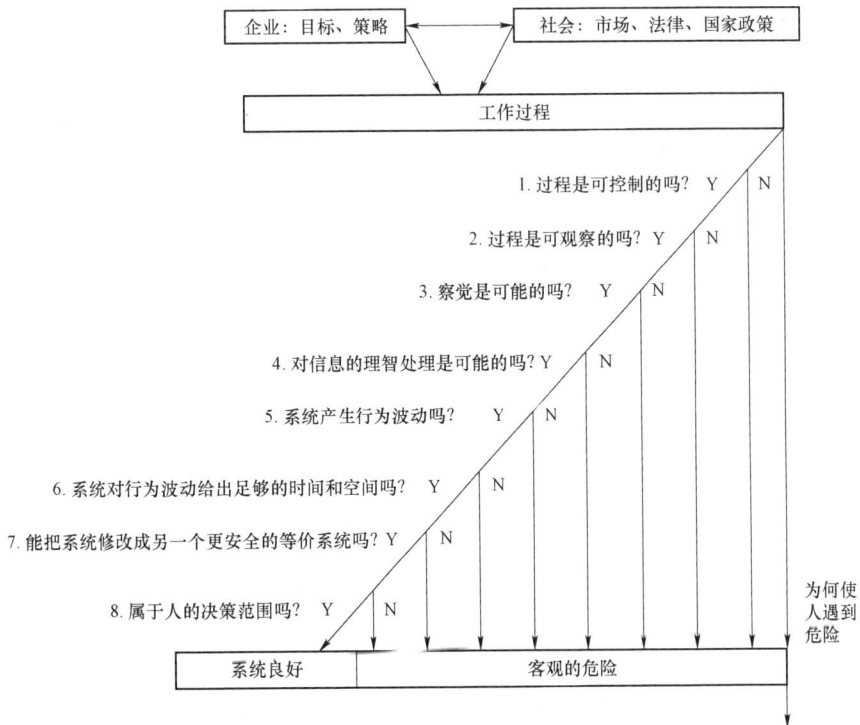

图 2-14　安德森模型

　　企业生存于社会中，其经营目标和策略等都要受到市场、法律、国家政策等的制约，所有这些都会从宏观上对企业的安全状况发生影响。

　　安德森模型对工作过程提出的8个问题分别是：

　　（1）过程是可控制的吗？即不可控制的过程（如闪电）所带来的危险无法避免，此模型所讨论的是可以控制的工作过程。

　　（2）过程是可观察的吗？指的是依靠人的感官或借助于仪表设备能否观察了解工作过程。

　　（3）察觉是可能的吗？指的是工作环境中的噪声、照明不良、栅栏等是否会妨碍对工作过程的观察了解。

　　（4）对信息的理智处理是可能的吗？此问题有两方面的含义：一是问操作者是否知道系统是怎样工作的，如果系统工作不正常，操作者是否能感觉、认识到这种情况。二是问系统运行给操作者带来的疲劳、精神压力（如长期处于高度精神紧张状态）以及注意力差别是否会妨碍其对系统工作状况的准确观察和了解。

　　上述问题的含义与瑟利模型第一阶段问题的含义有类似的地方，所不同的是，安德森模型是针对整个系统，而瑟利模型仅仅是针对具体的危险线索。

　　（5）系统产生行为波动吗？问的是操作者的行为响应的不稳定性如何，有无不稳定性，有多大。

　　（6）系统对行为波动给出足够的时间和空间吗？问的是运行系统（机械、环境）是否有足够的时间和空间以适应操作者行为的不稳定性。如果是，则可以认为运行系统是安全的（图中跨过7、8问题，直接指向系统良好），否则就转入下一个问题。

　　（7）能把系统修改成另一个更安全的等价系统吗？指的是修改系统以适应操作者行为在预期范围内的不稳定性。

　　（8）属于人的决策范围吗？指修改系统是否可以由操作和管理人员做出决定。尽管系统可以被改为安全的，但如果操作和管理人员无权改动，或者涉及政策法律，不属于人的决策范围，那么修改系统也不可能。

　　对模型的每个问题，如果回答肯定，则能保证系统安全可靠（图中沿斜线前进）。如果对问题1～4、7～8做出否定回答，则会导致系统产生潜在的危险，从而转入瑟利模型。对问题5如果回答否定，则跨过问题6、7而直接回答问题8。对问题6如果回答否定，则要进一步回答问题7，才能继续系统的发展。

　　3）系统理论的指导意义

　　系统理论对改进事故调查、事故预防指明了方向。

　　（1）对事故调查的指导。

　　为了确定事故的原因，无论系统是由高度自动化的机器还是只由一个仓库构成，系统理论要求对运行系统的正常情况和反常情况都应了解，尤其是要知道系统不常发生的运行特性。有关的问题是：系统中一个具体的危险线索发生的频繁程度，以及因此而导致事故发生的频繁程度。

　　（2）对事故预防的指导。

　　系统理论从机械和操作者两个方面提出了对事故预防的指导。

　　对于机械，系统理论主张增进其性能的可靠性，减少其性能的不稳定性。为此，应该有计划地对设备进行维修和适当的更换。对于那些通过设备维修和更换也不能消除的可能出现的异常状况，应该从设计上作出努力，保证机器能对迫近的危险给出清楚的警告——让操作者直接看到、听到，或者使用能探查出隐患的设备，一台安全的机器必须是能对危险给出充分警告的机器。

对于操作者，系统理论所关注的是如何提高他们对危险的识别、反应能力。为了使操作者能够识别危险，对危险做出适当的反应，并采取恰当的行动，就必须让他们知道他们所应该知道的一切情况。为此，应该加强对操作者的安全培训，使他们能辨别正常的和不正常的、安全的和危险的运行状态，知道他们可能遇到什么样的危险线索，危险线索发生的经常程度，知道这些危险线索发展到什么程度就会产生真正的危险（现实的危险）。

7. 撒利模型

1977 年，撒利根据操作者应处理的信息的性质提出了一种新的事故致因分析方法——撒利模型。撒利认为：在执行任务时，操作者掌握的信息可分为两部分，即与生产任务有关的主要任务的信息和使可能的危险在控制下所需的第二性任务的信息（即安全信息）。在完成任务的过程中，困难的增加能导致所需掌握的信息量超过人的掌握能力。由于两种信息重要度的差别，势必会造成对第二性任务的信息处理的减少，在这种情况下，事故就容易发生。而且当主要任务不规则而且复杂，使信息量过大时，最易超过人所能关注的信息量。同时，他还得出结论，即需要操作者不断地计划的工作，需要从一处到另一处不断地运动的工作或需要进行各种各样的调整的工作，最容易发生这类事故。企业的维修工人即属于这一类人，经调查验证，实际结果与该结论基本一致。

虽然撒利模型及其研究还不很成熟，但其关于两类信息的重要性的分析及其相应的结论，对于事故致因研究仍具有较大的影响。

8. 变化的观点

1）变化–失误理论

变化–失误理论又称变化分析方法，是由约翰逊在对管理疏忽与危险树（MORT）的研究中提出并贯彻其理论之中的。其主要观点是：运行系统中与能量和失误相对应的变化是事故发生的根本原因。没有变化就没有事故，人们能感觉到变化的存在，也能采用一些基本的反馈方法去探测那些有可能引起事故的变化。而且对变化的敏感程度，也是衡量各级企业领导和专业安全人员的安全管理水平的重要标志。

应用变化分析方法主要有两种情况：一是当观察到系统发生的变化时，探求这种变化是否会产生不良后果，如果是，则寻找产生这种变化的原因，进而采取相应的措施；二是当观察到某些不良后果后，先探求是哪些变化导致了这种后果的产生，进而寻找产生这种变化的原因，采取相应的措施。

在变化分析中，应考虑的变化类型很多，常见的变化有以下 9 类：

（1）计划的变化和未计划的变化。前者是预料之中的，后者则需要采用某种手段进行探测和分析。

（2）实际的变化和潜在的变化。实际的变化是观察或探测得到的，而潜在的变化则要通过分析才能发现。

（3）时间的变化。这是指某些过程（如化学反应）因超时或少时而可能产生的变化。

（4）技术的变化。新设备、新工艺的引进，特别是那些复杂或危险性大的工艺、设备、产品或原材料等引起的变化。

（5）人的变化。包括许多方面，但主要影响人执行工作的能力。

（6）社会的变化。包括的范围很广，主要指那些与人紧密相关的变化。

（7）组织的变化。由于人员调动、机构改变引起的变化。

（8）操作的变化。在生产过程、操作方式方面的变化。

（9）宏观的变化和微观的变化。前者指系统整体的某些变化，如企业招收新工人等，后者指某一特殊事件的变化。

应用变化的观点进行事故分析时，可由下列因素的现在状态、以前状态的差异来发现变化：

（1）对象物、防护装置、能量等；

（2）人员；

（3）任务、目标、程序等；

（4）工作条件、环境、时间安排等；

（5）管理工作、监督检查等。

约翰逊认为，事故的发生往往是多重原因造成的，包含着一系列的变化失误连锁。例如，企业领导者的失误、计划人员失误、监督者的失误及操作者的失误等。

2）P 理论

本尼尔（Benner）认为，事故过程包含着一组相继发生的事件。所谓事件是指生产活动中某种发生了的事物，是一次瞬间的或重大的情况变化，一次已经避免了或已经导致了另一事件发生的偶然事件。因而，可以把生产活动看做是一组自觉地或不自觉地指向某种预期的或不测的结果的相继出现的事件，它包含生产系统元素间的相互作用和变化着的外界影响。这些相继事件组成的生产活动是在一种自动调节的动态平衡中进行的，在事件的稳定运动中向预期的结果方向发展。

事件的发生一定是某人或某物引起的，如果把引起事件的人或物称为"行为者"，则可以用行为者和行为者的行为来描述一个事件。在生产活动中，如果行为者的行为得当，则可以维持事件过程稳定地进行；否则，可能中断生产，甚至造成伤害事故。

生产系统的外界影响是经常变化的，可能偏离正常的或预期的情况。这里称外界影响的变化为扰动（perturbation），扰动将作用于行为者。

当行为者能够适应不超过其承受能力的扰动时，生产活动可以维持动态平衡而不发生事故。如果其中的一个行为者不能适应这种扰动，则自动动态平衡过程被破坏，开始一个新的事件过程，即事故过程。该事件过程可能使某一行为者承受不了过量的能量而发生伤害或损坏；这些伤害或损坏事件可能依次引起其他变化或能量释放，作用于下一个行为者，使下一个行为者承受过量的能量，发生伤害或损坏。当然，如果行为者能够承受冲击而不发生伤害或损坏，则依据行为者的条件、事件的自然法则，过程将继续进行。

综上所述，可以把事故看做是由相继事件过程中的扰动开始，以伤害或损坏为结束的过程，这种对事故的解释叫作 P 理论。

3）作用变化与作用连锁

日本的佐藤吉信从系统安全的观点出发，提出了一种称作作用–变化与作用连锁模型（action–change and action chain model）的新事故致因理论。该理论认为，系统元素在其他元素或环境因素的作用下发生变化，这种变化主要表现为元素的功能发生变化——性能降低。

作为系统元素的人或物的变化可能是人失误或物故障。该元素的变化又以某种形态作用于相邻元素，引起相邻元素的变化。于是，在系统元素之间产生一种作用连锁。系统中作用连锁可能造成系统中人失误和物故障的传播，最终导致系统故障或事故。该模型简称为 A–C 模型。

根据 A–C 模型，可以根据导致某种事故的作用链来识别事故致因，并可以从以下四个方面采取措施来预防事故：

（1）排除作用源。把可能对人或物产生不良作用的因素从系统中除去或隔离开来，或者使其能量状态或化学性质不会成为作用源。

（2）抑制变化。维持元素的功能，使其不发生向危险方面的变化，具体措施有采用冗余设计、质量管理、采用高可靠性元素、通过维修保养来保持可靠性、通过教育训练防止人失误、采用耐失误技术等。

（3）防止系统进入危险状态。发现、预测系统中的异常或故障，采取措施中断作用连锁。

（4）使系统脱离危险状态。通过应急措施控制系统状态返回到正常状态，防止伤害、损坏或污染发生。

2.3.3　事故预防原理

1. 事故预防目标

事故预防的目标，包括道德、法律和经济三个方面。

1）道德的目标

道德方面的目标，是从任何一个人都要关心他人的观念出发的。随着人们物质文化生活水平的逐步提高，人们对安全与健康的要求越来越强烈。环境问题、人口问题、产品安全问题和其他一些事物引起了广泛的讨论。越来越多的人认为，为了赢利或者其他的目的而引起工作场所之内或者之外人的安全与健康的风险问题，从道德上讲，是无法接受的；由于死亡和伤残而造成的痛苦和艰难，是无法用金钱来衡量的。雇主比起过去，现在道德义务的观念要更强。

有关道德目标的一个衡量尺度就是士气，它与法律和经济两个目标相关。工人的士气可以用积极参加事故预防的演习而得到加强，也可因为事故而被削弱。不良的公共形象，影响了企业内部和外部的无形资产，公众信心的减弱会削弱企业与社区的联系、市场位置、市场占有额甚至其自身的名气。

2）法律的目标

法律的目标，是由国家的法律所规定的，当违背及未能遵守法律时，就会受到起诉及其一系列强制性的行动处理。根据法律，受到伤害的工人和其他人是由于企业破坏了其法律义务或未能达到法律所规定的标准，因而应得到依法规定的赔偿。

3）经济的目标

经济方面的目标，是确保企业的财政状况，持续保证职业安全健康，避免造成与事故相关的损失，包括雇主的现金损失、社区及社会因工人伤亡而受到的损失、财产的损失及工作受到影响而造成的损失。其中的一些项目可以列入保险之中，被称为直接损失。因为索赔，保险金也要增加，因此，一旦发生事故，可以预测，总的开支也会增加。间接损失包括没有保险的财产损失、计划的延期、加班的支出、为事故而引起的管理付出及因维修、重建而造成的产量下降等费用。

2. 事故预防原则

事故有其固有规律，除了人类无法左右的自然因素造成的事故（如地震、洪水、泥石流等）以外，在人类生产和生活中所发生的各种事故都是可以预防的。

事故的预防工作应该从技术和组织管理两个方面考虑，应当遵循的基本原则如下。

1）技术原则

在生产过程中，客观上存在的隐患是事故发生的前提。因此，要预防事故的发生，就需要针对隐患采取有效的技术措施进行治理。在采取有效技术措施进行治理过程中，应当遵循的基本原则是：

（1）消除潜在危险原则。即从本质上消除事故隐患，其基本作法是，以新的系统、新的技术和工艺代替旧的不安全的系统和工艺，从根本上消除发生事故的可能性。例如，用不可燃材料代替可燃材料改进机器设备，消除人体操作对象和作业环境的危险因素，消除噪声、尘毒对工人的影响等，从而最大可能地保证生产过程的安全。

（2）降低潜在危险严重度的原则。即在无法彻底消除危险的情况下，最大限度地限制和减少危险程度。例如，手电钻工具采用双层绝缘措施，利用变压器降低回路电压，在高压容器中安装安全阀等。

（3）闭锁原则。在系统中通过一些元器件的机器联锁或机电、电气互锁，作为保证安全的条件。例如，冲压机械的安全互锁器、电路中的自动保护器。

（4）能量屏蔽原则。在人、物与危险源之间设置屏障，防止意外能量作用到人体和物体上，以保证人和设备的安全。例如，建筑高空作业的安全网、核反应堆的安全壳等都应起到保护作用。

（5）距离保护原则。当危险和有害因素的伤害作用随着距离的增加而减弱时，应尽量使人与危害源距离远一些。例如，化工厂建立在远离居民区、爆破时的危险距离控制等。

（6）个体保护原则。根据不同作业性质和条件，配备相应的保护用品及用具，以保护作业人员的安全与健康。例如，采取安全带、护目镜、绝缘手套等保护用品及用具。

（7）警告，禁止信息原则。用光、声、色等其他标志作为传递组织和技术信息的目标，以保证安全。例如，警灯警报器、安全标志、宣传画等。

此外，还有时间保护原则、薄弱环节原则、坚固性原则、代替作业人员原则等，可以根据需要，确定采取相关的预防事故的技术原则。

2）组织管理原则

预防事故的发生，不仅要遵循上述的技术原则，而且还要在组织管理上采取相关的措施，才能最大限度地减少事故发生的可能性。

（1）系统整体性原则。安全工作是一项系统性、整体性的工作，它涉及企业生产过程中的各个方面。安全工作的整体性要体现出：有明确的工作目标，综合地考虑问题的原因，动态地认识安全状况；而且落实措施要有主次，要有效地抓住各个环节，并且能够适应变化的要求。

（2）计划性原则。安全工作要有计划和规划，近期的目标和长远的目标要协调进行，工作方案及人、财、物的使用要按照规划进行，并且有最终的评价，形成闭环的管理模式。

（3）效果性原则。安全工作的好坏，要通过最终成果的指标来衡量，但是，由于安全问题的特殊性，安全工作的成果既要考虑经济效益，又要考虑社会效益。正确认识和理解安全的效果性，是落实安全生产措施的重要前提。

（4）党政工团协调安全工作原则。制定正确的安全生产方针和政策，教育干部和群众遵章守法，了解和解决工人的思想负担，把不安全行为变为安全行为。政府实行安全监察管理职责，不断改善劳动条件，提高企业生产的安全性。工会代表工人的利益，监督政府和企业把安全工作搞好。青年是劳动力中的有生力量，青年工人中往往事故发生率高，因此，动员青年开展事故预防活动，是安全生产的重要保证。

（5）责任制原则。各级政府及相关的职能部门和企事业单位应当实行安全生产责任制，对违反劳动安全法规和不负责任的人员而造成的伤亡事故应当给予行政处罚，造成重大伤亡事故的应当追究刑事责任。只有将安全责任落到实处，安全生产才能得以保证，安全管理才能有效。

综上所述，事故的预防要从技术、组织管理和教育多方面采取措施，从总体上提高预防事故的能力，才能有效地控制事故，保证生产和生活的安全。

3. 事故法则

事故法则即事故的统计规律，又称 1:29:300 法则。即，在每 330 次事故中，可能会造成死亡或重伤事故 1 次，轻伤或微伤事故 29 次，无伤害事故 300 次，这一法则是美国安全工程师海因里希（H. W. Heinrich）统计分析了 55 万起工业伤害事故提出的。人们经常根据事故法则的比例关系绘制成三角形图，称为事故三角形，如图 2-15 所示。

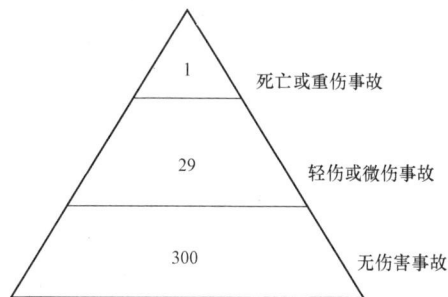

图 2-15 事故三角形

事故法则告诉人们，要消除 1 次死亡或重伤事故以及 29 次轻伤或微伤事故，必须首先消除 300 次无伤害事故。也就是说，防止灾害的关键，不在于防止伤害，而是要从根本上防止事故。所以，安全工作必须从基础抓起，如果基础安全工作做得不好，小事故不断，就很难避免大事故的发生。

4. 海因里希工业安全公理

美国安全工程师海因里希在《工业事故预防》一书中，对事故预防工作进行了深入研究，提出了工业事故预防的十项原则，称为海因里希工业安全公理（axioms of industrial safety），具体内容如下：

（1）工业生产过程中人员伤亡的发生，往往是处于一系列因果连锁之末端的事故的结果；而事故常常起因于人的不安全行为或（和）机械、物质（统称为物）的不安全状态。

（2）人的不安全行为是大多数工业事故的原因。

（3）由于不安全行为而受到了伤害的人，几乎重复了 300 次以上没有造成伤害的同样事故。换言之，人员在受到伤害之前，已经数百次面临来自物方面的危险。

（4）在工业事故中，人员受到伤害的严重程度具有随机性质。大多数情况下，人员在事故发生时可以免遭伤害。

（5）人员产生不安全行为的主要原因有：

① 不正确的态度——个别职工忽视安全，甚至故意采取不安全行为；

② 技术、知识不足——缺乏安全生产知识，缺乏经验或技术不熟练；

③ 身体不适——生理状态或健康状况不佳，如听力、视力不良、反应迟钝、疾病、醉酒或其他生理机能障碍；

④ 物的不安全状态及不良的物理环境——照明、温度、湿度不适宜，通风不良，强烈的噪声、振动，物料堆放杂乱，作业空间狭小，设备、工具缺陷等不良的物理环境，以及操作规程不合适、没有安全规程和其他妨碍贯彻安全规程的事物。

这些原因因素是采取预防不安全行为产生措施的依据。

（6）防止工业事故的四种有效的方法是：

① 工程技术方面的改进；

② 对人员进行说服、教育；

③ 人员调整；

④ 惩戒。

（7）防止事故的方法与企业生产管理、成本管理及质量管理的方法类似。

（8）企业领导者有进行事故预防工作的能力，并且能把握进行事故预防工作的时机，因而应该承担预防事故工作的责任。

（9）专业安全人员及车间干部、班组长是预防事故的关键，他们工作的好坏对能否做好事故预防工作有影响。

（10）除了人道主义动机之外，下面两种强有力的经济因素也是促进企业事故预防工作的动力：

① 安全的企业生产效率也高，不安全的企业生产效率也低；

② 事故后用于赔偿及医疗费用的直接经济损失，只不过占事故总经济损失的 1/5。

尽管随着时代的前进和人们认识的深化，该"公理"中的一些观点已经不再是"自明之理"了，许多新观点、新理论相继问世。但是该理论中的许多内容仍然具有强大的生命力，在现今的事故预防工作中仍产生重大影响。

5. 事故预防的 3E 原则

海因里希把造成人的不安全行为和物的不安全状态的主要原因归结为四个方面的问题：不正确的态度；技术、知识不足；身体不适；不良的工作环境。针对这四个方面的原因，海因里希提出工程技术方面改进、说服教育、人员调整和惩戒四种对策。这四种安全对策后来被归纳为众所周知的 3E 原则，即：

（1）工程技术（engineering），即利用工程技术手段消除不安全因素，实现生产工艺、机械设备等生产条件的安全。

（2）教育（education），即利用各种形式的教育和训练，使职工树立"安全第一"的思想，掌握安全生产所必须的知识和技能。

（3）强制（enforcement），即借助于规章制度、法规等必要的行政乃至法律的手段约束人们的行为。

这里，安全技术对策着重解决物的不安全状态的问题；安全教育对策和安全管理对策则主要着眼于人的不安全行为的问题。安全教育对策主要使人知道应该怎么做，而安全管理对策则要求人必须这么做。

一般地讲，在选择安全对策时应该首先考虑工程技术措施，然后是教育、训练。即使在采取了工程技术措施，减少、控制了不安全因素的情况下，仍然要通过教育、训练和强制手段来规范人的行为，避免不安全行为的发生。

为了防止事故发生，不仅要在上述三个方面实施事故预防与控制的对策，而且还应始终保持三者间的均衡，合理地采取相应措施，综合使用上述措施，才有可能搞好事故预防工作。

第 3 章
城市轨道交通安全分析与评价

在进行安全评价时，需要辨识工程或系统的危险、危害性及其程度，预测发生事故和职业危害的可能性，掌握其发生、发展的条件和规律，以便采取有效的对策措施防止事故发生，减少职业危害，实现安全生产。

3.1 交通安全分析

3.1.1 概述

1. 交通安全分析的内容

城市轨道交通安全分析是从安全角度对城市轨道交通系统中的危险因素和发生事故的规律特征等进行分析，主要分析导致系统故障或事故的各种因素及其相关关系，以及已发生事故的规律特征。通常包括六个内容：

（1）对可能出现的初始的、诱发的及直接引起事故的各种危险因素及其相互关系进行调查和分析；

（2）对与系统有关的环境条件、设备、人员及其他有关因素进行调查和分析；

（3）对能够利用适当的设备、规程、工艺或材料控制或根除某种特殊危险因素的措施进行分析；

（4）对可能出现的危险因素的控制措施及实施这些措施的方法进行调查和分析；

（5）对不能根除的危险因素或减少控制可能出现的后果进行调查和分析；

（6）危险因素一旦失去控制，为防止伤害和损害的安全防护措施进行调查和分析。

2. 常用的安全分析方法概述

安全分析方法是完成安全分析的各种具体分析技术、方法的总称。随着安全学科和系统工程的发展，出现了很多分析方法，在危险因素辨识中得到广泛应用的安全分析方法主要有：统计图表分析、因果分析图、安全检查表、预先危险性分析（PHA）、故障模式及影响分析、致命度分析、事件树分析（EAT）、事故树分析（ATA）、危险性和可操作性研究、原因－后果分析、共因失效分析等。

这些方法可以按实行分析过程的相对时间进行分类，也可按分析的对象、内容进行分类。而根据安全分析所涉及的内容，分类之间又存在着交叉。

1）按逻辑分析过程分类

可以分为归纳分析法和演绎分析法。安全检查表、预先危险性分析、故障模式及影响分析、危险性和可操作性研究、事故树等属于归纳分析的范畴，是从原因推论结果的方法（叫事故前分析或成因分析），优点是分析全面，缺点是对于复杂的系统或危险因素多的系统，分析工作量大、没有重点。

演绎分析是从事故结果推论事故原因的方法，事故树分析和因果分析等属于该法。优点是注意力集中，提高工作效率；缺点是对于遗漏的、未知的危险因素可能造成的事故无法分析。

2）按分析的量化程度分类

可分为定性分析和定量分析。定性分析是对引起系统事故的影响因素进行非量化分析，只进行可能性的分析和做出事故能否发生的判断，应用较多的方法是安全检查表、预先危险性分析、故障模式及影响分析、危险性和可操作性研究等。

定量分析是在定性分析的基础上，运用数学方法分析系统事故及影响因素之间的数量关系，对事故的危险程度做出数量化的描述或判断。

3. 交通安全分析方法的选择

在进行交通安全分析方法选择时应根据实际情况，并考虑如下四个问题。

1）分析的目的

分析方法的选择应该能够满足对分析的要求，交通安全分析的目的是辨识危险因素，以确定潜在的事故隐患或降低危险的措施。在实际工作中要达到一些具体的目的，例如：

（1）对系统中所有危险源，查明并列出清单；

（2）掌握危险源可能导致的事故，列出潜在事故隐患清单；

（3）列出降低危险性的措施和需要深入研究部位的清单；

（4）对所有危险源按危险大小排序；

（5）为定量的危险性评价提供数据。

2）资料的影响

关于资料收集的多少、详细程度、内容的新旧等，都会对选择交通安全分析方法有着至关重要的影响。

通常，资料的获取与被分析的系统所处的阶段有直接关系。例如，在方案设计阶段，采用危险性和可操作性研究或故障模式及影响分析的方法就难以获取详细的资料。随着系统的发展，可获得的资料越来越多、越来越详细。

3）系统的特点

通常可以根据被分析对象的构成要素、事故类型、所处的发展阶段、复杂程度或规模、引起事故（或故障）的因素等影响来选择安全分析方法。对于复杂和规模大的系统，由于需要的工作量和时间较多，应先用较简捷的方法进行筛选，然后根据分析的详细程度选择相应的分析方法。若事故的发生是由单一故障（或失误）引起的，则可以选择危险和可操作性研究；若事故的发生是由许多危险因素共同引起的，则可以选择事件树分析、事故树分析等方法。

4）系统的危险性

当系统的危险性较高时，通常采用系统、严格、预测性的方法，如危险性和可操作性研究、故障模式及影响分析、事件树分析、事故树分析等方法。当危险性较低时，一般采用经验的、不太详细的分析方法，如安全检查表法等。对危险性的认识，与系统无事故运行时间和严重事故发生次数，以及系统变化情况等有关；此外，还与分析者所掌握的知识和经验、完成期限、经费状况，以及分析者和管理者的喜好等有关。

最后，在使用交通安全分析方法时应注意：

（1）根据系统的特点、分析的要求和目的，应选用不同的分析方法，每种方法因其存在自身特点和局限性，并非通用。

（2）使用现有分析方法不能生搬硬套，必要时应进行改造或简化。

（3）注重各种方法的相互补充。

（4）不能局限于已有分析方法的应用，应从系统原理出发，开发新的交通安全分析方法。

3.1.2 安全分析方法介绍

1. 统计图表分析法

把统计调查所得的数字资料汇总整理，按一定的顺序填列在一定的表格内，这种表格就叫统计表。统计图是指用点的位置、线的转向、面积的大小等来表达统计结果的图形，它可以形象、直观地研究事故现象的规模、速度、结构和相互关系。

统计图表分析法就是利用过去的、现在的资料和数据进行统计，推断未来，并用图表表示的一种分析方法。

1）比重图

比重图是一种表示事物构成情况的图形，可以在图上形象、直观反映事物各种构成所占的比例。示例见图3-1。

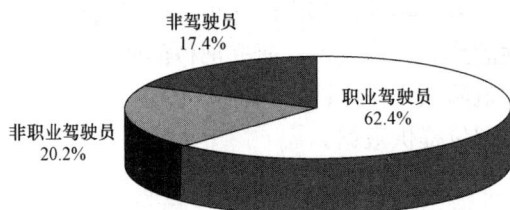

图3-1　事故原因分析比重图示例

2）趋势图

趋势图是按一定的时间间隔统计数据，利用曲线的连续变化来反映事物动态变化的图形。趋势图借助于连续曲线的升降变化，来反映事物的动态变化过程，可以帮助人们掌握交通事故发生规律，预测其未来的变化趋势，以便采取预防措施，降低事故损失。示例见图3-2。

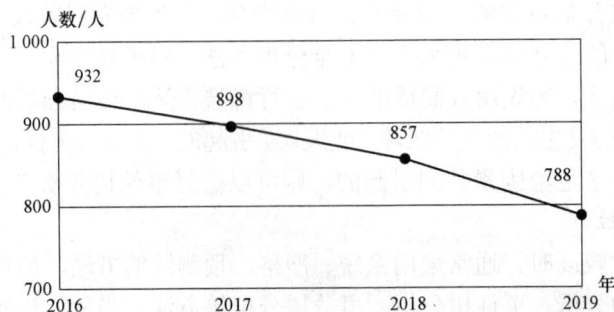

图3-2　"十三五"以来铁路交通事故死亡人数变化趋势图示例

3）直方图

直方图是交通安全分析中较为常用的统计图表。它是由建立在直角坐标系上的一系列高度不等的柱状图形组成，因而也被称为柱状图。直角坐标系的横坐标表示需要分析的各种因素，柱状图形的高度则代表了对应于横坐标的某一指标的数值。采用直方图进行交通事故统计分析，可以直观、形象地表示出各种因素对交通事故的影响程度。示例见图 3-3。

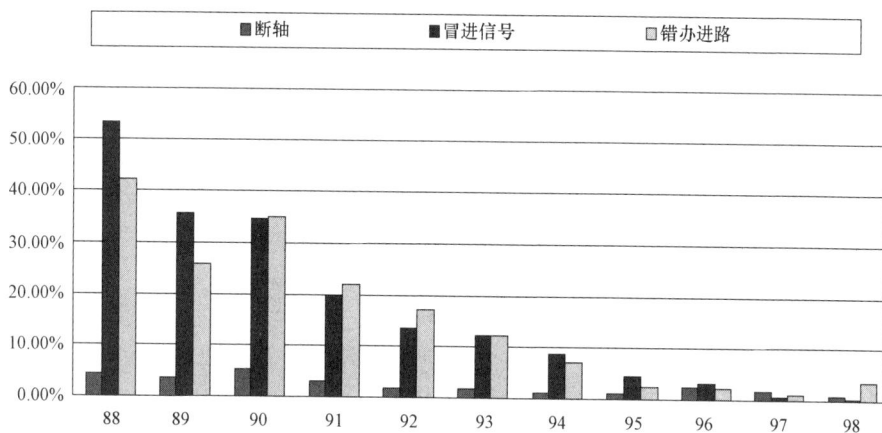

图 3-3　铁路事故原因直方图示例

4）圆图法

圆图法是把要分析的项目，按比例画在一个圆内。即整个圆 360° 为 100%，180° 为 50%，90° 为 25%，1° 为 1/360，这样画在一个圆内便可以比较直观地看出各个因素所占的比例。示例见图 3-4。

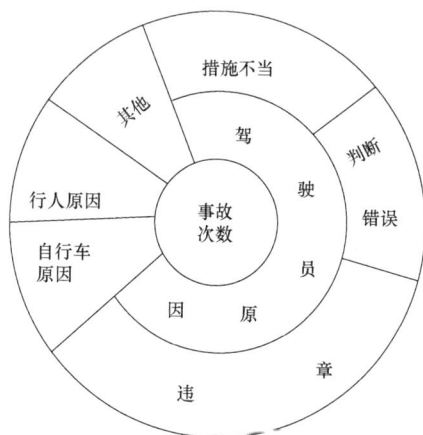

图 3-4　道路事故原因分析圆图法示例

5）排列图法

排列图全称为主次因素排列图，可用于确定系统安全的关键因素，以便明确主攻方向和工作重点所在。它由两个纵坐标、一个横坐标、几个直方图和一条曲线组成。左边纵坐标表示频数，右边纵坐标表示累积频率（0%～100%）。横坐标表示事故原因或事故分类，一般按影响因素的主次从左向右排列。示例见图3-5。

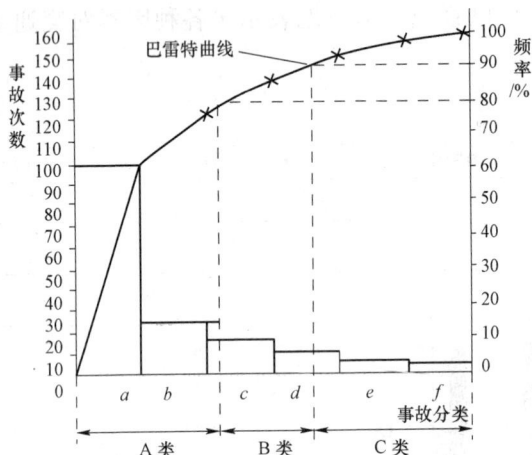

图3-5　排列图示例

2. 因果分析图法

因果分析图也称因果图、鱼刺图、特性因素或树枝图。该方法在1953年首次应用于日本，后来介绍到其他国家，把它移植到安全分析方面，成为一种重要的事故分析方法。因其所绘制的分析图形似一条完整的鱼，有骨有刺，故名鱼刺图。使用这种方法分析事故，可以使复杂的原因系统化、条理化，有助于预防对策的提出。

城市轨道交通安全与否是交通参与者、运载工具、运行线路、环境等多方面因素综合作用的结果。当分析发生城市轨道交通事故的原因时，采用因果分析图法可以将各种可能的事故原因进行归纳分析，用简明的文字和线条表现出来。

1）基本原理

因果分析图由原因和结果两部分构成。一般情况下，可从人的不安全行为（使用者、安全管理者、设计者、操作者等）和具体对象构成部分的不安全状态（设备缺陷、环境不良等）两大因素中从大到小、从粗到细、由表及里、一层一层深入分析，则得到如图3-6所示结构的鱼刺图。

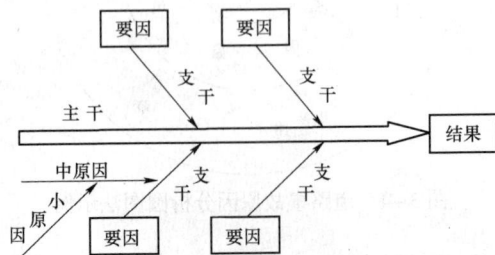

图3-6　鱼刺图结构

2）工作步骤

因果分析图的分析和绘制一般可按下列步骤进行：

（1）确定要分析的某个特定问题或事故，写在图的右边，画出主干，箭头指向右端。

（2）确定造成事故的主要原因项目，进行分类，如使用者、管理、操作者、设备、环境等，画出大枝，即支干。

（3）将上述项目深入发展，中枝表示对应的项目造成事故的次要原因，一个原因画出一枝，即中原因支，文字记在其上下。

（4）将上述原因层层展开，一直到不能再分为止。

（5）确定鱼刺图中的主要原因，并标上符号，作为重点控制对象。

（6）注明鱼刺图的名称。

上述步骤可归纳为：针对结果，分析原因；先主后次，层层深入。

3. 安全检查表分析法

20 世纪 30 年代工业迅速发展时期，由于安全系统工程尚未出现，安全工作者为了解决生产中遇到的日益增多的事故，运用系统工程的手段编制了一种检验系统安全与否的表格。系统工程广泛应用以后，安全系统工程开始萌芽时期，安全检查表的编制逐步走向理论阶段，使得安全检查表的编制越来越科学、全面和完善。

1）安全检查表的内容及要求

为了使安全检查工作能够正确、及时地发现问题和解决问题，需要一种按系统工程思想进行检查、找出各种不安全因素的方法。安全检查表法（safety check list analysis，SCA）是交通系统安全分析中一种常用分析方法，是依据相关的标准、规范，对工程、系统中已知的危险类别、设计缺陷以及与一般工艺设备、操作、管理等有关的潜在危险性和有害性进行判别检查，通过发现和查明其中的各种危险和隐患，以问题清单的形式列制成表。安全检查表是进行系统安全检查、预防事故、改善劳动条件的一种重要手段。

安全检查表的格式没有统一的规定，可以依据不同的要求，设计不同需要的安全检查表。原则上应条目清晰、内容全面，要求详细、具体。示例见图 3-1。

表 3-1　安全检查表示例

检查时间	检查单位	检查人	检查部位	整改负责人	

序号	检查项目	检查依据和标准	检查结果		整改措施
			是	否	

（1）安全检查表的项目及要求。

安全检查表的检查项目，应列出所有可能导致事故发生的因素或状态，即要求所列检查项目系统、全面、完善。

（2）安全检查表采用的方式。

安全检查表一般采用正面提问的方式，要求发问明确，回答清楚，并以"是"或"否"来回答。

（3）检查依据。

为了使提出的问题有依据，可以收集有关此项问题的规章制度、规范标准中所规定的要求，分别简要列出它们的名称和所在章节，附于每项提问后面，以便查对。

2）安全检查表的分类

安全检查表的类型繁多，分类的方式不一，可按用途、目的或被检查的对象分类，也可按使用范围分类，绝大多数是按用途分类的，常用类型有：

（1）设计审查用安全检查表；

（2）竣工验收用安全检查表；

（3）企业综合安全管理状况检查表；

（4）设备、设施定期安全检查表；

（5）车间、工段及岗位用安全检查表；

（6）消防用安全检查表；

（7）各专业性安全检查表。

3）安全检查表分析法的步骤和项目

安全检查表分析法主要包括四个操作步骤：

（1）收集评价对象的有关数据资料；

（2）选择或编制安全检查表；

（3）现场检查评价；

（4）编写评价结果分析。

检查项目可以包括场地、周边环境、设施、设备、操作、管理等各方面。有关人员根据相关依据、系统或经验分析的结果等，编制若干指导性或强制性的安全检查表。

4）安全检查表的编制

（1）安全检查表的编制方法。

经验法：找熟悉被检查对象的人员和具有实践经验的人员，根据以往积累的实践经验以及有关统计数据，编制安全检查表。

分析法：根据各种安全分析的结果进行编制，是今后发展的方向。

（2）安全检查表的编制步骤。

① 确定被检查对象，组织有关人员；

② 熟悉被分析的系统；

③ 调查不安全因素；

④ 搜集与系统有关的规范、标准、制度等；

⑤ 明确规定的安全要求；

⑥ 根据具体情况和要求确定编制方法，编制安全检查表；

⑦ 通过反复使用，不断修改、补充完善。

（3）安全检查表的编制程序。

具体见图3-7。

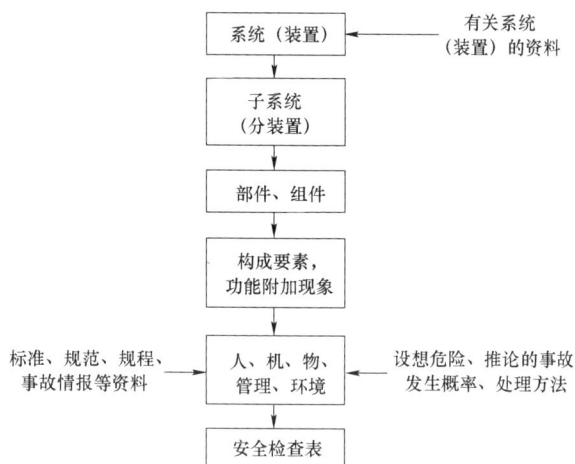

图 3-7 安全检查表的编制程序

安全检查表应列举需查明的所有可能导致危险或事故的不安全状态或行为。为了使检查表在内容上能结合实际、突出重点、简明易行、符合安全要求，编制时应依据以下四个方面的内容：

① 有关标准、规程、规范及规定。为了保证安全生产，国家、地方的有关部门发布了各类安全标准及有关的文件，这些是编制安全检查表的一个主要依据。为了便于工作，有时将检查条款的出处加以注明，以便能尽快统一不同意见。另外，还有行业、企业的规章制度、标准及企业安全生产操作规程。

② 国内外事故案例。搜集国内外行业、企业的事故案例及本单位在安全管理及生产中的有关实践经验，也是依据的一项重要内容。

③ 通过系统分析，确定危险因素、各种潜在不安全因素及成功杜绝或减少事故发生的防范措施、成功经验。

④ 研究成果。在现代信息社会和知识经济时代，知识的更新很快，编制安全检查表必须采用最新的知识和研究成果，包括新的方法、技术、法规和标准。

4. 预先危险性分析法

预先危险性分析法（preliminary hazard analysis，PHA），又称初步危险分析，是在进行某项工程活动之前，对系统存在的各种危险因素（类别、分布）、出现条件和事故可能造成的后果进行宏观、概略分析，确定危险性等级，提出相应的防范措施。

它是一种定性分析系统危险因素和危险程度的方法，可用于交通线路、港、站、枢纽等新系统设计、已有系统改造之前的方案设计、选址、选线阶段。在人们还没有掌握该系统详细资料的时候，对系统存在的危险类型、来源、出现条件、事故后果以及有关措施等，作概略分析，并尽可能在系统付诸实施之前找出预防、纠正、补救措施，消除或控制危险因素，防止发展成事故或避免考虑不周所造成的损失。

1）分析内容

由于预先危险性分析从项目寿命周期的早期阶段开始，因此，分析中的信息仅是一般性的，不会太详细。至少应包括以下内容：

（1）审查相应的安全性历史资料；

（2）调查各种能源，列出主要能源的类型，并确定其控制措施；

（3）确定系统或设备必须遵循有关的人员安全、环境安全和有毒物质的安全要求及其他有关的规定；

（4）提出纠正措施建议，在完成识别危险、评价危险的严重程度及可能性之后，还应提出如何控制危险的建议。

为了能全面地识别和评价潜在的危险，分析中还必须考虑如下项目：

（1）危险物品，例如：燃料、激光、炸药、有毒物、有危险的建筑材料、放射性物质等；

（2）系统部件间接口的安全性，例如：材料相容性、电磁干扰、意外触发、火灾或爆炸的发生和漫延、硬件和软件控制（包括软件对系统或分系统安全的影响）等；

（3）确定控制可靠性的关键软件命令和响应，例如：错误命令、不适时的命令或响应，或由订购方指定的不希望事件等；

（4）与安全有关的设备、保险装置和应急装置等，例如：联锁装置、硬件或软件故障安全设计、分系统保护、灭火系统、人员防护设备、通风装置、噪声或辐射屏蔽等；

（5）包括生产环境在内的环境约束条件，如：坠落、冲击、振动、极限、温度、噪声、接触有毒物、静电放电、雷击、·电磁环境影响、电离和非电离辐射等；

（6）操作、试验、维修和应急规程等。

进行预先危险分析需要如下资料：

（1）各种设计方案的系统和分系统部件的设计图纸和资料；

（2）在系统预期的寿命期内，系统各组成部分的活动、功能和工作顺序的功能流程图及有关资料；

（3）在预期的试验、制造、储存、修理、使用等活动中与安全要求有关的背景材料。

2）分析步骤

使用预先危险性分析法时，首先对生产目的、工艺过程以及操作条件和周围环境，作比较充分的调查了解，然后按系统和子系统一步一步地查找危险性，分析的一般步骤如下：

（1）明确被分析的系统及分析范围。

（2）调查、收集资料。

（3）系统功能分解。

（4）分析、识别危险源（识别转化条件）。调查、了解过去的经验和同类生产中发生过的事故情况，分析对象出现事故的可能类型，确定危险因素存在于哪个子系统中。调查可采用安全检查表、经验方法和技术判断的方法。识别转化条件即研究危险因素转变为危险状态的触发条件和危险状态转变为事故（或灾害）的必要条件，并进一步谋求防止办法，检验这些办法的效果。

（5）确定危险等级。即把预计到的潜在危险性划分危险等级。分级的目的是要排列出轻、重、缓、急的先后顺序或重点，以便优先处理。划分为4级：

Ⅰ级——安全的，无人员伤亡或系统损坏；

Ⅱ级——临界的，处于事故的边缘状态，暂时还不会造成人员伤亡和系统的损坏，应予排除或采取控制措施；

Ⅲ级——危险的，会造成人员伤亡和系统损坏，要立即采取措施；

Ⅳ级——灾难的或破坏性的，会造成害难事故，必须予以排除。

（6）制定事故（或灾害）的预防性对策措施。即找出消除或控制危险性的措施，指定负责措施的部门和人员，并按照一定的表格进行记录以便查找和落实措施。在危险性不能控制的情况下，可以改变工艺路线，至少也要找出防止人员受伤或物质损失的方法。

（7）按照预先危险性分析表汇总分析结果。

上述分析步骤，不一定要求严格的次序，主要意义在于集中大家的经验和智慧，从宏观上判断所研究的对象安全性如何，供给决策人员参考。程序见图3-8。

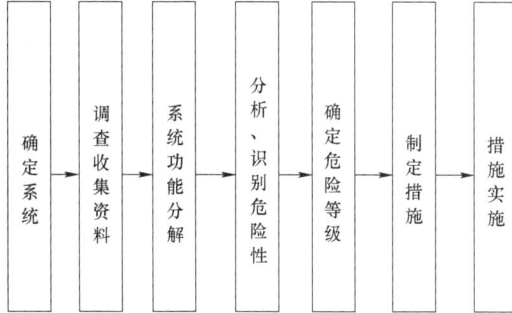

图3-8 预先危险性分析程序

3）特点分析

预先危险性分析是一种应用范围较广（人、机、物、环境和管理等方面的危险因素对系统的影响）的定性系统安全分析方法。它是由具有丰富知识和实践经验的工程技术人员、操作人员和安全管理人员经过分析、讨论实施的。主要特点：

（1）分析工作做在行动之前，花费不大，可及早采取措施排除、降低或控制危害，避免由于考虑不周造成损失；

（2）对系统开发、初步设计、制造、安装、检修等做的分析结果，可以提供应遵循的注意事项和指导方针；

（3）分析结果可为制定标准、规范和技术文献提供必要的资料；

（4）根据分析结果可编制安全检查表以保证实施安全，并可作为安全教育的材料。

4）适用条件

预先危险性分析方法可适用于以下条件：

（1）固有系统中采取新的方法，接触新的物料、设备和设施的危险性评价；

（2）可对某个子系统、某项设备或某项操作进行，该分析一般在项目的发展初期使用；

（3）可以对已建成的装置进行粗略的危险和潜在事故情况分析。

该方法是一种常用的定性分析方法，大多数情况下能辨别出系统中存在的主要危险；但不能指望这种方法就能识别系统中的所有危险。随着系统设计的深入，还会有新的危险出现，因而这种方法通常和其他方法结合使用。

5. 故障模式和影响分析法

系统的各组成子系统或元件在运行过程中往往可能发生不同类型的故障。故障模式和影响分析（failure modes and effects analysis，FMEA）主要分析系统中各子系统及元件可能发生的各种故障模式，查明各种类型故障对邻近子系统或元件的影响以及最终对系统的影响，

65

提出可能采取的预防改进措施，以提高系统的可靠性和安全性。

故障模式和影响分析法是对系统各组成部分、元件进行分析的重要方法，是由可靠性工程发展起来的。最初该法只能做定性分析，后来在分析中包括了故障发生难易程度的评价或发生的概率。更进一步地把它与危险度分析（critical analysis）结合起来，构成故障模式及影响、危险度分析。

1）分析内容和故障模式

故障是元件、组件、子系统、系统的某种功能失效和损失，在运行时不能达到预期要求，因而完不成任务。系统或产品发生故障有多方面原因，以机电产品为例，从其制造、产出和发挥作用，一般都要经历规划、设计、选材、加工、制造、装配、检验、包装、储存、运输、安装、调试、使用、维修等多个环节，每一个环节都有可能出现缺陷、失误、偏差与损伤，这就有可能存在隐患，即处于一种可能发生故障的状态。

故障模式是从不同表现形态来描述故障，一个系统或一个元件往往有多种故障模式。从可靠性的定义出发，系统或元件的故障模式，通常从五个方面来考虑：运行过程中的故障；提前动作；在规定的时间不动作；在规定的时间不停止；运行能力下降、超量或受阻。

2）分析程序

进行 FMEA 分析可按以下四步骤进行。

（1）掌握和了解对象系统。

熟悉有关资料，从中了解系统的组成、任务、工艺流程等情况；熟悉子系统的性能及各子系统之间的相互关系；查出系统设备元件及其性能、运行条件以及正常和故障的条件，从每个硬件的故障类型出发，研究它们对系统产生的影响。需要准备的必要资料有：

① 设计任务书及技术设计说明；

② 有关此类生产的法令、标准、规范、制度；

③ 工艺流程，主要设备图纸及说明；

④ 同类系统的事故事例，预先危险性分析、图表及可靠性数据等。

（2）对系统元件的故障模式及其影响进行分析。

此步为方法的核心，根据理论知识、实践经验和有关故障资料，判明系统中所有实际可能出现的故障类型（即导致规定输出功能的异常和偏差）。分析过程的基本出发点，不是从故障已发生开始考虑，而是分析现有设计方案，会有哪种故障发生，即对每一种可能的输出功能偏差，预测可能发生什么故障，对部件、子系统、系统有什么影响及其程度，列出认为可能发生的全部故障类型。

（3）确定故障等级。

由于各种故障类型所引起的子系统、系统事故有很大的差别，因而在处理措施上就要分清轻重缓急区别对待。故障等级是衡量对系统任务、人员安全造成影响的尺度。确定故障等级的方法有以下几种：

① 简单划分法。将故障模式对子系统或系统影响的严重程度分四个等级，可根据实际情况进行分级，具体见表3-2。

表 3-2　故障类型的等级

故障等级	影响程度	危害后果
Ⅰ级	致命性	可能造成死亡或系统损失
Ⅱ级	严重性	可能造成严重伤害、严重职业病或主系统损坏
Ⅲ级	临界性	可造成轻伤、轻职业病或次要系统损坏
Ⅳ级	可忽略性	不会造成伤害和职业病，系统也不会受损

② 评点法。在难以取得可靠性数据的情况下，可采用此法，它比简单划分法精确。该方法从几个方面来考虑故障对系统的影响程度，用一定点数表示程度的大小，通过计算，求出故障等级。

评点数由下式求得：

$$c_s = \sqrt[i]{c_1 \cdot c_2 \cdot \cdots \cdot c_i}$$

式中：c_s——总点数，$0 < c_s < 10$；

c_i——因素系数，$0 < c_i < 10$。

评点因素有：故障影响大小、对系统造成影响的范围、系统故障发生的频率、防止故障的难易程度和是否新设计等，取值根据情况而定。

（4）汇总结果和提出改正措施。

3）分析格式

分析结果通常以工作表的形式表现，形式没有严格要求，简洁明了即可，如表 3-3 所示。随着项目的不同、分析精细程度不同及客户要求的不同，工作表的形式不完全一致。通常包括以下信息：

表 3-3　故障类型影响分析工作表

系统：		故障类型及影响分析				第　页　共　页		
分析层次：						日期：		
参考图纸						填写人员：		
运行阶段						验收人员：		
序号	条目	故障类型	产生原因	故障影响	检查方法	故障等级	建议措施	备注

（1）条目。条目编号应与其他分析或图纸等编号相一致，便于数据和资料的管理。

（2）故障类型。依据历史数据、制造商提供的信息、经验或检测结果等填写所有的故障类型，然后逐一分析其影响。

（3）产生原因。导致某故障类型的所有可能的原因。产生原因可基于不同的分析方法，如物理失效、毁坏、温度应力、振动应力等。该栏还应列出影响元器件的所有条件以明确是否有一些特殊的操作、人员、情形加剧了这种失效或破坏。

（4）故障影响。故障类型所导致的影响，通常是指故障对本层次、对上一层次以及对系统的影响。

（5）检查方法。某项故障类型发生后，在其没有导致严重后果前通过什么方法检测该故障类型。

（6）故障等级。故障对系统的影响程度。

（7）建议措施。消除或减缓潜在故障类型影响的措施和方法。

4）特点

FMEA 是一种归纳分析法，也是一种自下而上的分析方法。其优点：

（1）从部件分析到故障，侧重上、下逻辑关系，容易掌握，有针对性，对硬件分析有较大优势；

（2）对于高风险的系统或子系统采用这种分析方法可以得到比 PHA 更为精确的结果。

该方法的缺点是：

（1）必须对系统的每个部件或零件都进行分析，从经济上考虑是不合理的，特别是对大型、复杂系统进行分析时，这种分析方法耗费大量的时间和精力；

（2）只关心单点故障及其对系统的影响，无法识别部件间相互作用的影响，更无法辨识它们导致的组合故障类型的严重度和发生概率。

5）适用条件

FMEA 法适合在产品或系统的设计和研发阶段使用，尤其在详细设计阶段，因为系统设计已细致到元器件层次，这时采用 FMEA 方法对保证设计的正确合理有积极的作用，因为这时发现问题及时修改还不需要太昂贵的费用。FMEA 方法适用于从系统到元器件之间任一层次的分析，但通常用于分析较低层次的危险，在实践中常和其他方法结合使用。

6）故障模式、影响和危险度分析

将故障模式、影响和危险度分析相结合，便可以从定性分析发展到定量分析，称为故障模式、影响和危险度分析（FMECA）。

危险度分析的目的在于评价系统每种故障类型的危险度，据此按轻重缓急确定对策措施。一般地，采用风险矩阵法（概率－严重度）和致命度指数两种方法来评价故障类型的危险度。

（1）风险矩阵法。

衡量故障发生可能性和故障发生后引起后果的标准称为危险度，它代表故障概率和严重度的综合评价。通常采用概率－严重度来评价故障模式的危险度，概率是指故障模式发生的概率，严重度是指故障后果的严重程度。采用该方法进行致命度分析时，通常把概率和严重度分别划分为若干等级。

① 故障概率。

故障概率一般按统计时间内的实际故障次数除以实际工作小时数来进行计算。若实际统计困难，可以用定性或定量分类方法确定单个故障类型的概率，见表 3-4、3-5。

表 3-4　定性分类法故障概率

等级	内容	等级	内容
Ⅰ级	故障概率很低，出现的机会可以忽略	Ⅲ级	故障概率中等，出现的机会为 50%
Ⅱ级	故障概率低，不易出现	Ⅳ级	故障概率高，易于出现

表 3-5　定量分类法故障概率

等级	内容	等级	内容
I 级	任何单个故障类型出现的概率, 小于全部故障概率的 0.01	III 级	任何单个故障类型出现的概率, 大于全部故障概率的 0.1 而小于 0.2
II 级	任何单个故障类型出现的概率, 大于全部故障概率的 0.01 而小于 0.1	IV 级	任何单个故障类型出现的概率, 大于全部故障概率的 0.2

② 严重度。

严重度是指故障类型对系统功能的影响程度。它可以分为 I (低的)、II (主要的)、III (关键的)、IV (灾难性的) 四个等级。

确定严重度和故障概率的数据后, 就可运用风险矩阵的评价法, 因为用这两个特性就可表示出故障类型的实际影响。以故障类型发生概率为纵坐标, 严重度为横坐标, 综合这两个特性, 画出风险矩阵, 如图 3-9 所示。

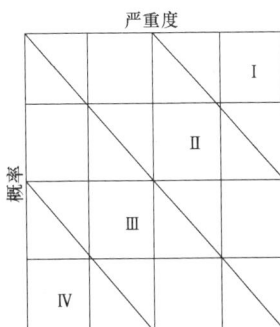

图 3-9　风险矩阵图

将所有故障类型按其严重度和发生概率填入矩阵图中, 就可看出系统风险的密集情况。处于右上角方块中的故障类型风险率最高, 依次左移逐渐降低。但值得注意的是, 有的故障类型虽然有高的发生概率, 但造成危害的严重度很低, 因而风险率也低; 另一种情况, 即发生的概率很低, 但危害的严重度很大, 所以风险率也不会高。

(2) 致命度指数法。

在系统中, 如果某一元件发生故障后, 传播到系统的最高一级, 导致系统发生故障, 甚至会造成人员死亡或财物损失, 则此故障就是系统的致命故障, 将这种特别严重的事故类型单独拿出来进行分析, 这种方法叫作致命分析 (CA)。致命度分析的目的在于评价每种故障类型的危险程度。

致命度分析是在故障模式及影响分析的基础上扩展出来的, 在系统进行初步分析 (如故障模式及影响分析) 之后, 对其中特别严重的故障模式 (如 IV 级, 有时也对 III 级) 单独再进行详细分析; 致命度分析就是对系统中各个不同的严重故障模式计算临界值、致命度指数, 即给出某故障模式产生致命度影响的概率, 它是一种定量分析方法, 与故障模式及影响分析结合使用时, 称为故障模式、影响及致命度分析 (FMECA)。

以系统元件运行 100 万次 (小时) 发生的故障次数来衡量危险度, 致命度指数的计算公式如下:

$$C = \sum_{i=1}^{n} (\alpha \cdot \beta \cdot k_1 \cdot k_2 \cdot \lambda \cdot t \cdot 10^6)$$

式中：C——致命度指数，表示系统故障的次数（或件数）；

n——导致系统致命性故障或事故的故障类型总数；

i——第 i 个致命性故障类型；

α——导致致命性故障或事故的故障类型数目占全部故障类型数目的比例；

β——导致致命性故障或事故发生的故障类型出现并产生实际影响的条件概率，其值见表 3-6；

k_1——元件的测定值与实际运行条件强度修正系数；

k_2——元件的测定值与实际运行条件环境修正系数；

λ——元件单位时间或周期的基本故障率；

t——完成一项任务，元件运行的小时数或周期（次）数。

10^6——单位调整系数，将 C 值由每工作一次的损失换算为每工作 10^6 次的损失换算系数，经此换算后 $C>1$。

表 3-6 发生概率值

故障影响	发生概率 β
实际丧失规定功能	1.00
很可能丧失规定功能	$0.1 \leqslant \beta < 1$
可能丧失规定功能	$0 < \beta < 0.1$
没有影响	0

致命度分析（或故障模式、影响及致命度分析）的正确性取决于两个因素：首先与分析者的水平有直接关系，要求分析者有一定实践经验和理论知识；其次取决于可利用的信息，信息多少决定了分析的深度，如没有故障率数据时，只能利用故障模式发生的概率，用风险矩阵的方法分析，无法填写详细的致命度分析表。若所用的数据不可靠，则分析的结果必然有差错。

6. 事件树分析法

1）事件树分析的含义

事件树分析（event tree analysis，ETA）是系统安全工程的重要分析方法之一。1974 年在美国核电站风险评价中发挥重要作用，目前成为许多国家标准化的分析方法，我国将其列入国家标准《企业职工伤亡事故调查分析规则》之中。

ETA 的理论基础是决策论，它是一种按事故发展的时间顺序由初因事件开始推论可能的后果，交替考虑成功和失败两种可能性，然后再以这两种可能性为新的初因事件，如此继续分析下去，直至找到最后的结果为止，故又称为决策分析法。这种方法将系统可能发生的某种事故与导致事故发生的各种原因之间的逻辑关系用一种称为事件树的树形图表示，通过对事件树的定性与定量分析，找出事故发生的主要原因，为确定安全对策提供可靠依据，以达到猜测与预防事故发生的目的。

2）方法介绍

事故的产生是一个动态过程，是若干事件按时间顺序相继出现的结果，每一个初始事件都可能导致灾难性的后果，但并不一定是必然的后果，因为事件向前发展的每一步都会受到安全防护措施、操作人员的工作方式、安全管理及其他条件的制约。因此，每一阶段都有两种可能性结果，即达到既定的目标的"成功"（或"正常"）和达不到既定目标的"失败"（"失效"）。

ETA 以初始（因）事件为起点，按照事故的发展顺序，分成阶段，一步一步地进行分析，每一事件可能的后续事件取完全对立的两种状态（成功或失败、正常或故障、安全或危险等），逐步向结果方面发展，直到达到系统故障或事故为止，最终形成一个在水平方向横向展开的树形图。

可以实现的功能如下：

（1）ETA 可以事前预测事故及不安全因素，估计事故的可能后果，寻求最经济的预防手段和方法。

（2）事后用 ETA 分析事故原因，十分方便明确。

（3）ETA 的分析资料既可作为直观的安全教育资料，也有助于推测类似事故的预防对策。

（4）当积累了大量事故资料时，可采用计算机模拟，使 ETA 对事故的预测更为有效。

（5）在安全管理上用 ETA 对重大问题进行决策，具有其他方法所不具备的优势。

3）分析步骤

事件树通常包括四个分析步骤：

（1）确定初始事件。

事件树分析是一种系统地研究作为危险源的初始事件如何与后续事件形成时序逻辑关系而最终导致事故的方法，正确选择初始事件十分重要。

初始事件是在一定条件下造成事故后果的最初原因事件，或者事故在未发生时，其发展过程中的危害事件或危险事件，如机器故障、设备损坏、能量外逸或失控、人的误动作等。可以用两种方法确定初始事件：① 根据系统设计、系统危险性评价、系统运行经验或事故经验等确定；② 根据系统重大故障或事件树分析，从其中间事件或初始事件中选择。

（2）编制事件树图。

① 初始事件写在最左边，各环节事件按顺序写在右面；

② 从初始事件画一条水平线到第一个环节事件，在水平线末端画一垂直线段，垂直线段上端表示成功，下端表示失败；

③ 再从垂直线两端分别向右画水平线到下个环节，同样用垂直线段表示成功和失败两种状态；

④ 依次类推，直到最后一个环节事件为止。如果某一个环节事件不需要往下分析，则水平线延伸下去，不发生分支，如此便得到事件树。

（3）阐明事故结果。

在事件树最后面写明由初始事件引起的各种事故结果或后果。为清楚起见，对事件树的初始事件和各环节事件用不同字母加以标记。

（4）定性、定量分析。

通过事件树分析可以明确初始事件到事故的过程，系统地展示出各种故障与系统成功、失败的关系；同时，在每个分支上注明其发生概率，最后分别求出它们的积与和，可以作为系统的可靠系数。事件树分析中，形成分支的每个事件的概率之和等于1。示列见图 3-10。

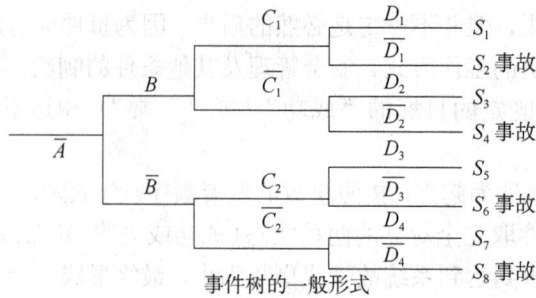

事件树的一般形式

图 3-10　事件树示例

4）定性分析

在绘制事件树的过程中已对每一发展过程和事件发展的途径作了可能性的分析。

（1）找出事故连锁。

事故连锁越多，系统越危险；事故连锁中事件树越少，系统越危险。

（2）找出预防事故的途径。

成功连锁越多，系统越安全；成功连锁中事件数越少，系统越安全。

5）定量分析

根据事件的发生概率，计算各种途径的事故发生概率，比较各途径概率值的大小，做出事故发生可能性序列，确定最易发生事故的途径。

（1）各发展途径的概率等于从初始事件开始的各事件发生概率之积，如图 3-10 中：

$$P(S_1) = P(\overline{A}) \times P(B) \times P(C_1) \times P(D_1)$$

$$P(S_2) = P(\overline{A}) \times P(B) \times P(\overline{C_1}) \times P(\overline{D_1})$$

（2）事故发生概率等于事故的各发展途径的概率和，如图 3-10 中：

$$P = P(S_2) + P(S_4) + P(S_6) + P(S_8)$$

示列见图 3-11。

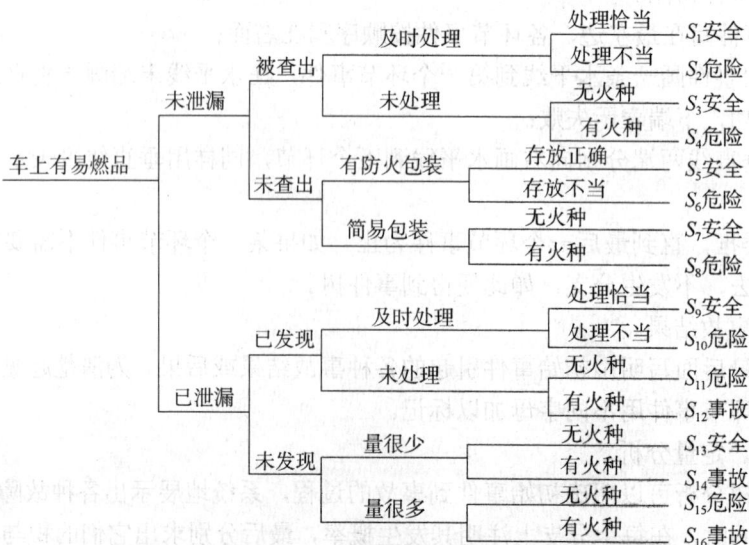

图 3-11　火车上有易燃品引起火灾的事件树

7．事故树分析法

1）事故树分析的基本概念

事故树分析（accident tree analysis）方法起源于故障树分析（fault tree analysis，FTA），是安全系统工程的重要分析方法之一，是一种演绎推理的安全系统分析方法。实践证明，事故树分析是对各类事故进行分析、预测和评价的有效方法，可作定性与定量分析，可为安全管理提供科学的决策依据，具有重要的推广和应用价值。

事故树是将各种原因之间的逻辑关系用一种树形图表示，故是一种图形演绎方法，不仅能分析出事故的直接原因，而且能深入地揭示出事故的潜在原因，描述关系直观、明了，思路清晰，逻辑性强。既可以定性地达到对系统更深入的认识和评价，便于找出系统的薄弱环节，又可以定量分析计算复杂系统发生事故的概率。

事故树的基本原理：采用逻辑方法进行危险分析，将事故的因果关系描述成一种有方向的"树"，以可能发生或已经发生的事故（顶上事件）作为分析起点，将导致事故发生的原因事件按因果逻辑关系层层列出，用树状图构成一种逻辑模型，之后进行定性和定量的分析，分析事故发生的各种可能途径和发生的概率，找出避免事故发生的各种方案，选出最佳的安全对策。

2）事故树分析的步骤

（1）准备阶段。

① 确定所要分析的系统；

② 熟悉系统；

③ 调查系统发生的事故。

（2）事故树的编制。

① 确定事故树的顶事件；

② 调查与顶事件有关的所有原因事件；

③ 编制事故树；

（3）事故树定性分析。

（4）事故树定量分析。

（5）事故树分析的结果总结与应用。

3）事故树的符号及其意义

事故树采用的符号有三大类：事件符号、逻辑门符号、转移符号。

（1）事件及其符号。

在事故分析中，各种非正常状态或不正常情况皆称事故事件，各种完好状态或正常情况皆称成功事件，两者均简称为事件。事故树中的每一个节点都表示一个事件。

① 结果事件：分为顶事件和中间事件，用矩形符号表示。

② 底事件：是引发、导致其他事件的原因事件，底事件又分为基本原因事件和省略事件。前者指引发事件的基本原因事件，一般属于人 – 机 – 环 – 管中的　类，用圆形符号表示；后者即事前不能分析、或没有必要再分析下去的事件，用菱形符号表示，如天气、操作不当等。

③ 其他事件：包括系统在正常状态下发挥正常功能的正常事件，还有表明其特殊性或引起注意的事件，以及来自系统外的、不是本系统的事故原因事件，称为二次事件；用房形

符号表示正常事件，用椭圆形符号表示条件/特殊事件，用菱形符号表示二次事件。

（2）逻辑门及其符号。

逻辑门是连接各事件并表示其逻辑关系的符号。逻辑门的应用是事故树作图的关键，只有正确地选择和使用逻辑门，才能保证事故树分析的正确性。主要有：

① 与门：只有当其下的输入事件同时发生时，上面的输出事件才发生。

② 或门：表示输入事件至少有一个发生，输出事件就发生。

③ 特殊门：条件与门即必须在满足条件的情况下，输入事件同时发生，输出事件才发生，否则不发生；条件或门即表示在满足条件的情况下，输入事件至少有一个发生，输出事件就发生。

④ 限制门：也称为禁门，表示当输入事件发生时，如果满足条件，输入事件就发生，否则输出事件就不发生。

⑤ 表决门：表示 n 个输入事件中，至少有 r 个发生时输出事件才发生的逻辑关系。这种情况在电气电子行业出现较多，其他行业不常出现。

⑥ 排斥或门：也称异或门，若两个（或两个以上的）输入事件同时发生时，输出事件就不发生。

⑦ 顺序与门：表示所连接的两个输入事件，只有一个优先于另一个发生时，才会有输出事件发生，顺序相反则不会有输出事件发生。这实际是条件概率事件。

（3）转移符号。

当事故树过于庞大时，可以使用转移符号将其部分转移到另外一张表上。

① 转出符号：表示向其他部分转出，△内记入向何处转出的标记。

② 转入符号：表示从其他部分转入，△内记入从何处转入的标记。

4）事故树的编制

事故树的编制是事故树分析中最基本、最关键的环节。编制人员应由系统设计人员、操作人员和可靠性分析人员组成，通过编制过程发现系统中的薄弱环节。事故树的编制过程是一个严密的逻辑推理过程，应遵循以下规则：

① 确定顶事件应优先考虑风险大的事故事件；

② 合理确定边界条件；

③ 保持门的完整性，不允许门与门直接相连；

④ 确切描述顶事件；

⑤ 编制过程中及编成后，及时进行合理的简化。

事故树编制的完善程度直接影响到事故树定性分析与定量分析的结果是否正确，关系到运用事故树分析方法的成败。

（1）编制过程。

① 确定所分析的系统。即确定系统中所包含的内容及其边界范围，并要熟悉系统的整个情况，了解系统状态、工艺过程和各种参数，以及作业情况、环境状况等。调查系统中发生的各类事故资料。

② 确定事故树的顶事件。顶事件即事故树分析的对象事件，也就是所要分析的事故。对于某一确定的系统而言，可能会发生多种事故，一般首先选择那些易于发生且后果严重的事故作为顶事件。

③ 调查与顶事件有关的所有原因事件。原因事件包括与顶上事件有关的所有因素，可从 4M 因素（即人、物、管理和环境）着手进行调查。

④ 画出事故树。首先画出顶上事件，在它下面的一层并列写出其直接原因事件，并用逻辑门连接上、下两层事件；然后，再把构成第二层各事件的直接原因写在第三层上，并用适当的逻辑门连接起来。这样，层层向下，直到最基本的原因事件，就画出一个完整的事故树。

（2）事故树化简。

无论是对事故树进行化简，还是对其进行定性、定量分析，都要列出事故树的结构式，即将事故树的逻辑关系用逻辑式标识。如上述示例事故树图所示。化简的问题，一般可按如下说明处理：

① 如果事故树的不同位置存在相同的基本事件，需要对事故树进行化简，对其进行定性、定量分析。

② 一般事故树（不存在相同的基本事件）可以进行化简，也可以不化简。

5）事故树的定性分析

在事故树中，如果全部基本事件都发生，则顶上事件必然发生。但是在一般情况下，顶上事件的发生并不一定需要全部基本事件发生，而只需要某些特定的基本事件同时发生即可，可以借助割集来研究这一问题。

（1）割集与最小割集。

割集：在事故树分析中，把引起顶事件发生的基本事件的集合称为割集，也称截集或截止集。

最小割集：一个事故树中的割集一般不止一个，在这些割集中，凡不包含其他割集的，叫作最小割集。

最小割集是引起顶事件发生的充分必要条件。

（2）最小割集的求法。

最小割集的求法有多种，简单的事故树可以凭直观找出最小割集。常用的有布尔代数法、行列法和结构法三种。布尔代数法最为简单，应用较为普遍。其他还有素数法、分离重复事件法、矩阵法及模拟法等。

6）事故树的定量分析

事故树的定量分析是指绘制完成事故树图后，通过图确定系统故障原因的各种可能组合方式及其发生概率，进而计算系统故障的概率。

进行事故树定量计算时，一般假设：

① 基本事件之间相互独立；

② 假定故障分布为指数函数分布。

（1）基本事件的发生概率。

为了计算顶上事件的发生概率，首先必须确定各个基本事件的发生概率。所以，合理确定基本事件的发生概率，是事故树定量分析的基础工作，也是决定定量分析成败的关键工作。

基本事件的发生概率包括系统的单元（部件或元件）故障概率及人的失误概率等两类；在工程上计算时，往往用基本事件发生的频率来代替其概率值。确定方法有：经验法、专家咨询法。

（2）顶上事件发生概率的计算。

事故树定量分析的主要工作就是计算顶上事件的发生概率，以此为依据，综合考察事故的风险率，进行安全评价。

当给定了事故树各基本事件的发生概率，各基本事件又是独立事件时，可以计算顶上事件的发生概率。常用的方法有状态枚举法、直接分步算法、最小割集法、最小径集法等，对于复杂的大型事故树，可采用简便的近似算法，以便在获得满意计算精度的情况下，节省计算时间。

7）事故树分析的特点

（1）事故树分析是一种图形演绎方法，是事故事件在一定条件下的逻辑推理方法。它可以围绕某特定的事故作层层深入的分析，因而在清晰的事故树图形下，表达系统内各事件间的内在联系，并指出单元故障与系统事故之间的逻辑关系，便于找出系统的薄弱环节。

（2）事故树分析具有很大的灵活性，不仅可以分析某些单元故障对系统的影响，还可以对导致系统事故的特殊原因，如人为因素、环境影响进行分析。

（3）进行事故树分析的过程，是一个对系统更深入认识的过程，它要求分析人员把握系统内各要素间的内在联系，弄清各种潜在因素对事故发生影响的途径和程度，因而许多问题在分析的过程中就被发现和解决了，从而提高了系统的安全性。

（4）利用事故树模型可以定量计算复杂系统发生事故的概率，为改善和评价系统安全性提供了定量依据。

事故树分析法仍处在发展和完善中。目前，事故树分析在自动编制、多状态系统 FTA、相依事件的 FTA、数据库的建立及 FTA 技术的实际应用等方面尚待进一步分析研究，以求新的发展和突破。

8. 其他分析方法

1）灰色关联因素分析

对于两个系统之间的因素，其随时间或不同对象而变化的关联性大小的量度，称为关联度。在系统发展过程中，若两个因素变化的趋势具有一致性，即同步变化程度较高，即可谓二者关联程度较高；反之，则较低。

灰色关联分析方法的基本思想是根据因素之间发展趋势的序列曲线几何形状的相似程度来判断其联系是否紧密，亦即"灰色关联度"。曲线越接近，相应序列之间关联度就越大，反之就越小。它弥补了采用数理统计方法作系统分析所导致的缺陷，对样本量的多少没有过分要求，也不需要典型的分布规律，而且计算量小，十分方便，适合信息量较少的事故记录。利用灰色关联分析法可以很好地定量分析不同的事故致因因素对事故危害性的影响程度。

以火灾事故为例：

（1）确定反映系统行为特征的参考数列和影响系统行为的比较数列，即选取数列。举例选取火灾起数、死亡人数、受伤人数和直接财产损失为参考数列，确定与火灾危险性有关的因子作为比较数列（如电气、纵火、用火不慎等），将历年火灾事故根据这两个数列所列出的属性进行统计，如 1991 年时河南省发生火灾 1 069 起，其中纵火原因的是 103 起。

（2）对参考数列和比较数列进行无量纲化处理。为了便于比较，把不同物理意义的各因素数据进行无量纲化处理。

（3）求参考数列与比较数列的灰色关联系数，即关联程度。关联程度实质上是曲线几何形状的差别程度，用曲线间差值大小来衡量。根据灰色关联系数的求法，求得比较数列的多因素分别与火灾起数、死亡人数、受伤人数、直接财产损失的关联程度。

（4）求关联度。因为关联系数是比较数列与参考数列在各个时刻（即曲线中的各点）的关联程度值，它的数不止一个，所以有必要集中成一个值，即求其平均值，作为关联程度的数量表示。

（5）关联度排序，确定影响最大的因素。例如，举例中最后得出结论，纵火因素与死亡人数相关度最大。

2）危险分析 AHP 模型

层次分析法（analytic hierarchy process，AHP）是美国运筹学家、匹兹堡大学 T. L. Saaty 教授在 20 世纪 70 年代初期提出的，AHP 是对定性问题进行定量分析的一种简便、灵活而又实用的多准则决策方法。

危险分析，即把预计到的潜在事故划分出危险等级，排列出先后顺序和重点，以便优化处理，然后利用层次分析法（AHP），建立危险分析 AHP 模型，实现对危险的定性和定量相结合的分析。危险分析 AHP 模型（又称为 AHP 危险分析方法，简称 AHPRA，即 analytic hierarchy process on risk analysis）就是将层次分析法用于风险分析的一种定量风险分析方法。利用数学方法计算反映每一层次元素的相对重要性次序的权值，通过所有层次之间的总排序计算所有元素的相对权重并进行排序。

危险分析 AHP 模型的步骤如下：首先，确定模型元素，以危险源的组成为基础列出 AHP 模型因素，如物质、能量和环境是三大危险因素，它们与其下的各个因素构成了一个树状的危险分析 AHP 模型图；其次，对模型中同一层次的各元素与上一层次中某一准则的重要性进行两两比较，构造两两比较判断矩阵；最后，由判断矩阵计算被比较元素对于该准则的相对权重，如果权重高，说明这个因素的危险性大。

3）危险性与可操作性研究（HAZOP）

又称为危险与可操作性分析（hazard and operability analysis，HAZOP）技术，是英国帝国化学工业公司（Imperial Chemical Industries Ltd，ICI）于 1974 年提出的，最早确定要由一个多方面人员组成的小组执行危险和可操作性研究工作，主要目标是对化工装置的工艺过程进行危险与可操作性分析。该技术以其系统、科学的突出优势，在装置工艺危险辨识领域备受推崇。

HAZOP 是一种定性的安全评价方法，是通过系列的会议对工艺流程图和操作规程进行分析，由各种专业人员按照规定的方法对偏离设计的工艺条件进行过程危险和可操作性研究。通过讨论，分析系统可能出现的偏离、偏离原因、偏离后果及对整个系统的影响。

HAZOP 分析组通过分析每个工艺单元或操作步骤，识别出那些具有潜在危险的偏差，这些偏差通过引导词引出，使用引导词的一个目的就是保证对所有工艺参数的偏差都进行分析。该分析结果通常以工作表的形式体现，通常包括的信息有关键词、偏差、可能原因、后果和控制措施等。

HAZOP 方法易于掌握，既可用于设计的分析评价，又可用丁操作评价；既可用来编制、完善安全规程，又可作为可操作的安全教育材料；适用范围较广泛，尽管其从化工行业发展起来，目前其应用已扩展到机械、运输、软件开发等领域，并在实践中形成了多种应用类型。该方法在分析的过程中只能关注单个节点、单个偏差，无法辨识系统元件间作用而引起的危险。另外，这种分析方法较为耗费时间，通常和其他方法结合使用。

3.2 交通安全评价

3.2.1 安全评价概述

1. 安全评价的含义

安全评价也称危险性评价或风险评价。它是以实现系统安全为目的，应用安全系统工程原理和工程技术方法，对系统中固有或潜在的危险因素进行定性和定量分析，得出系统发生危险的可能性及其后果严重程度的评价，通过与评价标准的比较得出系统的危险程度，提出改进措施，以寻求最低事故率、最少的损失和最优的安全投资。

安全评价的三层意思：

（1）对系统存在的不安全因素进行定性和定量分析，这是安全评价的基础，包括安全测定、安全检查和安全分析等；

（2）通过与评价标准的比较得出系统发生危险的可能性或程度的评价；

（3）提出改进措施，以寻求最低的事故率，达到安全评价的最终目的。

安全评价既需要安全评价理论的支撑，又需要理论与实际经验的结合，二者缺一不可。安全评价可在同一系统中用来比较风险的大小，但不能用来证明当必要的安全设备未投入使用时，系统的状态是安全的，这样的证明既是方法的滥用，也会得出不符合逻辑的结果。

2. 安全评价发展概况

1）国外发展概况

安全评价技术起源于 20 世纪 30 年代，随着保险业的发展而发展起来，在 20 世纪 60 年代得到了很大的发展。

（1）1962 年 4 月美国公布了"空军弹道导弹系统安全工程"；

（2）1969 年美国国防部批准颁布了军事标准《系统安全大纲要点》；

（3）1964 年美国道（DOW）化学公司首先开发出"火灾、爆炸危险指数评价法"；

（4）1974 年英国帝国化学公司（ICI）蒙德（Mond）部提出了"蒙德火灾、爆炸、毒性指标评价法"；

（5）1976 年日本劳动省颁布了"化工厂安全评价六阶段法"。

20 世纪 70 年代以后世界范围内发生了许多震惊世界的火灾、爆炸、有毒物质的泄漏事故。恶性事故造成的人员严重伤亡和巨大的财产损失，促使各国政府、议会立法或颁布规定，规定工程项目、技术开发项目都必须进行安全评价。

（1）日本《劳动安全卫生法》规定由劳动基准监督署对建设项目实行事先审查和许可证制度；

（2）美国对重要工程项目的竣工、投产都要求进行安全评价；

（3）英国政府规定，凡未进行安全评价的新建企业不准开工；

（4）欧共体 1982 年颁布《关于工业活动中重大危险源的指令》，欧共体成员国陆续制定了相应的法律；

（5）国际劳工组织（ILO）也先后公布了 1988 年的《重大事故控制指南》、1990 年的《重大工业事故预防实用规程》和 1992 年的《工作中安全使用化学品实用规程》，对安全评价提出了要求。

2）我国发展概况

（1）1988 年 1 月 1 日原机械电子部颁布安全评价标准《机械工厂安全性评价标准》；

（2）1990 年 10 月由国防科学技术工业委员会批准发布《系统安全性通用大纲》；

（3）1991 年国家"八五"科技攻关课题中，安全评价方法研究列为重点攻关项目；

（4）1996 年 10 月原劳动部颁发了第 3 号令，规定六类建设项目必须进行劳动安全卫生预评价；

（5）2002 年 6 月 29 日颁布了《中华人民共和国安全生产法》，规定生产经营单位的建设项目必须实施"三同时"，同时还规定矿山建设项目和用于生产、储存危险物品的建设项目应进行安全条件论证和安全评价。

3. 安全评价的分类

1）根据评价对象的生命周期不同阶段和评价的目的分类

（1）安全预评价。

安全预评价是在建设项目建设前，根据建设项目可行性研究报告的内容，分析和预测该建设项目存在的危险、有害因素的种类和程度，提出合理可行的安全技术设计和安全对策措施及建议。安全预评价最后形成的评价报告将作为建设项目取得安全建设行政许可必备的报批文件之一，同时，也是建设项目设计的重要依据。安全预评价报告提供给建设单位、设计单位和政府管理部门，在设计阶段落实安全预评价所提出的各项安全对策措施，切实做到建设项目安全管理在设计环节的"三同时"。

（2）安全验收评价。

安全验收评价是在建设项目竣工试生产正常运行后，在正式生产运行前，通过对建设项目的设施、设备、装置实际运行状况的检测、考察，查找该建设项目投产后可能存在的危险、有害因素，提出合理可行的安全技术调整方案和安全管理对策。

系统安全验收评价是一种检查性安全评价，通过对系统存在的危险有害因素进行定性和定量的检查，判断系统在安全上的符合性和配套安全设施的有效性，从而作出评价结论并提出补救或补偿措施，以促进建设项目实现系统安全。系统安全验收评价也是为建设项目投产运行取得安全行政许可进行的技术准备，最终形成的系统安全验收评价报告，并作为建设单位向政府安全生产监督管理机构申请建设项目安全验收审批的重要依据。

（3）安全现状评价。

安全现状评价是以使用运行中的系统为评价对象，辨识和分析在用系统中存在的危险有害因素，从生产设备、生产环境和生产管理等方面，审查确定在用系统各安全生产要素与安全生产法律、法规规章、标准等规范要求的符合性，预测在用系统发生事故或造成职业危害的可能性及其严重程度，提出科学、合理、可行的安全对策措施建议，做出系统安全现状评价结论。

系统安全现状评价形成的评价报告的内容应纳入生产经营单位危险隐患整改和安全管理完善计划，并按计划加以实施和检查。

（4）专项安全评价。

专项安全评价是针对某一项活动或场所，以及一个特定的行业、产品、生产方式、生产工艺或生产装置等某一专项存在的危险、有害因素进行的一种安全评价。

2）根据评价量化程度分类

（1）定性评价。

定性评价主要是根据经验对生产系统的工艺、设备、环境、人员、管理等方面的安全状况进行定性的判断。

（2）定量评价。

定量评价是运用基于大量的实验结果和广泛的事故资料统计分析获得的指标或规律（数学模型），对工艺、设备、设施、环境、人员和管理等方面的状况进行定量的计算，其结果是一些定量的指标，如事故发生概率、事故严重度、事故的伤害（或破坏）范围等。

3）根据评价内容分类

（1）工厂设计的安全性评价；

（2）安全管理的有效性评价；

（3）人的行为的安全性评价；

（4）生产设备的安全可靠性评价；

（5）作业环境条件评价；

（6）化学物质危险性评价。

4）根据评价性质分类

（1）系统固有危险性评价；

（2）系统现实危险性评价。

5）根据评价对象分类

按照评价对象不同，安全评价方法分为设备（设施或工艺）故障率评价法、人员失误率评价法、物质系数评价法和系统危险性评价法等。

4. 安全评价方法的选择

任何一种安全评价方法都有其适用条件和范围，在系统安全评价中如果使用了不适用的安全评价方法，不仅浪费工作时间，影响评价工作正常开展，而且可能导致评价结果严重失真，使安全评价失败。因此，在系统安全评价中，合理选择安全评价方法是十分重要的。

1）系统安全评价方法的选择原则

在进行系统安全评价时，应该在认真分析并熟悉被评价系统的前提下，选择安全评价方法。选择安全评价方法应遵循充分性、适应性、系统性、针对性和合理性的原则。

（1）充分性原则。充分性是指在选择安全评价方法之前，应该充分了解被评价的系统，掌握足够多的安全评价方法，并充分了解各种安全评价方法的优缺点、适应条件和范围，同时为安全评价工作准备充分的资料。

（2）适应性原则。被评价的系统可能是由多个子系统构成的复杂系统，各子系统评价的重点可能有所不同，各种安全评价方法都有其适应的条件和范围，应该根据系统和子系统、工艺的性质和状态，选择适应的安全评价方法。

（3）系统性原则。系统性是指安全评价方法与被评价系统所能提供的安全评价初值和边值条件应形成一个和谐的整体。也就是说，安全评价方法获得的可信的安全评价结果，必须是建立在真实、合理和系统的基础数据之上的，被评价的系统应该能够提供所需的系统化数据和资料。

（4）针对性原则。由于评价的目的不同，需要安全评价提供的结果可能是危险有害因素识别、事故发生的原因、事故发生的概率、事故发生的后果、系统的危险性等，安全评价方法能够给出所要求的结果才能被选用。

（5）合理性原则。在满足安全评价目的、能够提供所需的安全评价结果的前提下，应该选择计算过程最简单、所需基础数据最少和最容易获取的安全评价方法，使安全评价工作量和质获得的评价结果都是合理的，不要使安全评价出现无用的工作和不必要的麻烦。

2）选择系统安全评价方法应注意的问题

选择系统安全评价方法时应根据安全评价的特点、具体条件和需要，针对被评价系统的实际情况、特点和评价目标，进行认真的分析、比较。必要时，可根据安全评价目标的要求，选择几种安全评价方法同时进行安全评价，互相补充、分析综合和相互验证，以提高评价结果的可靠性。选用评价方法时，应考虑下述几个因素：

（1）被评价系统的特点。根据被评价系统的规模、组成、复杂程度、工艺类型、工艺过程、工艺参数以及原料、中间产品、产品、作业环境等，选择安全评价方法。

（2）安全评价的具体目标和要求的最终结果。在系统安全评价中，由于评价目标不同，要求的评价最终结果是不同的，如查找引起事故发生的基本危险有害因素、由危险有害因素分析可能发生的事故、评价系统的事故发生可能性、评价系统的事故严重程度、评价系统的事故危险性、评价某危险有害因素对事故发生的影响程度等，因此，需要根据评价目标选择适用的安全评价方法。

（3）安全评价资料的占有情况。如果被评价系统技术资料、数据齐全，可采用定性、定量安全评价方法。反之，如果是一个正在设计的系统，缺乏足够的数据资料或工艺参数不全，则只能选择较简单的、需要数据较少的定性安全评价方法。

（4）安全评价人员。安全评价人员的知识、经验、习惯，对安全评价方法的选择是十分重要的。

如果生产经营单位为了某项工作的需要，可以请专业的安全评价机构进行安全评价。参加安全评价的人员都是专业的安全评价人员，他们有丰富的安全评价工作积累，掌握很多安全评价方法，甚至有专用的安全评价软件，因此可以使用定性、定量安全评价方法对被评价的系统进行深入的分析和全面的安全评价。

另外，还要考虑评价费用、完成期限、评价专家和管理人员的知识结构及水平等各方面因素的影响。

5. 安全评价的程序

主要包括以下几个步骤：

（1）资料收集和研究；

（2）危险因素辨识与分析；

（3）确定评价方法，实施安全评价；

（4）提出降低或控制危险的安全对策措施。

3.2.2　安全检查表评价法

以安全检查表为基础进行的评价，因对检查项目处理方法的区别，可划分为：逐项赋值法、加权平均法、单项定性加权计分法、单项否定计分法。

1. 逐项赋值法

针对安全检查表的每一项检查内容，按其重要程度不同，由专家讨论赋予一定的分值。评价时，单项检查完全合格者给满分，部分合格者按规定标准给分，完全不合格者记零分。这样逐项逐条检查评分，最后累计所有各项得分，就得到系统评价总分。根据实际评价得分多少，按标准规定评价系统总体安全等级的高低。

$$m = \sum_{i=1}^{n} m_i$$

式中：m——企业安全评价的结果值；

n——评价项目个数。

2. 加权平均法

所有检查项目均按统一记分体系分别评价记分，如 10 分制或 100 分制等，按照各检查项目对总体安全评价的重要程度，分别赋予权重系数（各评价表权重系数之和为1）。按各检查项目所得的分值，分别乘以各自的权重系数并求和，就可得到安全评价的结果值。

$$m = \sum_{i=1}^{n} k_i m_i, \ 且 \sum_{i=1}^{n} k_i = 1$$

式中：m——企业安全评价的结果值；

m_i——按某一评价表评价的实际测量值；

k_i——按某一评价表实际测量值的相应权重系数；

n——评价表个数。

加权平均法实例：某车站劳动安全检查表按评价范围给出 5 个检查表，分别是车间安全生产管理检查表、安全教育与宣传检查表、安全工作应知应会检查表、作业场所情况检查表、安全生产和推广安全生产管理技术检查表。5 个检查表均采用 100 分制计分。

各表权重为：

$$k_1 = 0.25, \ k_2 = 0.15, \ k_3 = 0.35, \ k_4 = 0.15, \ k_5 = 0.1$$

该车站各表的实际得分为：

$$m_1 = 85, \ m_2 = 90, \ m_3 = 75, \ m_4 = 65, \ m_5 = 80$$

该车站的评价值为：

$$m = \sum_{i=1}^{n} k_i m_i = 78.75$$

3. 单项定性加权计分法

这种评价计量方法是把安全检查表的所有检查评价项目都视为同等重要。评价时，对检查表中的几个检查项目分别给以"优""良""可""差"，或"可靠""基本可靠""基本不可靠""不可靠"等定性等级的评价，同时赋予不同定性等级以相应的权重值，累计求和，得到实际评价值。

$$S = \sum_{i=1}^{n} w_i k_i$$

式中：S——实际评价值；

w_i——评价等级的权重；

n——评价等级数；

k_i——取得某一评价等级的项数和。

单项定性加权记分法实例：评价某一铁路分局安全状况的安全检查表共 120 项，评价等级为优、良、可、差，它们的权重分别为：$w_1=4, w_2=3, w_3=2, w_4=1$，评价结果为：

$$k_1=56, k_2=30, k_3=24, k_4=10$$

$$S=\sum_{i=1}^{n}w_ik_i=372$$

4. 单项否定计分法

一般这种方法不单独使用，而仅适用于企业系统中某些具有特殊危险而又非常敏感的具体系统。这类系统往往有若干危险因素，其中只要有一项处于不安全状态，就有可能导致严重事故的发生。因此，把这类系统的安全评价表中的某些评价项目确定为对该系统安全状况具有否决权的项目，这些项目中只要有一项被判为不合格，则视为该系统总体安全状况不合格。

3.2.3　作业条件危险性评价法

作业条件危险性评价法（LEC）是一种半定量评价分析法（又称为"格雷厄姆–金尼法"）。美国的格雷厄姆（Keneth J. Graham）和金尼（Gilbert F. Kinney）研究了人们在具有潜在危险环境中作业的危险性，提出了以所评价的环境与某些作为参考环境的对暴露于危险环境的频率（E）及危险严重程度（C）作为自变量，确定了它们之间的函数式。根据实际经验，他们给出了 3 个自变量的各种不同情况的分数值，采取对所评价的对象根据情况进行"打分"的办法，然后根据公式计算出其危险性分数值，再按危险性分数值划分的危险程度等级表，查出其危险程度。

作业条件危险性的计算：

$$D=L\cdot E\cdot C$$

式中：D——事故隐患评估分值；

　　　L——发生事故的可能性大小；

　　　E——人体暴露在这种危险环境中的频繁程度；

　　　C——一旦发生事故会造成的损失后果。

作业条件的危险性大小，取决于三个因素：L、E、C。

三种因素的不同等级取值标准和危险性大小的范围划分见表 3–7～3–10。

表 3–7　发生事故的可能性（L）

分数值	发生事故的可能性
10	完全可以预料
6	相当可能
3	可能，但不经常
1	可能性小，完全意外
0.5	很不可能，可以设想
0.2	极不可能
0.1	实际上不可能

表3-8 暴露于危险环境的频繁程度（E）

分数值	暴露于危险环境的频繁程度
10	连续暴露
6	每天工作时间内暴露
3	每周一次，或偶然暴露
2	每月一次暴露
1	每年几次暴露
0.5	非常罕见地暴露

表3-9 发生事故可能会造成的损失后果（C）

分数值	发生事故可能会造成的损失后果
100	大灾难，许多人死亡
40	灾难，数人死亡
15	非常严重，一人死亡
7	严重，躯干致残
6	重大，手足伤残
3	较大，受伤较重
1	较小，轻伤

表3-10 危险等级划分

D值	危险程度
>320	极其危险，停产整改
160~320	高度危险，立即整改
70~160	显著危险，及时整改
20~70	一般危险，需要观察
<20	稍有危险，注意防止

作业危险性评价方法是评价人们在某种具有潜在危险的作业条件（或环境）中进行作业的危险程度，该方法简单易行，危险程度的级别划分比较清楚。该方法采取的3项综合评分法，尤其是E、C两项参数，能准确地反映事故隐患的危险程度和可能导致破坏的后果，为隐患的治理提供了必要的决策依据。但是，由于该方法主要是根据经验来确定3个因素的分数值，随系统的变化，其应用具有局限性，因而应用时可根据作业特点或系统特点对其进行修正。

实例1：铁路某平交道口工作人员接车时，有时会被列车、汽车撞伤，或被列车坠落物件打伤。从之前10年的事故统计资料看，无一人死亡，轻伤仅发生2件，作业时间为每天8 h，试评价该道口岗位作业条件的危险性。

（1）发生事故的可能性（L）：属于"可能性小，完全意外"，$L=1$。

（2）暴露于危险环境的频繁程度（E）：道口工每天都在这样条件下工作，E=6。

（3）发生事故可能会造成的损失后果（C）：轻伤，C=1。

所以：$D = L \times E \times C = 6 < 20$。

该道口岗位作业条件的危险性等级为"稍有危险，注意防止"。

实例 2： 某涤纶化纤厂在生产短丝过程中有一道组件清洗工序，为了评价这一操作条件的风险度，确定每种因素的分数值为：

发生事故的可能性（L）：组件清洗所使用的三甘醇，属四级可燃液体，如加热至沸点时，其蒸气爆炸极限范围为 0.9%～9.2%，属一级可燃蒸气。而组件清洗时，需将三甘醇加热后使用，致使三甘醇蒸气容易扩散至外空间，如室内通风设备不良，具有一定的潜在风险，属"可能，但不经常"，其分数值 L=3。

暴露于风险环境的频繁程度（E）：清洗人员每天在此环境中工作，E=6。

发生事故可能会造成的损失后果（C）：如果发生燃烧爆炸事故，后果将是非常严重的，可能造成人员的伤亡，C=15。

$$D = L \times E \times C = 270$$

270 处于 160～320 之间，风险等级属"高度危险，立即整改"的范畴。

3.2.4　概率安全评价法

概率安全评价也称概率风险评价，它是一种定量安全评价方法。首先求出系统发生事故的概率，在求出事故发生概率的基础上，结合事故后果严重度的估计进一步计算风险，以风险大小确定系统的安全程度，以此衡量系统的危险程度是否超过可接受的安全标准，以便决定是否需要采取相应的安全措施，使其达到社会所公认的安全水平。

概率安全评价的标准是风险，即单位时间系统可能承受损失的大小，它综合了事故发生的概率和造成后果的严重度两个方面因素。

事故发生概率是单位时间内事故发生的可能性，损失严重度是指发生一次事故损失的大小。

风险可用下式表示：

$$R = S \cdot P$$

式中：R——风险，事故损失/单位时间；

S——损失严重度，事故损失/事故次数；

P——事故发生概率（频率），事故损失/事故次数。

1. 以单位时间死亡率进行评价

目前，国际上经常采用单位时间死亡率来进行系统安全性的评价，其原因是：

（1）"人命"是最宝贵的，丧失生命无法挽回，因此，"人命"是安全的最根本课题；

（2）"死亡"的统计数据非常可靠；

（3）根据海因里希理论，发生事故的比例基本遵循下列规律：死亡、重伤：轻伤：无伤害＝1：29：300。

根据死亡率数据可方便地推知死亡、重伤、轻伤以及无伤害的事故发生情况。

2. 以单位时间损失工作日数进行评价

事故除了可能造成人员死亡外，多数是负伤。为了对负伤（包括死亡）风险进行评价，也可根据统计规律求出各行业负伤风险期望值，一般按照负伤类型折算损失工作日数计算，见表 3–11。

表 3–11　损失工作日换算标准

人体伤害部件	折算损失日数
死亡或终身残疾	6 000
双目失明	6 000
单目失明	1 800
双耳失听	3 000
单耳失听	600
手臂（肘以上）残废	4 500
手臂（肘以下）残废	3 600
单只腕残废	3 000
腿（膝以上）残废	4 500
腿（膝以下）残废	3 600
单只脚残废	2 400

3. 以单位时间经济损失价值进行评价

这是一种较为全面地评价系统安全性的方法。既考虑事故发生可能造成的经济损失，同时又把人员伤亡损失折合成经济价值，统一计算事故造成的总损失。可计算出单位时间内的经济损失金额，以此来衡量系统的安全性并考察安全投资的合理性。一般情况下，事故的经济损失越大，允许发生的概率越小；事故的经济损失越小，允许发生的概率越大。这个允许的范围就是安全范围。

实例：某铁路局从 1980 年到 1986 年间，平均每年发生职工负伤事故 156 件，每 78 件造成 1 人死亡，则平均每年死亡人数为：

$$\frac{事故次数}{单位时间} \times \frac{死亡人数}{事故次数} = \frac{156\,件}{1\,年} \times \frac{1\,人}{78\,件} = 2\,人/年$$

该局共有职工 58 200 人，则每人的风险为：

$$\frac{2}{58\,200} = 0.343 \times 10^{-4}$$

3.2.5　层次分析法

美国运筹学家、匹兹堡大学教授 T. L. 萨迪（T. L. Saaty）于 20 世纪 70 年代提出了著名的 AHP（analytic hierarchy process，解析递阶过程，通常意译为"层次分析"）方法，是非定量事件进行定量分析的方法，将定性和定量分析方法相结合的多目标决策分析方法。

AHP 方法的基本思想：把复杂的问题分解成各个组成因素，按照支配关系分组形成目标、准则、方案等递阶层次，通过两两比较打分的方式确定层次中诸因素的相对重要性（以解决无法定量分析的困难），然后综合有关人员的判断，确定备选方案相对重要性的总排序。该过程体现了分解—判断—综合的思维特征。

在运用 AHP 方法进行评价或决策时，大体可分为以下四个步骤进行：

（1）分析评价系统中各基本要素之间的关系，建立系统的递阶层次结构。

（2）对同一层次的各元素关于上一层次中某一准则的重要性进行两两比较，构造两两比较判断矩阵，并进行一致性检验。

（3）由判断矩阵计算被比较要素对于该准则的相对权重。

（4）计算各层要素对系统目的（总目标）的合成（总）权重，并对各备选方案排序。

层次结构模型见图 3-12。

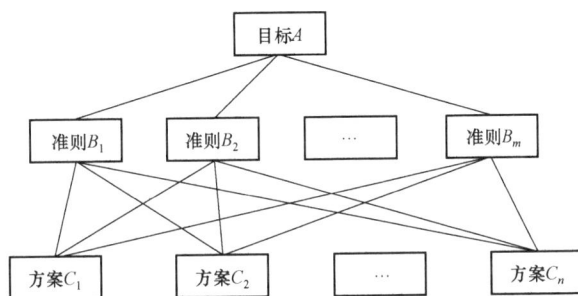

图 3-12　层次结构模型图

1. 构造要素两两比较判断矩阵

1）构造判断矩阵

建立分析层次后，需要逐层逐项对各元素进行两两比较，得到判断矩阵 A，其中元素 a_{ij} 表示要素 i 与要素 j 相比的重要性标度，标度定义见表 3-12。

表 3-12　判断矩阵标度定义

标度	定义
1	两要素相比，具有同样重要性
3	两要素相比，前者比后者稍重要
5	两要素相比，前者比后者明显重要
7	两要素相比，前者比后者强烈重要
9	两要素相比，前者比后者极端重要
2，4，6，8	上述相邻判断的中间值
倒数	两要素相比，后者比前者的重要性标度

选择 1～9 之间的整数及其倒数作为 a_{ij} 取值的主要原因是，符合人们进行比较判断时的心理习惯。实验心理学表明，普通人在对一组事物的某种属性同时作比较，并使判断基本保持一致时，所能够正确辨别的事物最大个数在 5～9 个之间。

2）一致性检验

计算一致性指标 C.I.：

$$\text{C.I.} = \frac{\lambda_{\max} - n}{n - 1}$$

$$\lambda_{\max} \approx \frac{1}{n}\sum_{i=1}^{n}\frac{AW_i}{W_i} = \frac{1}{n}\sum_{i=1}^{n}\frac{\sum_{i=1}^{n} a_{ij}W_j}{W_i}$$

$$W_i = \left(\prod_{j=1}^{n} a_{ij}\right)^{\frac{1}{n}}$$

式中：W_i——i 要素的重要度，$W = (W_1, W_2, \cdots, W_n)$；

W——重要度向量，AW_i 表示向量 AW（判断矩阵与重要度向量的乘积）的第 i 个分量。

为衡量 C.I. 的大小，引入平均随机一致性指标 R.I.，它只与判断矩阵的阶数有关，一般情况下，矩阵阶数越大，出现一致性随机偏离的可能性也越大。

计算一致性比例 C.R.：

$$\text{C.R.} = \frac{\text{C.I.}}{\text{R.I.}}$$

通过计算，所有 C.R.<0.1，认为每个判断矩阵的一致性都是可以接受的。如果一致性检验不通过，就应该检查判断矩阵各元素间关系是否不恰当，适当加以调整，直到满足检验。

2. 计算要素相对权重

在确定判断矩阵后，要把本层所有要素对上一层而言排出优劣顺序，即要素相对重要度（权重），也称为层次单排序。计算要素相对权重的方法有算术平均法（求和法）、几何平均法（方根法）、特征根方法、最小二乘法等，常用的方根法计算公式为：

$$W_i^0 = \frac{\left(\prod_{j=1}^{n} a_{ij}\right)^{\frac{1}{n}}}{\sum_{i=1}^{n}\left(\prod_{j=1}^{n} a_{ij}\right)^{\frac{1}{n}}} = \frac{W_i}{\sum_i W_i}$$

3. 计算各方案重要度

在下层的同一层次中所有要素相对权重计算结果的基础上，可以计算出对总目标层的重要性权值，进行总方案的排序。

$$C_j = \sum_{i=1}^{n} b_i C_j^i$$

式中：C_j——方案 j 的总权重值；

b_i——上一层的相对权重值；

C_j^i——在 b_i 准则下方案 j 的权重值。

3.2.6 模糊综合评价

一些没有绝对明确界限和外延的现象及其概念，称之为模糊现象及模糊概念。1965 年，美国著名的控制论专家 L. A. 扎德（L. A. Zedeh）教授发表了 *Fuzzy Sets*（模糊集合）的论文，提出了处理模糊现象新的数学概念"模糊子集"，力图用定量、精确的数学方法去处理模糊性现象。

模糊综合评价是一种基于模糊数学的综合评价方法。该综合评价法根据模糊数学的隶属度理论把定性评价转化为定量评价，即用模糊数学对受到多种因素制约的事物或对象做出一个总体的评价。它具有结果清晰、系统性强的特点，能较好地解决模糊的、难以量化的问题，适合各种非确定性问题的解决。模糊综合评价的主要步骤如下：

1. 确定因素集和评定（价）集

"因素"是指人们考虑问题时的着眼点，即评价项目或指标。因素集是影响评判对象的因素组成的集合，这些评价因素都具有不同程度的模糊性。通常用 U 表示，即 $U=\{u_1, u_2, \cdots, u_n\}$。

评价集是评价者对评判对象所作出的各种可能的判断结果的集合，即评价等级的集合，一般用 V 表示，即 $V=\{v_1, v_2, \cdots, v_m\}$。在轨道交通安全评价中，通常可以取评价集为：{非常安全，很安全，安全，基本安全，不安全}，根据需要量化出具体的尺度数值。

2. 确定权重集

在诸因素中，各因素对评价目标的影响程度不同，即权重。为了表征各个因素的重要程度，对各个因素应赋予一相应的权数，由各权数组成权重集。通常各权数应归一化和满足非负性条件。通常用 W 表示，即 $W=\{w_1, w_2, \cdots, w_n\}$。$w_i$ 可视为各因素 u_i 对"重要"的隶属度，因此，权重集可视为因素集上的模糊集合，在有限论域上的模糊子集可记为（不是分式求和，只是一种表示方法）：

$$W = \frac{w_1}{u_1} + \frac{w_2}{u_2} + \cdots + \frac{w_n}{u_n}$$

权重集的确定十分重要，通常选用最为成熟的层次分析法及专家打分相结合的方法来确定。

3. 确定单因素评价隶属度向量，并形成隶属度矩阵

设评判对象按因素集中第 i 个因素 u_i 进行评判时，对评价集中第 j 个元素 v_j 的隶属度为 r_{ij}，则按第 i 个因素 u_i 评判的结果可用模糊集合表示为：

$$R_i = \frac{r_{i1}}{v_1} + \frac{r_{i2}}{v_2} + \cdots + \frac{r_{im}}{v_m}$$

该式的意义同上述权重 W，R_i 称为单因素 i 的评判集，即隶属度向量 $\boldsymbol{R}_i=(r_{i1}, r_{i2}, \cdots, r_{im})$，$i=1, 2, \cdots, n$，集合中各元素之和为 1。将 n 个因素的评判集组成一个单因素的评判矩阵 $\boldsymbol{R}$，称为隶属度矩阵。

$$\boldsymbol{R} - \begin{bmatrix} R_1 \\ R_2 \\ \vdots \\ R_n \end{bmatrix} - \begin{bmatrix} r_{11} & \cdots & r_{1m} \\ \vdots & & \vdots \\ r_{n1} & \cdots & r_{nm} \end{bmatrix}$$

4. 按照运算规则，计算综合评定向量及综合评定值

当权重集 W 和单因素评判矩阵 $\boldsymbol{R}$ 为确定已知时，可以通过做模糊变换来进行综合评判。

模糊综合评判集为：

$$S=W \cdot R=(b_1, b_2, \cdots, b_m)$$

式中："·"表示某种模糊合成运算；b_j 称为模糊综合评判指标，含义为综合考虑所有因素的影响时，评判对象对评判集中第 j 个元素的隶属度。由最大隶属（度）原则法/最大贴近度原则的原理，选择模糊综合评判集中最大的模糊综合评判指标 b_j 所对应的评价集元素 v_j 作为综合评判结果。

对于多方案评价问题，需要计算各评价方案的可行度，比较各方案的可行度，按可行度的大小排出先后次序，大值为推荐方案。各方案的可行度计算公式为：

$$\mu=S \cdot V^{\mathrm{T}}$$

式中：μ 表示各方案的可行度结果；

V^{T} 表示等级矩阵的转置。

第 4 章

城市轨道交通安全预测

事故的发生很难避免，安全工作的目的就是尽可能地避免和减少事故的发生。为了使安全工作具有针对性，在对以往的事故进行科学的分析，找出事故发生的规律之后，就需要对事故进行预测、预防。凡事预则立，不预则废。所以，对事故进行预测的目的，就是预防事故，把握住事故发生的规律，采取行之有效的防范措施，尽最大可能将伤亡事故降低到最低限度。

4.1 预测的基本概念与原理

1. 预测定义和原理

预测学是研究事物发展过程、变动趋势以及未来状况的一门应用科学，是综合哲学、社会学、经济学、数学以及工程技术等方法形成的一门方法论科学。可以用于研究自然现象，也可以用于研究社会现象，预测方法在某一领域中的具体应用便形成某个领域预测学分支学科。

1）预测定义

预测的定义有广义与狭义之分。广义的预测是对尚未发生或目前还不明确的事物进行预先估计、推测的活动过程。狭义的预测是指预测者根据有关的历史资料和现状信息，运用适当的方法和技巧，对研究对象的未来状态进行科学的分析、估算和推断，并对预测结果进行验证评价和应用的活动过程。

2）预测基本原理

（1）惯性原理：客观事物的发展变化过程往往具有连续性，即所谓的惯性，用以推断系统未来发展趋势，也称为趋势外推原理。利用该原理进行安全预测是有条件的，它是以系统的稳定性为前提，也就是说，只有系统稳定时，事物之间的内在联系及基本特征才可能延续下去。但是，绝对稳定的系统是不存在的，这就要根据系统某些因素的偏离程度对预测结果进行修正。此原理是趋势外推法的依据。

（2）类推原理：特性相近的客观事物会有相似的变化之处，通过分析类似事物相互联系的规律，根据已知事物的变化特征，推断具有近似特征的预测对象的未来状态；已知两个不同事件之间有相互制约关系或共同的有联系的规律，利用先导事件的发展规律来预测迟发事件的发展趋势，这就是类推原理，分为定性和定量类推。

（3）相关原理：事物发展、变化都不是孤立的，常常表现为因果关系。该原理是回归预测的理论依据。

2. 安全预测的概念

安全预测是运用各种知识和科学手段，分析研究历史资料，对安全生产发展的趋势或可能的结果进行事先的推测和估计。也就是说，预测就是由过去和现在去推测未来，由已知去推测未知。预测由四部分组成，即预测信息、预测分析、预测技术和预测结果。

系统安全预测就是要预测造成事故后果的许多前级事件，包括起因事件、过程事件和情况变化；随着生产的发展以及新工艺、新技术的应用，预测会产生什么样的新危险、新的不安全因素；随着科学技术的发展，预测未来的安全生产面貌及采取的安全对策。

4.2 预测的分类

预测的类型根据不同的分类标准，描述不同，可以按预测对象的范围、预测时间等进行分类。

1. 按预测时间长短分类

长（远）期预测：是指对五年以上的安全状况的预测。它为安全管理方面的重大决策提供科学依据。

中期预测：是指对一年以上五年以下的安全状况的预测。它是制订五年计划和任务的依据。

短期预测：是指对一年以内的安全状况的预测。它是制订年度计划、季度计划以及短期发展任务的依据。

2. 按预测的量化程度分类

定性预测是利用已有的主观认知经验和逻辑判断与推理方法，对事物未来发展状况与趋势进行的推测和判断。适用于历史统计资料缺乏或者不全的事件预测。常用方法有专家会议法、德尔菲法、市场调查法、主观概率法以及类推法等。

定量预测是利用预测对象历史和现状的数据，按变量之间的函数关系建立数学模型，进而推算预测对象的预测值。适用于历史统计资料较为丰富的情况。常用方法有时间序列法（移动平均法、指数平滑法）、回归预测法（线性回归、非线性回归）、马尔可夫预测、灰色预测、投入产出预测法、干预分析模型法等。另外，新的预测方法也不断出现，如组合预测法、智能预测法等。

3. 按预测对象的范围分类

宏观预测：是指对整个生产行业、一个地区、一个集团公司的安全状况的预测。

微观预测：是指对一个生产单位的生产系统或对其子系统的安全状况的预测。

4.3 常用的预测方法

预测方法从大体上可分为经验推断预测法、时间序列预测法及计算模型预测法三种。

（1）经验推断预测法包括：专家会议法、德尔菲法、主观概率法、试验预测法、相关树法、形态分析法、未来脚本法等。

（2）时间序列预测法包括：滑动平均法、指数滑动平均法、周期变动分析法、线性趋势分析法、非线性趋势分析法等。

（3）计算模型预测法包括：回归分析法、马尔可夫链预测法、灰色预测法、投入产出分析法、宏观经济模型等。

4.3.1　经验推断预测法

该方法是利用直观材料，靠人的经验知识和综合分析能力，对客观事物的未来状态做出估计和设想。这类方法对预测生产系统中安全状态与变化趋势有一定意义，下面对专家会议法和德尔菲法进行介绍。

1. 专家会议法

专家会议法，也称专家座谈法。是指对预测对象由有较丰富知识和经验的人员组成专家小组进行座谈讨论，互相启发、集思广益，最终形成预测结果的方法。用这种方法预测道路交通事故简便易行，有助于互相启发与补充，容易产生一致意见。但在实施过程中容易受社会压力、多数人的观点和权威人物意见的影响。因此，预测结果不一定能反映各位专家的真实想法。

组织形式包括头脑风暴法、交锋式会议法、混合式会议法，而最常用的方法是头脑风暴法，下面进行具体介绍。

头脑风暴法又称智力激励法、BS 法、自由思考法，是由美国创造学家 A.F.奥斯本于 1939 年首次提出、1953 年正式发表的一种激发性思维的方法。此法经各国创造学研究者的实践和发展，至今已经形成了一个发明技法群，深受众多企业和组织的青睐。

头脑风暴法出自“头脑风暴”一词。头脑风暴（brain-storming）最早是精神病理学上的用语，指精神病患者的精神错乱状态，现在转而为无限制的自由联想和讨论，其目的在于产生新观念或激发创新设想。在群体决策中，由于群体成员心理相互作用影响，易屈于权威或大多数人意见，形成所谓的“群体思维”。群体思维削弱了群体的批判精神和创造力，损害了决策的质量。为了保证群体决策的创造性，提高决策质量，管理上发展了一系列改善群体决策的方法，头脑风暴法是较为典型的一个。

1）头脑风暴法的基本程序

头脑风暴法是以一种小型会议的组织形式，诱发集体智慧，互相启发灵感，最终产生创造性思维的程序。头脑风暴法的特点是让与会者打开思想，使各种设想在相互碰撞中激起脑海的创造性风暴，可分为直接头脑风暴法和质疑头脑风暴法。前者是在专家群体决策基础上尽可能激发创造性，产生尽可能多的设想方法；后者则是对前者提出的设想、方案逐一质疑，发现其现实可行性的方法。头脑风暴法是一种集体开发创造性思维的方法，从流程上可以分为三个阶段，见图 4-1。

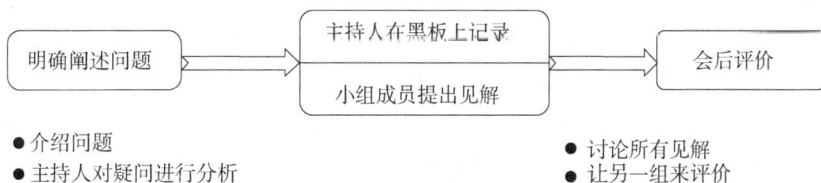

图 4-1　头脑风暴法的基本流程图

从程序上来说，组织头脑风暴法关键在于以下几个环节：

（1）确定议题。一个好的头脑风暴法一般从对问题的准确阐明开始。因此，必须在会前确定一个目标，使与会者明确通过这次会议需要解决什么问题，同时不要限制可能的解决方案范围。一般而言，比较具体的议题能使与会者较快产生设想，主持人也较容易掌握；比较抽象和宏观的议题引发设想的时间较长，但设想的创造性也可能较强。

（2）会前准备。为了使头脑风暴畅谈会的效率较高，效果较好，可在会前做一点准备工作。如收集一些资料预先给大家参考，以便与会者了解与议题有关的背景材料和外界动态。就参与者而言，在开会之前，对于要解决的问题一定要有所了解。会场可作适当布置，座位排成圆环形的环境往往比教室式的环境更为有利。此外，在头脑风暴会正式开始前还可以出一些创造力测验题供大家思考，以便活跃气氛，促进思维。

（3）确定人选。一般以8～12人为宜，也可略有增减（5～15人）。与会者人数太少不利于交流信息，激发思维；而人数太多则不容易掌控，并且每个人发言的机会相对减少，也会影响会场气氛。只有在特殊情况下，与会者的人数可不受上述限制。

（4）明确分工。要推定1名主持人，1～2名记录员（秘书）。主持人的作用是在头脑风暴畅谈会开始时重申讨论的议题和纪律，在会议进程中启发引导，掌握进程。如通报会议进展情况，归纳某些发言的核心内容，提出自己的设想，活跃会场气氛，或者让大家静下来认真思考片刻再组织下一个发言高潮等。记录员应将与会者的所有设想都及时编号，简要记录，最好写在黑板等醒目处，让与会者能够看清。记录员也应随时提出自己的设想，切忌持旁观态度。

（5）规定纪律。根据头脑风暴法的原则，可规定几条纪律，要求与会者遵守。如要集中注意力，积极投入，不消极旁观；不要私下议论，以免影响他人的思考；发言要针对目标，开门见出，不要客套，也不必做过多的解释；与会之间相互尊重，平等相待，切忌相互褒贬；等等。

（6）掌握时间。会议时间由主持人掌握，不宜在会前定死。一般来说，以几十分钟为宜。时间太短与会者难以畅所欲言，太长则容易产生疲劳感，影响会议效果。经验表明，创造性较强的设想一般会在会议开始1～15 min后逐渐产生。美国创造学家帕内斯指出，会议时间最好安排在30～45 min之间。倘若需要更长时间，就应把议题分解成几个小问题分别进行专题讨论。

2）头脑风暴法的特点

实践经验表明，头脑风暴法可以排除折中方案，对所讨论问题通过客观、连续的分析，找到一组切实可行的方案，因而头脑风暴法在军事决策和民用决策中得到了较广泛的应用。例如在美国国防部制订长远科技规划中，曾邀请50名专家采取头脑风暴法开了两周会议，参加者的任务是对事先提出的长远规划提出异议，通过讨论，得到一个使原规划文件变为协调一致的报告。在原规划文件中，只有25%～30%的意见得到保留，由此可以看到头脑风暴法的价值。当然，头脑风暴法实施的成本（时间、费用等）是很高的。另外，头脑风暴法要求参与者有较好的素质，这些因素是否满足会影响头脑风暴法实施的效果。

头脑风暴法的成功要点归纳为以下几点：

（1）自由畅谈。参加者不受任何条条框框的限制，放松思想，让思维自由驰骋。从不同角度、不同层次、不同方位，大胆地展开想象，尽可能地标新立异，与众不同，提出独创性的想法。

（2）延迟评判。头脑风暴，必须坚持当场不对任何设想做出评价的原则。既不能肯定某个设想，又不能否定某个设想，也不能对某个设想发表评论性的意见。一切评价和判断都要延迟到会议结束以后才能进行。这样做一方面是为了防止评判约束与会者的积极思维，破坏自由畅谈的有利气氛；另一方面是为了集中精力先开发设想，避免把应该在后阶段做的工作提前进行，影响创造性设想的大量产生。

（3）禁止批评。绝对禁止批评是头脑风暴法应该遵循的一个重要原则。参加头脑风暴会议的每个人都不得对别人的设想提出批评意见，因为批评对创造性思维无疑会产生抑制作用；同时，发言人的自我批评也在禁止之列。有些人习惯于用一些自谦之词，这些自我批评性质的说法同样会破坏会场气氛，影响自由畅想。

（4）追求数量。头脑风暴会议的目标是获得尽可能多的设想，追求数量是它的首要任务。参加会议的每个人都要抓紧时间多思考，多提设想。至于设想的质量问题，自可留到会后的设想处理阶段去解决。在某种意义上，设想的质量和数量密切相关，产生的设想越多，其中的创造性设想就可能越多。

2. 德尔菲法

德尔菲法（Delphi method）是第二次世界大战后发展起来的一种直观预测法，是美国兰德公司于 20 世纪 40 年代发明并首先用于技术预测的。它既可用于科技预测，也可用于社会、经济预测；既可用于短期预测，也可用于长期预测。有的学者认为，德尔菲法是最可靠的技术预测方法。

德尔菲法之所以可使用在系统安全分析中，关键在于它可以对大量非技术性的无法定量分析的因素作出概率估算，并将概率估算结果告诉专家，充分发挥信息反馈和信息控制的作用，使分散的评估意见逐次收敛，最后集中在协调一致的评估结果上。因此，它的预测可信度较高，在国外得到广泛应用。

1）德尔菲法的基本程序

德尔菲法的实质是利用专家的知识、经验、智慧等无法量化而带来很大模糊性的信息。通过通信的方式进行信息交换，逐步地取得较一致的意见，达到预测的目的。德尔菲法预测程序如图 4-2 所示，上半部分是管理小组的工作，下半部分是应答专家的工作。详细步骤如下：

（1）确定预测目标。目标选择应是本系统或专业中对发展规划有重大影响而且意见分歧较大的课题，预测期限以中、远期为宜，如城市轨道交通伤亡事故发展趋势预测。

（2）成立预测工作组（即管理小组）。该组人数从两人至十几人不等，随工作量大小而定。其任务是：负责对利用德尔菲法进行预测的工作过程进行设计；提出可供选择的专家名单；搞好专家征询和轮间信息反馈工作；整理预测结果和写出预测报告书。

小组人员应对德尔菲法的实质和过程有正确的理解，了解专家们的情况，具备必要的专业知识和统计学、数据处理等方面的知识。

（3）选择专家。德尔菲法的主要工作之一是通过专家对未来时间作出概率估计，因此，专家选择是预测成败的关键。其主要要求有：

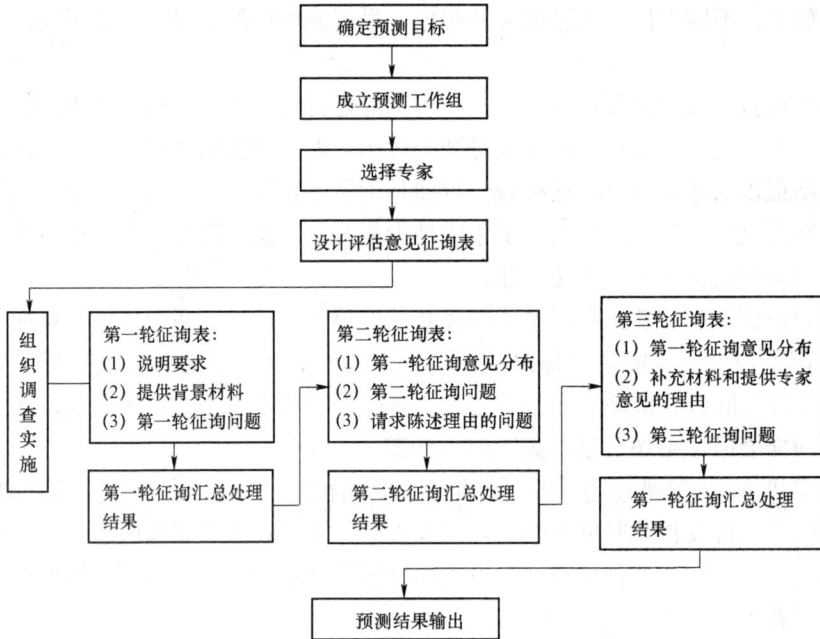

图 4-2　德尔菲法预测程序

① 要求专家总体的权威程度较高。

② 专家的代表面应广泛。通常应包括技术专家、管理专家、情报专家和高层决策人员。

③ 严格专家的推荐和审定程序。审定的主要内容是了解专家对预测目标的熟悉程度和是否有时间参加预测等。

④ 专家人数要适当。人数过多，数据收集和处理工作量大，预测周期长，对结果准确度提高并不是太有帮助，一般以 20~50 人为宜，大型预测可达 100 人左右。

（4）设计评估意见征询表。德尔菲法的征询表没有统一的规定，但要求符合如下原则：

① 表格的每一栏目要紧扣预测目标，力求达到预测事件和专家所关心的问题的一致性。

② 表格应简明扼要。设计得很好的表格通常是使专家思考决断的时间长，应答填表时间短。填表事件一般以 2~4 项为宜。

③ 填表方式简单。对不同类型事件（如方针政策，技术途径，费用分析，关键技术的重要性、迫切性和可能性等）进行评估时，尽可能用数字和英文字母表示专家的评估结果。

（5）专家征询和轮间信息反馈。经典德尔菲法一般分 3~4 轮征询。在第一轮征询表中，给出一张空白的预测问题表，让专家填写应该预测的一些技术问题，应答者自由发挥。但是这种方法常过于分散，难以归纳，所以经常由管理小组预先拟定一个预测时间一览表，直接让专家评价，同时允许他们对此表进行补充和修改。

2）专家意见的统计处理

（1）数量和事件答案的处理。

当预测结果需要用数据或事件表示时，专家们的回答将是一系列可比较大小的数据或有前后顺序排列的时间。常用中位数和上、下四分位点的方法，处理专家们的答案，求出预测的期望值和时间。

首先，把专家们的回答按从小到大的顺序排列。如有 n 个专家时，共有 n 个（包括重复的）答数排列：

$$x_1 \leqslant x_2 \leqslant \cdots \leqslant x_{n-1} \leqslant x_n$$

其中，中位数按下式计算：

$$\bar{x} = \begin{cases} x_{k+1} & n = 2k+1 \text{（奇数）} \\ \dfrac{x_k + x_{k+1}}{2} & n = 2k \text{（偶数）} \end{cases}$$

式中：$\bar{x}$——中位数；

x_k——第 k 个数据；

x_{k+1}——第 $k+1$ 个数据；

k——正整数。

（2）等级比较答案的处理。

在邀请专家进行安全预测时，常有对某些项目的重要性进行排序的要求。如为控制某种危险源，防止形成事故，可采用 a、b、c、d、e 等 5 种措施；或在分析某一事故原因时，提出 5 种原因，请专家从中选 3 种最有效的措施或最主要的原因，并对其排序。

对这种形式的问题，可采取评分法对应答问题进行处理。当要求对 n 项排序时，首先请各位专家对项目按其重要性排序，被评为第一位的给 n 分，第二位的给 $n-1$ 分，最后一位即第 n 位的给 1 分，然后按下列公式计算各目标的重要程度：

$$s_j = \sum_{i=1}^{n} B_i N_i, \ j = 1, 2, \cdots, m$$

$$k_j = \frac{s_j}{M \sum_{i=1}^{n} i}$$

式中：m——参加比较的目标个数；

s_j——第 j 个目标的总得分；

k_j——第 j 个目标的得分比重（$\sum\limits_{j=1}^{n} k_j = 1$）；

N——要求排序的项目个数；

B_i——排在第 i 位的项目的得分；

M——对问题作出回答的专家人数；

N_i——赞同将某项目排在第 i 位的人数。

德尔菲法与专家会议法有类似的地方，但在程序上却不同。由于德尔菲法中参与的专家彼此互不见面，可以有效避免个人的意见受他人的影响，或者集体意见由地位较高的专家所主导。通俗来讲就是可以不用考虑别人的面子，充分地发表自己的观点，使决策更加趋向科学合理；缺点是程序过于烦琐，决策周期长，效率低。专家会议法的优点是效率高，过程简单；缺点是不能保证每个人的意见得到充分发挥。

4.3.2　时间序列预测法

时间序列是指在社会经济活动中，某一变量或指标的数量值或观测值，按其出现时间的先后顺序，时间间隔相同而排列的一组数值。

时间序列预测法是指观察某个指标的时间序列，分析其过去各个时间阶段的变化情况预测它未来发展趋势。时间序列预测法的基本思想是把时间序列作为一个随机变量序列的一个样本，用概率统计方法尽可能减少偶然因素的影响，或消除季节性、周期性变动的影响，通过分析时间序列的趋势进行预测。

时间序列分析的数学模型又可分为：滑动平均法、指数滑动平均法、季节系数法、灰色预测法。下面介绍其中具有代表性的两种方法：滑动平均法和指数滑动平均法。

1. 滑动平均法

一般情况下，可以认为未来的状况与较近时期的状况有关。根据这一假设，可采用与预测期相邻的几个数据的平均值，随着预测期向前滑动，相邻的几个数据的平均值也向前滑动作为滑动预测值。

假定未来的状况与过去 3 个月的状况关系较大，而与更早的状况联系较少，因此可用过去 3 个月的平均值作为下个月的预测值，经过平均后，可以减少偶然因素的影响。平均值可用下式计算：

$$\overline{x}_{t+1} = \frac{x_t + x_{t-1} + x_{t-2}}{2}$$

作为 x_{t+1} 的预测值，不仅可用 3 个月的滑动平均值来预测，也可用更多月份的滑动平均值来预测，计算公式如下：

$$\overline{x}_{t+1} = \frac{x_t + x_{t-1} + \cdots + x_1}{2}$$

式中：$\overline{x}_{t+1}$——预测值；

t——时间单位数；

x——实际数据。

把上面的公式归纳为：

$$\overline{x}_{t+1} = \frac{1}{t}\sum_{i=1}^{t-1} x_{t-i}$$

在这一方法中，对各项不同时期的实际数据是同等看待的。但实际上距离预测期较近的数据与较远的数据，它们的作用是不等的，尤其在数据变化较快的情况下更应该考虑到这一点。

为了克服上述缺点，可采用加权滑动平均法来缩小预测偏差。加权滑动平均法根据距离预测期的远近、预测对象的不同情况，给各期的数据以不同的权数，把求得的加权平均数作为预测值。例如，在计算 3 个月的加权滑动平均值时，分别以权数 3、2、1 的预测值为：

$$\overline{x}_{t+1} = \frac{3x_t + 2x_{t-1} + x_{t-2}}{6}$$

用任意几个月给予其他权数来计算加权滑动平均值，其表达式按照增加权数形式同理可得。

2. 指数滑动平均法

指数滑动平均法是滑动平均法的改进，它既有滑动平均法的优点，又减少了数据的存储量，应用方便。

指数滑动平均法的基本思想：对象指标未来的发展与它过去的和现今的状况密切相关，而各时间阶段数据不同等看待，赋予近期数据较大权值。

用 x_1, x_2, …, x_t 表示各期的观测值，即实际数据，S'_t 看作一个函数，即第 t 期的滑动值（即预测值），有：

$$S'_t = \alpha X_t + (1-\alpha)S'_{t-1}$$

即：预测值=平滑系数×前期实际值+（1–平滑系数）×前期预测值。

进行递推展开可以得出：

$$S'_t = \alpha X_t + \alpha(1-\alpha)X_{t-1} + \cdots + \alpha(1-\alpha)^{t-1}X_1 + (1-\alpha)^t S'_0$$

式中：α——平衡系数，$0<\alpha<1$，一般取 0.3～0.8；

　　　S'_0——初始条件，未知，需人为设定。一般地，可取 X_1，或（$X_1+X_2+X_3$）/3。

由此可见，指数滑动平均法得到的预测值 S'_t（或 $\overline{x}_{t+1}$）是通过上一时期的实际值 x_t 和预测值 S'_{t-1} 的加权平均而得，或者是通过上一时期的预测值加上实际与预测值的偏差的修正而得。

指数滑动平均法初始值的确定：从事件序列的项数考虑，若时间序列的观察期 n 大于 15 时，初始值对预测结果的影响很小，可以方便地以第一期观测值作为初始值；若观察期 n 小于 15 时，初始值对观测结果影响较大，通常取前 3 个观测值的平均值作为初始值。

平滑系数 α 的选择：

（1）当时间序列呈稳定的水平趋势时，α 应取较小值，如 0.1～0.3；

（2）当时间序列波动较大，长期趋势变化的幅度较大时，α 应取中间值，如 0.3～0.5；

（3）当时间序列具有明显的上升或下降趋势时，α 应取较大值，如 0.6～0.8。

在实际应用中，可取若干个 α 值进行试算比较，选择预测误差最小的 α 值。

4.3.3　计算模型预测法

计算模型是由描述预测对象与其主要影响因素有关的一个方程式或方程组构成。计算模型预测法就是利用这一系列方程式的计算，根据主要影响因素的变化趋势，对预测对象的未来状况进行推测。其中有回归分析法（包括线性回归分析法和非线性回归法）、马尔可夫链预测法、灰色预测法等。

1. 回归预测数学模型

一切客观事物都是相互作用并具有一定的规律性的，每一事物的运动都是与周围的其他事物相互联系又相互制约的。当变量中存在着非随机变量和随机变量时，分析它们之间的关系叫作回归分析；当变量中存在着随机变量时，分析这种随机变量之间的关系就叫作相关分析。在实际生产活动中，特别是在经济预测中，对上述两种分析常常不加区分或统称为回归分析。

回归分析以统计、推断为基础，主要解决以下几个问题：

（1）分析给定量之间是否存在相关关系，若存在，找出相应的近似表达式，即回归方程。

（2）由一个或几个变量的值，预测或控制另一个变量的取值，并估计或计算预测或控制的准确率。

（3）分析各因素影响的显著性和各因素之间的相互关系，即因素分析。

1）一元线性回归分析

比较典型的回归法是一元线性回归法，它是根据自变量 x 与因变量 y 的相互关系，用自变量的变动来推测因变量变动的方向和程度，其基本方程式是：

$$y=a+bx$$

式中：y——因变量；

$\quad\quad x$——自变量；

$\quad\quad a$、b——回归系数。

进行一元线性回归，应首先收集事故数据，并在以时间为横坐标的坐标系中，画出各个相应的点，根据图中各点的变化情况，就可以大致看出事故变化的某种趋势，然后进行计算，求出回归系数。

回归系数 a、b 是根据统计的事故数据，通过以下方程组来求解：

$$\begin{cases} \sum y_i = na + b \sum x_i \\ \sum x_i y_i = a \sum x_i + b \sum x_i^2 \end{cases}$$

式中：x——自变量，为时间序号；

$\quad\quad y$——因变量，为事故数据；

$\quad\quad i$——事故样本数据；

$\quad\quad n$——事故数据的总数。

同时，求出相关系数 r，进行相关性检验，了解回归直线对实际数据变化趋势的符合程度的大小。相关系数 $r=1$ 时，说明回归直线与实际数据的变化趋势完全相符；$r=0$ 时，说明 x 与 y 之间完全没有线性关系；在大部分情况下，$0<|r|<1$。一般来说，r 越接近 1，说明 x 与 y 之间存在着的线性关系越强，用线性回归方程来描述这两者的关系就越合适，利用回归方程求得的预测值就越可靠。通常当 $|r|>0.8$ 时，认为两个变量有很强的线性相关性。

2）非线性回归分析

在回归分析法中，除了一元线性回归分析法外，还有一元非线性回归分析法、多元线性回归分析法、多元非线性回归分析法等。

非线性回归的回归曲线有多种，选用哪一种曲线作为回归曲线，则要看实际数据的变化特征，根据数学知识确定回归曲线。多数情况下，会通过一定的变换，将非线性问题转化为线性问题，然后利用线性回归的方法进行回归分析。

常用的非线性回归方程：双曲线方程、指数曲线方程、幂函数方程、对数曲线方程、S 形曲线方程等。

2. 灰色预测数学模型

灰色系统理论是我国著名学者邓聚龙教授于 20 世纪 80 年代初期创立的一种兼备软硬科学特性的新理论。该理论将信息明确的系统定义为白色系统，将信息完全不明确的系统定义为黑色系统，将信息部分明确、部分不明确的系统定义为灰色系统。

灰色预测法是对既含有已知信息，又含有不确定信息的系统进行预测的一种方法。就是对在一定范围内变化的，与时间有关的灰色过程进行预测。

灰色系统理论预测的主要优点是：通过一系列数据生成方法（直接累加法、移动平均法、加权累加法、遗传因子累加法、自适应累加法等）将根本没规律的、杂乱无章的或规律性不强的一组原始数据序列变得具有明显的规律性，解决了数学界一直认为不能解决的微积分方程建模问题。

1）原理

灰色预测是通过鉴别系统因素之间发展趋势的相异程度，即进行关联分析，并对原始数据进行生成处理来寻找系统变动的规律，生成有较强规律的数据序列，然后建立相应的微分方程模型，从而预测未来事物（件）的发展趋势。所以，灰色预测法也是借助数学的方法，对含有不确定因素的系统进行预测的一种方法。

用这种方法对已知一组伤亡事故数据进行数学统计整理，并预测未来伤亡事故的发生趋势和变化，即对灰色系统进行分析、建模、求解和预测（建立事故灰色预测数学模型），就是事故灰色预测数学法。尽管灰色过程中（如伤亡事故的发生）所显示的现象是随机的，但毕竟具有潜在的有序性，因为这一数据集合具备潜在的规律。

事故灰色预测数学法，具有要求事故样本数量少、实用性强、精确度高等特点，对于一些地方的伤亡事故漏报、少报和瞒报等人为因素干扰，以及其他各种原因导致的事故样本少或事故数据不正常的情况，该方法仍具有其运用性和可操作性（其预测值仍符合未来发展的趋势）。这是因为灰色建模理论是应用数据生成手段，弱化了系统的随机性，使紊乱的原始序列呈现出某种规律，原先不明显的规律变得较为明显了。尤其建模后还能进行残差辨识，即使较少的历史数据是任意随机分布的，也能得到较高的预测精度和符合发展的趋势。所以，灰色预测法在安全预测中具有较高和较广泛的应用价值。

2）方法类型

灰色预测法一般有四种类型：

（1）灰色时间序列预测法。即用观察到的反映预测对象特征的时间序列来构造灰色预测模型，预测未来某一时刻的特征量，或者达到某一特征量的时间。如对未来伤亡事故的预测。

（2）灾变预测法。即通过灰色模型预测异常值出现的时刻，预测异常值什么时候出现在特定时区内。如对事故高峰期的预测。

（3）系统预测法。即通过系统行为特征指标建立一组相互关联的灰色预测模型，预测系统中众多变量间的相互协调关系的发展变化。还可以对安全综合评价、系统危险性分级等建立灰色系统评价模型。

（4）拓扑预测法。即依据原始数据绘制坐标并作曲线，在曲线上按定值寻找该定值发生的所有时点，并构成时点数列，然后建立模型，预测该定值所发生的时点。如对煤矿矿井瓦斯的预测。

3）建模步骤

灰色系统预测时从灰色系统的建模、关联度及残差辨识的思想出发，获得关于预测的新概念、观点和方法。将灰色系统理论用于厂矿企业预测事故，一般选用 GM (1, 1) 模型，该模型是一阶的一个变量的微分方程模型。

（1）建模方法。

设原始离散数据序列 $x^0 = \{x_1^0, x_2^0, \cdots, x_n^0\}$，其中 n 为序列长度，对其进行一次累加生成处理：

$$x_k^{(1)} = \sum_{j=1}^{k} x_j^{(0)}, k = 1, 2, \cdots, n$$

则以生成序列 $x^1 = \{x_1^1, x_2^1, \cdots, x_n^1\}$ 为基础建立灰色的生成模型：

$$\frac{dx^{(1)}}{dt} + ax^{(1)} = \mu$$

称为一阶灰色微分方程，记为 GM（1,1）。式中：a 称为发展灰数，μ 称为内生控制灰数。

设 $\hat{a}$ 为待估参数向量，$\hat{a} = \begin{pmatrix} a \\ \mu \end{pmatrix}$，可利用最小二乘法求解。解得：

$$\hat{a} = (\boldsymbol{B}^{T}\boldsymbol{B})^{-1}\boldsymbol{B}^{T}\boldsymbol{y}_n$$

求解微分方程，即可得预测模型：

$$\hat{x}^{(1)}_{k+1} = \left(x^{(0)}_1 - \frac{\mu}{a} \right)e^{-ak} + \frac{\mu}{a}, \quad k = 0, 1, 2, \cdots, n$$

将 $\hat{x}^{(1)}_{k+1}$ 计算值作累减还原，即得到原始数据的估计值：

$$\hat{x}^{(0)}_{k+1} = \hat{x}^{(1)}_{k+1} - \hat{x}^{(1)}_k$$

GM（1,1）模型的拟合残差中往往还有一部分动态有效信息，可以通过建立残差 GM（1,1）模型对原模型进行修正。

（2）预测模型的后验差检验。

可以用关联度及后验差对预测模型进行检查，下面介绍后验差检验。记 0 阶段残差为：

$$\varepsilon^{(0)}_i = x^{(0)}_i - \hat{x}^{(0)}_i, \quad i = 1, 2, \cdots, n$$

式中：$\hat{x}^{(0)}_i$ 是通过预测模型得到的预测值。

计算后验检验指标：

后验差比值 c：$c = s_1/s_2$；

小误差概率 P：$P = P\left\{ \left| \varepsilon^{(0)}_i - \bar{\varepsilon} \right| < 0.674\,5s_2 \right\}$。

式中：s_1^2、s_2^2 分别为残差方差、原始数据方差；$\bar{\varepsilon}$ 为残差均值。

按照上述两个检验指标，可以从表 4-1 查出预测精度检验等级。

表 4-1　预测精度检验等级

预测精度检验等级	P	c	预测精度检验等级	P	c
好	>0.95	<0.35	勉强	>0.70	<0.45
合格	>0.80	<0.50	不合格	≤0.70	≥0.65

回归分析预测和灰色预测两种方法在预测伤亡事故方面都是非常可行的。灰色预测法在事故预测和安全管理方面有着广泛的运用前景。

3. 马尔可夫链预测法

若事物未来的发展及演变仅受当时状况的影响，而与过去的状况无关，即具有马尔可夫性质，且一种状态转变为另一种状态的规律又是可知的情况下，就可以利用马尔可夫链的概念进行计算和分析，预测未来特定时刻的状态。

马尔可夫链是表征一个系统在变化过程中的特性状态，可用一组随时间进程而变化的变量来描述。如果系统在任何时刻上的状态是随机性的，则变化过程是一个随机过程，当时刻 t 变为 $t+1$，状态变量从某个取值变到另一个取值，即称为状态转移。而系统从某种状态转移到各种状态的可能性大小，可用转移概率来描述。

马尔可夫链计算所使用的基本公式如下：

已知初始状态向量为：

$$s^{(0)} = \left[s_1^{(0)}, s_2^{(0)}, s_3^{(0)}, \cdots, s_n^{(0)} \right]$$

状态转移概率矩阵为：

$$P = \begin{bmatrix} P_{11} & \cdots & P_{1n} \\ \vdots & & \vdots \\ P_{n1} & \cdots & P_{nn} \end{bmatrix}$$

状态转移概率矩阵是一个 n 阶方阵，它满足概率矩阵的一般性质，即有：

（1）$0 \leqslant P_{ij} \leqslant 1$；

（2）$\sum\limits_{j=1}^{n} P_{ij} = 1$。

满足（1）、（2）两个性质的行向量称为概率向量，即对于任意的行向量（或列向量），其每个元素均非负且总和等于 1。

状态转移概率矩阵的所有行向量都是概率向量；反之，所有行向量都是概率向量组成的矩阵，即为概率矩阵。

概率矩阵的性质：如果 A、B 皆是概率矩阵，则 AB 也是概率矩阵；如果 A 是概率矩阵，则 A 的任意次幂 A^m（$m \geqslant 1$）也是概率矩阵。

一次转移向量为：

$$s^{(1)} = s^{(0)} P$$

二次转移向量为：

$$s^{(2)} = s^{(1)} P = s^{(0)} P^2$$

类似地：

$$s^{(k+1)} = s^{(0)} P^{(k+1)}$$

马尔可夫链预测是应用随机过程中马尔可夫链的理论和方法，研究分析有关现象的变化规律并借此对未来进行预测的一种方法。

4. 增长曲线预测法

事故的发展规律往往类似于生物的自然增殖过程，可用一条近乎 S 形的曲线来描述。

预测对象数值随时间推移而逐步增长，发展初期增长速度较慢，一段时间后，增长速度会逐渐加快；到接近于某一增长极限时，增长速度又会放慢。

常用预测的 S 形增长曲线模型有冈珀茨曲线和逻辑曲线。

1）冈珀茨曲线预测模型

由英国人寿保险专家 B. Gompertz 指出：

$$y = ka^{bt}$$

式中：y——预测函数值；

   k——饱和水平；

   t——时间变量；

   a、b——模型参数。

如果通过对时间序列数据的观察分析，认为可以用冈珀茨曲线拟合，可按如下步骤计算 k、a、b 三个待求参数。

（1）进行时间序列排序，第一年 $t=0$，第二年 $t=1$，以此类推。

（2）将时间序列数据分为三段，每段 n 年，计算各时间段内实际数据的对数和：

$$\begin{cases} \sum_1 \lg y = \sum_{t=0}^{n-1} \lg y_t \\ \sum_2 \lg y = \sum_{t=n}^{2n-1} \lg y_t \\ \sum_3 \lg y = \sum_{t=2n}^{3n-1} \lg y_t \end{cases}$$

式中：y_t——第 t 年的实际数据。

（3）计算 k、a、b：

$$b_n = \frac{\sum_3 \lg y - \sum_2 \lg y}{\sum_2 \lg y - \sum_1 \lg y}$$

$$\lg a = \left(\sum_2 \lg y - \sum_1 \lg y \right) \cdot \frac{b-1}{(b^n - 1)^2}$$

$$\lg k = \frac{1}{n} \left(\sum_1 \lg y - \frac{b^n - 1}{b - 1} \lg a \right)$$

2）逻辑曲线预测模型

$$y = \frac{k}{1 - be^{-at}}$$

式中：y——预测函数值；

   t——时间变量；

   k——渐近线值；

   e——自然对数的底；

   a、b——模型参数。

可按如下步骤计算 k、a、b 三个待定参数。

（1）进行时间序列排序，第一年 $t=1$，第二年 $t=2$，以此类推。

（2）将时间序列数据分为三段，每段 n 年，计算各时间段内实际数据的倒数之和，分别记作 s_1、s_2、s_3，设：

$$\begin{cases} s_1 = \sum_{i=1}^{n} \dfrac{1}{y_t} \\[2mm] s_2 = \sum_{i=n+1}^{2n} \dfrac{1}{y_t} \\[2mm] s_3 = \sum_{i=2n+1}^{3n} \dfrac{1}{y_t} \end{cases}$$

$$\begin{cases} D_1 = s_1 - s_2 \\ D_2 = s_2 - s_3 \end{cases}$$

（3）计算 k、a、b：

$$k = \frac{n}{s_1 - \dfrac{D_2}{D_1 - D_2}}$$

$$a = \frac{1}{n}(\ln D_1 - \ln D_2)$$

$$b = \frac{kD_1}{C(D_1 - D_2)}$$

式中：$C = \dfrac{e^{-a}(a - e^{-na})}{1 - e^{-a}}$。

将求得的 k、a、b 代入，即可得逻辑曲线预测模型。

第 5 章

人员与城市轨道交通安全

国内外的资料统计表明，在城市轨道交通系统作业中大部分的事故与人的因素有关，所以说人是主要因素并起着主导作用，但同时也是最难控制和最脆弱的环节，而其中最重要的就是人的生理和心理因素。

5.1　人的生理和心理特征

5.1.1　人的生理特征

人的感知系统又称为感觉系统，是人体接受外界刺激，经传入神经和神经中枢产生感觉的机构。人的感觉按器官分类共有 7 种，通过眼、耳、鼻、舌、肤五个器官产生的感觉称为"五感"，此外还有运动感和平衡感。这里主要介绍在城市轨道交通系统中应用较多的几种感知系统。

1. 人的视觉特征

人–机–环境系统中安全信息的传递、加工与控制，是系统能够存在与安全运行的基础之一。人在感知过程中，大约有 80% 以上的信息是通过视觉获得的，可以说视觉是最重要的感觉通道。

1）视力

视力又称视敏度，是指辨认外界物体的敏锐程度，即在标准的视觉情景中感知最小的对象与分辨细微差别的能力。影响视敏度的主要因素是亮度、对比度、背景反射与物体的运动等。亮度增加，视敏度可提高，但过强的亮度反而会使视敏度下降。在亮度好的情况下，随着对比度的增加，视敏度也会更好。视敏度在一昼夜变化很大，清晨视敏度较差，夜晚更差，只有白天的 3%～5%。视力分为静视力、动视力和夜间视力三种。

静视力是指人和视标都不动的状态下检查所得的视力。静视力共分为 12 级，0.1～1.0 级，每级差 0.1，此外还有 1.2 和 1.5 两级。

动视力是指人和视标处于运动（其中的一方运动或两方都运动）时检查所得的视力。动视力随运动速度的变化而变化，速度提高则动视力降低，当目标急速移动时，视力下降情况如图 5–1 所示。当照明亮度为 20 lx，目标显露时间为 (1/10) s 时，视力为 1.0；当目标显露的时间为 (1/25) s 时，则视力下降为 0.5。

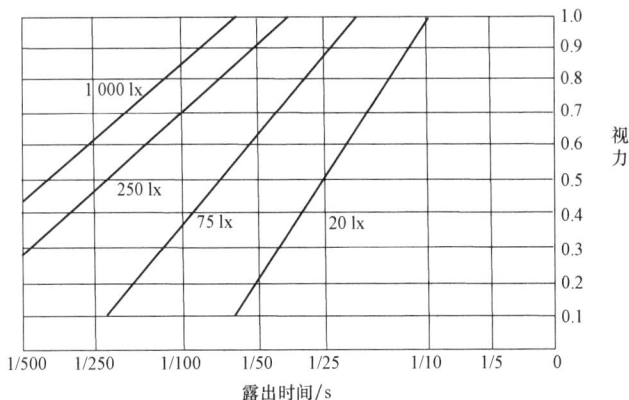

图 5-1　刺激露出时间与视力关系

静视力好是动视力的前提,但静视力好的人不一定会有好的动视力。动视力还与年龄有关,年龄越大,动视力与静视力之差越大。

夜间视力与光线亮度有关,亮度加大可以增强视力。在照度为 0.1~1 000 lx 的范围内,两者几乎成线性的关系。夜间视力还与物体对比度、物体颜色等有关系。对比度大,夜间物体容易确认,对可能遇到危险的地方要设置对比度大的警告标志,就是这个缘故。夜间物体的可见度,是因物体的颜色不同而不同的,红色、白色及黄色是最容易辨认的,绿色次之,而蓝色则是最不容易辨认的,交通环境中的众多信息是靠色彩来表达和传递的。

2）适应

当外界光亮程度变化时,人眼会产生适应性的变化。人从黑暗的地方进入光亮的地方,或者从光亮的地方进入黑暗的地方时,眼睛并不能迅速看清物体,而要经过一段时间,这就是所谓的"明适应"和"暗适应"。

暗适应时,眼睛的瞳孔放大,进入眼睛的光通量增加;明适应时,由于是从暗处进入光亮处,所以瞳孔缩小,光通量减小。暗适应时间较长,一般要经过 4~5 min 才能基本适应,在暗处停留 30 min 左右,眼睛才能完全适应;明适应时间较短,一般经过 1 min 左右就可达到完全适应。

3）颜色视觉

光有能量大小和波长长短的不同。光的能量表现为人对光的亮度感觉,而波长的长短则表现为人对光的颜色感觉,波长大于 780 nm 的光波是红外线和无线电波等,而波长小于 380 nm 的光波是紫外线、X 射线、α 射线等,它们都不能引起人眼的视觉形象。只有波长在 380~780 nm 之间的光波才称为可见光,可见光谱中不同波长引起的不同颜色感觉大致如表 5-1 所列。

表 5-1　各种颜色的标准波长与波长范围

颜色	紫色	蓝色	绿色	黄色	橙色	红色
标准波长/nm	420	470	510	580	610	700
波长范围/nm	380~450	450~480	480~575	575~595	595~620	620~780

4）视错觉

视错觉，是指注意只集中于某一因素时，由于主观因素的影响，感知的结果与事实不符的特殊视知觉。引起视错觉的图形多种多样，由此引起错觉的倾向性可分为两类：一类是数量上的视错觉，包括在大小、长短方面引起的错觉；另一类是关于方向的错觉。

视错觉有害也有益。在人机系统中，视错觉有可能造成观察、监测、判断和操作的失误。但在工业产品造型中，利用视错觉可以获得满意的心理效应。例如：交通中利用圆形比同等面积的三角形或正方形显得要大 1/10 的视错觉，规定用圆形作为表示"禁止"或"强制"的标志。

2. 人的听觉特征

听觉系统是人获得外部信息的又一重要感官系统。在人–机–环境系统中，听觉显示仅次于视觉显示。由于听觉是除触觉以外最敏感的感觉通道，在传递信息量很大时，不像视觉那样容易疲劳。因此一般用做警告显示，通常和视觉信号联用，以提高显示装置的功能。

1）听觉刺激

听觉的刺激物是声波。声波是声源在介质中向周围传播的振动波，其传播速度随传播介质的特性而变化。一定频率范围的声波作用于人耳就产生了声音的感觉。人耳所能听到的声音频率范围一般为 20～20 000 Hz，低于 20 Hz 的次声和高于 20 000 Hz 的超声，则超出了人耳的听觉范围。

2）人的听觉感受

听觉感受性有绝对感受性和差别感受性之分，和它们相对应的刺激值称为绝对阈值和差别阈值。声音要达到一定的声级才能被听到，这种引起声音感觉的最小可听声级称为听觉的绝对阈值。

听觉差别阈值，是指人耳对声音的某一特性（如强度、频率）的最小可觉差别。听觉差别阈值一般用相对量（韦伯比例）表示。声音持续时间的最小可觉差别与强度、频率无关，它随声音信号时长缩短而减小，但其韦伯比例不恒定。当信号声持续 0.5～1 ms、10 ms 和 50～500 ms 时，相应的韦伯比例分别接近 1、0.3 和 0.1。

一个声音被另一个声音所掩盖的现象，称为掩蔽。一个声音的听阈因另一个声音的掩蔽作用而提高的效应，称为掩蔽效应。应当注意，由于人的听阈的复原需要经历一段时间，掩蔽声去掉以后，掩蔽效应并不立即消除，这个现象称为残余掩蔽或听觉残留，其量值可表示听觉疲劳。掩蔽声对人耳刺激的时间和强度直接影响人耳的疲劳持续时间和疲劳程度，刺激越长、越强，则疲劳越严重。

3. 人的嗅觉和味觉特征

嗅觉和味觉都属于化学觉，各有其自身特殊受纳器，但两者经常密切结合在一起协调工作。

人的嗅觉是由化学气体刺激嗅觉器官引起的感受，嗅觉灵敏度用嗅觉阈值表示。嗅觉阈值，是指能引起嗅觉的气味的最小浓度，一般以每升空气中含有该物质的毫克数表示。味觉是溶解性物质刺激口腔内味蕾而发生的感觉。味蕾分布于口腔黏膜内，特别是舌尖部和舌的侧面分布更广。

4. 人的肤觉特征

人的皮肤是一种软组织，受到不同刺激时会引起触、压、振、温、痛等感觉，皮肤感觉可在一定程度上代替视觉、听觉的功能，特别是对于聋、盲残疾者。皮肤感觉系统的外周感受器存在于皮肤表层。在皮肤的表层中分布着多种神经末梢，这些感受器受刺激时引起的神经冲动，经过特有的传入神经到达大脑皮层的相应投射区而产生各种肤觉。

5.1.2　人的心理特征

心理过程是人们共有的心理活动。但是，由于每一个人的先天素质和后天环境不同，心理过程在产生时又总是带有个人特征，从而形成个人的个性。

个性心理包括个性倾向性和个性心理特征两个方面。个性倾向性是指一个人所具有的意识倾向，也就是人对客观事物的稳定态度。它是人从事活动的基本动力，决定着人的行为的方向，其中主要包括需要、动机、兴趣、理想、信念和世界观。个性心理特征是一个人身上表现出来的本质的、稳定的心理特点，能力、气质和性格统称为个性心理特征。

1. 心理过程

1）认识过程

感觉是人脑对直接作用于感觉器官的刺激物的个别属性的反映。颜色、声音、气味等个别属性直接作用于感觉器官时，大脑就反映这些属性，产生颜色、声音、气味等感觉。例如，面前有一只苹果，鼻子闻到苹果的香味，眼睛看到苹果的外观，手触摸到苹果光滑的果皮。苹果的这些个别属性通过感官作用于人脑，在人脑中引起的心理活动就是感觉。

知觉是人脑对直接作用于感觉器官的客观事物的整体反映。知觉最重要的特点，在于它始终反映事物、对象和现象，而不只是反映它们的个别特性与属性。在日常生活中，人们听见的不是单纯的不同音调、声强和音色的声音，而是风声、雨声、铃声和人的口音；人们感知的不是单纯的颜色、圆形、香甜味道，而是一个完整的苹果。不正确的、歪曲的知觉，称为错觉。

知觉是在感觉的基础上形成的，感觉为知觉提供个别材料，而知觉是感觉的深入和发展，是各种感觉的有机结合。知觉反映事物统一的整体，产生事物的完整的映像。感觉和知觉是认识的初级阶段——感性认识阶段。

2）情感过程

情感是人脑的机能，是人们对客观事物的一种态度的体验，是对事物好恶的一种倾向。

情感产生的原因是客观现实。与情感相联系的概念是情绪，情绪和情感既有区别又有联系。情绪和情感反映客观事物与人的主观需要之间的关系。情绪是原始的，更多是与生理需要满足与否相联系的心理活动，而情感则是与社会性需要满足与否相联系的心理活动。

情绪和情感具有两极性。例如，在紧张水平方面，有紧张和轻松两极。所谓紧张水平，是指想要动作的冲动的强弱，比如新工人第一次独立操作前。轻松是经常产生于关键和紧急的事件发生得到解决的情绪体验，新工人第一次独立操作后就会体验到这种轻松的情绪。有实验表明，紧张程度中等时人的操作行为效果最佳，过度紧张和轻松都会降低操作效率，甚至出现事故。

3）意志

意志是人自觉地确定目的，并根据目的调节支配自身的行动，克服困难，去实现预定目的的心理过程。意志是人类所特有的心理现象，是人的意识能动性的集中表现。意志与人的认识、情绪和个性关系密切。

意志表现于人的行动中。意志行动的心理过程可以分为两个阶段，一是采取决定阶段，它是意志行动的开始阶段，决定着意志行动的方向，一般要经过确定目的、制订计划和动机斗争等环节。二是执行决定阶段，它是意志行动的完成阶段，使拟定的计划付诸实施，从而完成既定目的。

意志行动在不同的人身上有不同的表现，这就是个人特有的意志品质。坚强的意志品质主要有自觉性、果断性、坚韧性和自制性。加强意志品质的培养对搞好安全生产极为必要。

4）注意

注意是心理活动对一定对象的指向和集中。指向性，是指心理活动有选择地反映一定的对象，而离开其余的对象，由于这种选择性，人在同一时间内只反映客观事物中的某些事物；集中性，是指心理活动深入于某些事物而撇开其他事物。

注意有无意注意、有意注意和有意后注意三种。

事先没有预定的目的，也不需要作意志努力的注意叫无意注意，无意注意有时称为消极注意或情绪注意。

有意注意指有预定目的，需要一定意志努力的注意，有时把它称为积极注意或意志注意。有意注意是在人类社会实践过程中发展起来的。由于有意注意的微弱性和狭隘性而产生的不注意称为分心。

有意后注意是事前有预定的目的，不需要意志努力的注意。研究表明，有意后注意是一种高级类型的注意，它具有高度稳定性，是人类从事创造性活动的必要条件。

在实践活动中，无意注意、有意注意和有意后注意紧密相连。无意注意在一定条件下可以转化为有意注意，而有意注意在一定条件下又可以转化为有意后注意。

2. 个性倾向性

个性倾向性是人进行活动的基本动力，也是个性结构中最活跃的因素。它决定着人对现实的态度，决定着人对认识活动的对象的趋向和选择，主要包括需要、动机、兴趣、理想、信念和世界观等。

需要是人脑对生理和社会的要求的反映。它通常以意向、愿望和动机的形式表现出来。根据需要的起源，可以把需要分为生理性需要和社会性需要。

动机是指激起一个人去行动或者抑制一个行动的一种意图、打算或心理上的冲动。和需要一样，人的动机是各种各样的。根据引起动机的诱因是由外界提供的还是由主体本身提供的两方面，可以分为外部动机和内部动机。以取得报酬或奖励为满足的动机，属于外部动机；由自我激发的，以获取知识、赢得成就为满足的动机，属于内部动机。

兴趣是人积极探究某种事物的认识倾向。由于这一倾向，就使一个人的注意经常集中和倾向于某种事物。人的兴趣不仅是在需要与生活实践的基础上形成和发展起来的，而且又是认识和从事生产活动的巨大动力。兴趣可分为直接兴趣和间接兴趣两种。前者是由于对事物未来感到需要而产生的兴趣，如对学习过程本身的兴趣和对劳动过程本身的兴趣；后者是对事物未来的结果感到需要而产生的兴趣，如对通过学习取得职业的兴趣和对工作后取得报酬的兴趣。直接兴趣和间接兴趣在生活中都是不可或缺的。如果没有直接兴趣的支持，活动会变得枯燥无味；没有间接兴趣的支持，活动便不可能长久地持续下去。只有直接兴趣和间接兴趣正确地结合，才能充分发挥一个人的积极性。

3. 个性心理特征

人人都具有认识、情感、意志等心理过程，但每个人的个性心理则各不相同。个性是在先天遗传素质的基础上，通过后来的社会实践活动形成和发展起来的个体心理特征的总和。

个性具有倾向性和稳定性。人的个性心理特征主要包括三个方面，即人的气质、性格和能力。

1）气质

气质是个体心理活动的稳定的动力特征。所谓心理活动的动力特征，主要是指心理过程的速度和稳定性（如知觉的速度、思维的灵活程度、注意集中时间的长短）、心理过程的强弱（如情绪的强弱、意志努力的程度）以及心理活动的指向性（有人倾向于内心世界、有人倾向于外部事物）等方面特点。

古希腊医学家希波克拉底提出根据人体内四种体液所占比例不同的体液气质说。他认为人体内有四种体液：黄疸汁、血液、黏液、黑胆汁。根据它们在人体内所占比例不同，可划分胆汁质型、多血质型、黏液质型和抑郁质型四种类型。这四种气质类型的人分别具有如下特点：

（1）胆汁质型。

强兴奋，弱抑制，精力充沛，热情，易激动，反应迅速，行动敏捷，性情暴躁，决策果敢，坚韧不拔；但往往不考虑后果。

（2）多血质型。

性情活泼，动作灵敏，易适应环境；善交际，不拘束；富有精力，工作能力强，兴趣广泛，能从事多样化、多变性的工作。但多变，浮躁轻率，好大喜功。

（3）黏液质型。

性情沉静稳重，感情专一，动作迟缓，不易激动，不易发脾气，不易流露感情，不故意显露才能；但因循守旧，不善创新。

（4）抑郁质型。

性情脆弱，动作迟钝，心思细密，感情细腻，做事小心谨慎，优柔寡断。

气质是影响人的心理活动和行为的动力特点，是人的稳定的心理特征之一。气质不是一成不变的，常随年龄和教育的影响而发生变化。

人的心理和行为不是由气质决定的，而是由社会生活条件和个人的具体生活状态决定的。在安全教育和安全检查中，并非一定将某人划归为某类型，而主要是测定、观察每人的气质特点，以及气质影响性格的表现方式，使性格特征带有独特"色彩"，以便有针对性地进行有效的教育。

2）性格

性格，是指一个人在个体生活过程中所形成的，对现实稳固的态度以及与之相适应的习惯了的行为方式方面的个性心理特征。性格是十分复杂的心理构成物，它由不同的性格特征所组成。

（1）性格的态度特征。

性格的态度特征，主要是指表现在处理各种社会关系方面的特征，如处理个人、社会、集体的关系，对待劳动、工作的态度，对待他人和自己的态度等。

（2）性格的理智特征。

性格的理智特征，是指表现在感知、记忆、想象和思维等认知方面的个体差异。

（3）性格的情绪特征。

性格的情绪特征，是指人在情绪活动时在强度、稳定性、持续性和主导心境等方面表现出的性格特征。

（4）性格的意志特征。

性格的意志特征，是指人在对自己行为的自觉调节方式和水平方面的性格特征。

以上特征是密切联系的，一般地说，一个在工作、学习态度上认真、踏实勤奋的人，在意志上有较好的坚持性和自制力；具有谦逊品质的人，往往在情绪方面很少遇事暴躁和易怒。

3）能力

能力，是指人们成功地完成某种活动所必需的个性心理特征。如企业领导组织安全生产的管理能力，工人的劳动能力，和不安全因素作斗争而相应地采取安全措施的能力等。

能力可分为一般能力和特殊能力。例如，观察力、记忆力、注意力、思维力、语言的感知、理解力、表达力和想象力等属于一般能力，它们适用于广泛的活动范围，并保证人们较容易和有效地掌握知识，它与认识活动密切联系着。节奏感、彩色鉴别能力等属于特殊能力，它们只在特殊领域内发生作用。

要顺利地完成某种复杂的活动，就需要多种能力的完备结合，这种多种能力的结合称为才能。才能的高度发展就是天才，它能使人创造性地完成某种或多种活动。

制约能力发展的条件有两个方面：一是素质；二是环境、教育和实践活动。素质是有机体生来具有的某些生理特点，主要是神经系统、感官系统和运动器官等，是能力形成和发展的自然前提，在同样的素质基础上可以形成各种不同的能力，能力发展之所以有差别是由环境、教育和实践活动所造成的。因此，安全教育和培训以及特殊工种的培训就是在工人自身素质的基础上，通过教育达到所要求的作业能力，以确保安全生产。

5.2 不安全行为的生理和心理分析

事故发生的直接原因是物的不安全状态和人的不安全行为。而大量的事故统计资料表明，绝大多数事故的发生是由人的不安全行为导致的。法国电力公司在1990年提出的安全分析研究报告指出，70%～80%的事故与人的不安全行为有关；美国矿山调查表明，由人的不安全行为导致的事故占矿山事故的85%；我国煤矿中的"三违"现象是导致事故多发的重要原因，而"三违"现象是典型的人的不安全行为。由此可见，人的行为对于安全起主导作用。美国心理学家勒温认为，人的行为受人的生理、心理与环境因素的影响。因此，研究导致人的不安全行为发生的生理及心理因素，对控制人的行为和预防事故的发生有着至关重要的意义。

1. 感知错觉与不安全行为的关系

人长期从事某一操作时，有时会产生视觉与客观对象物之间的不一致，这种和客体不一致的错觉有时会成为发生事故的原因。

错觉的种类繁多，大都是因视觉差错而引起的，可大致分为运动的错觉和定位的错觉。前者是把静止的误认为运动的或把运动的误认为是静止的，后者主要是搞错了空间方向和位置。

人总是会受到各种刺激，因受刺激而产生紧张的情绪，就会出现和客观不一致的错觉。产生错觉的机会越多，发生事故的概率就越大。青岛贤司调查了日本152个制造工厂中发生的1 656起事故，这些事故有72起是由于"虽然客观上存在着不安全因素，但本人因思考上的错误却没感到有危险"这一原因而发生的。

人有一种本能，即用积累的经验来判断客观存在的危险事实，但生产环境异常特殊，它和生活的自然环境不同，经验有时用不上，这就会引起思考上的失误。要避免不安全行为，首要的是排除思考上的错误，不发生动静混淆、方向迷失、位置颠倒等而导致不安全行为的产生。

2. 疲劳与不安全行为的关系

劳动者在连续工作一段时间以后，会有疲劳和机能衰退现象，这就是疲劳。疲劳是一种正常的生理心理现象。如果由于工作负荷过重及连续工作时间过长造成过度疲劳，就会严重影响人的心理活动的正常进行，造成人体生理、心理机能的衰退和紊乱，从而使劳动效率下降、作业差错增加、工伤事故增多、缺勤率增高等。

目前，疲劳对安全生产的影响已引起人们广泛的重视，已有人把疲劳称为工业事故中具有头等重要性的因素之一，同时也是国际上工业安全方面一个长期研究的重点领域。

根据俄罗斯心理学家列维托夫对疲劳的研究，人在疲劳时的生理、心理状态包括以下几个方面：

（1）无力感；

（2）注意的失调；

（3）感觉方面的失调；

（4）记忆和思维故障；

（5）意志减退；

（6）睡意强。

3. 注意与不安全行为的关系

生产发生的事故中，由人的失误引起的事故占较大的比例，而"不注意"又是其中的重要原因。据研究，引起不注意的原因有以下方面：

1）强烈的无关刺激的干扰

当外界的无关刺激达到一定程度，会引起作业者的无意注意，使注意对象转移而造成事故。但当外界没有刺激或刺激陈旧时，大脑又会难以维持较高的意识水平，反而会降低意识水平和转移注意对象。

2）注意对象设计欠佳

长期的工作，使作业者对控制器、显示器以及被控制系统的操作、运动关系形成了习惯定型。若要改变习惯定型，需要通过培训和锻炼建立新的习惯定型。但遇到紧急情况时仍然会反应缓慢，出现操作错误。

3）注意的起伏

注意的起伏，是指人对注意客体不可能长时间保持高意识状态，而是按照间歇地加强或减弱规律变化。因此，越是高度紧张需要意识集中的作业，其持续时间越不宜长，因为低意识期间容易导致事故。

4）意识水平下降导致注意力分散

注意力分散，是指作业者的意识没有有效地集中在应注意的对象上。这是一种低意识水平的现象。环境条件不良，引起机体不适；机械设备与人的心理不相符，引起人的反感；身体条件欠佳、疲劳；过于专心于某一事物，导致对周围发生的事情不作反应，这些原因均可引起意识水平下降，导致注意力分散。

在事故分析中常把原因归结为操作者马虎、不注意等。因此，在防止事故的方法上常常采用提醒作业人员注意安全、小心谨慎，或召开班前会、班后会、事故分析会，提醒工人注意安全，防止事故的发生。

4. 性格与不安全行为的关系

一些研究表明，事故的发生率和职工的性格有着非常密切的关系，无论技术多么好的操作人员，如果没有良好的性格特征，也常常会发生事故。具有以下性格特征者，一般容易发生事故。

1）攻击型性格

具有这种性格的人，常常是妄自尊大，骄傲自满，在工作中喜欢冒险，喜欢挑衅，喜欢与同事闹无原则的纠纷，争强好胜，不接纳别人的意见。这类人虽然一般技术都比较好，但也很容易出大事故。

2）孤僻型性格

这类人性情孤僻、固执、心胸狭窄、对人冷漠，其性格多属内向，与同事关系不好。

3）冲动型性格

这类人性情不稳定，易冲动，情绪起伏波动很大，情绪长时间不易平静，因而在工作中易忽视安全工作。

4）抑郁型性格

这类人心境抑郁、浮躁不安，由于长期心境闷闷不乐，精神不振，导致干什么事情都引不起兴趣，因此容易出事故。

5）马虎型性格

这类人对待工作马虎、敷衍、粗心，常引发各种事故。

6）轻率型性格

这类人在紧急或困难条件下表现出惊慌失措、优柔寡断或轻率决定、鲁莽行事。在发生异常事件时，常不知所措或鲁莽行事，使一些本来可以避免的事故成为现实。

7）迟钝型性格

这种性格的人感知、思维或运动迟钝，不爱活动、懒惰。由于在工作中反应迟钝、无所用心，亦常会导致事故发生。

8）胆怯型性格

这种性格的人懦弱、胆怯、没有主见。由于遇事爱退缩，不敢坚持原则，人云亦云，不辨是非，不负责任，因此在某些特定情况下也很容易发生事故。

5. 气质与不安全行为的关系

人的气质特征越是在突发和危急的情况下，越是能充分和清晰地表现出来，并本能地支配人的行动。因此，同其他心理特征相比，在处理事故这个环节上，人的气质起着相当重要的作用。事故出现后，为了能及时做出反应，迅速采取有效措施，有关人员应具有这样一些心理品质：能及时体察异常情况的出现；面对突发情况和危急情况能沉着冷静，控制力强；应变能力强，能独立做出决定并迅速采取行动等。这些心理品质大都属于人的气质特征。

在预防事故发生方面，也应注意对气质特征的扬长避短。比如，具有较多胆汁质和多血质特征的人应注意克服自己工作时不耐心、情绪或兴趣容易变化等毛病，发扬自己热情高、精力旺盛、行动迅速、适应能力强等长处，对工作认真负责，避免操作失误，并及时察觉异常情况。黏液质的人应在保持自己严谨细致、坚韧不拔特点的同时，注意避免瞻前顾后、应变力差的问题。抑郁型的人应在保持自己细致敏锐的观察力的同时，防止神经过敏。

6. 情绪与不安全行为的关系

人们在情绪水平失调时，言行上往往会表现出忧虑不安、恐慌、失眠、行为粗犷、眼睛呆滞、心不在焉、言行过分活跃，或表现出与本人平时性格不一致的情绪状态等。若能创造一个稳定的心理环境，并积极引导人们用理智控制不良情绪，则可以大大减少因情绪水平失调而诱发的不安全行为。

在实际工作中表现出来的有如下两种不安全情绪：

1）急躁情绪

干活利索但太毛躁，求成心切但不慎重，工作起来不仔细，有章不循，手、心不一致，这种情绪易随环境的变化而产生，如节日前后、探亲前后、体制变动前后、汛期前后等。

2）烦躁情绪

表现沉闷，不愉快，精神不集中，严重时自身器官往往不能很好协调，更谈不上与外界条件协调一致。

当人体情绪激动水平处于过高或过低状态时，人体操作行为的准确度都只有 50% 以下，因为情绪过于兴奋或抑制都会引起人体神经和肾上腺系统的功能紊乱，从而导致人体注意力无法集中，甚至无法控制自己。因此，人们从事不同程度的劳动，需要有不同程度的劳动情绪与之相适应。

5.3　安全行为的激励

激励，是指激发人的动机使其朝向所期望的目标前进的心理活动过程。从安全生产的角度而言，安全行为的激励会使劳动者更加自觉地进行安全行为。

5.3.1　激励概述

激励是企业管理和安全管理必需的手段，通过激励可以提高工作绩效，激发员工的潜能、工作热情与兴趣，还能调动和提高员工工作的自觉性、主动性和创造性。通过对激励的掌握，可以使安全管理更为有效。

激励实际上是一个循环过程，这是激励的基本特征。这一过程如图 5-2 所示。

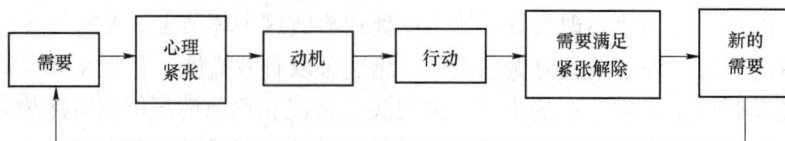

图 5-2　激励的循环过程

图 5-2 说明人的激励过程首先产生于需要，一般来说，当人产生某种需要时，会产生一种紧张的心理状态，在遇到能够满足需要的目标时，这种紧张的心理状态就转化为动机，促使人们去从事某种活动来达到目标，当目标达成时，需要也得到满足，紧张的心理状态就会消除，这时人又会产生新的需要，形成一个循环的过程。

在激励的循环过程中，有些需要容易得到满足，而有些需要很难得到满足，所以激励的时间有长短之分。而当有些需要几乎不可能满足的时候，会出现两种结果：一种是产生非常强大的动机，这种动机促成非常努力的行为，直至达到目的实现需要；另一种是消极结果，即该种需要消失，或由低层次的需要取代。

在安全生产中，对员工的激励要密切关注并研究激励的过程。因为员工的需要不一定和组织或企业相符，当不能符合的时候，结果是员工的行为会与组织需要的行为不一致。所以组织必须积极引导员工的需要，尽量使之与组织的目标相一致，最终达到良好的激励效果。

5.3.2　激励理论

自 20 世纪 20 年代以来，管理学家、心理学家和社会学家对激励理论进行了相当深入的研究，至今已经提出了许多激励理论。目前，比较成熟的激励理论主要有以下几种：

1. 马斯洛的需要层次论

美国心理学家马斯洛对人的需要进行了结构分析，提出了著名的需要层次论。他认为，人的需要按其发生的次序可以分为五个层次，依次为生理需要、安全需要、社交需要、尊重需要和自我实现需要。

生理需要是人类生存的最基本、最原始的需要，包括摄食、饮水、睡眠、求偶等；而安全需要则是在生理需要获得适当满足之后，对生命财产的安全、身体健康、生活条件稳定等方面的需要；社交需要，是指感情与归属上的需要，包括人际交往、友谊、为群体和社会所接受、承认等；尊重需要包括自我尊重和受人尊重两种需要；自我实现需要则是最高层次的需要，指人有发挥自己能力与实现自身的理想和价值的需要。

马斯洛认为，人的需要一般来说是依次产生的，只有当较低层次的需要被满足之后，才产生高一层次的需要。例如，一个生理需要都难以满足，肚子还未填饱的流浪汉，很难产生出自我实现需要。由于安全需要在第二层次，所以当人们的生理需要没有得到适当满足的条件下，是不会很好地关注安全的。需要注意的是：① 对于一个人来说，这五种需要不是并列的，而是从低到高排列的。只有当低层次的需要得到满足之后，才会产生高层次的需要。不过，需要的满足又是相对的，不可能是低层次的需要绝对满足之后才产生高层次的需要。一般生理需要满足 85%、安全需要满足 70%、社交需要满足 50%、尊重需要满足 40%、自我实现需要满足 10%，就可以认为是需要得到满足了，就会产生下一层次的需要。② 一个人一定时期的需要是多方面的，决定人们行为的是占主导地位的需要，即最想得到满足的需要。

2. 双因素理论

1957 年，美国心理学家赫茨伯格提出了"激励因素 – 保健因素"理论，简称双因素理论。他将人的行动动机因素分为与工作的客观情况有关的保健因素和与工作有内在联系的激励因素两大类。保健因素的满足只能防止职工对工作的不满。激励因素的改善却可激发职工的积极性并产生满足感。

保健因素包括如企业政策和管理、监督、工作状况、人事关系、薪金、地位、工作安全以及个人生活等方面的事情。赫茨伯格发现这些措施因素能消除职工的不满，但不能调动其积极的工作行为。这些因素类似卫生保健对人体的作用，有预防效果而不会使身体更健康，所以称为保健因素。如改善环境条件、标准化规范管理、监督、检查、安全奖等。

激励因素完全与工作内容有关，包括成就、表彰、有前途的工作、晋升、在工作中的成长等。这些方面的因素能起到激励作用，能充分调动领导和职工的安全生产积极性和创造性，因此称激励因素。激励因素能激励安全需要，能够使职工产生安全工作的满足感。

双因素理论是针对满足人的需要的目标或诱因提出来的，在实用中有一定道理，但在某种条件下也并非如此，即在一定条件下，保健因素也有激励作用。

3. 挫折理论

挫折理论主要揭示人的动机行为受阻而未能满足需要时的心理状态，并由此而导致的行为表现，力求采取措施将消极性行为转化为积极性、建设性行为。挫折的形成是人的认知与外界刺激因素相互作用失调所致，是一种普遍存在的心理现象，它的产生是不以人的主观意志为转移的。挫折感因人而异，即使客观上挫折情境相似，不同的人对挫折的感受也会不同，所受的打击程度也就不同。挫折一方面可增加个体的心理承受能力，使人猛醒，吸取教训，改变目标或策略，从逆境中重新奋起；另一方面也可使人们处于不良的心理状态中，出现负向情绪反应，并采取消极的防卫方式来对付挫折情境，从而导致不安全的行为反应。

在企业安全生产活动中，应重视挫折问题，采取下述措施：帮助职工用积极的行为适应挫折，如合理调整无法实现的行动目标；改变受挫折职工对挫折情境的认识和估价，以减轻挫折感；通过培训提高职工工作能力和技术水平，增加个人目标实现的可能性，减少挫折的主观因素；改变或消除易于引起职工挫折的工作环境，减少挫折的客观因素；开展心理保健和咨询，消除或减弱挫折心理压力。

4. 期望理论

1964 年，弗鲁姆提出了管理中的期望理论。该理论的基本点是，人的积极性被激发的程度取决于他对目标价值估计的大小和判断实现此目标概率大小的乘积，用公式表示为：

$$激励水平（M）=目标效价（V）×期望值（E）$$

式中，目标效价是指个人对某一工作目标对自身重要性的评价；期望值是指个人对实现目标可能性大小的主观估计。一般来说，目标效价和期望值都很高时，才会有较高的激励力量；只要目标效价和期望值中有一项不高，则目标的激励力量就不大。对于企业来说，需要的是职工在工作中的绩效；而对于职工来说，关注的则是与劳动付出有关的报酬。

期望理论明确地提出职工的激励水平与企业设置的目标效价和可实现的概率有关，这对企业采取措施调动职工的积极性具有现实的意义。首先，企业应重视安全生产目标的结果和奖酬对职工的激励作用。其次，要重视目标效益与个人需要的联系。同时，要通过宣传教育引导职工认识安全生产与其切身利益的一致性，提高职工对安全生产目标及其奖酬效价的认识水平。最后，企业应通过各种方式为职工提高个人能力创造条件，以增加职工对目标的期望值。

5.4 不同人群城市轨道交通安全特性

人在城市轨道交通安全问题中，既是安全可靠性的依赖者，与城市轨道交通安全有关的各项工作都依赖于人的高效、安全、可靠的行为，但同时人又是安全问题的触发者，人总会因为某些因素产生差错或失控，从而导致整个安全系统可靠性降低甚至引发事故。因此，人在城市轨道交通安全系统中起着关键性的作用。

城市轨道交通系统中的人员包括：城市轨道交通运营者、城市轨道交通使用者，以及其他人员（如穿越平交口的人员、沿线受到影响的居民等）。

由于其他人员在城市轨道交通中产生影响的概率极低，所以本书主要介绍前两类人群，即城市轨道交通运营者和城市轨道交通使用者。

5.4.1 城市轨道交通运营者

城市轨道交通运营者主要包括：机车乘务人员、各工种的调度人员、车站行车人员以及行车设备操作、管理、维护人员等。城市轨道交通系统的正常运营是由多系统、多专业协调配合完成的，不同岗位的工作人员，由于工作环境、专业素养等的各不相同，对运营安全的可靠度也不尽相同。

1. 工作人员失误分析

根据岗位的重要性，重点岗位大致包括综控员、调度员、维修员、乘务员。

1）综控员失误分析

综控员的主要职责是负责行车设备的监控、作业办理与非正常情况下的行车组织工作，及环控、火灾警报及各种图像监控设备的监控、现场确认与处理，并对自动售票系统的监控、作业办理及相关数据的采集、统计。

综控员在日常的工作中，主要负责以下具体工作内容：

（1）监视控制台，监控 FAS、BAS 系统；

（2）监视道岔的红光带及计轴；

（3）对车辆进行报表；

（4）清洗道岔、道床，并进行相关维护；

（5）施工确认；

（6）早晚巡视；

（7）提供供电/送电；

（8）检查设备设施、备品备件是否处于完好状态。

综控员容易犯的错误有如下几种：

（1）不按时报点或报表；

（2）FAS、BAS 误报；

（3）关闭报警器；

（4）干与工作无关的事;

（5）没有准确传达调度命令;

（6）没有巡视;

（7）对排记录、上报车次等程序的业务不熟练。

在综控员的这些人为错误中，没有准确传达调度命令，FAS、BAS 误报，对排记录、上报车次等程序的业务不熟练等属于高风险，在日常的工作中应绝对禁止;关闭报警器、没有巡视为中等风险，对这些人为错误应加强控制与监视;不按时报点或报表、干与工作无关的事为低风险，应加强教育与监控。

2）调度员失误分析

调度员根据岗位的不同，又分为行车调度员、电力调度员、环控调度员、客运调度员、设修调度员，其中，最重要的岗位为行车调度员和电力调度员，他们直接关系着城市轨道交通系统的正常运营。前者主要指挥和协调行车各岗位的运作，组织实施各种行车工作计划，确保行车工作的正常进行;后者主要负责所辖范围内的供电生产工作，保证整个城市轨道交通供电系统安全运行和连续供电。

调度员在日常的工作中，主要负责以下具体工作内容：

（1）发布指令，对列车进行排班;

（2）审核施工计划。

调度员容易犯的错误有如下几种：

（1）调度命令漏报、误报、错报;

（2）传达命令不清楚;

（3）业务的程序不熟悉、处置不当;

（4）误操作;

（5）操作流程的顺序或工序不对;

（6）报表未按规范填写或上报;

（7）临场反应能力不足;

（8）干与工作无关的事。

在调度员的这些人为错误中，调度命令漏报、误报、错报，业务的程序不熟悉、处置不当，临场反应能力不足为高风险，在日常的工作中应绝对禁止;传达命令不清楚，扣车、办进路时违规发布命令，误操作，操作流程的顺序或工序不对，工作时注意力不集中为中风险，对这些人为错误应加强控制与监视;报表未按规范填写或上报、干与工作无关的事为低风险，应加强教育与监控。

3）维修员失误分析

维修员的主要职责是负责所属分区相关设备的维修及管理，及时处理设备出现的故障，支持运营服务达到预定的服务水平。近年发生的多起电梯事故及设备故障，主要是由于维修员不按照规范操作，导致维修不到位，事故隐患未得到有效控制。

维修员在日常的工作中，主要负责以下具体工作内容：

（1）对设备设施进行日常的养护维修和保养;

（2）突发事件下，第一时间赶赴现场处理故障。

维修员容易犯的错误有如下几种：

（1）检修过程中漏检漏修；

（2）违反操作规程进行检修；

（3）零组件组装不正确或使用错误零件；

（4）维修不到位；

（5）不按规范填写记名修；

（6）作业时未穿戴相应的防护品；

（7）作业时注意力不集中、不认真；

（8）安全意识不强、责任心不够；

（9）交接班不彻底。

在维修员的这些人为错误中，检修过程中漏检漏修，违反操作规程进行检修，安全意识不强、责任心不够为高风险，在检修过程中应绝对禁止；零组件组装不正确或使用错误零件，维修不到位，作业时未穿戴相应的防护品，作业时注意力不集中、不认真，交接班不彻底为中风险，对这些人为错误应加强控制与监视；不按规范填写记名修为低风险，应加强教育与监控。

4）乘务员失误分析

乘务员主要负责城市轨道交通列车的驾驶工作。由于城市轨道交通车站间隔较小，乘务员要进行频繁的常规操作，同时还要操作车门、空调和广播等多个系统，因此对乘务员的专业素养具有较高的要求。由于城市轨道交通系统的特殊性，一旦发生重大事故，乘务员就是保障乘客生命安全的最后一道屏障。

乘务员在日程的工作中，主要负责以下具体工作内容：

（1）正常的拉乘客和调头；

（2）处理车辆故障和监控轨道。

乘务员容易犯的错误有如下几种：

（1）司机聊天或打盹；

（2）没有看轨道或区间；

（3）车门故障处理不到位；

（4）不看信号灯，易造成挤道岔；

（5）冒进；

（6）没有在规定的位置停车；

（7）列车关门的时机不对；

（8）夹伤乘客。

在乘务员的这些人为错误中，没有看轨道或区间，不看信号灯，冒进为高风险，在列车运行过程中应绝对禁止；司机聊天或打盹，车门故障处理不到位，没有在规定的位置停车，夹伤乘客为中风险，对这些人为错误应加强控制与监视；列车关门的时机不对为低风险，应加强教育与监控。

5）其他工作人员

除了重点岗位外，城市轨道交通公司还包括其他岗位的工作人员，如站务安全员、安检员、票务员等。站务安全员在站台上主要负责宣传疏导、站台瞭望，及时发现并制止乘客抢上抢下、跳下站台等不安全行为。安检员负责检查进站乘客随身携带的物品，禁止违禁物品进入车站内。

其他工作人员虽然不会对乘客人身和城市轨道交通的运营造成直接的影响，但是其工作的疏忽，也会诱发事故的发生。如，安检员工作疏忽，造成违禁品进入车站，对周围乘客的人身安全形成隐患；站务员没有及时发现乘客的异常状况，会导致乘客跳下站台，严重威胁城市轨道交通的正常运营；安全员没有及时宣传疏导，造成客流交叉，乘客拥挤摔倒。

2. 人为差错类型分析

工作人员常见的人为差错类型大致分为以下 6 类：沟通不良、专业知识不足、注意力不集中、疲劳、缺乏安全意识、特请处置能力不足。

1）沟通不良

沟通不良主要包括交接不全、口语误解、交流障碍三种情况。

由于目前的城市轨道交通公司大都实行的是三班倒制度，因此交班时就会出现漏洞，在上一班出现的问题或隐患未得到下一班的重视或解决。以维修工为例，若其在工作正常上班及加班期间来不及完成工作，只有将以上未完成的工作交接给接班的人员。此时，便可能产生交接上的漏失，可能是工作的内容，可能是拆下的零件，也可能是交接不完全的工具或装备。

第二种沟通不良是口语上的误解。由于一线员工处于人流攒动、噪声较大的环境，导致沟通交流时，可能听不清楚，或者接收错误信息。此外，由于员工来自五湖四海，各自的发音、方言不尽相同，导致交流时产生隔阂或者语言不清，容易误解信息。

第三种沟通不良体现在不同工种或部室的交流中。当出现突发事件时，不同工种或部室间的沟通尤为重要。沟通的良好，决定着对事态能够进行有效的控制，最大限度地减少响应时间，提高事故处理过程中的执行力。

2）专业知识不足

由于城市轨道交通系统是个大系统，涉及专业众多，再加上目前专业人员缺口大、工龄少、经验不足，这就导致了对专业知识的理解能力不足，需要对员工加强专业培训。目前城市轨道交通的新线不断开通，运营里程不断增加，大量新员工不断引入，岗位的技术水平不断被摊薄。

3）注意力不集中

按照操作流程，某一项工作的完成可能需要好几十个步骤，在这个过程中需要工作人员全身心的投入。假如在某项过程中，受到外界的干扰，致使注意力不集中，则容易出现某个步骤漏失或完成质量不高的情况。以司机为例，列车在运行的过程中，需要司机的注意力高度集中，各个操作步骤均要按照操作规范、规程进行。一旦出现由于司机的注意力不集中造成的操作失误，容易引发事故，如冒进、溜车等。

4）疲劳

疲劳，主要是指由于休息不足或昼夜节律混乱带来的精神和身体上的劳累程度，是驾驶员和其他工作人员最易发生的情况。以养护维修人员为例，城市轨道交通系统设施设备的养护维修基本都是在天窗时间完成的，即列车停运后的 0:00—5:00 左右。除了要巡道、车辆维修外，还要对城市轨道交通车站的通风、照明、通信、信号、售检票等设备进行维护保养。而这段时间正是人一天中最疲劳的时候，人体的各种生理机能下降，抗干扰能力差，对信息的加工和分析明显降低，容易造成漏检漏修、保养不到位等问题。

5）缺乏安全意识

安全意识是人们在进行有目的的生产活动中对危险的识别和判断能力，是人脑对客观存在的不安全因素——人的不安全行为、物的不安全状态及环境的不安全条件的综合反应。由此可见，只有增强员工的安全意识，才能减少人为差错的发生。

6）特请处置能力不足

特请处置能力主要体现在城市轨道交通突发事件条件下，员工的临场反应和判断能力。城市轨道交通突发事件种类较多，包括客运组织、车辆、供电设备、通信设备、信号设备、机电设备、线路设备、土建设备等突发事件。当某一类突发事件发生时，员工要在很快的时间内判断事故类型，启动相关应急预案，并在事故发生时严格按照操作规程进行处理或操作。目前，城市轨道交通公司员工众多，平均每人参加预案演练的次数不多，造成了突发事件情况下的特请处置能力不足。

3. 人因预防及控制措施

根据事故致因理论，任何事故都不是偶然、突然发生的，而是经历了一系列变化后，由量变到质变的结果，即从事故前兆到事故隐患，再到事故发生。据此，结合生命全周期理论，对城市轨道交通事故的人因预防及控制可以分为三个阶段，即事前人因预防（治）、事中人因控制（控）、事后救援（救）。其中，事前预防是基础，事中控制是关键，事后救援是保证。

1）事前人因预防措施

事前人因预防，首先要明白人因事故发生的机理，分析事故的规律，进而制定出相应的措施来控制或避免事故的发生，这样就可以把可能发生事故的人为因素的诸多风险因子处于可控状态，把静态的、被动的、滞后的安全风险因子管理变为动态的、主动的、超前的安全风险因子管理，变事故的事后处理为事前把关，以达到对事故的预防。结合城市轨道交通的实际情况，对事前的人因预防，可以通过人员选拔与岗位调配、安全教育与专业技能培训、员工不安全行为控制、企业安全文化建设等四个方面进行控制。

（1）人员选拔与岗位调配。

城市轨道交通是一个集土建、车辆、信号、供电、线路等专业的多专业复杂系统，包括乘务员、综控员、维修员和调度员。而维修员又包括信号检修工、线路检修工、车辆检修工等，调度员包括电力调度员。由于每个岗位的重要性不同，因此对岗位人员的要求也不尽相同。

由于系统设备的自动化程度越来越高，某些重要安全相关岗位工作人员（如乘务员、调度员、综控员、维修员等）的行为对城市轨道交通的安全负有主要责任。这就需要科学合理的人员选拔方法，以便在任用人员时为工作挑选最合适的人，从而减少潜在的不安全因素。因此，需要针对不同岗位的需求，在知识、技能、生理、心理和性格等各方面，进行不同需求的人员选拔。其中人员的心理素质、团队精神、沟通能力以及在紧急状况下人员的行为特性等个体因素通过科学的考核方法可得到适当的筛选，这种对事故的防范与处理的作用已得到了越来越多的重视和认同。

（2）强化安全教育与专业技能培训。

一线员工在城市轨道交通的正常运营中扮演着重要的角色，很大程度上起着决定性作用，他们安全意识和自身素质能力的大小，直接关系着城市轨道交通系统的正常运行。因此，对员工进行安全教育与专业技能的培训和考核是非常必要的。安全教育与专业技能培训的目的是提高员工的安全意识和专业技能水平，控制员工的不安全行为，防止人为失误。

培训时要注重岗位培训，以老带新，以先带后，尤其要加强对关键岗位和主要技术工种的培训，采取理论结合实际的方法，应把本公司历年典型事故进行全面剖析，使员工对安全的认识达到理性和实践合一。培训之后还要进行一定的考核，对安全工作做得好的部门、班组和个人，及时进行表扬，从物质或精神上给予一定的奖励；而对安全工作做得不好、经常出事故或隐患重重的班组或个人，要及时指出，批评教育，采取一定的措施进行处罚，并强制要求整改。

安全教育与专业技能培训包括以下三个阶段：

① 安全知识教育。通过学习安全生产法律、法规、安全技术和安全管理等知识，使员工掌握有关事故预防的基本知识，提高员工的安全素质，提高企业的事故预防水平。

② 安全技能教育。安全技能教育应结合个人岗位，按照公司的相关规程、标准有计划地进行。在反复的实际操作训练和应急演练过程中，使其逐渐掌握安全技能，提高操作水平，并具备相应的紧急应变能力。

③ 安全意识教育。目的是使操作者牢固树立"安全第一""隐患就是事故""一切事故皆可预防"的安全信念，提高安全意识，端正安全态度，自觉遵章守纪，创造良好的安全生产环境。

此外，部分乘客的不安全行为，如跳轨轻生、携带禁品、打架斗殴等，不但会对城市轨道交通系统的正常运营产生巨大影响，同时也对周边乘客的人身安全产生较大威胁。而且，当城市轨道交通发生突发事件时，乘客也需要具备基本的逃生准则。因此，城市轨道交通公司应加强对乘客的安全宣传工作，教育乘客安全出行，增强乘客的安全意识。

（3）建立员工安全档案。

为了加强对员工的安全管理，有必要建立员工安全档案，以记录员工的安全培训、安全教育、应急演练、安全绩效考核及安全工作方面成果及奖励等情况。安全档案可分两个部分：一是静态档案，主要内容除了员工的基本信息外，还包括员工的经济状况、性格脾气、兴趣爱好、工作技能熟练程度、家庭主要成员对其影响等。二是动态档案，主要包括员工家中近期有无发生重大变故、情绪波动状况、婚恋状况等。

为员工建立安全档案，可以全面掌握每一位员工安全技能和安全思想意识现状，有利于及时了解员工思想状态，发现思想有波动后，及时与员工交流，定期与员工谈心，消除不安全因素，稳定员工队伍。同时，把员工个人情况及时记录在档，可以鼓励员工多渠道加强业务学习，拓展知识面，不断提高工作技能。安全档案的建立，有利于增强员工安全生产的自觉性，减少违章行为和安全事故的发生。

（4）建立岗位操作标准和员工评价体系。

① 规范岗位操作，严格执行岗位安全操作标准。城市轨道交通公司对所有岗位制定了严格的岗位操作标准，尤其是针对司机、调度员、车站综控员、电站值班员等重点岗位，实施"一人作业、一人监护"互控机制，要求必须持证上岗，并经过严格的选拔、培训、考核环节，实习合格后才允许独立上岗操作，以提高作业的安全可靠性。

② 加强综控员、调度员、乘务员等重点岗位安全控制，编制并完善各岗位"三法三卡"（"岗位安全保障方法""岗位健康保障方法""关键操作方法""岗位安全作业指导卡""岗位危害因素信息卡""岗位作业安全检查卡"）。

③ 开展岗位作业适应性研究。为了减少重点岗位作业过程中人的失误，提高城市轨道交通运行的效率，减少人因事故，保障城市轨道交通的安全运营，应对部分重点岗位进行适应性研究。如，针对调度岗位的职业适应性评估分析项目，为调度岗位的作业环节设置、人机操作配合等关键问题提供依据。

④ 重要岗位实兵操作。为了提高操作人员的专业技能水平，应加强实兵操作，在实际演练中不断发现问题，纠正问题，以保证其严格按照操作规范执行。

⑤ 员工执岗能力监督。一是组织员工参加安全考试和抽考，提高对安全知识和专业知识的认识水平。二是加强对重点岗位的监督。如，北京地铁公司为司机设置了出勤提示器，在每日出勤前，司机通过指纹识别登录出勤提示器，随机抽取试题进行上岗前考试，答题不合格的不能上岗。系统自动将答题情况进行记录和分析统计，既作为培训效果的考查，又为基层单位日常考核管理提供了依据，实现了日常培训的制度化。

（5）加强员工不安全行为控制。

员工个体是城市轨道交通运行系统中最基本的载体，受自身、群体、组织、环境等多种因素的影响，是最容易产生不安全行为的主体类型。多年城市轨道交通系统运营事故数据的统计也表明，员工个体失误行为是造成城市轨道交通人因事故的主要原因。因此，加强员工的健康状态、年龄、习惯、经济情况、家庭情况、心情、性情、气质以及对不同事物的心理反应等特征分析，提高其应急情况下团队的反应、协调能力，是显著增加城市轨道交通系统安全、防范城市轨道交通系统人因事故的基础工作。

① 调节员工的心理状态。

根据员工个人的个性心理，比如动机、气质和性格等特征，对其进行安全教育和技能培训，以此调动员工对安全生产的积极性，并使之成为良好的工作习惯。

提高员工对安全问题重要性的认识，加强风险意识教育，调节个人情绪，提高注意力。面对不安全因素或环境时，能正确对待并克服可能造成不安全行为的心理状态。

加强员工的心理健康教育，引导其培养良好的心态。如，定期组织员工座谈，及时发现员工的心理变化，排除其心理障碍，克服不良心理，使员工时刻保持良好的心态，从而在工作中能够集中注意力，把可能产生不安全行为的动机消灭在萌芽阶段，进而减少工作失误，避免事故的发生。

在工作场所设置醒目的安全警示标志，时刻提醒一线工作人员提高注意力，防止因疏忽或者心理懈怠等不安全因素引发的事故。

② 锻炼员工的反应能力。

当事故发生时，一线员工的临场反应能力通过对整个事故的走向具有很大的影响作用。因此，需要在平常的工作、教育培训、应急演练中，着重强化员工的安全行为倾向，这样就能促使员工自然而然地养成安全行为的好习惯。其主要手段有：加大对安全行为及不安全行为的奖惩力度；通过培训、承诺、口号、演练等多样化的方式，努力将员工在有意识下做出的不安全行为，转变为无意识的安全行为。特别是加强员工应急状态下的应变能力，在事故发生时及早地采取有效的措施，避免事故的扩大。

③ 提高员工的认知水平。

对员工采取理论培训、实地学习等各种措施和方法，不断提高工作人员，特别是一线员工的认知水平，使员工熟知并且能正确理解自己的行为规范和安全管理职责，使之能够准确感知作业环境中可能会发生的各种风险因素，并掌握如何辨别和排除各种危险源的方法和措施。此外，还应让员工认识到自身的不安全行为，通过长期的安全行为强化，促使其养成安全行为作业的习惯。

（6）加强安全隐患管理。

根据轨迹交叉理论，事故的发生是人的不安全行为和物的不安全状态在同一时空上相互交叉的结果。城市轨道交通系统中的安全隐患众多，为了避免事故的发生，应减少人的不安全行为与隐患之间的接触。对待安全隐患的管理，首先，应对公司的隐患进行排查摸底，并建立数据库；其次，加强对隐患的监控。若能够采取有效的措施排除隐患，则对该隐患销号处理；若不能解决，则对该隐患挂账，进一步加强对隐患的监控。通过实时更新数据库，能够更加了解该公司目前隐患的状态，有利于在和隐患接触时控制住人的不安全行为，有效减少事故的发生。此外，应重点排查对事故影响较大的安全隐患，如对车辆的转向架、钢轨的几何尺寸等进行专项的隐患排查整改。

（7）加强企业安全文化建设。

企业安全文化是企业文化的重要组成部分，是企业在安全生产活动过程中产生的对安全生产、安全活动的价值观、态度的综合体现，它强调了人的价值与生产价值的统一和安全价值与经济效益、社会效益的一致性。

城市轨道交通系统安全文化的建设，就是要在企业的一切生产经营活动的过程中，形成一个强大的安全文化氛围，使每一位员工的一切行为自然、自觉地规范到这种安全价值取向和安全行为的准则之中来，并使其具有科学的思维方式、高尚的行为取向和完善的心理素质，从而有效地减少人员失误行为，减少城市轨道交通系统人因事故的发生。

通过对城市轨道交通公司的安全文化建设，使企业最终形成自己的核心理念，即"六大安全共识"和"八大安全理念"。"六大安全共识"主要指承诺、愿景、使命、精神、信念、策略，"八大安全理念"主要指价值观、责任观、德本观、科学观、预防观、执行观、亲情观、自律观。最终达到"管理零缺陷、操作零违章、人员零差错、设备零故障、隐患零宽容、工作零缺项、排查零盲区、事故零危害"的"八零"目标，实现城市轨道交通系统的安全运营。

2）事中过程人因控制措施

事中过程控制，即在事故发生的过程中，采取一系列的措施，降低事故发生的严重程度。在城市轨道交通运营事故中，发生过多起重大事故都是由于工作人员在事故发生过程中执行了错误的操作，导致事故扩大化。以 1995 年 10 月 28 日的阿塞拜疆巴库地铁火灾事故为例，当时列车第四节车厢尾部因电气设备故障发生起火，产生了大量的烟雾和有毒气体，列车驾驶员发现事故后，将列车停靠于隧道中，造成救援和乘客逃生及其困难，最终造成 558 人死亡，269 人受伤。列车驾驶员在事故发生过程中，未按照规定将列车开出隧道，然后再采取救援措施，而是错误地将列车停在了隧道中。

对于事中过程人因控制，可以从岗位互控机制、一线视频监控等两个方面进行控制。

（1）建立岗位互控机制。

① 岗位自控，即不同的工种都应严格执行各项制度和操作规程，以此来实现自我控制。此外，不断增强员工的自我保护意识和自我保护技能，严格执行作业标准和自控防范措施，在工作实践中做到工作有内容、自控有目标、作业有标准、检查有定量、考核有依据。采取动态抽查和绩效考核等评价机制相结合，促使员工从思想到行为自我加压，认真学习，努力

达标，养成自觉贯彻标准的习惯。

② 工序间互控，即同一工种间对前后工序的安全质量实现纵向的互相控制。本着"互相提醒、互相制约、互相监督"的原则，不断建立并健全作业互控机制。现场作业控制上，安全防护、操作行为互相监督；设备质量控制上，采取双人检修、质量互检，值班站长和质量员对结果验收复查。

③ 跨班组、工种联控，即对同一区域内有作业关联的班组、工种的安全质量进行横向关联联合控制。在配合作业和共用天窗中，涉及班组间或不同工种间的作业项目时，加强之间的相互联系，制定相关的控制内容及控制措施，使双方作业人员共同防护，相互提醒，实现各个部室、各工种的互控、联控，确保作业安全质量。

（2）加强一线视频监控。

视频监控以安全网络为依托，通过安全网络监督控制系统，实现动态监控和管理。该系统的使用不仅能改善工作人员业务处理的工作效率，且具有对现场录像的功能，可实时监控客流的走向及各设备设施的使用状况，更能够对工作人员的行为进行有效监督与保护，对城市轨道交通的正常运行起到了积极的推动作用。

① 对客流量进行实时监控。通过现场视频传回来的实时客流量，启动相关的预案，减少大客流对车站的冲击。

② 对设备设施进行有效监控。当设备设施发生故障时，能在第一时间发现问题，有效减少设备设施对运营的影响。

③ 当事故发生时，能对当事者的行为进行有效的监督，规范操作者的行为，有效将事故控制在一定水平。

3）事后救援人因控制措施

事后救援控制，即在事故发生后，汲取事故教训，采取相应的措施，进一步加强安全生产工作，完善制度，堵住漏洞，防止类似事故的发生。由人为原因造成的事故，应追究事故的相关责任人。对于事后救援人因控制，可以从事故责任人追责、员工人因分析两个方面进行控制。

（1）事故责任人追责。

事故发生后，经调查造成事故的全部原因为城市轨道交通公司外部单位或人员时，则需交由公安部门进行责任划分，城市轨道交通公司无须承担责任。否则，当违反城市轨道交通各项规章、制度、办法及规定时，需要承担相应的责任，具体责任的划分则依据城市轨道交通公司内部的事故处理规则。根据事故现场的实际情况和有关陈述及可靠的证据，彻底查清事故发生的真正原因，找出事故发生的因果关系，并分析事故的责任属向（主要责任、次要责任、同等责任、领导责任等）。

（2）员工人因分析。

当事故是由人为因素导致的时候，需要对整个事故进行深层次的分析，发掘出事故发生的直接原因、客观原因、深层次原因等。事故分析完毕后，要以此次事故为例及时进行安全教育或开展安全学习或安全专题会议，让员工从中认识到危害和事故造成的严重后果，认真吸取教训，自觉提高安全意识和预防事故的能力。

5.4.2　城市轨道交通使用者

城市轨道交通使用者也就是乘客，乘客是城市轨道交通系统直接的服务对象，是系统运转的主体。

乘客不安全行为可分为：携带危险品、跳下站台、闯入区间、扒门、打架斗殴、其他不安全行为等。

1. 携带危险品

根据规定，乘客在乘坐城市轨道交通时，严禁携带易燃、易爆、有毒、腐蚀性、放射性和杀伤性等危险品（如雷管、炸药、鞭炮、汽油、柴油、煤油、油漆、电石、液化气、管制刀具、各种酸类等）以及其他危害公共安全的物品。严禁携带超长、易碎、笨重、妨碍公共卫生、车内通行和容易污损轨道交通设备和站、车辆环境的物品及动物进站乘车。

而很多乘客由于种种原因，携带危险品乘坐城市轨道交通，特别是在乘车高峰期，由于客流密集，只能对乘客携带的包裹进行安检，无法识别乘客随身携带的易燃易爆等危险品，严重威胁着城市轨道交通的安全运营。2003 年 2 月 18 日，韩国大邱地铁发生的一起特大火灾事故就是由一名乘客在地铁车厢点燃随身携带的两瓶汽油瓶引起的，共造成至少 198 人死亡，147 人受伤，损失高达 47 亿韩元的惨剧。2004 年 1 月 5 日，香港地铁也发生一起类似人为纵火事故，乘客点燃了随身携带的易燃物品，所幸周围乘客反应及时，处置得当，没有造成人员伤亡。

2. 跳下站台

近几年来，乘客跳下站台的事故时有发生，不仅造成了人员伤亡，也容易导致群众恐慌，出现列车停运，严重危害公共安全。以北京地铁 2008—2011 年为例，共发生 29 起乘客跳下站台事件，造成 9 人死亡，2 人重伤，18 人轻伤。

分析乘客跳下站台的原因，主要有以下几种：

（1）乘客轻生。这是乘客跳下站台的主要原因，主要与乘客的个人生活有很大的关系，比如感情问题、事业压力等。

（2）乘客疾病复发。乘客在站台上等候列车进站时，由于突发癫痫等原因跌入轨道。

（3）行李物品等落下轨道。由于乘客的行李或随身物品掉入轨道中，乘客在没有寻求工作人员帮助的情况下，主动跳下站台拾取物品。

（4）乘客抢上抢下。由于客流量较大，部分乘客抢上抢下，被夹于屏蔽门与车门之间，或被车门夹住，当列车启动后，坠入轨道中。

（5）其他原因。如乘客空腹突然晕倒，跌入轨道；乘客酗酒，闯入轨道；乘客打架，落入轨道等。

3. 闯入区间

闯入区间，主要是指乘客闯入轨道行车区间。闯入区间主要有两种情况：一是乘客趁工作人员不备跳下站台，闯入行车区间；另一种是乘客直接穿越轨道进入另一侧。这两种乘客的不安全行为均对城市轨道交通的正常行车产生干扰，破坏城市轨道交通的正常运行。

4. 扒门

扒门，主要是指乘客在列车车门即将关上或已经关上的时候强行扒开车门。由于列车车门的开关受信号控制，只要有 1 个车门没关上，列车就无法正常启动。而车门也是列车易出现故障的区域，因此乘客扒门轻则造成列车晚点，重则造成车门无法关闭，影响列车的正常行驶。扒门的这种行为不仅会给乘客自己带来人身安全问题，同时也会造成城市轨道交通设备故障，影响其他乘客的出行。

5. 打架斗殴

打架斗殴，主要是指乘客之间起争执等发生打架斗殴的治安事件。乘客间的打架斗殴，不仅危害自身安全，同时也影响城市轨道交通的正常运行。2001 年 8 月 22 日，北京地铁 2 号线发生一起乘客打架斗殴事件，造成一名乘客落入轨道，被第三轨四度电击伤，肇事者的打架斗殴行为还导致 2 号线地铁停运 10 多分钟，扰乱了公共秩序。此外，如果由于地铁突然制动，导致乘客受伤，肇事者还要承担相应的赔偿责任。

6. 其他不安全行为

其他不安全行为，主要包括乘客故意制造事端，如按下紧急按钮、不遵守安全规则等。

第 6 章

设施设备与城市轨道交通安全

城市轨道交通系统作为一个庞大复杂的系统工程，设施设备系统在其运营的整个过程中都存在诸多安全隐患。结合我国运营实践，对于运营时间较长的线路来讲，由于客流压力比较大，由车辆引起的故障比较多；对于新开通的线路，由于各个系统处于相互的磨合阶段，发生信号故障和车辆故障的概率比较大，这些体现了设备因素对运营造成的影响；另外，只有对城市轨道交通土建基本设施进行不断的养护维修，才能更好地保证城市轨道交通安全运营以及更好地使其服务于大众。城市轨道交通运营设施设备的安全可靠对城市轨道交通安全运营的意义重大。

据有关研究表明，城市轨道交通运营事故按照乘客原因、环境原因、工作人员失误和设备原因进行分类分析，其中设备原因所占的比例最大。统计国内外部分重大轨道交通事故，可以看出车辆原因、供电原因和信号原因是威胁城市轨道交通系统安全的主要因素，其发生事故量占到运营设施设备系统总发生事故量的 80%左右，引发原因最多也最复杂；其次是机电系统、土建结构和线路与轨道系统原因，由土建结构和线路与轨道系统原因引发的事故数量虽然比较少，但造成的人员伤亡或者影响旅客正常出行的人数都是很大的，其原因是人们不能忽视的。

城市轨道交通设施主要包括线路与轨道、区间隧道、桥梁、车站、车辆段及其设施、路基与涵洞等，是城市轨道交通的基础设施。城市轨道交通设备主要包括车辆系统、供电系统、机电系统、通信系统等。城市轨道交通设施安全与否直接影响城市轨道交通的运行状况，且可能会对城市轨道交通带来巨大的损失，城市轨道交通设备必须正常运行，才能保证城市轨道交通安全运行。

6.1 城市轨道交通设施安全影响因素

城市轨道交通设施系统发生故障的概率相对比较小，但是一旦发生故障，就会造成不可估量的损失。

6.1.1 线路与轨道

轨道是城市轨道交通系统的重要组成部分，一般由钢轨、轨枕、道床、道岔、扣件、防爬设备、接触轨等组成。钢轨由扣件固定在轨枕上，轨枕埋设于道床内，道床则直接铺设在线下基础上。轨道作为列车载体，承受列车传递的复杂多变的静、动力荷载，通过相关力学计算，可以算出轨道各组成部分产生的应力及变形，从而确定其承载能力及稳定性。

线路与轨道系统各个组成部分安全性分析具体如下。

（1）钢轨是轨道结构的重要组成部分，它的功用在于引导轨道交通列车的车轮，直接承受来自车轮和其他方面传来的巨大压力并经扣件系统传给轨枕，为车轮的滚动提供阻力最小的踏面。在电气化铁道或自动闭塞区段，钢轨还可兼作供电电路、轨道电路之用。

在列车冲击动力荷载和静荷载作用下，钢轨产生弹性变形和弹性挠曲变形，因此钢轨应具有足够的承载能力、抗弯能力、断裂韧性、稳定性、耐磨性和耐腐蚀性。常见病害有：钢轨硬弯，波浪形磨耗，钢轨接头轨端塑性变形、鞍形磨耗和低接头，钢轨接头错牙，轨缝不均匀。2001年台北地铁淡水线士林站附近钢轨发生裂缝，使得地铁改为手动驾驶并被迫降速，导致上万旅客上班受阻，造成了巨大损失。

（2）轨枕是轨道的基础部件，其功能是支撑钢轨，保持轨距和方向，并将钢轨对它的各向压力传递到道床上；轨枕通过扣件的作用保持轨距，并固定钢轨的位置，所以轨枕应具有一定的坚固性、弹性和耐久性。使用扣件把轨枕和钢轨连在一起形成"轨道框架"，增加了轨道结构的横向刚度。轨枕的常见病害有钢筋混凝土轨枕伤损和木枕失效。

（3）道床是轨枕的基础，城市轨道铺设的道床，按其铺设方法和使用材料的不同，可以分为碎石道床和整体道床两种。道床的主要功用有：提供纵、横向阻力，阻止轨枕纵、横向移动，保持轨道的正确位置，这对无缝线路尤为重要；在较大的路基面上均匀传布轨枕荷载；使轨道具有必要的弹性及缓冲性能；排出线路上的地面水，使得路基面和轨枕保持干燥；便于校正轨道的平面和纵断面。

碎石道床的病害有道砟坍塌、道砟陷槽、道床与路基面翻浆冒泥等；整体道床的病害有轨枕块失效、整体道床裂缝和整体道床沉降等。

（4）道岔是列车从一股轨道转入或越过另一股轨道时的线路设备。从广义上来说，道岔包括线路的连接与交叉。它的基本形式有连接、交叉、连接与交叉三种基本形式。而轨道交通常用的道岔类型有普通单开道岔、复式交分道岔和交叉渡线。

普通单开道岔是主线为直线，侧线向主线的左侧或右侧分支的道岔，它的主要病害有：道岔方向不良，道岔爬行，零件松动、失效和缺落，尖轨与基本轨不密贴或较长距离不密贴，尖轨跳动，尖轨轧伤与侧面磨耗，辙叉垂直磨耗和压溃等。复式交分道岔是指在两条轨道交叉地点，列车能两侧转线的交分道岔，它的主要病害有：菱形中央短轴轨距过大，可动心轨轨距过小，复式交分道岔尖轨动程小。交叉渡线是指相邻两线路间由两条相交的渡线和一组菱形交叉组成的线路设备，它的主要病害有：菱形道岔中央钝角辙叉撞尖；交叉渡线方向不良等。

（5）扣件是连接轨枕与钢轨间的零件，它的功用是将钢轨固定在轨枕上，保持轨距并阻止钢轨的横向和纵向移动，防止钢轨倾斜，并能够提供适当的弹性，将钢轨承受的力传递给轨枕或道床承轨台。扣件是由钢轨扣压件和轨下垫层两部分组成。扣件需要具备足够的耐久性、较高的强度和良好的弹性，能有效地保持钢轨与轨枕的可靠连接。扣件的主要病害有扣件损伤、变形、扣件锈蚀、出现裂纹甚至断裂。

（6）防爬设备包括防爬器和防爬支撑。防爬器主要有穿销式防爬器和弹簧防爬器两种。防止轨道爬行的根本措施在于提高轨道的纵向阻力，保证钢轨各轨枕之间不发生相对移动，就必须加强中间扣件的扣压力和接头夹板的夹紧力，夯实道床以提高道床的阻力，并增设足够的防爬设备，以加大轨道抵抗纵向移动的阻力。

（7）接触轨是沿牵引线路敷设的与走行轨平行的附加轨，也称为第三轨，电动车组伸出的受流器与之接触而取得电能，获得动力。接触轨系统主要由接触轨、绝缘支座或绝缘子、底座、膨胀接头、鱼尾板、端部弯头、防护罩、防护罩支架以及各种连接零件等组成的。接触轨的主要病害有接触轨轨距超限，接触轨水平超限，接触轨大轨缝，防护罩拱起变形，绝缘子拉断，接触轨连接线过热等。

（8）线路是城市轨道交通的基础组成部分，由区间结构、车站和轨道等组成。轨道交通线路按其在运营中的地位和作用划分为正线、辅助线和车场线。正线是贯穿所有车站、区间供车辆载客运营的线路。辅助线是为了合理调度列车，保证全线运营，为空载列车提供折返、检查、停放、转线及出入段作业而配置的线路；辅助线标准低，速度要求也低，最高运行速度限制在 35 km/h；辅助线包括折返线、渡线、临时停车线、联络线和车辆段出入线等。车场线是车辆检修作业用的线路，行车速度较低，线路标准只要满足场区作业要求即可；车场线包括试车线、停车列检线、材料线盒架修线等。线路常见的病害有钢轨、夹板和辙叉缺损，无缝线路胀轨跑道，车场浮钉浮起，线路外观不整洁等。

6.1.2　区间隧道

区间隧道作为两个地下车站的连接建筑物，包括主体建筑物和附属设备两部分。主体建筑物由洞身衬砌和洞门组成；附属设备包括联络通道、标志标线、防排水设施等。区间隧道应根据沿线地段不同的工程地质和水文地质条件、埋深、城市规划以及工程投资等具体条件来选择其相应的施工方法和结构形式。修建区间隧道一般采用的方法有矿山法、盾构法、浅埋暗挖法、明挖法等；而采用的结构形式有矩形、拱形、圆形及 U 形。

区间隧道常见病害有矿山法施工隧道点渗漏、矿山法施工隧道线渗漏、盾构法施工隧道渗漏、衬砌裂缝。矿山法施工隧道点渗漏表现形式包括蜂窝、空洞渗漏水。线渗漏指有规律的或有一定规律的，并以线漏作为主要形式的渗漏现象。渗漏线可分为变形缝和非变形缝两种，主要包括伸缩缝、沉降缝、施工缝和裂缝等。盾构法施工隧道渗漏的表现形式包括环纵缝（包括十字、T 接头）线漏、滴漏、螺栓孔渗漏及管片结构渗漏。

6.1.3　桥梁

桥梁作为城市轨道交通中的重要工程，由桥面系、上部结构、下部结构组成，其结构安全具有重要的作用。上部结构包括桥面及附属设施（排水设施、栏杆、步行板、声屏障）、梁体结构、支座。在既有城轨桥梁中，支座按形式分类有板式橡胶支座和盆式橡胶支座；按用途分类有固定支座和活动支座，活动支座又可分为单向活动和多向活动支座两种。下部结构包括桥墩、桥台、基础。桥墩（台）包括墩（台）身和支座垫石。

城轨桥梁的常见病害包括：混凝土梁体（墩台）表面质量缺陷，混凝土梁体（墩台）裂纹，桥梁支座病害，桥面保护层病害，桥面伸缩缝病害，桥面排水设施病害，栏杆、步行板病害，声屏障病害，钢梁涂层劣化，斜拉索护筒积水，支座积水和支座螺栓锈蚀等。其中桥梁支座病害的表现形式有支座构件裂痕、钢构件锈蚀、橡胶板破裂、橡胶板产生位移、橡胶板剪切变形等。支座底板的损害包括螺母松动、锚栓切断、支座底板与梁体混凝土间有缝隙、支座垫石破损，包括缺角、裂缝等。

6.1.4 车站

车站作为城市轨道交通的中转站，主要为旅客提供换乘和候车的场所，其设施包括站台、通道和售票设备等，是城市轨道交通路网中最复杂的一种建筑物，车站应有良好的照明、通风、卫生、防灾设备等，保证旅客方便、安全、迅速地进出站，为旅客提供清洁、舒适的环境。

车站最基本的功能是最便捷地集散客流，功能设施有站台、通道（楼梯、扶梯）、站厅、走廊、售检票设备等。车站的辅助功能是最有效地保证运行，功能设施是设备用房、管理用房。车站的扩展功能是最有效地采用土地资源区位优势，功能设施是商业和餐饮业等。

车站常见病害包括铝扣板吊顶脱落；玻璃损坏（包括钢化玻璃、玻璃幕墙等）；栏杆松动、连接部位开焊；车站土建结构变形缝渗漏水；地面厅（出入口）顶部渗漏；车站变形缝处地砖翘起；防水层屋面渗漏；变电站屋面漏水；车站装饰地砖松动、破损；盲道砖破损；变形缝装饰板条松动变形等。

车站的主要设备包括自动售检票系统、屏蔽门系统、通信系统、给排水系统、消防系统、车站环控系统、低压配电及照明系统、站内客运设备（电梯、自动扶梯、轮椅升降机等）、车站环境与设备监控系统、车站门禁系统、防淹门系统等。

1. 自动检票机

自动检票机（automatic gate machine，AGM，又称"闸机"）是以磁卡、智能卡、智能手机为车票介质，实现对车票的检验和处理，并放行或阻挡乘客出入付费区的设备。自动检票机位于车站站厅层付费区与非付费区的交界处，形成车站站厅层付费区与非付费区之间的分隔线，用于实现乘客自助进出站检票。车站自动检票机按照阻挡装置的类型可分为门式检票机和三杆检票机，对赋值有效车票，自动检票通道阻挡装置释放，允许乘客进出站。

1）自动检票机系统

自动检票机是集高精度机械结构与先进微电子控制技术于一体的智能设备系统，主要通过通行传感器检测和识别进出站人员的通行行为，检测和鉴别进出站乘客正常通过情况和非正常通过情况，实现"一次通过一人，有效防止尾随"功能。自动检票机的侧向传感器布置如图6-1所示。

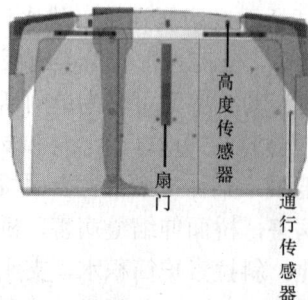

图6-1 自动检票机的侧向传感器布置

2）自动检票机安全隐患分析

三杆检票机在票卡验票后，乘客碰到杆式门便可通过，每次只能进出一人，确保了一卡一人，但是很容易卡到人和携带的物品，造成通道阻塞。门式检票机与三杆检票机开门方式不同，优点是为携带大件行李、乘坐儿童车及残疾人车的乘客提供通行方便，但也存在不安全因素，读卡系统一旦出现故障，很容易出现"夹人"事故。对于闸机设备本身而言，其常见故障有暂停服务、AGM 读卡器故障、AGM 回收票箱阻塞、AGM 回收模块感应器故障、AGM 回收模块控制板故障、AGM 扇门不能打开、AGM 乘客通道显示器故障等，其故障类型及可能原因分析如表 6-1 所示。

表 6-1　自动检票机故障类型及可能原因分析

设备	故障类型	可能原因
闸机	刷卡无反应	传感器未清洁，灵敏度低；信号线路故障
	无法正常刷卡或投币	读卡器连线错误；按键触发板异常
	传感器误计数	光电传感器受干扰
	刷卡时报警	乘客站在了闸机内部区域
	通过时转盘上下摆动	机芯转盘的托盘松动
	验票后能连续通过几个人	接近开关故障；电磁铁内部弹簧故障
	验票后不能进入	电磁铁没有吸力；电压输出异常
	闸机过人后不能复位	电源电压不够

影响闸机系统安全性的因素也比较多，如高频感应信号、雷击因素对闸机电源电压的强干扰，火灾、爆炸、人员对闸机控制器机箱的破坏。统计资料显示，北京地铁 4 号线及大兴线每年因乘客没有正确使用闸机而被"夹"的事件有 10 起左右，其中半数是乘客带领儿童通过闸机时顺序错误而被扇门夹到的。因此对于闸机设备的安全方面除了考虑电磁兼容性、接地保护、材料适用性等要求外，还要有"人员通行保护"的要求，例如闸机的安全警示标志，挡板夹人的力度控制、传感器安装位置的高度等。

2. 屏蔽门设备

屏蔽门设备安装于车站站台边缘，是由一系列门体组成的屏障，将列车轨行区和站台候车区隔离，防止乘客跌落或跳入轨道而发生危险，减少了列车司机的不安全感；屏蔽门还避免了站台区与轨行区之间冷热气流的交换，降低了空调能耗，节省了运营成本，同时还有利于隔声降噪、防止烟雾和毒气的扩散，保护了乘客安全，实现了良好的社会和经济效益。

1）屏蔽门系统构成

屏蔽门从结构形式上有闭式屏蔽门和开式屏蔽门两种类型，其结构大致相同，均由机械和电气两部分组成。机械部分包括门体结构和门机系统，电气部分包括控制系统和供电系统。屏蔽门系统构成如图 6-2 所示。

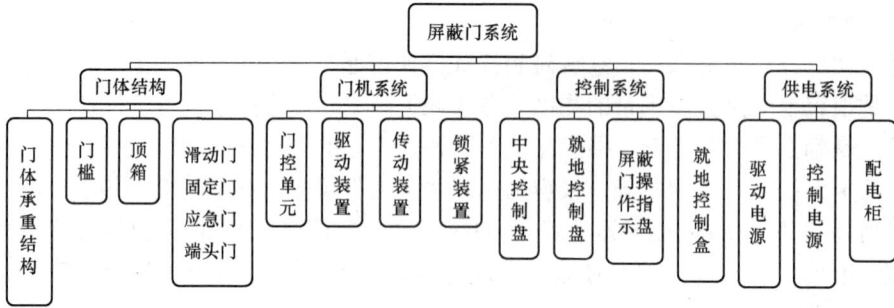

图6-2 屏蔽门系统构成

2）屏蔽门设备故障类型及可能原因分析

通过调查分析，屏蔽门系统故障类型及可能原因分析如表6-2所示。北京地铁5号线地下车站全封闭式屏蔽门常见的故障有站台单元控制器故障、安全回路故障、驱动电源故障、绝缘故障等，环境原因和设备老化是导致5号线屏蔽门设备本身故障的主要因素。除此之外，诸如钢架结构变形、密封材料松脱、固定门变形、零件松动脱落、应急门门锁失灵等问题对屏蔽门安全的影响也不容小觑。因此在设计建设阶段要重视屏蔽门的可靠性，在运营阶段更要重视其日常的维护和维修。

表6-2 屏蔽门系统故障类型及可能原因分析

屏蔽门子系统	故障类型	可能原因
门体结构	门体玻璃碎裂	门体玻璃存在制造缺陷导致自爆；门体受外力撞击或切向冲击力
	滑动门失灵，无法锁好或正常开启	门锁部件松动或脱落；门锁拉杆装置卡滞或冲程过量，以致门锁行程机构无效或卡死；限位器变形或松脱
	端头门无法锁好或开启	端头门闭门器变形或松脱
	应急门无法完全关闭	门体挂件松动移位，出现门体不对称
门机系统	门无法进行自动开关门操作	门控单元内部元器件损坏或产生自保护
	门无法关闭锁紧	关闭锁紧线路接线松脱；关闭锁紧线路触点开关故障
	开关门时门体振动大	传动装置中皮带变形或皮带附着异物；皮带与刚性连接件连接松动
	开关门时门体出现阻滞及异响	传动装置中的惰轮磨损；导轨上有异物
控制系统	信号联动时，一个或数个滑动门不能打开/关闭	中央控制盘内部控制开关门元器件损坏；中央控制盘受外部临界条件而产生自保护
	整侧滑动门无法进行开关门操作	开关门命令线端子松脱；中央控制盘电源线端子松脱
	相关设备状态与现场实际不符	相关设备状态反馈线路接线松脱；中央控制盘内部采集及处理元件故障
	整列屏蔽门无法开启	就地控制盘的组合控制开关内触点磨损或错位或接线松脱
供电系统	门体与附近建筑物导体物件产生放电现象	门体部件与建筑物导体物件距离过近，且未进行绝缘处理
	驱动电源逆变功率模块故障退出工作	设备存在缺陷，逆变器并联不当产生环流
	触碰门体时有带电情况	门体绝缘部件退化；强电磁污染绝缘材料致使门绝缘性能下降；灰尘、油污等使绝缘层变质

6.1.5　车辆段及其设施

车辆段及其设施是城市轨道交通系统的重要组成部分，主要由车辆段、材料总库和综合维修中心组成。它主要为车辆提供后备服务，为车辆的运行、停放和维修提供保障，从而为城市轨道交通的安全运行提供坚强后盾。同时还是工程建设、运营的检修所需设备、材料、配件的采购、供应和储存的基地。

车辆段出入线的设置是否符合相关规范，车辆段是否具有较强的防火防灾能力，车辆段综合基地设备是否具有安全的供电方式等，这些是需要关注的安全问题。

6.1.6　路基与涵洞

城轨路基由路基本体和路基附属设施两部分组成。路基本体主要包括路基顶面、路肩和路基边坡。路基附属设施主要包括：涵洞、排水设施、防护加固设施和检查道等。涵洞是保证排水畅通的重要设施，尤其是当大雨或暴雨时保证路基免受雨水冲刷和浸泡。

路基基床出现渗水、渗流、下沉外挤及翻浆冒泥现象，会使得基床的稳定性下降，承载力降低；路基边坡坍滑、风化剥落、陷穴和路基侧沟平台和堑坡平台上有杂物堆积会对路面、边沟造成堵塞，危及行车；路基路肩不平整、有缺损会使路基的整体稳定性和强度受到影响；路基地表、地下排水设施遭到破坏，路基防护加固设施损坏、锈蚀和缺损，会导致路基遭到损坏，使路基强度降低，变形加大，排水不畅或者造成路基构造物的缺损等。

6.2　城市轨道交通设备安全影响因素

6.2.1　车辆系统

车辆是城市轨道交通系统的运载工具，作为城市轨道交通最重要的组成部分，车辆在整个运营过程中直接为乘客提供服务，承担着将乘客从起点运送到目的地的任务，所以车辆的正常运行对运营安全影响重大。车辆故障通常是影响线路运营的主要原因，其中以主回路故障和车门故障居多，此外还有电气故障、列车制动故障、列车追尾以及列车出轨等。

车辆是个复杂的系统，它主要由 5 大部分组成，分别为牵引系统、制动系统、电源系统、走行系统和车体系统。通过近几年车辆故障的统计，车载 ATP（automatic train protection）系统出现故障最多，其次为走行系统。车载 ATP 系统故障发生次数虽然较多，但对运营安全影响较低。

伴随着新技术、新设备的引进，城市轨道车辆的设备技术含量在不断提高，但运营过程中车辆设备故障可能导致的安全运营风险始终是最为关注的问题，一旦车辆发生故障，就会造成运营延误甚至中断，旅客滞留，容易发生拥挤踩踏事故，因此保证车辆的良好状态是运营安全工作的重点。所以需要对车辆系统进行安全风险评估，找出导致列车故障的风险因素，并对其进行综合评价，得出其所处状态。根据其所处不同安全状态，采取相应控制措施，将隐患消灭在萌芽状态，从而更好地保证列车运行。

6.2.2　供电系统

供电系统能够提供城市轨道的运营动力，是城市轨道主要组成部分。城市轨道供电系统主要由 10 kV 电源、750 kV 直流牵引供电系统、400 V 低压配电系统、直流控制电源系统、综合监控系统、杂散电流防护系统及电能计量管理系统等构成。

1. 10 kV 电源

10 kV 电源系统设备包括 10 kV 断路器、10 kV 开关柜、变压器、隔离柜、电缆等，当 10 kV 电源发生问题后，将造成站点失去电源，750 V、400 V 设备及其他设备因此停止工作，列车通风空调、照明灯停止工作，严重影响系统的正常运行。

2. 750 kV 直流牵引供电系统

750 kV 直流牵引供电系统包括直流开关柜、脉冲整流柜、隔离开关、断路器、电缆等，当 750 kV 断电事故发生后，将造成三轨失压，造成车辆无法运行，造成大量乘客滞留车厢内和城市轨道车站内，严重影响城市轨道交通。

3. 400 V 低压配电系统

400 V 低压配电系统包括抽屉式开关、开关柜和电缆。当 400 V 低压配电系统发生事故后，造成通风空调停止、照明关闭、AFC 关闭、信号设备无法运转。而当照明关闭后，会引起乘客恐慌，严重时可能引起踩踏事件。

6.2.3　机电系统

城市轨道机电设备系统主要由电扶梯系统、屏蔽门系统、给排水系统、通风空调系统、火灾报警系统 FAS（fire alarm system）、环境与设备监控系统 BAS（building automatic system）、自动售检票系统等组成，是城市轨道交通正常运行的基础保障。通过对广州 2014 年地铁运行发生的 1 022 件机电故障统计分析，得出各部分发生故障的比例，具体如图 6-3 所示。

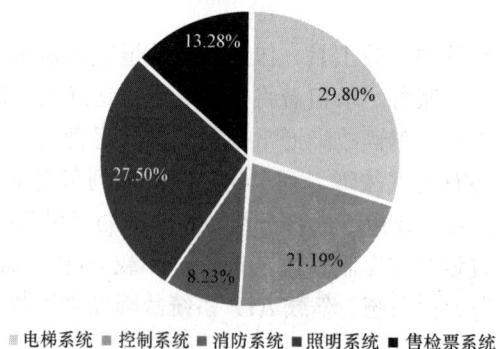

图 6-3　机电系统各部分故障比例分布图

由图 6-3 可知，电梯系统、控制系统和照明系统故障较多，消防系统和售检票系统相对较少，而且这些问题基本都属于日常使用中的磨损或者损坏方面的因素；机电设备故障率不高，故障修复时间短，没有对城市轨道交通的运行构成大的威胁。经过综合考察北京、上海等地的城市轨道交通机电系统故障，发现机电系统各部分的危险因素主要集中在以下方面，具体见图 6-4。

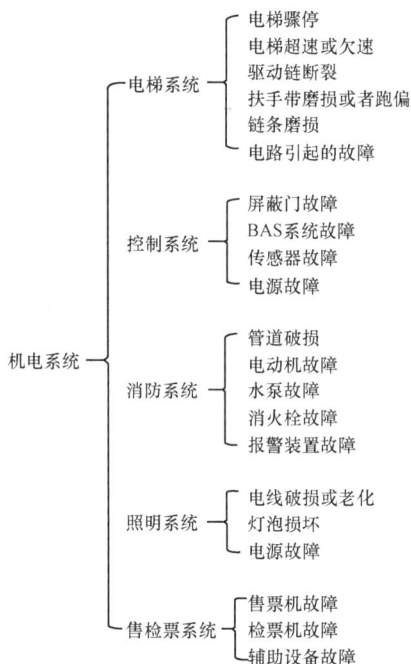

图 6-4 机电系统各部分主要危险因素

下面分别对各个子系统进行详细分析。

1. 电扶梯系统

在城市轨道交通车站中，自动扶梯的用途是使乘客快速疏解，即列车到达后大量乘客从候车站台向地面站台疏解。自动扶梯是由两台胶带式输送机和一台链式输送机组合而成的升降传送系统，用于在建筑物的不同楼层间连续运载人员上下。

自动扶梯的构造可分成四大部分：① 供乘客站立并能连续提升的梯路，包括梯级、牵引构件和梯路导轨系统；② 动力驱动装置，完成梯路的提升和连续循环运转；③ 框架结构，用于自动扶梯各个零件的定位和组合，以及在现场的定位安置；④ 控制与安全装置。

2. 屏蔽门系统

1）屏蔽门构成及故障类型

屏蔽门系统是一个复杂的机电系统，包括驱动系统、控制系统、机械系统、电源系统、通信系统和软件系统等。屏蔽门一般由固定门、滑动门、应急门和端头门组成。

屏蔽门的故障类型主要有机械类故障和电气类故障两大类。

机械类故障包括：滑动门的解锁顶杆与密封毛刷刮蹭；滑动门解锁功能失效；滑动门行走小车滚轮损坏；滑动门导靴损坏；滑动门行走小车与轨道刮蹭；齿形皮带过松过紧；左右滑动门门缝过小造成锁紧机构动作不灵活；滑动门因乘客挤压导致滑动门与地槛、立柱、门楣间隙过小；端门、司机门、应急门合页变形、断裂；端门、司机门、应急门槽轮锁、三角锁松动、变形导致开关门故障；合页门变形与门楣和地槛刮蹭；门体玻璃破碎；应急门端手动解锁失效；直线轴承损坏；限位开关失效；限位块松动或位移。

电气类故障包括：行程开关损坏导致安全回路断开和开关门故障；主板或接口模块损坏导致 CANBUS 故障和开关故障、安全回路断开；航空插头等各种插头、插座故障；电磁铁故障；电动机故障；就地控制盒 LCB 转换开关故障；接地控制盘 PSL 转换开关故障；电源柜 PDP 电压表、电流表、转换开关、空气开关故障；驱动、控制 UPS 故障；蓄电池故障；MODBUS 失效；屏蔽门控制器 PEDC 故障；数据总线故障；PEDC 通道故障；灯带控制柜空气开关、电压表、电流表故障；安全继电器与电源稳压器故障，DCU 故障，DCU 主板故障；工控机故障，线路故障；各种指示灯按钮故障。

2）屏蔽门故障分析及控制措施

统计北京地铁 2011 年屏蔽门故障共计 1 156 件次（截至当年 12 月 13 日），占机电故障总数的 36.85%，是机电系统设备中故障率最高的系统，其主要故障如下：

（1）与乘客相关的故障。

安全门系统是与乘客直接相关的，其中乘客扒门、抢门、障碍物卡阻等情况均会造成开关门故障。此类故障受乘客使用情况影响，约占故障总数的 75%，且机电公司无法控制。而遇到此类情况，站台安全员或司机会第一时间做出反应，将故障消除。

（2）与信号系统相关的故障。

安全门系统受信号系统控制，若信号系统故障，安全门也无法正常开关，且由于信号系统造成的故障大都影响整列门的正常运行。在系统故障中大约有 5% 的故障与此相关。

（3）与机电系统设备原因相关的故障。

故障原因可分为电气故障与机械故障，故障现象大都表现为电磁锁及锁芯故障、行程开关故障、工控机故障等。若发生此类故障，机电公司会在接到报修后立即前往故障地点，及时对故障进行处理，并在当日运营结束后对发生故障的门体进行再次检查。

3. 给排水系统

城市轨道内部给水系统一般分为生活给水系统、生产给水系统和消防给水系统。生活给水系统提供了城市轨道建筑内部的饮用、洗涤、淋浴等生活方面的用水。生产给水系统是城市轨道建筑内在生产过程中使用的给水系统，例如空调系统中的冷却用水和冷冻用水。消防给水系统为城市轨道内部各种消防设备提供用水，消防给水系统必须按照建筑防火规范的要求，保证各种消防设备的有效使用，保证足够的水量和水压，消防用水一般对水质的要求不高。

城市轨道内部排水系统可分为车站主排水系统、生活污水排水系统和雨水排水系统等。排水系统由生产设备受水器或卫生器具、通气管系统、排水管系统、抽升设备和清通设备组成。生产设备受水器或卫生器具是用来承受用水和将用后的废水、废物排泄到排水系统中的容器。排水管系统的作用是将污水和废水迅速安全地排出。通气管系统是排水管系统设置的一个与大气相通的通气系统。抽升设备主要指水泵，而清通设备包括检查井、检查口、清扫口及带有清通门（盖板）的 90° 弯头或三通接头等设备，作为疏通排水管道之用。

给水管道常见故障有管道破损、管道移位、接头处漏水、管道冻裂、管段中产生破损、水龙头不严密、管道中有噪声、法兰盘漏水；灭火系统常见故障有消火栓故障、控制按钮故障、稳压装置故障、水流指示器故障、湿式报警装置故障、喷淋泵故障；压力排水泵常见故障有泵出水故障、水泵轴故障、水泵机组故障、轴承故障、电动机故障、填料处故障等。

4. 通风空调系统

通风空调系统的设备包括通风系统设备、空调系统设备。通风系统设备由车站主风机、区间通风机、送风机、排烟风机、各类风阀、地面风亭、消声器、风管、风道、迂回风道门等设施设备组成。空调系统设备由水冷式主机、风冷式主机、冷却水管路、空调末端、冷却塔、定压补水装置、循环水泵等组成。

通风空调系统通常会出现三种故障类型：

（1）单体设备显示异常。原因是单体设备未正常运行，或 BAS 系统未接收到单体设备的反馈信号。

（2）风道内问题。风道内有异常噪声，或风道内空气湿度大，靠近风机处有水粒。原因一是消声器失效或损坏，产生噪声；二是大表冷器前端的挡水板损坏，水粒被风机抽入风道。

（3）公共区域及附属房间末端问题。具体现象是风口无风、风口滴水。原因一是风管系统的阻力平衡不好，导致一条风管上部分风口无风或风量较小；二是对于风机盘管末端，由于水温过低，保温部分破坏，很容易发生风口滴水的问题。

5. 火灾报警系统

火灾报警系统按照中央级、车站级及本地级三级控制模式进行设置，可以实现对城市轨道运营线路火灾探测报警设备和消防系统设备的监控与管理。当城市轨道火灾发生的时候，FAS 系统将发出模式指令使消防系统设备和各相关系统设备的运行转入火灾模式，进行消防联动，实现防灾救灾功能。

中央级系统由中心级火灾报警控制器、中心调度员工作站、中心管理员工作站和中心维护工作站等重要设备组成。车站级系统由车站级火灾报警控制器、图形监控工作站、消防电话主机、在线式 UPS（不间断电源）、紧急后备启动盘、实时打印机等重要设备组成。本地级系统分散设置于车站各个位置，可实现直接对各类火警探测器及消防救灾设备进行时实监视及控制。

中央级常见故障有中心级火灾报警控制器主回路通信卡及监控终端通信卡故障，中心调度员工作站、维修工作站及管理员工作站故障，中央级时钟接口故障，不间断电源故障。车站级常见故障有火灾报警控制器主回路通信卡及监控终端通信卡故障，图形监控工作站故障，不间断电源故障，打印机故障，紧急后备启动盘（IBP 盘）指示灯故障。本地级常见故障包括本地/远程转换开关未打至远程位，远程无法控制，数字量输入模块故障和数字量输出模块故障。

6. 环境与设备监控系统

环境与设备监控系统，英文缩写为 EMCS（engineer manufacture and customer service），我国城市轨道交通规范称其为 BAS 系统。BAS 系统设中央级、车站级和现场级三级监控方式，中央级设在指挥中心大楼内，车站级设于各站综控室。

中央级系统由中央级环境与设备监控服务器、中心维护工作站、中心调度员工作站及中心管理员工作站等重要设备组成。车站级系统由车站 BAS 局域网、远程输入/输出模块、车站 BAS 控制器、网络设备、现场总线、传感器、车站操作员工作站、接口转换设备等构成。现场级系统包括各类变送器、传感器、就地模块箱等。就地模块箱主要设置在车站电控室、通风机房、照明配电室、主排水泵房、风道、自动扶梯机房等位置，对各类机电设备进行监视和控制。

BAS 系统常见故障有断线故障，具体表现是环境与设备监控断线故障发生概率较大，断线点有可能是局域网线、现场总线与设备通信线等。当 BAS 系统线路故障时，会发出报警；各类工作站故障；电源故障，具体表现为 UPS 不能启动或不能正常供电；系统返信异常，主要是设备原地运行与环控工作站返信描述不同；系统遥控异常；模块故障；超声液位传感器液位故障；时钟混乱，具体表现为 BAS 系统时钟与标准时钟不一致等。

7. 自动售检票系统

AFC（automatic fare collection）指轨道交通行业的自动售检票系统。全路网 AFC 系统由三层架构组成，第一层是线路中心系统（LC），第二层是车站中心系统（SC），第三层是车站终端设备（SLE）。

LC 为线路 AFC 系统的核心部分，在对线路系统中所有设备进行监视的同时，对系统的全部数据进行收集和处理，对运营、财务、票务、维修进行集中管理。SC 为车站 AFC 系统的核心部分，可对本车站内部的所有设备进行实时监控，实现对车站 AFC 系统票务、运营、收益及维修的集中管理功能。车站终端设备包括：售票类设备，包括自动售票机、半自动售票机和自动充值机；检票类设备，包括进站检票闸机、出站检票闸机和进出站双向检票闸机；车站辅助设备及电源设备、票务中心设备和维修中心设备等。

线路中心设备的典型故障有服务器报警灯闪亮，LC 工作站客流实时报表数据刷新缓慢，客流数据显示不正常，更新 LC 版本后部分数据不能被 ACC（轨道交通自动售检票清算管理中心系统）解析，线路客流数据在某个时间点后为零，日报表无法正常显示，数据库文件组没有正常滑动，收到 ACC 重复的对账文件，数据库日志无法删除，盘阵报警灯亮，服务器系统磁盘空间变小造成隐患，UPS 故障灯亮，杀毒软件服务异常，NBU 软件备份任务失败，杀毒软件发现设备感染病毒，网管软件发现设备有报警信息，监视界面显示设备断开连接，监视界面上全站所有设备均断开连接，监视界面上显示某个站与中心断开连接，SC 与 LC 通信中断，车站终端设备与 SC 中断连接，车站服务器通信中断，车站进入紧急出站模式。

售票类设备的典型故障有 TVM（自动售票机）设备无法启动，TVM 硬币模块初始化报错，TVM 读不到加币箱，TVM 缓存找零器清不空，TVM 打印非法取纸币钱箱数据，TVM 无法打印单据，TVM 票卡被连续回收，BOM（半自动售票机）设备无法启动，BOM 设备认证和签到失败，BOM 用户被锁定，BOM 打印机不打印，BOM 提示两票箱均空、通道堵塞，BOM 自动切换到登录界面，BOM 功能按钮变灰不可用，BOM 界面显示不正常或有滞后现象，AVM 设备无法启动，AVM 签到失败，AVM 设备签到报错，TCM 不能进行票卡查询，TVM 暂停服务，TVM 不接受纸币，AVM 无法充值，TVM 传感器状态故障，线缆连接故障，发卡通道堵塞故障，送卡通道堵塞故障，凸轮堵塞故障，BOM 结账单与 SC 报表不一致。

检票类设备的典型故障有 AGM（自动检票机）暂停服务，AGM 读卡器故障，AGM 软件故障，AGM 回收模块卡票，AGM 回收模块传感器故障，AGM 回收模块控制板故障，AGM 扇门运动不正常或扇门不能打开，AGM 闸机刷卡没有开门，AGM 闸机死机，SC 无法控制某台 AGM 且设备交易无法上传，AGM 不读卡，AGM 暂停服务，AGM 进入降级模式，AGM 闸门故障，AGM 扬声器故障，AGM 乘客通道显示器故障，AGM 内票箱的 RFID 未正确写入造成的通信异常，AGM 维修门锁故障，AGM 扇门故障，AGM 回收模块故障，AGM 传感器故障，AGM 读写器故障。

车站辅助设备的典型故障有顶棚向导多组屏不亮，顶棚向导单组屏不亮，顶棚向导单个屏不亮，顶棚向导显示与闸机不同步，顶棚向导标志无显示或显示不正确，顶棚向导显示器控制板故障，安全门上电后不动作，安全门上电后一直自检找不到零位，安全门上电后推动后无刹车，安全门不能正确读、写参数。

电源设备的典型故障包括 UPS 电源状态指示器显示为自动旁路供电，变电倒闸恢复双路供电后电源屏没有电能输出，UPS 状态指示灯处于旁路工作，UPS 电源自动切旁路，配电箱故障。

6.2.4　通信信号系统

1. 信号系统

信号系统是城市轨道交通系统的核心，它能够在保障列车运行安全的前提下，满足运营性能的要求。城市轨道交通信号设备是城市轨道交通的主要技术装备，它担负着指挥列车运行、提高线路通过能力和保证列车运行安全的重要任务。

城市轨道交通信号系统统称为列车运行自动控制系统（ATC），它是列车运行的控制和指挥系统；ATC 系统由列车自动监控（ATS）子系统、列车自动防护（ATP）子系统和列车自动运行（ATO）子系统组成。ATS 系统根据列车时刻表对列车运行进行自动监控，并实现列车运行的自动调整；ATP 系统能够自动控制列车运行间隔和超速防护，是保证列车运行的重要安全设备；ATO 系统在 ATP 系统的基础上实现列车的自动驾驶，对列车运行曲线进行优化，并在车站站台准确停车。

ATS 的典型故障包括：服务器网络通信故障；单方向列车发车计时器（TDT）故障；双方向 TDT 故障；保险座接触不良；LAT-B 机系统软件死机；与单个车站 ATS 服务器连接故障；车站控制器 RPU 故障；通道故障；中心显示大屏故障和显示大屏单屏故障等。

ATP 的典型故障包括：机柜无电源输入显示故障；机柜安全系统无电源故障；安全故障灯（或非安全故障灯）常亮；开机或列车运行中 T1 掉（TAC 板第 2 个灯灭），安全系统故障灯亮；开机或列车运行中 T2 掉（TAC 板第 4 个灯灭），非安全系统故障灯亮；列车运行中 ATP 掉码；由于 ATP 系统故障，列车车门打不开；ATP 紧急制动；ATP 故障不能建立，重启无效；ATP 不能正常启动；人机界面显示错误或黑屏；ATP 受多普勒雷达干扰故障；主处理器模块故障；分散安全输入模块故障；列车紧急制动，打印记录显示测速系统故障；计轴故障等。列车自动防护系统是 ATC 系统中确保列车运行安全、缩短行车间隔、提高行车效率的重要设备，是 ATC 系统的核心。

ATO 的典型故障包括：ATO 控制下列车车门不能自动打开；ATO 不能正常启动；列车编码里程计故障；人机界面红屏故障；主处理器模块故障；电源和处理器单元模块不启动；分散安全输入模块故障；电源安全输出模块故障；交换机软件和硬件故障；信号机故障；电机空转、转辙器未解锁；电机空转、道岔转换不能密贴；转辙机已锁闭，但道岔不密贴；道岔已密贴但电机空转，转辙机不锁闭；联锁设备不能联机、自动倒机及监控机故障，联锁设备显示器黑屏；某站轨道区段出现红光带、计轴故障等。

目前信号系统存在的风险主要表现在以下两个方面：线路上新旧信号设备并存，给安全管理带来考验；当新线开通后，新的设备立即正式承担任务或者原来既有线上设备更新改造后立即投入使用，磨合期内故障频率高，对产生的新的技术故障缺乏处理经验，造成故障处置不及时，使故障扩大化。

2. 通信系统

轨道交通的通信系统包括光纤数字传输系统、闭路电视监控系统、调度指挥通信系统、无线通信系统及车站广播系统等。具体来说，它们共同为轨道交通系统的列车运行调度指挥、公务通信、无线通信、系统运行状况监视、旅客信息广播等提供手段。

通信系统是轨道交通运营的信息收发系统，其电源发生故障或通信设备本身发生故障时，不能保证各种行车信息及控制信息不间断地可靠传输，从而引起事故的发生。因此，通信系统在运营安全中的作用不言而喻。2000 年 11 月 11 日，奥地利萨尔茨堡一列高山地铁列车在隧道内运行中发生火灾，由于通信指挥信号失控，另一列下行线列车驶来，在此相撞造成车毁人亡。

目前通信系统的安全影响因素主要表现在以下两个方面：

（1）控制和指挥系统：监控设备掉码、监控系统紧急制动、监控系统失效、监控系统受外界干扰、车站控制器失效、通道故障、中心无法显示、软件死机、与服务器连接中断、保修无法连接等。

（2）自动系统：列车车门无法自动打开、列车自动防护系统无法正常启动、处理器模块故障、处理器单元模块不启动、信号机故障、电机空转、联锁设备无法联机、列车自动监控系统故障、设备显示器黑屏等。

6.3　特种设备设施安全

特种设备在我国的国民经济和人们的生活中起着越来越重要的作用，从生活取暖用的锅炉，输送到千家万户用的煤气、液化石油气气瓶或压力管道，到出行或购物乘坐的电梯，车间吊物的天车，方便人们游览名胜古迹的客运索道和丰富人们业余文化生活的游乐设施，这些都是特种设备。

由于特种设备是处于高温、高压、高载荷、高疲劳以及高空作业条件下运行，如果出现由于设计的不合理，制造的不规范，安装调试的不细致，检验手段的不完善和检验人员素质不高及监管的力度不到位，使用单位只追求经济效益致使设备超载荷、超期服役，日常维护及定期检修不到位，管理制度的不健全和安全保护及防护措施不到位，特别是安全保护装置的失效，都会导致事故发生。

根据贯彻国家认证的需要，特别是职业健康安全、环境体系标准的推行，在特种设备行业对于危险源的识别、风险的预测和评估显得越来越重要。随着经济的发展，人们对特种设备危害性认知逐步统一，特别是相关法律法规的出台和明确，以及贯彻认证工作的推行，丰富了特种设备的内涵和包括的范围，使得相关部门更有针对性地对其进行管理，以减少其对国家、社会和个人的损害，保证其更好地为经济、社会、文化生活服务。

6.3.1　特种设备基础知识

1. 特种设备的定义和分类

根据修订后的《特种设备安全监察条例》（国务院第 549 号令，2009 年 5 月 1 日施行）的规定，特种设备是指涉及生命安全、危险性较大的锅炉、压力容器（含气瓶，下同）、压力管道、电梯、起重机械、客运索道、大型游乐设施和场（厂）内专用机动车辆。

特种设备依据其主要工作特点，分为承压类特种设备和机电类特种设备。

（1）承压类特种设备，是指承载一定压力的密闭设备或管状设备，包括锅炉、压力容器、压力管道。锅炉是提供蒸汽或热水介质及提供热能的特殊设备；压力容器是在一定温度和压力下进行工作且介质复杂的特种设备，使用领域广泛，危险性高；压力管道是生产、生活中广泛使用的可能引起燃烧、爆炸或中毒等危险性较大的特种设备，分布极广，已经成为流体输送的重要工具。

（2）机电类特种设备，是指必须由电力牵引或驱动的设备，包括电梯、起重机械、客运索道和大型游乐设施。电梯是服务于规定楼层的固定式提升设备；起重机械，是指用于垂直升降或垂直升降并水平移动重物的机电设备；客运索道，是指动力驱动，利用柔性绳索牵引箱体等运载工具、运送人员的机电设备，包括客运架空索道、客运缆车、客运拖牵索道等；大型游乐设施，是指用于经营目的，在封闭的区域内运行，承载游客游乐的设施。

2. 我国特种设备的现状

1）我国特种设备的发展与使用状况

截至 2018 年底，全国特种设备总量达 1 394.35 万台。其中：锅炉 40.39 万台、压力容器 394.6 万台、电梯 627.83 万台、起重机械 234.79 万台、客运索道 1 036 条、大型游乐设施 2.51 万台（套）、场（厂）内机动车辆 94.12 万台。另有：气瓶 1.5 亿只、压力管道 47.82 万公里。

2）我国特种设备的安全状况

（1）特种设备事故总体情况。

自 2009 年起，特种设备事故数、受伤人数和死亡率等指标呈现下降趋势。以 2018 年为例，全国共发生特种设备事故和相关事故 219 起，死亡 224 人，受伤 68 人。与 2017 年相比，事故起数减少 19 起，降幅 7.98%；死亡人数减少 27 人，降幅 10.76%；受伤人数减少 77 人，降幅 53.10%。2009—2018 年全国万台特种设备死亡率逐年降低，如图 6-5 所示。

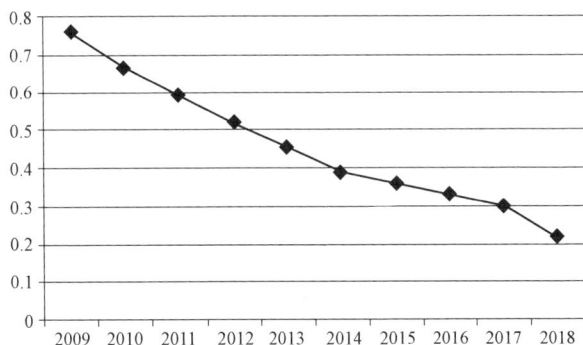

图 6-5　2009—2018 年全国万台特种设备死亡率情况

（2）特种设备事故原因。

① 锅炉事故。违章作业或操作不当，无证操作，使用非法设备，设备缺陷和安全附件失效等。

② 压力容器事故。违章作业或操作不当，设备缺陷和安全附件失效，其他次生原因等。

③ 气瓶事故。违章作业或操作不当，设备缺陷和安全附件失效，非法经营，其他次生原因等。

④ 压力管道事故。设备缺陷和安全附件失效。

⑤ 电梯事故。违章作业或操作不当，设备缺陷和安全部件失效或保护装置失灵等，应

急救援（自救）不当，安全管理、维护保养不到位。

⑥ 起重机械事故。违章作业或操作不当，设备缺陷和安全部件失效或保护装置失灵等，安全管理、维护保养不到位，其他次生原因等。

⑦ 场（厂）内专用机动车辆事故。违章作业或操作不当，设备缺陷，其他次生原因等。

⑧ 大型游乐设施事故。违章操作或操作不当，无证操作，其他次生原因等。

3. 我国特种设备相关法律法规简介

1955 年 7 月，国务院批准仿照苏联安全监察模式，在劳动部设立锅炉安全检查总局，开始对锅炉、压力容器、起重机械等特种设备进行专门监督管理，实行国家安全监察。

1982 年 2 月，特种设备安全监察史上另一个划时代的事件，即原国家劳动总局发布了《锅炉压力容器安全监察暂行条例》，为我国建立锅炉压力容器安全监察制度提供了法规性依据。

到 20 世纪 90 年代初，先后发布了安全技术规程细则和办法等共计 17 部。1999 年国务院机构改革，原国家质量技术监督局将起重机械、电梯、游艺机和游乐设施纳入特种设备管理，并着手制定《特种设备质量监督与安全监察规定》。同年 7 月 12 日，国家经济贸易委员会发布第 13 号令，颁布和实施了《特种作业人员安全技术培训考核管理办法》；次年 6 月 29 日，原国家质量技术监督局发布第 13 号令，颁布和实施了《特种设备质量监督与安全监察规定》。这两部 13 号令及《锅炉压力容器安全监察暂行条例》标志着我国的特种设备步入法制化管理轨道。

截至 2020 年 12 月底，统计国内锅炉、压力容器及管道规程和规定 60 项，锅炉相关标准 584 项，压力容器及管道标准 214 项，气瓶相关标准 173 项，起重机械及附件的规程、标准 77 项，电梯、架空索道及附件的规程标准 348 项，防爆电气标准 3 项，游乐设施标准 53 项。

6.3.2 电梯的使用与安全管理

1. 电梯基础知识

1）电梯的概念

根据《电梯、自动扶梯、自动人行道术语》（GB 7024—2008）规定，电梯的定义为：服务于建筑物内若干特定的楼层，其轿厢运行在至少两列垂直于水平面或与铅垂线倾斜角小于 15°角的刚性导轨运动的永久运输设备。

《电梯制造与安装安全规范》（GB 7588—2003）对电梯的技术含义作了如下叙述：电梯是服务于规定楼层的固定式提升设备，包括一个轿厢，轿厢的尺寸与结构型式可使乘客方便地进出，轿厢至少部分在两根垂直的或与垂直方向成倾斜角小于 15°的刚性导轨之间运行。

从以上两个条文可以理解电梯的含义：① 电梯是由电力来驱（拖）动的；② 电梯是沿着垂直方向运行的一种提升设备，可以是乘客的，也可以是载货的；③ 轿厢要方便乘客或承载货物。对商场、车站等用的自动扶梯或自动人行道，按专业定义就不能称为电梯，当然它们是电梯家族里的一个分支。

2）电梯的分类

（1）按用途分类。

电梯按用途可分为：乘客电梯、载货电梯、客货两用电梯、医用电梯、住宅电梯、杂物电梯、船用电梯、观光电梯、汽车用电梯，以及用于其他具有专门用途的电梯，如防爆电梯、洁净电梯、矿井电梯等。

（2）按拖动方式分类。

电梯按拖动方式可分为：直流电梯、交流电梯、液压电梯、齿轮齿条电梯、螺杆式电梯、直线电动机电梯。

（3）按运行速度分类。

电梯按运行速度可分为：低速电梯（运行速度为 1 m/s 及以下的电梯）、快速电梯（运行速度为 1～2 m/s 的电梯）、高速电梯（运行速度为 2～3 m/s 的电梯）、超高速电梯（运行速度为 3～10 m/s 或更高的电梯，通常用于超高层建筑）。

（4）按操纵控制方式分类。

按操纵控制方式可分为按钮控制电梯、信号控制电梯、集选控制电梯、下（或上）集选控制电梯、并联控制电梯、梯群程序控制电梯、梯群智能控制电梯和微机控制电梯等。

2. 电梯的总体结构和运行原理

电梯是城市轨道交通车站实现垂直运输乘客、行李或包裹的重要运输工具，满足车站无障碍设计的要求，可以有效解决出行不便人士的通行，同时兼顾携带大件行李、推婴儿车等不宜乘坐扶梯的人员使用，管理便利、舒适性高，充分体现以人为本的理念。

1）电梯的总体结构

从空间上来看，电梯由机房、轿厢、井道、层站四部分组成，即占用了机房、轿厢、井道、层站等四个空间；按功能，电梯由曳引、导向、轿厢、门、重量平衡、电力拖动、电气控制、安全保护等系统组成。垂直电梯内部结构示意图如图 6-6 所示。

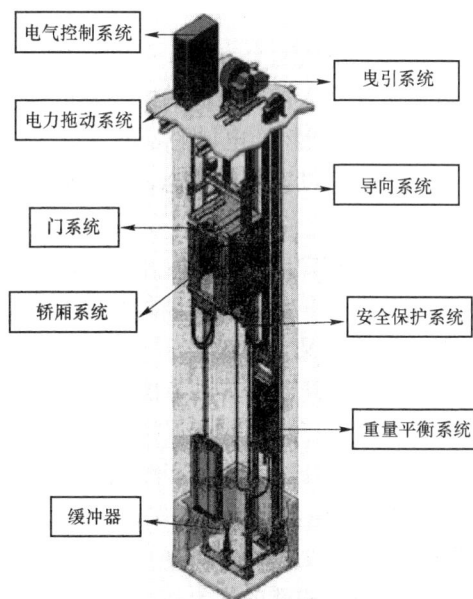

图 6-6　垂直电梯内部结构示意图

2）电梯的运行原理

轿厢和对重通过固定于两侧的导靴分别沿装设在井道中的轿厢导轨和对重导轨上下滑行。电动机运转时，直接通过蜗轮减速器驱动曳引轮，依靠轮槽与钢丝绳间的摩擦力带动轿厢和对重运动。轿厢上升，对重下降；反之，轿厢下降，对重上升。

3. 安全电梯的基本特征

安全电梯必须对乘客以及与电梯有关的人员进行保护，同时也要对电梯本身和所载物资以及安装电梯的建筑物进行保护。在保护方面，安全电梯较其他设备具有如下四个基本特征。

1）乘客的安全空间

在乘坐电梯的过程中，与乘客有关的空间共有三个：楼层、井道和轿厢。一般来说，楼层是安全空间，轿厢是被设法保证的安全空间，井道是危险空间，电梯必须保证乘客只能在楼层上或者在轿厢里，而绝对不可能进入井道。如果乘客身体的一部分在楼层上，另一部分在轿厢里，此时轿厢绝对不可运动，以防止乘客在进入或走出电梯时，通过门机系统跌入井道或被剪切。

2）加、减速的安全范围

在乘坐电梯的过程中，可能会因电梯非正常的加、减速度产生失重、超重的冲击而对乘客造成伤害。通常，电梯应在下述四种情况下，确保乘客承受的加、减速度保持在安全范围内。

（1）正常情况下，国家标准对正常运行的电梯推荐的起制动加、减速度最大值不超过 $1.5\ \mathrm{m/s^2}$，其平均值不低于 $0.48\ \mathrm{m/s^2}$。该数值不是安全界限，而是一个舒适性的界限。这么小的加、减速度不仅不会给乘客带来任何不舒服，还会使乘坐电梯变成"上上下下的享受"。

（2）安全钳制停时轿厢运行速度超过额定速度的 115% 时，电梯的限速器就会起作用。

（3）缓冲器制停时顶层和底层是轿厢运行不可逾越的上、下两个端站。

（4）曳引机制动器制停时，只有当曳引机接通电源时制动器才处于打开状态。当曳引机失电时制动器立即动作，并向与曳引轮直接连接的部件施力制动。

3）机械与电气的保证

持续有效的安全电梯应从机械、电气两个方面保证电梯具有本质的安全性。必须设置严密的专门安全保护系统，用以保护使用人员、维护和检查人员及在电梯井道、机房和滑轮间（如有）外面的人员，保护轿厢中的装载物、电梯的零部件以及安装电梯的建筑，并且还必须保证安全保护系统的性能一直处于持续有效的状态，能够时刻派上用场。

4）管理、技术与教育

安全电梯非常重视技术在安全保护中的作用，但并不认为技术能够解决一切安全保护问题。相反，在安全保护的思想体系中须非常重视管理和教育的作用。可以说，管理、技术与教育的相互结合是安全电梯保护思想的又一特征。

安全电梯除了在电气系统、拖动系统的可靠性方面综合考虑安全性之外，还在许多重点部位实施了程序、电气、机械的两重或三重的复合保护，这也集中体现了安全电梯非常重视技术在保护中的作用这一特点。例如，在防范冲顶和蹲底的终端保护中，既有程序保护（强迫减速），也有电气保护（限位与极性复合）和机械保护。

4. 自动扶梯和自动人行道

自动扶梯和自动人行道是一种特殊构造的用于运载人员的输送机械，在大商厦、地下商场、办公大楼以及特殊地形的人员输送等方面得到了广泛应用。

1）基本概念

自动扶梯，是指由一台特种结构形式的链式输送机和两台特殊结构形式的胶带输送机组合而成，带有循环运动梯路，可以在不同层间向上或向下倾斜输送乘客的固定电力驱动设备。

为了保证自动扶梯乘客的安全，自动扶梯上还装有多种安全防护装置，如扶手带断带保护装置、裙板保护装置等。

自动扶梯是车站广泛使用的一种连续输送机械，其优点如下：输送能力大，具有连续运送能力；可以逆转，断电或出现故障时，可做普通扶梯；不需井道，不需附加构筑。

自动扶梯可从不同的角度进行分类：

（1）按驱动方式分为链条式扶梯和齿条式扶梯。

（2）按设置方法分为单台型、单列型、单列重叠型、并列型、交叉型等。

（3）按使用条件分为普通型和公共交通型两种。

（4）按扶栏结构分为全透明无支撑型、全透明有支撑型、半透明和不透明四类。

（5）按运行速度分为恒速扶梯和可调速扶梯两类。

（6）按梯阶轨迹分为直线型、螺旋型、跑道型和回转螺旋型四类。

自动人行道是为适应特定场所的交通而设计的，便于人员的出行和货物的运输。自动人行道按结构分为三类：踏步式结构、带式结构和双线式结构。

自动人行道倾斜输送的长度可达 500～1 000 m，倾斜角度为 0°～12°，输送速度为 0.5～0.75 m/s，输送能力大；而自动扶梯提升的高度一般在 6 m 左右，这是两者的最大区别。

2）自动扶梯和自动人行道的主要构成

自动扶梯和自动人行道主要由桁架、驱动减速机、驱动装置、张紧装置、导轨装置、梯阶、梯级链、扶手带以及安全装置等组成。自动扶梯结构示意图如图 6-7 所示。

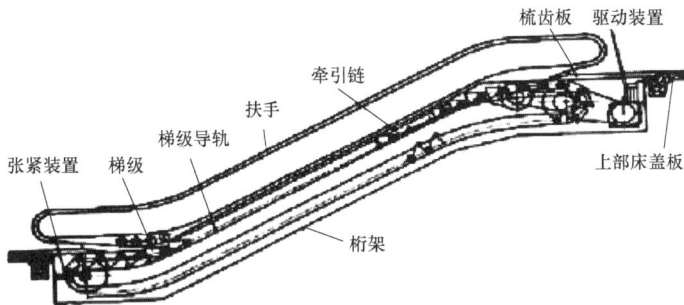

图 6-7　自动扶梯结构示意图

3）自动扶梯和自动人行道的检验

自动扶梯和自动人行道的检验包括交付使用前的检验和重大改造后及正常运转中的检验。交付使用前要对各种相关的技术资料进行审核，只有满足要求后才能进行相关试验。进行的相关检验内容有整体外观检查、功能试验、安全装置动作的有效性试验、制动试验、测量电气装置和回路的绝缘电阻、检查电气设备外露壳导电部分与保护线连接的情况，并且定期检验安全装置是否有效动作、制动试验，驱动元件、梯级、踏板的磨损和损坏情况，扶手装置和梳齿板的状态、电气绝缘和保护线连接情况等。

5. 电梯常见故障

1）垂直电梯故障类型分析

据统计，垂直电梯故障主要在两大系统中，机械系统的故障占 10%～15%，电气系统的故障占 85%～90%。造成垂直电梯系统故障的原因是多方面的，机械装置的润滑不良、齿轮磨损、连接件的松脱、按钮失灵、钢丝绳有毛刺或断股等，电气元件绝缘不良、损坏、触点金属表面氧化和污垢形成短路或断路等都可能对垂直电梯的安全运行产生影响。另外，垂直电梯故障酿成事故与配件的选用、安装质量、维保质量、人的行为和态度也有密切关系。垂直电梯常见的故障类型及可能原因如表6-3所示。

表6-3　垂直电梯常见的故障类型及可能原因

电梯系统	故障类型	可能原因
机械系统	轿厢冲顶/蹲底	接触器铁芯表面有油污或磨损严重引起延时释放；制动器滞阻或有剩磁引起不能抱紧
	平层不准确	闸瓦严重磨损；曳引轮槽或钢丝绳严重磨损
	运行中有异响/噪声严重	导轨面有杂物；对重轮轴承严重缺油，出现"咬轴"
	运行时强烈的晃动/震荡	曳引钢丝张力严重不均；导轨与导靴间隙过大；导轨接头状况不良；减速器磨损
	运行中溜梯/坠梯	钢丝绳上渗油过多致使摩擦力不够或是磨损严重；抱闸力度不够或失效；安全钳失效
	不能自动开关门	门电动机故障；限位开关损坏或未复位；层、轿门的门挂轮损坏
电气系统	按钮开关失效	开关门回路保险丝熔断；安全触板卡死/开关损坏；门区光电保护装置故障
	关门后不走梯	电源电压过低或缺相；层、轿门联锁开关接触不良；制动器抱闸故障
	开关门冲击声过大	限位电阻调整不当
	到达平层位置不能开门	继电器损坏或其控制电路有故障
	运行速度降低	电机三相电压不对称，输出力矩减小
	运行中突然停梯	接触器电气互锁触点接触不良；门锁回路的瞬间通断；电源缺相；电动机热继电器脱扣

国家质检总局发布的数据显示，2015年上半年全国31个省级行政区自查的236.866 5万台电梯中，发现存在安全隐患的电梯有11.115 6万台，这一数字意味着，每100台电梯就有将近5台电梯存在隐患。而针对安装在城市轨道车站这种人员密集型场所的电梯，更应该从电梯设计安装到运行维护乃至报废管理的各个环节引起人们对其安全性的注意，一方面对垂直电梯出现的隐患或故障，应该迅速、准确地发现和排除，减少因电梯部件出现质量问题造成的故障；另一方面应该加强对垂直电梯的日常维护和保养，避免和减少垂直电梯安全事故。

2）自动扶梯故障类型分析

自动扶梯运行安全是城市轨道车站运营安全的重要一环，尽管在设计、制造、安装过程中均遵循国家标准，并设置了多种安全保护装置，但如果安全装置失效、不安全行为等因素依旧存在，仍然会出现各种安全事故。自动扶梯典型故障类型及可能原因分析如表6-4所示。

表 6-4　自动扶梯典型故障类型及可能原因分析

序号	故障类型	可能原因
1	梯路跑偏，运行中有噪声	梯路导轨有异物侵入；两边链条拉伸长度不一致；上/下侧板主导轨圆弧曲率半径有偏差或导轨有偏移
2	梯级运行有抖动感	运行的直线导轨变形或左右导轨不在同一平面位置上；梯级链条与梯级轴缺油或梯级链左右拉伸不一致；主机驱动链条拉伸或大小链轮位置有偏差；链条滚轮损坏；导轨接缝不平整或导轨表面有污垢
3	梯级运行在转向处有撞击声	转向板中心位置有偏差；左右对称导轨上下有差异；下方主轨与反轨间隙过大
4	梯级与踏板擦碰梳齿板	梳齿板偏移；梯级或踏板跑偏
5	梯级运行转向时有跳动	切向导轨过度磨损；驱动道松弛或主机未固定好
6	梯级（踏板）塌陷，保护开关动作	梯级或踏板断裂、破损；梯级辅轮或牵引链轮损裂或过度磨损
7	梯级链张紧或断裂，保护开关动作	牵引链断裂；牵引链条过度伸长
8	扶手带跑偏	扶手带导轨变形或错位；扶手导轨出入口位置偏移；摩擦轮轴两端位置有偏差；扶手带导向轮或反向滚轮组的位置偏移
9	扶手带发热	扶手带过紧/有异物产生滑动摩擦；扶手滚轮损坏；扶手带与扶手带入口安全护套之间间隙太小
10	扶手带脱落或与梯级运行速度不同步	扶手带伸长；压带磨损或松弛；摩擦轮轮毂磨损
11	梳齿板保护开关动作	梯级或踏板进入梳齿板时有异物夹住
12	驱动链张紧保护开关动作	驱动链断裂或过度伸长
13	驱动装置有异响	制动器线圈与摩擦片间距不适合；驱动链条过松
14	安全装置开关故障	众多安全装置中某个安全装置动作或开关断开
15	围裙板保护开关动作	梯级与围裙板之间有异物夹住；围裙板受碰撞；梯级或踏板跑偏挤压围裙板
16	扶梯起动故障	接地漏电断路器分断；主开关故障；保护开关故障；某处有异物阻塞
17	相位监控时间装置动作	与电网相连的相序接错
18	接触器经常发热	网络电压过低；触点接触不良
19	热继电器经常发热	热继电器规格配置不对；热继电器触点接触不良
20	自动扶梯骤停	扶梯控制箱内空气开关跳闸；安全回路触点开关接触不良或断开
21	自动扶梯超速/欠速运行	电源电压不稳定；速度传感器损坏或感应面有污垢
22	自动扶梯逆行	驱动链松动或断裂；主机固定螺栓松脱产生位移
23	扶梯蛇行	梯级链张紧力左右不一致

　　除了扶梯设备自身因素之外，导致自动扶梯安全事故的影响因素又涉及诸多方面，如乘客行为、使用环境、客流因素、维保水平等也会对自动扶梯的安全运行产生影响。自动扶梯设备的不安全状态直接影响城市轨道运营，甚至威胁乘客的生命财产安全，因此，城市轨道车站自动扶梯的生产、安装、使用、检验和监督检查等各个环节的安全都必须引起足够的重视。

6.4 安全监控与检测技术

交通安全监控与检测的内容包括与交通相关的所有方面，可分为交通设施设备、交通环境、人员等。因每种交通运输方式有其特殊性，安全监控与检测的具体技术存在一定的差异，但总体功能是相似的。由于交通运输系统的组成要素处于动态变化的过程中，为了安全预防和避免事故，应加强对影响安全的各种因素的实时监控和检测。

6.4.1 设施设备监控与检测技术

交通运输设施设备包括固定和移动两种。对固定和移动设施设备进行监控的目的是随时掌握设施设备的运行状态，及时发现运行中可能出现的影响交通安全的因素，为排除这些影响因素提供依据。

1. 列车检测

列车位置的实时精确检测，对于确定在系统范围内的安全通路和速度是极为重要的。它也同时与导轨活动环节如道岔进行联锁，并与辅助系统如平交道口系统接通。目前的列车检测方法包括使用各种各样的轨道电路、非轨道电路。

2. 列车超速防护

列车速度控制方式随自动化程度的不同，在特征上有一定的差异，但基本原理是相同的，即对实际列车速度和最大安全速度进行安全故障比较，当出现超速时，要实施安全制动。

列车自动防护系统（ATP）是进行列车超速防护的有效手段。列车的速度越高，超速防护越要自动化。列车可以人工驾驶，但如果操纵者超过列车自动防护系统的速度限制，则ATP系统施行制动，使速度处于极限之下或使列车完全停车。

3. 车辆探测系统

地面安全系统监控列车条件，并将警告信号传送到当地或中央控制设备。这些地面安全系统应与车载监控器相互补充，持续不断地监测走行部分、车辆轴承以及制动器等项目。

车辆探测系统包括轴箱发热探测器、热轮探测器、脱轨或拖挂设备检测器以及临界限界检查器。

（1）轴箱发热探测器。

轴箱发热探测器是地面热传感装置，当车辆通过探测器时，轴箱发热探测器测量由轴承发射的红外线辐射热，并与同一列车的相邻轴承进行比较，如果记录到一个高读数，由探测系统向列车及监控中心发出信号，给出怀疑发热轴箱的位置，及时对发热轴承进行检查。一个过热的车轴轴承可能迅速损坏，而车轴的断裂可能导致脱轨。

（2）热轮探测器。

热轮探测器类似于轴箱发热探测器，与轴箱发热探测器的区别在于热轮探测器的热敏传感器是指向车轮踏面而不是车轴轴承。热轮探测器用于检测抱闸踏面制动，如果检测到抱闸制动，列车乘务员应请求列车停车，并在报闸车辆上松开制动器。

（3）脱轨或拖挂设备检测器。

脱轨或拖挂设备检测器用在桥梁、隧道等处，用来检验车辆是否在钢轨上，以及设备是否完整无损。

（4）临界限界检查器。

临界限界检查器常用在主要固定设备，如桥梁或隧道入口的前面，以检验装备或碴石没有超出正前方固定设备围砌的限界之外。这些检查器大多使用在货运铁路上。

4. 无损检测技术

无损检测技术是在不损害被检测对象原有状态的条件下，检测出被检测对象内部存在的缺陷的技术。例如，雷达检测技术、超声波检测技术、瞬态瑞利面波频谱无损检测技术、瞬态冲击频谱分析技术、激光检测技术、射线检测技术等。

6.4.2　对环境状态的监控与检测技术

以下对火灾探测报警、消防、自然灾害监控与报警、道口报警与防护等监控和检测技术进行介绍。

1. 火灾探测报警系统

火灾探测报警系统通常安装在各种港站（如空港、铁路车站、公路车站、码头等）内和运输工具（如船舶、铁路列车、汽车、航空器等）上。目的是随时对火灾发生的可能进行检测和报警，避免火灾的发生。

火灾报警系统主要分为火灾报警中央装置和火灾探测器两大部分。探测器监视周围环境的情况，并将信号传输给中央装置。

2. 消防系统

消防系统是与火灾探测报警系统同时设置的。在火灾探测报警系统探测到火灾隐患后，就要启动消防系统，达到灭火的目的。

随着消防技术的发展，灭火系统也在不断发展，最常见的有水灭火系统、自动喷水灭火系统、二氧化碳灭火系统、泡沫灭火系统、干粉灭火系统等。不论何种系统，在设备起动后的动作步骤均大致相同。

3. 自然灾害监控与报警系统

雨、雪、风、地震、气流、落石等自然灾害对交通安全产生很大的影响。通过建立自然灾害监控与报警系统，能随时、全面地掌握气象情报和预测雨、雪、风的灾害信息以及对地震及泥石流等进行事前检测预报。由于地震、暴雨和强风等自然灾害会对铁路线路、公路线路以及运行的铁路列车、汽车、航空器、船舶造成破坏、颠覆等重大事故，所以是环境监控的重要方面，应得到重视。

下面以日本铁路为例，介绍对地震、暴雨的监控与报警技术。

1）地震预测与报警系统

日本是地震多发国家，日本铁路早在 20 世纪 60 年代就在铁道沿线设置地震的早期报警装置，至今既有线和新干线沿线约有 400 多台装置在使用中。原有地震报警装置的主要功能是显示超过基准加速度的地震报警以及地震后的最大加速度。1992 年东海道新干线引入了新型的地震预测报警系统（UrEDAS），与老一代报警系统相比，新系统以设置点为中心，可以对相当广泛的区域发出地震报警。

该系统的基本原理是能够在地震的主动横波（S 波）到达之前早期检测到地震初期微动的纵波（P 波），在立即判定地震和规模的同时，判断对于铁道的影响，从而发出必要的报警。

在 S 波到达之前就能使列车减速，从而提高运行列车的安全性。

2）暴雨、泥石流预测及报警系统

由暴雨引起的泥石流对铁路、公路路基构成严重的危害。泥石流的监视系统的基础是监测发生泥石流的基准雨量，以既往经验的小时最大雨量和 2 小时最大雨量设定发生泥石流的安全限界（基准雨量）。短期降雨量预测可利用气象局公布的"降水短期预报值"（GPV 数据）。预测精度取决于降雨预测精度及泥石流发生安全限界雨量的精度。

3）风向、风速、风力监视装置

风向风速监视装置是保护供电线路和防止强风颠覆列车的重要设备。为提高风速监视功能的可靠性，东海道新干线在强风多发地区新开发设置了 17 处风向风速监视装置。

该风向风速监视装置的主要组成部分为：① 风向风速计；② 变换器；③ 风向风速送信机；④ 风向风速信号接收机；⑤ 记录仪。

风向风速监视装置的主要特征及其功能包括：① 风速数字表示功能；② 风向风速计机械故障的检查功能；③ 风向监测功能。

4）隧道气流测定与报警装置

通过气流测定与报警装置，将隧道内的气流方向和强度通知给调度，以便从隧道出口采取针对性的救援措施，使新鲜空气贯入隧道。

5）落石自动报警系统

落石是威胁山区铁路、公路交通线路安全的一种常见自然灾害。由于落石具有突发性和随机性等特点，很难做到防患于未然。目前一般的方法是采用工程措施来防止落石的发生和对交通线路造成的危害。但对于那些施工困难、投资过高或落石一旦发生则会导致严重后果的地段，行之有效的技术途径是采用落石自动报警系统和交通线路防护装置相结合的方法。

落石自动报警系统能及时检测出对交通线路有危险的障碍，及时报警并通知铁路列车或公路车辆不要进入或阻止进入危险区段，防止灾害的发生，确保交通安全。系统应具有三个功能：① 对落石进行检测；② 能够自动报警；③ 可以进行防护。只有这三者有机地结合在一起，才能起到防灾的作用，达到防灾的目的。

为了满足以上各项要求，落石自动报警系统至少应由三部分构成：① 落石检测装置——检知网；② 中间连接设备——主控制箱；③ 报警防护装置——铁路车站、工区报警器和列车防护设备、公路报警及防护设备。

4. 道口报警与防护系统

平交道口是铁路和公路相交叉、交通事故的多发地点。引起平交道口事故的主要原因是列车司机发现障碍物到能够施行制动的距离往往不足 200 m。采用道口障碍物检测装置对平交道口进行早期检测和发送报警信号，以便列车及时施行紧急制动、停车，这样可基本上避免由于汽车司机不熟练而陷入道口轨道或发动机故障所引起与列车的冲突事故。

常用的道口检测装置有：① 红外线或激光方式的障碍物检测装置；② 在道口路面下埋设线圈的检测装置；③ 使用超声波的全天候障碍物检测方式。

6.4.3　对人员的监控与检测技术

这里的人员，是对交通安全产生直接影响的人员，包括提供服务者、被服务者等。当一些人员的行为与交通密切相关时，应加强对其行为状态的监控与检测，这是保证交通安全的一个重要内容。

　　提供服务人员的行为，可通过交通行业相关的作业标准、规范等约束，并采用一定的设备、监控提供服务人员的工作状态。

　　对被服务人员的监控与检测，主要是在客运场站内、运输工具上进行，需要一定的监控和检测设备完成。主要采用红外线、超声波检测、电视监控等设备，如：对旅客、行李、货物等进行检查的安全检查系统，该系统的主要功能是防止将易燃、易爆危险品带到场站内，或带上运输工具，防止无关人员进入场站内和登上运输工具。

第 7 章

安全管理与城市轨道交通安全

安全管理是企业管理的重要组成部分，工业企业安全管理的主要任务是在国家安全生产方针的指导下分析和研究生产过程中存在的各种不安全因素，从技术上、组织上和管理上采取有效措施，解决和消除不安全因素，防止事故的发生，保障职工的人身安全和健康以及国家的财产安全，保证生产顺利进行。

7.1 安全管理概述

7.1.1 安全管理的定义和分类

1. 安全管理的定义

在企业管理系统中，含有多个具有某种特定功能的子系统，安全管理就是其中的一个。安全管理子系统是由企业中有关部门的相应人员组成的，主要目的是通过管理的手段控制事故、消除隐患、减少损失，使整个企业达到最佳的安全水平，为劳动者创造一个安全舒适的工作环境。因而可以给安全管理（safety management）下这样一个定义，即以安全为目的，进行有关决策、计划、组织和控制方面的活动。

控制事故可以说是安全管理工作的核心，而控制事故最好的方式就是实施事故预防，即通过管理和技术手段的结合，消除事故隐患，控制不安全行为，保障劳动者的安全，这也是"预防为主"的本质所在。

2. 安全管理的分类

1）宏观的安全管理

从总体上看，凡是保障和推进安全生产的一切管理措施和活动都属于安全管理的范畴，即泛指国家从政治、经济、法律、体制、组织等各方面所采取的措施和进行的活动。作为企业的安全管理工作者，对国家有关安全生产的方针、政策、法规、标准、体制、组织结构以及经济措施等均应有深刻的理解和全面的掌握。

2）微观的安全管理

微观的安全管理，是指经济和生产管理部门以及企事业单位所进行的具体的安全管理活动。

3）狭义的安全管理

狭义的安全管理，是指在生产过程或与生产有直接关系的活动中防止意外伤害和财产损失的管理活动。

4）广义的安全管理

广义的安全管理，泛指一切保护劳动者安全健康、防止国家财产受到损失的管理活动。从这个意义上讲，安全管理不但要防止劳动中的意外伤亡，也要与危害劳动者健康的一切因素进行斗争（如尘毒、噪声、辐射等物理化学危害以及对女工的特殊保护等）。

7.1.2 安全管理的特征和内容

1. 安全管理的特征

安全管理的一个重要特征，就是强调以人为中心，把安全管理的重点放在激励职工的士气和发挥其能动作用方面。具体地说，就是为了人和人的管理。人是生产力诸要素中最活跃、起决定作用的因素。所谓为了人，就是把保障职工的生命安全作为安全工作的首要任务；所谓人的管理，就是充分调动每个职工的主观能动性和创造性，让职工人人主动参与安全管理。

安全管理的另一个重要特征，是强调全面安全管理。这就要从企业的整体出发，把管理重点放在整体效应上，实行全员、全过程、全方位的安全管理，使企业达到最佳的安全状态。

1）全员安全管理

实现安全生产必须要求职工人人参加，在充分发挥专业安全管理人员骨干作用的同时，吸引全体职工参加安全管理，充分调动和发挥广大职工的安全生产积极性。安全生产责任制为全员参加安全管理提供了制度上的保证，企业最高领导人是安全工作的第一责任人。近年来还推广了许多动员和组织广大职工参加安全管理的新形式，如安全目标管理等。

2）全过程安全管理

在企业生产经营活动的全过程中都要进行安全管理，识别、评价、控制可能出现的危险因素。一个产品从工程计划、厂址选择、设计、施工、试车、投产、检验、销售、维修、服务直到更新、报废、扩大再生产的全过程都要进行安全管理。安全管理人员对影响安全的生产活动拥有否决权。

3）全方位安全管理

一个企业除了全生产过程外，还有许多间接为生产服务的工作部门。各个部门本身都有安全问题，都会存在不安全因素，都有发生伤亡事故的危险性。因此，在任何时候，从事任何工作，都要考虑安全问题，必须进行安全管理。安全管理不仅是专业安全管理部门的事情，党、政、工、团也必须齐抓共管。

2. 安全管理的内容

安全管理要实现客观所赋予的任务，就需要在遵循正确的指导原则下做许多工作。其主要内容大体分为四个方面：

1）管理体制和基础工作

安全管理体制包括纵向的专业管理、横向的各职能部门（各专业）管理和与群众监督相结合的组织协调管理形式，以及企业安全生产责任制（单独制定或者明确写在工作责任制和岗位责任制中）。基础工作包括规章制度建设，标准化工作，生产前的安全评价和管理（如设计安全及技术开发安全等前期管理），工人和干部的系统培训教育，安全技术措施制定和实施，定期或不定期的安全检查，管理方式、方法和手段的改进研究，以及有关安全情报资料的搜集分析，安全生产暴露出的疑难问题的提出（提交科研部门的研究课题）等。

2）生产（建设）过程中的动态安全

企业的生产、检修、施工等过程以及设备（包括传动和静止设备、建筑物、电气、仪表等）的安全保证问题，构成了企业动态安全管理的主要部分。安全生产过程中，最核心的是工艺安全、操作安全，这是生产企业管理的重点。检修过程安全，包括全厂停车大修，车间系统停车大修，单机大、中、小修，以及应急抢修等不同情况的安全问题。经验表明，在检修和抢修情况下发生的死亡事故占 1/3 以上。施工过程安全，特别是企业的扩建、改造工程，往往是在不停产的情况下进行施工，同检修安全一样，都要列为安全管理的重要内容。

3）信息、预测和监督

事故管理实质上起着信息搜集、整理、分析和反馈的作用。安全分析和预测，是通过分析、发现和掌握安全生产的某些规律及趋势，做出预测、预报，监督、检查安全规章制度的执行情况，发现安全生产责任制执行中的问题，为加强动态管理提供依据。

4）安全管理要逐步实现法制化、标准化、规范化、系统化

从历史经验教训看，必须处理好以下四个方面的问题：

（1）实现安全管理法制化是贯彻、执行国家法律的需要，也是工业生产根本利益的需要。为了保护生产劳动要素、劳动力、原材料和工具设备的安全，必须依照法律、法规和生产规章制度的要求进行安全生产。

（2）安全标准是指与人身、设备、操作、生产环境和生产活动等安全方面有关的标准、规程、规范。企业标准化工作，是企业实现科学管理的基础。

（3）规范化企业安全管理，除属于标准化内容的范围应按照专门要求进行外，其他一切行为、活动均应依照规章制度进行。安全管理规范化是以保证生产安全为目的，是企业活动的行为准则之一。

（4）系统化企业安全管理是管理系统的一个子系统。安全管理系统化，是从安全管理的任务和内容的系统性特点提出来的。一些企业的安全管理工作，远未达到系统化的要求，使许多安全问题未列入安全管理之列，这主要是没有从系统管理，而是从生产单一产品的观点来处理安全生产，必然会出现局限性和后遗症。系统化的建立必须改变人们的传统观念，学习和掌握系统的理论知识，确立全员、全面、全过程、全方位的安全系统管理。

7.1.3 安全管理的意义

安全工作的根本目的是保护广大职工的安全与健康，防止伤亡事故和职业危害，保护国家和集体的财产不受损失。为了实现这一目的，需要开展三方面的工作，即安全管理、安全技术、劳动卫生。而这三者之中，安全管理起着决定性的作用，其意义主要体现在以下方面：

1）安全管理是防止伤亡事故和职业危害的根本对策

造成伤亡事故的直接原因概括起来不外乎人的不安全行为和物的不安全状态。然而在这些直接原因的背后还隐藏着若干层次的背景原因，直到最深层的本质原因，即管理上的原因。发生事故以后，人们往往把事故的原因简单地归咎为"违章"二字。然而，之所以造成"违章"，还有许多更深层次本质上的原因，不找出这些原因并采取措施加以消除，就难免再次发生类似的事故。防止发生事故和职业危害，归根结底应从改进管理做起。

2）安全管理是贯彻落实"安全第一，预防为主，综合治理"方针的基本保证

"安全第一，预防为主，综合治理"是我国安全工作的指导方针，是多年来做好劳动保护

工作，实现安全生产的实践经验的科学总结。为了贯彻这一方针，一方面需要各级领导有高度的安全责任感和自觉性，千方百计在各方面实施防止事故和职业危害的对策；另一方面需要广大职工提高安全意识，自觉贯彻执行各项安全生产的规章制度，不断增强自我防护能力。所有这些都有赖于良好的安全管理工作。设定目标、建立制度、计划组织、加强教育、督促检查、考核激励，综合各方面的管理手段，才能够调动各级领导和广大职工的安全生产积极性。

3）安全管理是充分发挥安全技术和劳动卫生措施作用的需要

安全技术是指各行业有关安全方面的专门技术。劳动卫生是指对尘毒、噪声、辐射等各方面物理化学危害因素的预防和治理。安全技术和劳动卫生措施对于从根本上改善劳动条件，实现安全生产有着巨大的作用。然而这些纵向单独分科的硬技术，基本上是以物为主的，是不可能自动实现的，需要人们计划、组织、督促、检查、进行有效的安全管理活动才能发挥它们应有的作用。再者，单独某一方面的安全卫生技术，其安全保障作用是有限的；当代生产的高度发展，要求应用各方面的安全技术才能求得整体的安全。而这种横向综合的功能也只有依靠有效的安全管理才能得以实现。因此，可以认为硬技术的发挥有赖于软科学的保证，"三分技术，七分管理"，这已经成为当代社会发展的必然趋势，安全领域当然也不能例外。

4）安全管理是在技术、经济力量薄弱的情况下实现安全生产的需要

防止伤亡事故和职业危害，最根本的措施是提高技术装备的本质安全化。然而，技术装备本质的安全水平有赖于国家经济和科学技术的高度发展，不是在短期内就能够办到的。在这种情况下，为了实现安全生产，就只有从改善安全管理、调动人的安全积极性上解决问题。从长远看，随着经济的发展，生产规模不断扩大，技术不断更新，新设备、新材料、新工艺不断被采用，也会不断出现新的危险和危害。因此，本质安全永远是相对的。从这个意义上讲，有效的安全管理措施和手段所发挥的作用在任何时候都是不可低估的。物质力量和人的作用相辅相成，在物质力量薄弱的情况下，尤其要强调发挥人的作用，而人的作用的发挥则依靠有效的管理活动。

5）安全管理是改进企业管理、促进经济效益提高的需要

安全管理是企业管理的一个组成部分，与生产管理两者密切联系，互相影响，互相促进。为了防止伤亡事故和职业危害，必须从人、物、环境以及它们的合理匹配方面采取对策，包括提高人员的素质，作业环境的整治和改善，设备与设施的检查、维修、改造和更新，劳动组织的科学化，以及作业方法的改善等。为了实现这些方面的对策，势必对生产管理、技术管理、设备管理、人事管理，进而对企业各方面工作提出越来越高的要求，从而推动企业管理的改善和全面工作的进步。企业管理的改善和全面工作的进步反过来又为改进安全管理创造条件，促使安全管理水平不断得到提高。

7.2　安全管理的基本原理

7.2.1　安全管理方法的基本着眼点

安全管理方法与生产管理主流有着密切关系，因此，不应只看重生产管理主流而忽视安全管理。因为事故是妨碍生产管理主流的因素，如不很好地进行杜绝事故的安全管理，生产

管理也会由此受到干扰。

1）掌握事故发生的状况

掌握事故发生的状况，是管理上的先决条件。不掌握这种状况就像一个盲人用手摸着走路一样，因而就不能对现在、过去和将来的状况作出估计，从而不可能制定出妥善的管理目标。要想知道状况，安全管理工作也要像用仪器进行测量一样，把随时间的推移所发生的事故状况记录在管理牌上，以便作为资料掌握。

2）正确判断所掌握的事故状况及动向与安全管理目标值有多大程度的偏差

没有这种正确的判断，就不能制定出妥善的措施，也不能正确利用事故状况资料。只有正确掌握这种偏差，才能实现所制定的有关措施要达到的目的。

3）根据事故统计资料了解事故的倾向，制定安全措施

如果同时对所有的事故倾向都采取措施，也不是很好的办法，即使是同时采取好几项措施，结果也可能使安全管理的重点不突出，反而不能取得好的效果。

因此，管理方法应当根据事故统计资料，先确定问题所在，再定出需要重点采取的措施，然后依次实行。为了取得成效，这些措施应当在全体作业人员对问题已经重视和理解的基础上实行。

4）得到全体作业人员的支持，激发他们在实践中贯彻执行的愿望

采取有效的安全措施时，如果只单纯地作为措施而贯彻的话，就很难期望取得良好的结果。重要的是要得到全体作业人员的支持，激发他们在实践中贯彻执行的愿望。

因为安全措施的实施有赖于作业人员的价值判断，所以为了使措施顺利地贯彻执行，就需要有某种形式的刺激，而这种刺激可以采取精神鼓励和物质奖励相结合的形式，同时还应当在制度上作相应的规定，从人的生理机能或心理学的角度出发，打破一成不变的方式而采用新的刺激方法。对于同一目的，如果改变刺激方法，同样也可以起到刺激作用。

5）有重点地采取各项管理方法，不断弄清所产生的结果与效果

因为引起事故的原因不止一种，重点采取的安全管理方法只能针对其中的部分，所以一定要经常了解其效果。所谓效果就是把现在、过去的状况加以比较，判断所得的结果。事故的发生总包含着或大或小的偶然性，进行比较时应当采用概率论的方法，如果不这样，就会在比较结果时出现明显的被动，进而引发时好时坏的结果。

6）对所采取的措施进行反馈并加以补充修改

在采取措施的过程中，当发现阻碍达到目的的因素时，一定要"反馈"，以便对原来的措施加以补充修改，消除这种阻碍因素。

人不同于机器，人具有自由性，因此不一定总是能正确地执行指令，而且也不能说指令中就不会有矛盾的地方，有时要在执行之后才知道其缺陷。这样发现的缺陷，不管是来自所引用的资料，还是实施过程中的问题，都必须反馈，以便采取措施进行调整，从而取得足够的成效。

7.2.2　安全管理的基本原理和原则

1. 系统原理

1）系统原理的含义

系统原理是现代管理学的一个最基本原理。它是指人们在从事管理工作时，运用系统理

论、观点和方法对管理活动进行充分的系统分析，以达到管理的优化目标，即用系统论的观点理论和方法来认识和处理管理中出现的问题。

2）运用系统原理的原则

（1）动态相关性原则。构成管理系统的各要素是运动和发展的，它们相互联系又相互制约。

（2）整分合原则。现代高效率的管理必须在整体规划下明确分工，在分工基础上进行有效的综合。

（3）反馈原则。成功的高效管理，离不开灵敏、准确、有力、迅速的反馈，这就是反馈原则。现代企业管理是一项复杂的系统工程，其内部条件和外部环境都在不断变化，必须根据反馈及时了解这些变化，从而调整系统的状态，保证目标的实现。

（4）封闭原则。任何一个系统的管理手段、管理过程等必须构成一个连续封闭的回路，才能形成有效的管理运动，这就是封闭原则。任何一个管理系统，仅具备决策指挥中心和执行机构是不足以实施有效的管理的，必须设置监督机构和反馈机构。监督机构对执行机构进行监督，反馈机构感受执行效果的信息并对信息进行处理，再返送回决策指挥中心，决策指挥中心据此发出新的指令，这样就形成一个连续封闭的回路。

2. 人本原理

1）人本原理的含义

人本原理就是在管理活动中必须把人的因素放在首位，体现以人为本的指导思想。所谓以人为本，是指一切管理活动均是以人为主来展开的。人既是管理的主体（管理者），也是管理的客体（被管理者），每个人都处在一定的管理层次上，既管理他人，又被他人管理，上下衔接成一条管理链。因此，应该根据人的思想和行为规律，运用各种激励手段，充分发挥人的积极性和创造性，挖掘人的内在潜力。

2）运用人本原理的原则

（1）能级原则。一个稳定而高效的管理系统必须是由若干分别具有不同能级的、不同层次的子系统有规律地组合而成的，这就是能级原则。能级原则确定了系统建立组织结构和安排使用人才的原理。

（2）动力原则。所谓动力原则，是指管理必须有强大的动力，而且要正确地运用动力，才能使管理运动持续而有效地进行下去，即管理必须有能够激发人的工作能力的动力。

（3）激励原则。所谓激励原则，是指以科学的手段激发人的内在潜力，充分发挥出人的积极性和创造性。人的行为产生于动机，而动机产生于需要。当人们的某种需要产生时，心理上就会产生一种不安和紧张状态，即激励状态，从而造成一种内在的驱动力，这就是动机。动机导致行动，行动指向目标，目标达到后，需要即得到满足，激励状态解除，然后又会产生新的需要，如此周而复始，直至无穷。

3. 预防原理

1）预防原理的含义

安全生产管理工作应该做到预防为主，通过有效的管理和技术手段减少和防止人的不安全行为和物的不安全状态，这就是预防原理。在可能发生人身伤害、设备或设施损坏和环境破坏的场合，事先采取措施，防止事故发生。

2）运用预防原理的原则

（1）偶然损失原则。事故后果以及后果的严重程度，都是随机的、难以预测的，反复发生的同类事故，并不一定产生完全相同的后果，这就是事故损失的偶然性。

（2）因果关系原则。事故的发生是许多因素互为因果连续发生的最终结果。只要诱发事故的因素存在，发生事故是必然的，只是时间或迟或早而已，这就是因果关系原则。

（3）本质安全化原则。是指从一开始和从本质上实现安全化，从根本上消除事故发生的可能性，从而达到预防事故发生的目的。本质安全化原则不仅可以应用于设备、设施，还可以应用于建设项目。

4. 强制原理

1）强制原理的含义

采取强制管理的手段控制人的意愿和行为，使个人的活动、行为等受到安全生产管理要求的约束，从而实现有效的安全生产管理，这就是强制原理。所谓强制就是绝对服从，不需要管理者同意即可采取控制行动。

2）运用强制原理的原则

（1）安全第一原则。要求在进行生产和其他工作时把安全工作放在一切工作的首要位置。当生产和其他工作与安全发生矛盾时，要以安全为主，生产和其他工作要服从于安全。

（2）监督原则。是指在安全工作中为了使安全生产法律法规得到落实，必须设立安全生产监督管理部门对企业生产中的守法和执法情况进行监督。

7.3 安全生产法规管理

安全生产法规是调整安全生产关系的法律、法令、条例、规则、章程等的总称，是人们在生产过程中必须遵守的行为准则之一。安全生产法规管理是安全管理的重要组成部分。依法规范组织和个人在生产活动中的行为，坚持"安全第一，预防为主，综合治理"的基本方针，强化安全管理、安全监察和安全技术培训是安全生产的保证。我国制定了一系列安全生产法律、法令、条例、规则、章程，已基本形成了安全生产法律法规体系。

7.3.1 安全生产法规的概述

1. 安全生产法规的基本概念

安全生产法规是指调整在生产过程中产生的同劳动者或生产人员的安全与健康，以及与生产资料和社会财富安全保障有关的各种社会关系的法律规范的总和，是国家法律体系的重要组成部分。

安全生产法规有广义和狭义两种解释，广义的安全生产法规是指保护劳动者、生产者和保障生产资料及财产安全的全部法律、法令、条例、规则、章程等。这些法律规范都是为了保护国家、社会利益和劳动者、生产者的利益而制定的，例如，关于安全生产技术、安全工程、工业卫生工程、生产合同、工伤保险、职业技术培训、工会组织和民主管理等方面的法规。狭义的安全生产法规是指国家为了改善劳动条件，保护劳动者在生产过程中的安全和健康，以及保障生产安全所采取各种措施的法律、法令、条例、规则、章程等。例如，劳动安全卫生规程，对女工和未成年工劳动保护的特别规定，关于工作时间、休息时间和休假制度的规定，关于劳动保护的组织和管理制度的规定等。

安全生产法规的表现形式是国家制定的关于安全生产的各种规范性文件，它可以表现为国家立法机关制定的法律，也可以表现为国务院及其所属的部、委员会发布的行政法规、条例、规章以及地方性法规等，还可以表现为各种劳动安全卫生技术规程、规范和标准。

按照我国法律规定，安全生产法规主要包括以下内容：① 关于安全技术和工业卫生的规定；② 关于工作时间和休息时间的规定；③ 关于女工和未成年工实行特别保护的规定；④ 关于劳动保护的组织和管理制度的规定；⑤ 关于劳动安全和卫生监察制度的规定。

2. 安全生产法规的本质

1）安全生产法规是劳动者意志的体现

安全生产是劳动者自身的第一需要。每个劳动者都希望自己有一个舒适而又安全的工作环境。人们在生活中的衣、食、住、行离不开安全；在生产活动中以及工程设计、科学研究等方面也都要讲究安全。为了使劳动者的这些意愿得以实现，国家通过一定的立法程序将其加以规范和条文化，由国家强制力保证执行，形成安全法规。

2）安全生产法规是社会关系的调整器

安全生产法规通过调整社会生产、生活中人与人的关系，特别是人与自然的关系，保证整个社会生产、生活和其他活动所必需的安全环境和正常秩序，使社会作为一个整体协调发展。

3）安全生产法规建立在一定的经济基础之上

安全生产法规的性质是由一定的社会经济基础所决定的。劳动者的意志是劳动者所处的物质生活条件决定的，有什么样的生产力状况所决定的生产关系（经济基础），也就有什么样的安全生产法规；离开了一定的物质条件，劳动者的意志无所依托，安全生产法规也就无法产生。

3. 安全生产法规的特征

安全生产法规是国家法规体系的一部分，因此，它具有法的一般特征。

（1）保护的对象是人的生命与财产。

（2）安全生产法规具有强制性的特征。

（3）安全生产法规涉及自然科学领域和社会科学领域，既具有政策性特点，又具有科学技术性特点。

4. 安全生产法规的作用

安全生产法规的作用主要表现在以下几个方面。

（1）为保护劳动者的安全与健康提供法律保障。

（2）加强安全生产的法制化管理。

（3）指导和推动安全生产工作，促进企业安全生产。

（4）增强劳动者的积极性和创造性，提高劳动生产力。

（5）保证企业效益的实现和国家经济建设的顺利发展。

安全生产法律法规对生产的安全卫生条件提出了与现代化建设相适应的强制性要求，这就迫使企业领导在生产经营决策上以及在技术、装备上采取相应措施，以改善劳动条件、加强安全生产为出发点，加强技术改造的步伐，推动社会生产力的发展和提高企业生产力水平。

7.3.2 安全生产法规的发展

1. 安全生产法规的起源

人类的安全生产法规,从无到有,从单一的只适用于特定范围(行业、地区、工人)的法规到综合的、全面的、适用范围更广泛的基本法,经过了漫长的历史发展,才形成了比较完整的安全生产法规体系。

人类生产从畜牧农耕业向使用机械工具的矿业转移,开始发生人为生产事故。随着工业社会的不断发展,生产技术规模和速度不断扩大,矿山塌陷、瓦斯爆炸、机械伤害等工业事故不断发生。在工业社会初期,安全技术比较落后,工业生产技术的发展和工人运动的推动和斗争,促使人们从立法角度来控制日益严重的工业事故。

人类最早的安全生产立法,可追溯到13世纪德国政府颁布的《矿工保护法》,以及1802年英国政府制定的《保护学徒的身心健康法》。这些法规都是为保护劳动者而制定的,明确规定了学徒时的劳动时间,矿工的劳动保护,工厂的室温、照明、通风换气等工业卫生标准。

世界范围的安全生产立法,是在人类进入20世纪才开始联合行动的,这就是1919年第一届国际劳工大会制定的有关工时、妇女、儿童劳动保护的一系列国际公约。英国、德国、美国等工业发达国家是安全生产立法最早和最完善的国家。除此之外,很多国家的职业安全立法一般在20世纪才起步,如日本1915年才正式实施《工厂法》,比英国晚了近百年。

2. 安全生产法规的发展

1)世界部分国家安全生产法规的发展情况

19世纪前半叶,英国工业革命期间,雇员的劳动时间、劳动工资以及劳动条件均由雇主与雇员签订的"合同"确定,国家的法律只保护签订"合同"的自由,而并不保护雇员应在良好的劳动条件下劳动。在1802年,英国议会首先通过了一项限制纺织厂童工工作时间的《保护学徒的身心健康法》,这是英国,也可以说是世界上产生的第一个重要的安全生产法规。随后在1833年,英国颁布了世界上第一个《工厂法》,该法对工人的劳动安全、卫生、福利作了规定。

19世纪中叶,在资本主义社会里自由竞争占据着统治地位。随着资本主义经济的继续发展和各国工人运动的普遍高涨,安全生产立法也逐步发展起来。美国的安全生产立法最先是在各州进行的,当时美国由于南北战争,工厂里一片混乱,劳动条件极为恶劣,令人悚然的伤亡事故时有发生。1877年马萨诸塞州颁布了美国的第一个《工厂检查法》,该法的颁布大大推动了其他各州安全生产法规的制定工作。1877年日本制定了《制造厂管理规程》,1897年日本政府应15个府、县的请求,草拟了《职工法》,后改名为《工厂法》。

20世纪初期到20世纪70年代,资本主义发展到了垄断阶段。这一时期的工业生产已形成现代工业。科学技术的发展使生产面貌日新月异,但随着新技术、新工艺、新设备的应用,给安全生产方面也带来许多新的风险。为适应生产的发展,各国不断修改原来制定的安全生产法规。例如,英国于1937年、1948年、1959年、1961年先后四次修改《工厂法》;日本于1923年修订《工厂法》。有的国家把安全生产法规作为单独一章纳入到《劳动法》的范畴内,例如,日本在第二次世界大战以后把安全卫生编入新颁布的《劳动基准法》(即《劳动法》)中。

第二次世界大战结束后,随着经济、生产的不断发展和高新技术的运用,一些国家越来越感到只制定、颁布单一的、零星的、仅适用于某一特定范围的安全生产法规，已不能适应工业发展的需要，必须把安全生产作为一个极其重要的问题，单独制定一个统一的、综合的、全面的安全生产基本法。

1972 年，日本劳动省在中央劳动基准审议会的建议下，提出了单独的《劳动安全卫生法》（草案），经国会通过后生效，1972 年 6 月 8 日颁布《劳动安全卫生法》。在该法中仍然强调需与《劳动基准法》保持一致。

英国在 1970 年有不少社会组织和机构，特别是工会对国内已有的有关安全健康的法规是否足以保障所有劳动者的安全健康提出疑问。之后，英国于 1974 年 10 月 1 日、1975 年 1 月 1 日、1975 年 4 月 1 日分 3 批颁布了《劳动安全卫生法》的全部条款。虽然比美国、日本晚了几年，但是这一法规是当时最全面、最严谨的，可称之为法中有法，措施有力，规定详细，成为不少国家借鉴的"蓝本"。

1974 年 12 月 1 日，联邦德国颁布了《职业安全法》；1978 年加拿大颁布了《职业健康与安全法》；1979 年芬兰颁布了新的《职业健康法》；另外，墨西哥（1978 年）、玻利维亚和委内瑞拉（1979 年）也颁布了《安全卫生法》等。这一时期可称为是安全健康立法时期。

20 世纪 70 年代以后是不断修订和修改已颁布的职业安全健康法的阶段，其实施方式有两种：一种如日本，每隔几年，将该法重新修订、颁布一次，日本的《劳动安全卫生法》于1975 年、1977 年、1980 年、1983 年、1985 年、1989 年重新修订、颁布过 6 次；另一种如英国、美国，发布公告，通知对该法的哪一条款作了修改及修改的内容，而不再去重新修订全文、重新颁布。随着全球经济的发展、科学技术的进步，安全生产法规的不断完善，安全生产法规的制定一定会有新的发展。

2）我国安全生产法规的发展情况

1922 年 5 月 1 日在广州召开的第一次劳动大会提出的《劳动法大纲》，是我国最早的劳动安全和安全生产相关的法规，其主要内容要求资本家合理地规定工资、工时及劳动保护等。新中国成立以来，安全生产立法工作与国家的命运紧密联系在一起，经历了一个曲折的发展过程。改革开放以来，我国的经济进入了高速发展时期，在党中央和国务院的关怀和领导下，我国的安全生产立法工作发展迅速，取得了很大进展，已形成了完整的安全生产法律、法规体系。纵观新中国成立以来我国安全生产法规的发展历程，大致可分为以下五个阶段。

（1）初建阶段（1949—1957 年）。新中国成立前期，由中国人民政治协商会议通过的《共同纲领》中明确规定："保护青工、女工的特殊利益"，"实行工矿检查制度，以改进工矿的安全和卫生设备"。在我国的第一部《宪法》中明文规定："国家通过国民经济有计划地发展，逐步扩大劳动就业，改善劳动条件和工资待遇以保证公民享受这种权利。"对改善劳动条件和建立工时休假制度也都作出明确规定。

新中国成立后，在废除旧的安全劳动法的同时，开始制定新的、真正符合劳动人民利益的安全生产法规。1956 年 5 月，国务院正式颁布了《工厂安全卫生规程》、《建筑安装工程安全技术规程》和《工人职员伤亡事故报告规程》，即"三大规程"，以及《关于进一步加强安全技术教育的决定》、《关于编制安全技术安全生产措施计划的通知》、《工业企业设计暂行卫生标准》等法规和规章，对安全生产的一些基本问题作出了明确规定，对安全生产一些问题的处理，初步有了法律依据。这些法规在这一时期，对我国的安全生产和保证劳动者的安全与健康起到了重要作用。

（2）调整阶段（1958—1966年）。从1958年下半年起，由于"大跃进"时期，忽视了科学的发展规律，出现了盲目冒进的势头，只讲生产，不讲安全，大量削减安全设施，冒险蛮干，伤亡事故明显上升，造成新中国成立以来伤亡事故的第一个高峰。自1961年开始的调整中，安全生产检查从一般性的检查发展为专业性和季节性的检查，安全生产状况得到了相应的改善，推动了安全生产工作向经常化、制度化的方向发展。机械防护、防尘防毒、锅炉安全、防暑降温、女工保护等劳动保护工作有了显著成效。1963年我国进入国民经济三年恢复调整时期，在这一时期我国先后发布了《工业企业设计卫生标准》《关于加强企业生产中安全工作的几项规定》《国营企业职工个人防护用品发放标准》等一系列安全生产法规、规章，使安全生产法制工作得到了进一步加强。

（3）动乱阶段（1966—1978年）。在"文化大革命"动乱时期，安全生产工作被认为是"活命哲学"而受到批判。因此，使工业生产秩序混乱，劳动纪律涣散，安全管理工作出现倒退，伤亡事故急剧上升，形成了新中国成立以来的第二个安全生产事故高峰。

（4）恢复发展阶段（1978—1990年）。1978年12月召开的中国共产党第十一届三中全会，确立了改革开放的方针。党中央、国务院对安全生产工作非常重视，先后下发了《中共中央关于认真做好劳动保护工作的通知》（中发〔1978〕67号）和《国务院批转国家劳动总局、卫生部关于加强厂矿企业防尘防毒工作的报告》（国发〔1979〕100号），要求各地区、各部门、各厂矿企业必须加强劳动保护工作，保护职工的安全和健康。尤其是对"渤海二号平台"等事故的严肃处理，强化了领导干部的安全生产意识，确定了"安全第一，预防为主"的方针，初步建立了职业安全生产法规体系、安全监察体系和检测检验体系，安全生产责任制得以逐步落实，职业安全健康的科研、教育工作也得到长足发展。同时，在劳动保护、安全生产方面加强了国际合作与交流。

1979年4月，国务院重申认真贯彻执行《工厂安全卫生规程》、《建筑安装工程安全技术规程》、《工人职员伤亡事故报告规程》和《国务院关于加强企业生产中安全工作的几项规定》。

1979年颁布的《中华人民共和国刑法》，明确了对交通、运输、工矿、林场、建筑等企业、事业单位，因违反规章制度，强令工人违章作业而造成重大事故的责任者的惩办，并规定了量刑标准。

1982年新修改的《中华人民共和国宪法》第四十二条规定"加强劳动保护，改善劳动条件"。1982年2月，国务院颁布了《矿山安全条例》、《矿山安全监察条例》和《锅炉压力容器安全监察暂行条例》等规范性文件，要求加强矿山及锅炉、压力容器的安全生产工作。1983年5月，国务院又批准了劳动人事部、国家经委、全国总工会《关于加强安全生产和劳动安全监察工作的报告》，对劳动安全监察提出了具体要求。1984年7月，国务院发布了《关于加强防尘防毒工作的决定》。1987年1月，卫生部、劳动人事部、财政部、全国总工会联合发布了《职业病范围和职业病患者处理办法的规定》，规范了对职业病的管理。

（5）逐步完善阶段（1991年至今）。随着改革的不断深入和社会主义市场经济体制的建立与完善，我国安全生产法律、法规体系也得到了发展和完善。初步建立起与社会主义市场经济体制要求相适应的安全生产法律、法规体系和标准体系，加强执法监察，纠正、惩戒违反安全生产法律、法规的行为，保证各项法律、法规的正确实施。

在此期间我国安全生产法律、法规体系建设工作取得了很大成绩，出现了前所未有的大好局面。1991 年 3 月，国务院发布了《企业职工伤亡事故报告和处理规定》（国务院令第 75 号），严肃了对各类事故的报告、调查处理程序。1992 年 4 月颁布实施的《中华人民共和国工会法》《中华人民共和国妇女权益保障法》为更好地维护职工安全健康权益及女职工的劳动保护提供了法律依据和保障。1992 年 11 月，第七届全国人大常委会第二十八次会议通过了《中华人民共和国矿山安全法》，这是我国第一部有关安全生产的法律，该法自 1993 年 5 月 1 日起正式施行。

1994 年 7 月 5 日，第八届全国人大常委会第八次会议通过的《中华人民共和国劳动法》的颁布与实施（1995 年 5 月 1 日起施行），标志着我国劳动保护法制建设进入了一个新的发展时期。2002 年 6 月 29 日，第九届全国人民代表大会常务委员会通过，自 2002 年 11 月 1 日起实施的《中华人民共和国安全生产法》是我国有关各行各业安全生产管理的综合性法律，是加强安全生产管理的重要法律依据。

2014 年 8 月，第十二届全国人民代表大会常务委员会第十次会议通过关于修改《中华人民共和国安全生产法》的决定。

这些法律、法规的颁布和实施，对推动我国的安全生产工作发挥了重要作用。近年来，"问责制"被引入到安全生产事故对主要负责人的责任追究中，促进了我国安全生产工作向"有法必依，执法必严，违法必究"的方向发展。

7.3.3　安全生产法规制定依据和规范性文件

1. 安全生产法规的制定依据

我国制定安全生产法规的主要依据是《中华人民共和国宪法》（以下简称《宪法》）。《宪法》是普通法的立法基础和依据，也是安全生产法规的立法基础和依据。《宪法》第四十二条规定："国家通过各种途径，创造劳动就业条件，加强劳动保护，改善劳动条件……"第四十三条规定："中华人民共和国劳动者有休息的权利。国家发展劳动者休息和休养的设施，规定职工的工作时间和休假制度。"第四十八条规定："中华人民共和国妇女在政治的、经济的、文化的，社会的和家庭的生活等各方面享有同男子平等的权利。国家保护妇女的权利和利益，实行男女同工同酬，培养和选拔妇女干部。"

此外，《宪法》中关于女性和儿童受国家的保护，公民有受教育的权利，公民必须遵守劳动纪律，遵守公共秩序，尊重社会公德，以及国家逐步改善人民物质生活等规定，都是安全生产法规中必须遵循的原则。

安全生产法规就是根据上述原则，制定预防事故、预防职业危害、劳逸结合、女工和未成年工保护等方面的法规和制度，以法律形式保障职工的安全健康，促进生产。

2. 安全生产法律法规体系

我国的安全生产法律法规体系按法律地位及效力同等原则，可以分为以下七个门类。

1）宪法

《宪法》是我国安全生产法律体系框架的最高层级，《宪法》第四十二条关于"加强劳动保护，改善劳动条件"的规定，是我国有关安全生产方面最高法律效力的规定。

2）安全生产方面的法律法规

（1）基础法。我国有关安全生产方面的法律包括《中华人民共和国安全生产法》和与它平行的专门安全生产法律，以及与安全生产有关的法律。

（2）专门法律。专门安全生产法律是规范某一专业领域安全生产法律制度的法律。我国在专业领域的法律主要有《中华人民共和国矿山安全法》《中华人民共和国海上交通安全法》《中华人民共和国消防法》《中华人民共和国道路交通安全法》等。

（3）相关法律。与安全生产相关的法律是指安全生产专门法律以外的其他法律中涵盖有安全生产内容的法律，如《中华人民共和国劳动法》《中华人民共和国建筑法》《中华人民共和国煤炭法》《中华人民共和国铁路法》《中华人民共和国民用航空法》等。还有一些与安全生产监督执法工作有关的法律，如《中华人民共和国刑法》《中华人民共和国刑事诉讼法》《中华人民共和国国家赔偿法》《中华人民共和国标准化法》等。

3）安全生产行政法规

由国务院组织制定并批准公布，为实施安全生产法律或规范安全生产监督管理制度而制定并颁布的一系列具体规定，是实施安全生产监督管理和监察工作的重要依据。我国已颁布了多部安全生产行政法规，如《国务院关于特大安全事故行政责任追究的规定》和《煤矿安全监察条例》等。

4）地方性安全生产法规

是指有立法权的地方权力机关——人民代表大会及其常务委员会和地方政府制定的安全生产规范性文件，是由法律授权制定的，是对国家安全生产法律、法规的补充和完善，它以解决本地区某一特定的安全生产问题为目标，具有较强的针对性和可操作性。如目前我国有 27 个省、自治区、直辖市人大制定了《劳动保护条例》或《劳动安全卫生条例》；有 26 个省、自治区、直辖市人大制定了实施《矿山安全法》的办法。

5）部门安全生产规章、地方政府安全生产规章

根据《中华人民共和国立法法》的有关规定，部门规章之间、部门规章与地方政府规章之间具有同等效力，在各自的权限范围内施行。部门安全生产规章作为安全生产法律法规的重要补充，在我国安全生产监督管理工作中发挥着重要的作用。

6）安全生产标准

安全生产标准是我国安全生产法规体系中的一个重要组成部分，也是安全生产管理的基础和监督执法工作的重要技术依据。安全生产技术标准大致分为设计规范类标准；安全生产设备、工具类标准；生产工艺安全卫生标准；防护用品类标准四类。如我国目前有关工程设计规范、电气安全、机械安全、锅炉压力容器安全、防火防爆、职业健康、劳动防护用品等方面的国家标准就有 200 余种，有关煤矿安全方面的行业标准有 400 余种。

7）我国批准的国际劳工安全公约

自 1919 年创立国际劳工组织以来，该组织一共通过了 185 个国际公约和为数较多的建议书，这些公约和建议书统称国际劳工标准。其中 70% 的公约和建议书涉及职业安全卫生问题。我国政府为国际性安全生产工作而签订了国际性公约，当我国安全生产法律与国际公约的规定不同时，应优先采用国际公约的规定（除我国保留条件的条款外）。目前，我国政府批准的公约有 23 个，其中 4 个是与职业安全卫生相关的。当前，国际上将贸易与劳工标准挂钩是发展趋势，随着我国加入 WTO，参与世界贸易必须遵守国际通行的规则。

3. 法律效力及法律冲突问题的规定

（1）宪法具有最高法律效力，一切法律、行政法规、地方性法规、自治条例、单行条例、规章都不得同宪法相抵触。

（2）法律的效力高于行政法规、地方性法规、规章。

（3）行政法规的效力高于地方性法规、规章。

（4）地方性法规的效力高于本级和下级地方政府规章。

（5）部门规章之间、部门规章与地方政府规章之间具有同等效力，在各自的权限范围内施行。

（6）同一机关制定的法律、行政法规、地方性法规、自治条例、单行条例、规章，特别规定与一般规定不一致的，适用特别规定；新规定与旧规定不一致的，适用新规定。

（7）地方性法规与部门规章之间对同一事项的规定不一致，不能确定如何适用时，由国务院提出意见，国务院认为应当适用地方性法规的，应当决定在该地方适用地方性法规的规定；认为应当适用部门规章的，应当提请全国人民代表大会常务委员会裁决。

（8）部门规章之间、部门规章与地方政府规章之间对同一事项的规定不一致时，由国务院裁决。

7.3.4　我国现行主要安全生产法规相关规定

1. 安全生产专门法律和相关法律

1）《宪法》中与安全生产相关条款

1982 年公布施行的《中华人民共和国宪法》有关安全生产的规定如下：

总纲第一条明确指出："中华人民共和国是工人阶级领导的，以工农联盟为基础的人民民主专政的社会主义国家。"这一规定就决定了我国的社会主义制度是保护以工人、农民为主体的劳动者的。

第四十二条规定："中华人民共和国公民有劳动的权利和义务。"

劳动是一切有劳动能力的公民的光荣职责。国有企业和城乡集体经济组织的劳动者都应当以国家主人翁的态度对待自己的劳动。国家提倡社会主义劳动竞赛，奖励劳动模范和先进工作者。国家提倡公民从事义务劳动。

国家通过各种途径，创造劳动就业条件，加强劳动保护，改善劳动条件，并在发展生产的基础上，提高劳动报酬和福利待遇。

国家对就业前的公民进行必要的劳动就业训练。

第四十三条规定："中华人民共和国劳动者有休息的权利。国家发展劳动者休息和休养的设施，规定职工的工作时间和休假制度。"

第四十八条规定："……国家保护妇女的权利和利益……"

《宪法》的这些条款是我国安全生产方面工作的原则性规定。

2）中华人民共和国刑法

《刑法》有关条款规定了生产经营单位及其有关人员违反安全生产法律法规构成犯罪的行为应当承担的刑事责任；负有安全生产监督管理职责的工作人员不依法履行职责应承担的刑事责任；有关地方人民政府、负有安全生产监督管理职责的部门对生产安全事故隐瞒不报、谎报或者拖延不报应当承担的法律责任；安全生产中介机构及其有关人员构成犯罪应承担的刑事责任。

如 1997 年 3 月 14 日修订的《刑法》对安全生产有如下规定：

危害公共安全罪。第一百三十一~一百四十六条列出了危害公共安全罪的处罚条款，包括航空人员违反规章制度；铁路职工违反规章制度；违反交通运输管理法规，交通运输肇事后逃逸或者有其他特别恶劣的行为；工厂、矿山、林场、建筑企业或者其他企业、事业单位的职工，由于不服管理、违反规章制度，或者强令工人违章冒险作业，等等。

3）中华人民共和国劳动法

《劳动法》对用人单位劳动安全卫生、劳动安全卫生监督检查、劳动安全卫生违法行为实施行政处罚的决定机关等作了规定。《劳动法》是调整劳动关系以及与劳动关系密切联系的其他关系的法律规范。

如对劳动者权利和义务中有关劳动保护的规定。根据《劳动法》第三条规定，劳动者享有以下权利：① 平等就业和选择职业的权利；② 取得劳动报酬的权利；③ 休息休假的权利；④ 获得劳动安全卫生保护的权利；⑤ 接受职业技能培训的权利；⑥ 享有社会保险和福利的权利；⑦ 提请劳动争议处理的权利。劳动者必须履行的义务有：① 完成劳动任务；② 提高职业技能；③ 执行劳动安全卫生规程；④ 遵守劳动纪律和职业道德。

4）中华人民共和国安全生产法

《安全生产法》是我国安全生产的基础法，在中华人民共和国领域内从事生产经营活动的单位必须遵守。该法以法律条文的形式对安全生产责任、生产经营单位的安全生产保障、从业人员的权利和义务、安全生产的监督管理、生产安全事故的应急救援与调查处理、安全生产法律责任等作了明确规定。

5）中华人民共和国矿山安全法

《矿山安全法》是在我国境内从事矿产资源开采活动的企业必须遵守的法律。它以法律条文的形式对矿山建设的安全保障、矿山开采的安全保障、矿山企业的安全管理、矿山事故处理、矿山安全的行政管理及法律责任等作了明确规定。《矿山安全法》也是我国在矿业生产领域最高层次的安全生产专业法律。

6）中华人民共和国消防法

《消防法》其主要内容有总则、火灾预防、消防组织、灭火救急、法律责任、附则，是针对火灾预防、消防组织、灭火救援的法律规定。该法对城市建设、生产、储存和装卸易燃易爆危险物品的工厂、仓库和专用车站、码头的火灾预防工作，建筑工程的消防设计、审核、施工、设计变更和建筑工程的验收、建筑构件、建筑材料和装修、装饰材料防火要求以及法律责任等作了明确规定。

7）中华人民共和国职业病防治法

职业病，是指企业、事业单位和个体经济组织的劳动者在职业活动中因接触粉尘、放射性物质和其他有毒、有害物质等因素而引起的疾病。职业病的分类和目录由国务院卫生行政部门会同国务院劳动保障行政部门规定、调整并公布。

《职业病防治法》规定了职业病的含义及其范围、用人单位在职业病防治方面的职责、劳动过程中职业病的防护与管理、职业病诊断与职业病病人保障、职业病防治监督检查、职业病防治违法行为应负的法律责任、职业病防治违法行为的行政处罚等内容。

8）中华人民共和国行政处罚法

《行政处罚法》规定了行政处罚的原则、行政相对人的权利、行政处罚的种类和设定、行政处罚的实施机关、行政处罚的管辖和适用、行政处罚的程序和执行等内容。

国务院或者经国务院授权的省（自治区、直辖市）人民政府可以决定一个行政机关行使有关处罚权，由具有行政处罚权的行政机关在法定职权范围内实施，但限制人身自由的行政处罚权只能由公安机关行使。

9）中华人民共和国突发事件应对法

《突发事件应对法》于 2007 年 8 月 30 日由中华人民共和国第十届全国人民代表大会常务委员会第二十九次会议通过，2007 年 11 月 1 日起施行。这部法律的立法目的主要是预防和减少突发事件的发生，控制、减轻和消除突发事件引起的严重社会危害，规范突发事件应对活动，保护人民生命财产安全，维护国家安全、公共安全、环境安全和社会秩序。

2. 安全生产行政法规及相关规定

1）煤矿安全监察条例

该条例规定国家对煤矿安全实行监察制度。煤矿安全监察机构依法行使职权，不受任何组织和个人的非法干涉。煤矿及其有关人员必须接受并配合煤矿安全监察机构依法实施的安全监察，不得拒绝、阻挠。煤矿职工对事故隐患或者影响煤矿安全的违法行为有权向煤矿安全监察机构报告或者举报。

2）建设工程安全生产管理条例

在中华人民共和国境内从事建设工程的新建、扩建、改建和拆除等有关活动及实施对建设工程安全生产的监督管理，必须遵守该条例。

3）危险化学品安全管理条例

《危险化学品安全管理条例》的基本宗旨和目的是加强对危险化学品的安全管理，保障人民生命、财产安全，保护环境。适用范围是在我国境内生产、经营、储存、运输、使用危险化学品和处置废弃危险化学品的各个环节和过程。

4）特种设备安全监察条例

该条例对特种设备的含义和范围、特种设备生产和使用的安全做出了明确规定。特种设备的目录由国务院负责特种设备安全监督管理的部门制定，报国务院批准后执行。

5）安全生产许可证条例

该条例规定国家对矿山企业、建筑施工企业和危险化学品、烟花爆竹，民用爆破器材生产企业实行安全生产许可制度。企业未取得安全生产许可证的，不得从事该种生产活动。

6）工伤保险条例

该条例规定中华人民共和国境内的各类企业、有雇工的个体工商户应当依照该条例规定参加工伤保险，为本单位全部职工或者雇工缴纳工伤保险费。中华人民共和国境内的各类企业的职工和个体工商户的雇工，均有依照本条例的规定享受工伤保险待遇的权利。

条例还规定，劳动保障行政部门等部门制定的工伤保险政策、标准，应当征求工会组织、用人单位代表的意见。

7）国务院关于特大安全事故行政责任追究的规定

该规定对安全生产行政责任的责任主体、特大安全事故行政责任追究的事故种类等作出了明确规定。特大安全事故行政责任追究的事故种类有：特大火灾事故、特大交通安全事故、特大建筑质量安全事故、民用爆炸物品和化学危险品特大安全事故、煤矿和其他矿山特大安全事故、锅炉、压力容器、压力管道和特种设备特大安全事故、其他特大安全事故。

7.3.5 国际主要的安全生产公约简介

1. ILO《职业安全健康管理体系导则》

2001 年 4 月国际劳工组织（ILO）召开专家会议审核、修订并一致通过了职业安全健康管理体系（OHSMS）技术导则。专家会议决定将 OHSMS 技术导则更名为 OSHMS 导则。

2001 年 6 月，在 ILO 第 281 次理事会会议上，ILO 理事会（ILO 执行机关）审议、批准印发 OSHMS 导则。2001 年 5 月，我国政府、工会和企业家协会代表在吉隆坡参加了 ILO 举办的促进亚太地区推广应用 OSHMS 导则的地区会议。会后，我国政府向国际劳工局提交了双边在该领域的技术合作建设书。

2. ILO《预防重大工业事故公约》

第 174 号公约《预防重大工业事故工作守则》的各方代表经国际劳工局理事会召集，于 1993 年 6 月 2 日在日内瓦举行第八十届会议。

该会议注意到有关的国际劳工公约和建议书，强调有必要采取一种综合连贯的方式，必要时确保采取一切适宜的措施，以便预防重大事故，尽量降低发生重大事故的风险，尽量减轻重大事故影响，检讨此类事故的原因。考虑到国际劳工组织、联合国环境规划署和世界卫生组织之间，有必要在国际化学品安全计划范围内进行合作，以及同其他有关的政府间组织进行合作，决定采纳本届会议议程第四项关于预防重大工业事故的若干提议，确定这些提议应采用一项国际公约的形式。1993 年 6 月 2 日通过该公约，引用时需称之为《1993 年预防重大工业事故公约》。

3. ILO《作业场所安全使用化学品公约》

在国际劳工组织、联合国环境计划署和世界卫生组织之间，以及与联合国粮食和农业组织及联合国工业发展组织就国际化学品安全计划进行合作的需要，并注意到这些组织制定的有关文件、规则和使用指南，决定采纳本届会议议程第五项关于作业场所安全使用化学品的某些提议，确定这些提议应采取国际公约的形式，于 1990 年 6 月 25 日通过以下公约，引用时需称之为《1990 年化学品公约》。

1994 年 10 月 22 日，经我国第八届全国人民代表大会常务委员会第十次会议审议通过，我国政府正式批准了国际劳工 170 号公约，即《作业场所安全使用化学品公约》。

4. ILO《建筑业安全卫生公约》

ILO《建筑业安全卫生公约》经国际劳工局理事会召集，于 1988 年 6 月 1 日在日内瓦举行第 75 届会议，会议参考了有关国际劳工公约和建议书。会议决定采纳本届会议议程第四项关于建筑业安全和卫生的某些提议，经确定这些提议应采取修订后的《1937 年（建筑业）安全规程公约》的国际公约的形式，于 1988 年 6 月 20 日通过。引用时需称之为《1988 年建筑业安全和卫生公约》。该公约于 1991 年 1 月 11 日公布。

我国政府于 2001 年 10 月 27 日经第九届全国人民代表大会常务委员会第二十四次会议决定：批准于 1988 年 6 月 20 日经第 75 届国际劳工大会通过、1991 年 1 月 11 日生效的《建筑业安全卫生公约》；同时声明在中华人民共和国政府另行通知前，《建筑业安全卫生公约》暂不适用于香港特别行政区。

7.4　安全信息管理

随着生产安全管理问题的日益严重，传统的安全管理模式已成为制约企业发展的突出问题。除了采用安全系统工程等现代安全管理方法外，还必须利用计算机作为重要技术手段，建立完善的安全管理信息系统，使安全信息管理更加科学化、规范化和标准化。

安全管理信息系统的建立是根据安全管理科学的基本原理，利用系统论的观点，结合现代科学技术来调整人与机的关系，从而使系统的安全状态达到最佳，在安全信息管理系统中，作为高效率数据处理的电子计算机，能将反映企业生产经营活动中的安全情况和环境因素影响的数据，按照一定的处理程序加工成安全管理部门决策所需要的信息，不仅加快信息反馈速度、提高决策质量，而且可节省处理费用。

7.4.1　基本概念

1. 信息

基于信息是物质的一种普遍属性，且不同的物质具有不同的本质、特征和运动规律，这些规律通过一定的媒介或传递形式（如声波、电磁波、图像、文字、符号等）使其他事物感知，本书将信息定义为：信息是能被外界感知的表征事物本质、特征和运动规律的信号和消息，它与物质和能量并称为客观世界的三大基本要素。

2. 安全管理信息系统

1）安全信息

安全信息是安全活动所依赖的资源，是反映人类安全事务和安全活动之间的差异及其变化的一种形式。安全科学的发展，离不开信息科学技术的应用。安全管理就是借助于大量的安全信息进行管理，其现代化水平决定于信息科学技术在安全管理中的应用程度。只有充分发挥和利用信息科学技术，才能使安全管理贯穿于社会生产现代化的进程中。

安全信息类型分为一次安全信息和二次安全信息。一次安全信息指生产和生活过程中的人、机、环境的客观安全性；二次安全信息包括安全法规、条例、政策、标准，安全科学理论、技术文献，企业安全规划、总结、分析报告等。

2）信息系统

所谓信息系统，是指有目的、和谐地处理（包括收集、组织、存贮、加工、分析、传递、显示等）各种形态和形式信息的系统。信息系统涉及的领域很广，安全管理信息系统只是其中一例。

3）安全管理信息系统

安全管理信息系统是信息系统在安全管理方面的实际应用。随着人类社会的发展，对安全管理的要求越来越高，信息系统的形成与发展为安全管理提供了强有力的信息支持。具体来讲，应用信息系统的原理和方法，为安全管理提供信息服务和决策支持的人机系统即为安全管理信息系统。安全管理数据库系统、企业事故管理系统、安全专家系统、安全培训多媒体系统、安全生产调度指挥系统、安全实时监测监控系统等都属于安全管理信息系统。

7.4.2 系统分类、特点和功能

1. 安全管理信息系统的分类

1）根据数据库的类型分类

根据使用数据库的用户是单用户还是多用户系统，可将安全管理信息系统分为对应的系统。随着网络技术的发展，多用户安全管理信息系统已占据主流。

2）根据信息的存储地点分类

根据数据存储地点的不同可将安全管理信息系统分为集中式和分布式。现有的安全管理信息系统一般都为分布式。

3）根据数据库是否有逻辑推理功能分类

根据数据库系统是否具备逻辑推理功能，可将安全管理信息系统分为一般系统和智能型系统。

2. 安全管理信息系统的特点

1）开放性

若系统与外界存在物质、能量和信息的交换关系，则该系统即为开放性系统。企业安全管理信息系统是一个开放的系统，与其他系统（如生产调度系统、劳资系统、教育培训系统等）和用户都存在着广泛的联系。

2）人工性

安全管理信息系统是人们为了利用信息进行安全管理而人为建立起来的一种系统，具有明显的人工痕迹。

3）社会性

信息交流实质上是一种社会交流形态，安全管理信息系统的建立和发展是人类社会活动的结果，它具有社会性。

4）系统行为的模糊性

安全管理信息系统是一个复杂系统，其边界条件复杂多变，系统内也存在许多干扰。作为一种人机系统，人在其中起主要作用，而人的行为不同于机器，易受感情和外界的影响，具有意向性和模糊性。由于上述原因，造成安全管理信息系统行为的模糊性，这在设计、运用安全管理信息系统时应给予重视。

3. 安全管理信息系统的基本功能

1）输入功能

能量、物质、信息、资金、人员等由环境向系统的流动就是信息系统的输入。输入功能的大小取决于系统所要达到的目的及系统的能力和信息环境的许可。信息系统输入的最主要内容是用户的信息需求和信息源。

2）处理功能

安全管理信息系统的处理功能就是对输入信息进行的整理和加工。其处理能力的大小取决于系统内部的技术力量和设备条件。

3）存贮功能

存贮功能，是指系统贮存各种处理后的有用信息的能力，包括存贮方式、存贮时间、安全保密等内容。大量的存贮会带来系统输出上的困难，必须在扩大存贮量和保证系统输出这

一对矛盾上寻求最佳解决方案。

4）输出功能

系统对周围环境的作用称为输出。安全管理信息系统的输出功能，是指系统满足用户信息需求的能力，是系统的最终产品。系统的输出功能取决于输入、处理、存贮等功能。安全管理信息系统的服务效率、系统整体功能的发挥都是通过输出功能体现出来的。

5）传输功能

当安全管理信息系统规模较大时，信息的传输就成为系统必备的一项功能。信息传输时要考虑信息的种类、数量、效率、可靠性等。实际上，传输和存贮常联系在一起。

6）计划功能

安全管理信息系统能对各项具体的安全管理工作作出合理的计划和安排，为不同层次的管理者提供不同的信息服务。

7）预测功能

利用数学方法和预测模型，并根据企业安全生产的历史数据，安全管理信息系统可对未来的安全状况做出预测和评价。

8）控制功能

控制是按照给定的条件和预定的目标，对系统及其发展过程进行调整并施加影响的行为。只有通过控制作用，系统的其他功能才能发挥出最大的效能。

9）决策优化功能

应用运筹学等数学方法为安全管理提供最佳决策，也可以模拟决策者提出的多个方案，从中选取最优方案，如近年来研究较多的计算机辅助决策系统。

第8章

环境与城市轨道交通安全

影响城市轨道交通运营安全的环境因素包括外部环境和内部环境两部分。其中，外部环境又分为自然环境和社会环境，而这里的内部环境主要指的是人员作业环境和系统内部环境。

8.1 外 部 环 境

8.1.1 自然环境

自然环境是指自然界提供的、人类一时难以改变的生产环境。城市轨道交通系统中的市郊铁路、轻轨和有轨电车等形式通常处于暴露状态，经受暴雨、风沙、台风、地震等自然灾害的影响和威胁。在自然灾害及气候变化领域，脆弱性被用来表示系统易受破坏、伤害的特性，反映承灾体受影响的程度。

暴露、敏感性和适应性被认为是脆弱性的三个主要方面。在自然灾害领域中，从微观角度来看承灾体的脆弱性结构，主要包括承灾体的敏感性、灾害发生后研究系统表现出抵抗灾害的能力以及系统恢复力。Gallopin 认为研究系统脆弱性主要由系统敏感性及响应能力构成。

承灾体脆弱性的数学表达式可以表示为：

$$V=f(S, R)$$

式中：V——承灾体脆弱性；

S——承灾体敏感性；

R——研究区域响应能力。

自然环境因素对城市轨道交通安全的影响很大，通常以自然灾害的形式对城市轨道交通的安全运营构成威胁。一些自然灾害的发生不仅会影响列车的正常运行，也会对车站造成影响。山区跨座式单轨交通采用的高架轨道和接触网是暴露的，受自然灾害的影响比较大。对运营会产生影响的自然灾害主要包括雷电、暴雨、雪灾、大风、浓雾等。自然灾害按照一定的划分标准主要分为地质灾害、气候灾害、气象灾害、天文灾害、生态灾害等。

1. 地质灾害

地质作用所产生的灾害，包括地震、泥石流、山体滑坡、火山爆发等。地质灾害的分类有不同的角度与标准。如按其作用对象可分为自然地质灾害和人为地质灾害；按地质对象的变化速率，可分为突发性地质灾害与累进性地质灾害两大类等。

在城市轨道工程中，地质灾害主要受人为因素影响，且大多为突发性灾害，根据形成机理可归纳为以下几类：崩塌灾害、滑坡灾害、地面塌陷灾害、地裂缝灾害、冲击地压灾害、沼气突发灾害、围岩岩爆及大变形灾害、河岸坍塌灾害、管涌灾害、黄土湿陷灾害、砂土液化灾害等。

　　1）突发性地质灾害的分级

　　城市轨道工程建设具有线路长、工期长、分期建设、干扰因素繁多等特点，对周边地质环境造成的影响也极为复杂。根据不同的地质构造和周边环境，发生突发性地质灾害的严重程度及影响范围也不相同，按危害程度和规模大小分为特大型、大型、中型、小型地质灾害险情和地质灾害灾情四级。

　　（1）特大型地质灾害险情：受灾害威胁，需搬迁转移人数大于 1 000 人（含 1 000 人）或潜在可能造成的经济损失超过 1 亿元的。灾情：因灾死亡大于 30 人（含 30 人）或因灾造成直接经济损失超过 1 000 万元的。

　　（2）大型地质灾害险情：受灾害威胁，需搬迁转移人数大于 500 人（含 500 人）、小于 1 000 人，或潜在经济损失超过 5 000 万元（含 5 000 万元）、低于 1 亿元的。灾情：因灾死亡人数大于 10 人（含 10 人）、小于 30 人，或因灾造成直接经济损失超过 500 万元（含 500 万元）、低于 1 000 万元的。

　　（3）中型地质灾害险情：受灾害威胁，需搬迁转移人数大于 100 人（含 100 人）、小于 500 人，或潜在经济损失超过 500 万元（含 500 万元）、低于 5 000 万元的。灾情：因灾死亡大于 3 人（含 3 人）、小于 10 人，或因灾造成直接经济损失超出 100 万元（含 100 万元）、低于 500 万元的。

　　（4）小型地质灾害险情：受灾害威胁，需搬迁转移人数小于 100 人，或潜在经济损失低于 500 万元的。灾情：因灾死亡少于 3 人，或因灾造成直接经济损失低于 100 万元的。

　　2）各类突发性地质灾害的成因分析及影响

　　城市轨道工程建设中存在的突发性地质灾害形成原因、造成的影响与它所处的地质环境、周边环境密不可分。

　　（1）地面沉降。

　　造成地面沉降的原因，不能排除新构造运动、构造活动方面的原因，但就短期的因果关系看，和过量抽排地下水、涌水涌砂密切相关，也和当地的水文地质条件有关。

　　城市轨道工程中地面沉降形成的常见类型有以下三个：

　　① 地下资源超采。

　　因超采地下水、燃气、矿产等资源致使一些大中城市及其周围地区出现大面积的地面沉降。

　　自 20 世纪 50 年代以来，因超采地下水，华北平原京津唐、沧州、衡水一带持续发生大片地面沉降，局部地区累计最大沉降量达 3.18 m，最大年沉降量高达 1 m 以上，受影响面积共约 7 万余平方公里，占华北平原一半以上，其中以北京、天津、塘沽和沧州等地最为严重。例如北京市自 2000 年以来，超过 1/3 的自来水供水管线破损开裂是由地面沉降引起的，其他如燃气管破损、路面塌陷等市政设施的破坏事件，也有地面沉降的潜在影响。

　　城市轨道工程建设迅速，当隧道地下结构完成覆土后，地下应力环境重新分配维持平衡，线路周边地表会发生累进性沉降现象。以北京地铁为例，截至"十三五"，城市轨道运营线路 24 条、在建地铁线路 16 条（段），近些年在地铁建设过程中，发生多处的地面沉降，对管线、交通及周边建筑造成极大影响。

　　② 施工过程中渗漏水。

城市轨道工程中地下水是突发性地质灾害形成的主要因素之一。

对于地下水的处理主要通过两种方式：一是主动降水，在施工中采用场区内降排水，减小结构内外水头差；二是在围护结构中采用止水帷幕、冰冻、注浆等方式进行隔离，提高结构及周边土体的稳固性。但是当围护结构止水效果不好，加之围护结构内外水头差过大，极容易形成结构内外水位窜流或渗漏。工程场地周边地表因地下水位下降，而固结形成沉降；达到一定程度时，造成交通道路、建（构）筑物、堤岸、河道沉陷而失去了使用功能，造成极大的安全隐患。

③ 地质、工程结构沉降。

此类现象在盾构工程中最为常见。隧道工程在软土层中采用盾构法进行掘进施工时，因土体、地下水瞬间损失引起地层蠕动而导致不同程度的地面和隧道沉降。其沉降按时间先后可分为五个阶段：

● 先期沉降，土体因地下水位下降而导致土体固结沉降，常发生在盾构刀盘到达切口前 3~12 m 处，占总沉降量的 0~4.5%；

● 盾构到达时沉降，即由于开挖卸载土体发生弹性或塑性变形而导致的沉降，发生在盾构刀盘到达切口前 3 m 至切口后 1 m 处，占总沉降量的 0~44%；

● 盾构通过时沉降，即由于盾壳和土层间的摩擦剪切力导致土体向盾尾孔隙后移而发生的弹塑性变形，发生在盾尾通过切口后 1 m 至盾尾脱出处，占总沉降量的 0~38%；

● 盾尾空隙沉降，即由于尾部空隙增加且沉陷、底土扰动而发生的沉降，发生在盾尾脱出至继续推进 1 m 处，占总沉降量的 20%~100%；

● 长期延续沉降，即由于土体蠕变产生的塑性变形导致的沉降，发生在盾尾通过后约 100 h，占总沉降量的 4%~32%。

由此可见，盾构施工引起的地面沉降主要是弹塑性剪切变形、土体固结变形和蠕变压缩变形三者叠加而成。

【事故回顾 8-1】2007 年 7 月 1 日，上海轨道交通 4 号线浦东南路站至南浦大桥区间联络通道冷冻施工时发生事故，造成大量水和泥沙涌入隧道，引起隧道部分结构损坏及周边地表大面积沉降，其中 3 栋建筑物严重倾斜。此次事故造成直接经济损失 1.5 亿元，历经 4 年才完成修复。图 8-1 为上海地铁 4 号线事故造成地面沉降。

图 8-1　上海地铁 4 号线事故造成地面沉降

【事故回顾 8-2】2007 年 11 月 20 日，南京地铁 2 号线中和村至元通站区间，在盾构即将到达元通站进洞时，突然发生泥沙从接收井涌出，导致隧道后方已成管片破裂坍塌长达 140 m 左右，造成地表开裂和坍塌，水管爆裂。图 8-2 为南京地铁 2 号线中和村至元通站坍塌。

图 8-2　南京地铁 2 号线中和村至元通站坍塌

除了管线破坏造成直接的影响外，还常引起火灾、爆炸、污水泛滥、河（海、湖）水倒灌等突发性灾害及连锁性破坏，也称作链状成灾。这对城市轨道工程密集的网络无疑是一个重大安全隐患。

（2）滑坡。

滑坡是斜坡上岩石、土体在重力作用下沿着完整的剪切面所发生的滑移现象。滑坡的机理是作用在滑移面上的剪应力超过了它自身所能承受的抗剪强度所致。滑坡作为较常见的地质灾害之一，其危害范围及程度极大。在城市轨道工程中，滑坡大多因人为因素干扰形成，且极具突发性。

滑坡的形成需要地形条件、地质条件以及外在多种因素共同作用产生。主要因素有以下几点：

① 土体边坡倾角过大，因震动或自重及地表水（或地下水）浸入导致作用于土体的剪切应力增加而土体内部黏聚力减弱，渐渐超过抗剪强度。

② 土层下有倾斜度较大的岩层或空腔时，当土层上覆土、机械物资等荷载及地表水的作用时，将增大滑坡面上的荷载，使得土体与岩石或空腔之间的抗剪强度减弱，从而引起土体顺着岩面或空腔面滑动错离。

③ 坡脚被破坏。坡脚因人为开壁挖方扰动，或因地表、地下水冲蚀掏空，或斜坡段下部有沟槽而使得地表、地下水浸入坡体；或爆破引起斜坡的岩层、土体坡脚松动破坏等原因，使斜坡坡度加大，破坏了土体（或岩体）的内部受力平衡，造成坡脚上部土体（或岩体）失稳滑移。

④ 坡体内的岩体结构面层理发达、风化严重并有软弱夹层或裂隙（断层）面，且内部夹有软泥或易滑动的岩层时，遇到地下水、地表水极易受浸损，土质相近的土体极易形成一系列滑动。

⑤ 仕坡体不适宜的位置覆土或设置构筑物（如路堤、坝堰、挡土墙等），使坡体自重增大，当遇到外力或地表水、地下水作用时，土体内孔隙水压力增大，造成岩体容重增大、重心移动，从而促使或诱发滑坡的发生，以上条件具备并逐步发展时坡体失去平衡而产生滑动。

【事故回顾8-3】2007年5月28日，南京地铁2号线茶亭站主体基坑发生土体滑坡事故。因连日降雨，使土体自重增加，斜坡坡脚抗剪强度降低，基坑内高达十多米的土体约500 m³发生滑坡，造成基坑内两名作业人员死亡。

（3）管涌。

在水流的渗透作用下，土体中的细颗粒在由粗颗粒形成的孔隙中发生移动流失，随着土体中的孔隙不断扩大，渗透速度不断增加，较粗的颗粒也相继移动流失，最终导致土体内形成贯通的渗流通道，造成土体结构塌陷。可见，管涌形成一般有个时间上的发展过程，但造成的破坏力极大，程度极为严重，不易补救。

管涌的形成与作用土的孔隙率和颗粒级配、水头的大小、地基渗径长度有极大的联系。管涌多发生在砂性土中，其土体特征是颗粒大小差异大，往往缺少某一粒径的土颗粒，孔隙直径大且相互连通。

管涌形成原因主要有以下三个方面：

① 如果基坑、堤坝、水间的地基土壤级配中缺少某些中间粒径的非黏性土，在上游水位升高，出逸点渗透坡降超出土壤的允许值时，那么地基土体中较细的土粒就被渗流移动流失，逐步形成管涌。

② 基础土层中含有强透水层，而上面覆盖的土层压重不足。

③ 工程防渗或排水（渗）设施效能低或损坏失效。

管涌发生时，水面出现涌流花，当水位继续升高，持续时间延长，险情将不断扩大恶化。此时，基坑、堤防、水闸地基的土壤骨架随着大量涌水翻沙被逐渐破坏，先是土壤骨架孔道扩大，地基土被掏空，严重者将引起建（构）筑物塌陷，于是造成坍塌、决堤垮坝等事故。

（4）砂土液化。

砂土液化是砂土从固态到液态变化的现象，饱和或近似饱和的疏松粉、细砂土在外部动荷载作用下，土颗粒移动聚集，砂土骨架将承受的应力慢慢转移给了水，当孔隙水压力持续增大，土体内部便形成了超静孔隙水压力。随着动荷载的不断作用，超静孔隙水压力越聚越高，土颗粒悬浮在水中，以致土体上覆荷载全部由水压承担，这时砂土即处于液化状态。若此时在上部覆盖层渗透性较强，则地下水作用形成突破口，超静孔隙水压就得到消散，地表就产生喷水冒砂现象，这就是砂土液化的形成全过程。

砂土液化的形成主要因素有土的物理性质、埋深、动荷三方面：

① 土的物理性质：是指土颗粒的组成、形状、密度等。土颗粒按照由粗到细排列，其液化的可能性也逐级变大。当同一粒径级的砂土中，颗粒的级配越好（各种粒径分布均匀），即不均匀系数越大，其动力稳定性就越高。当砂土不均匀系数大于10时，一般较难形成液化。另外，当土中黏性颗粒含量越高，黏性越大就越不容易液化，因为土中黏性颗粒能使土粒维持整体稳定状态。

另外砂土的密度是影响其动力稳定性的关键因素。土的密度越大，液化的可能性就越小。

② 饱水层特性及埋深：饱水砂层自身特性包括砂层厚度及组成特性。若饱和水砂层越厚，在地震或外力振动频率变高时所产生的超静孔隙水压力就越大，孔隙水越易被排挤出来，越易发生液化。而较薄的饱和砂层与黏性土层结合时，则很少发生液化。

埋深是指饱水层砂土埋深和地下水埋深两个方面。当液化砂层埋深较深，且上层覆盖较厚的非液化黏性土层时，由于覆盖层形成的自重压力和侧压力较大，液化层中孔隙水压力难以克服覆盖层的各种压力，所以很难排挤出来，极难液化。另外，地下水位越低，越不易液化。实验证明，当一般饱水砂层埋深大于 20 m 时，较难发生液化。

③ 动荷：土在承受逐级增大的动荷作用下，它的形态、强度、孔隙压力都有轻微变化，一般经过三个阶段：振动压密、振动剪切和振动破坏阶段。其中动荷载的强度和持续时间是砂土液化的关键因素。动荷强度越大、持续时间越长，则越容易引起液化，如果影响范围越广，破坏程度越严重。

砂土液化形成的破坏形式主要有：

① 涌水喷砂，喷砂点有的成群，有的成带。

② 地基失效。土基上的建（构）筑物产生强烈沉陷、倾倒以致倒塌。

③ 由于下伏砂层或敏感黏土层震动液化和流动，可引起大规模滑坡。

④ 地面沉降及地面塌陷。

（5）沼气（瓦斯）地层。

沼气地层即含有沼气的地层，大多呈囊状存在，且有一定的气压。沼气是一种混合型气体，其主要成分是甲烷（CH_4），杂含有少量二氧化碳（CO_2）、一氧化碳（CO）、氮气（N_2），有些还可能含微量含硫物质等，在一定浓度下（5%～15%）遇明火极易发生爆炸。

浅层沼气是城市地铁施工时可能遇到的地质灾害之一，主要危害形式有以下几点：

① 当盾构隧道推进作业时，若遇到浅层沼气释放未及时检测到，则将危及人身安全，亦可能造成沼气空腔周边土层失稳，对已完成隧道造成位移、断裂等影响，造成无可挽回的重大经济损失。

② 沼气的存在对地铁车站围护结构（地连墙、工法桩、钻孔灌注桩等）施工也有一定影响。当钻进施工时配制的泥浆比重较小，沼气就会从地层中逸出，槽壁坍塌或缩颈；混凝土灌注过程中若有沼气逸出，会使混凝土结构呈蜂窝状或夹泥状，造成局部缺陷而形成工程事故。

③ 超大基坑开挖时，沼气压力越大越会造成基底失稳而形成坑底土体隆起。坑底沼气若大量逸出，坑底土体沉降或使结构底板下形成空腔，严重的会危及围护结构整体稳定性。

④ 当达到一定条件，会出现瓦斯爆炸。沼气有单纯性窒息作用，如果空气中浓度在25%～30%时，人就会出现头晕，呼吸和脉搏加速，乏力，肌肉协调运动失常等症状。瓦斯的浓度在 43%时，人会觉得呼吸极为困难，严重者会窒息死亡；当瓦斯浓度在 5%～16%，空气含氧量不低于12%时，两者混合则能形成一种爆炸性气体，遇到明火则产生爆炸。

（6）溶岩溶洞。

溶洞大多在石灰岩与岩质灰岩地层中发育而成，并且绝大多数为充填状态，主要为流塑状、软流塑状黏性土的充填物，局部还有夹岩石碎块、砾石等。岩溶的形成必须具备四个基本条件：岩石具有可溶性、透水性，水具有溶蚀性和流动性。

岩溶对隧道的危害主要分为四种类型：

① 隧道穿越或靠近洞穴时，隧道周边围岩受力不均匀，造成结构稳定性下降，极大影响了隧道的安全可靠度；

② 对于形成阶段或发展阶段的岩溶体，由于水流中含有 CO_2 等可溶性物质，含量增高时，将给隧道结构带来侵蚀作用，影响隧道的设计及使用寿命；

③ 洞穴堆积物因不断受侵蚀发生坍塌下沉，改变了原先隧道与洞穴周边的应力分布形

态，严重影响隧道结构的稳定性；

④ 若隧道周边溶岩的地下水流失，隧道顶部岩溶会出现塌陷，破坏了溶岩上部地表环境地质，严重影响隧道结构的整体稳定性。

3）地震

除了上述介绍的人为地质灾害外，对城市轨道交通安全造成影响的还有一部分自然地质灾害的因素。其中影响较为严重的当属地震，尤其以强地震对城市基础设施的破坏性更大，同时还伴随滑坡、飞石、泥石流等灾害。当地震发生时，位于地面以上的高架桥梁受到地震的作用而产生强烈的振动，地震波可能会造成高架桥梁的破坏甚至坍塌，影响桥梁结构和桥上运行列车的安全，同时也会造成悬在半空中的乘客恐慌。例如汶川地震时，重庆有强烈震感，当时正在杨家坪运营的轻轨被迫停驶，给乘客造成一定的心理阴影。而地下铁道的车站和隧道包围在周围的地理介质中，地震发生时地下构筑物随围岩一起运动，与地面结构不同，围岩介质的嵌固改变了地下构筑物动力特征，一般认为地震对地下结构影响小。但1995年阪神地震后，人们更加重视地下结构的防震设计。

2. 气象灾害

是指短时间的大气物理过程产生的灾害，如雨灾、雷电、风灾、水灾以及极端温度变化等。暴雨洪水对铁路运输的影响最大；浓雾、大雪是高速公路最恶劣的气象条件；大雾以及强对流天气是航空非正常运输的最主要因素；台风、大雾对船舶的航行构成极大威胁。

随着城市规模的不断扩大，人民生活水平和出行需求都在不断提高，对城市轨道交通的依赖越来越大，因而灾害性天气对城市轨道交通造成危害，进而对城市造成损失的可能性也越来越大。因此，需要加大对城市轨道交通灾害性天气问题的研究，该研究在于掌握本地区灾害性天气的种类、发生规律及其对城市轨道交通运营的影响规律，为我国城市轨道交通管理部门制定相关规范提供一定的依据。根据城市轨道交通天气灾害的成因特点，将其分为雨灾、风灾、雪灾、雾灾、雷雹、温度变化灾害等6类，每一类又分不同的灾害性天气，如表8-1所示。

表8-1 城市轨道交通天气灾害的主要类别

类别	灾害性天气	直接灾害	间接灾害
雨灾	大雨，暴雨，连阴雨	暴雨、洪水、涝害，淹没车站、隧道设施，冲垮高架桥墩和其他轨道交通设施等；霉变、能见度低，机车速度下降等	泥石流，山崩，滑坡，病虫害
风灾	飓风，龙卷风，台风，沙尘暴	卷走高架桥、接触网、供电设备等；能见度下降，机车速度下降，轨道积沙等	风暴潮，巨浪，沙尘暴
雪灾	暴雪，大雪，吹雪	掩埋地面、高架轨道设施，能见度下降，机车速度下降等	冰冻，冻融，低温灾害
雾灾	大雾	能见度下降，机车速度下降，雾闪停电等	
雷雹	雷电，冰雹	电击高架轨道和电力线网设施；毁坏电力线网和轨道设施，轨道积冰	雷击火
温度变化	高温，低温（寒潮、霜冻、冻雨）	旅客流量增大；电网爆裂，输电能力下降，旅客流通量增大等	冰冻，冻融，雪灾

这些灾害性天气对城市轨道交通安全的影响是多方面的，其中以下五种形式对城市轨道交通安全的影响较大。

1）雷电

跨座式单轨交通采用轨道受电，对于雷电的防护更是应该放到首位，避免雷电破坏产生的直接人员伤害或者设备损害。

2）暴雨

城市轨道交通尤其是地铁工程的车站和隧道大多处于地面标高以下，一方面受到洪涝灾害积水回灌危害，另一方面受到岩土介质中地下水渗透浸泡危害。地下水或地表水进入地铁车站和隧道内，会使装修材料霉变，电气线路、通信、信号元件受潮浸水，损坏失灵，造成工程事故，并且危及行车安全。地下水积存，使地铁内部潮湿度增加，使进入车站的乘客感觉不舒适。2007 年重庆遭遇了百年一遇的暴雨，重庆轨道交通 2 号线高架车站多处告急，动物园、杨家坪、谢家湾、李子坝、佛图关、曾家岩等车站出入口和过道被雨水淹没，乘客无法进入；佛图关车站附近多处塌方，30 m 接触网被山体流沙和大树阻断；李子坝车站附近大树倒在了轨道梁上；大堰村车站附近轻轨车遭遇雷击不能前行。可见，暴雨引起的水灾、山体滑坡、泥石流等对山区跨座式单轨交通运营的安全性有重大影响。同时，暴雨和雪灾还会对轨道面产生影响，若积水或者积雪不能得到清除，会影响车辆运行的安全，甚至发生事故。

3）浓雾

山区有雾的时间比较多，虽然配置了最先进的控制设施，由计算机操作运行，同时每列轻轨均有专业的驾驶员进行驾驶，大雾对轻轨运行影响程度小。但是，大雾笼罩的天气，能见度低，影响驾驶员在高架车站瞭望，乘客在上下车过程中被车门夹伤手脚的可能性增大；同时，由于能见度低造成公路拥堵，更多乘客都选择乘坐轨道交通，客流量的激增也会带来一些治安问题等。

4）台风

根据国内外城市轨道交通事故的分析表明，台风对沿海城市的轨道交通特别是高架桥部分的破坏程度较高。例如 2001 年 9 月纳莉台风使台北地铁站内水流成河。因此，在有可能遭受台风威胁的地区，在工程设计及施工过程中就应加强对台风危害的防范。

5）冰雪

城市轨道交通接触网防冰害的研究主要从以下方面入手：

（1）覆冰现象产生的原因。

产生覆冰的因素很多，其中气象条件、地形和地理条件是重要因素。根据气象部门提供的资料，在入冬或入春时容易出现覆冰现象，此时气温在 0 ℃上下变化，空气湿度比较大。导线表面覆冰必须满足三个条件：一是大气中必须有足够的过冷却水滴，二是过冷却水滴被导线表面捕获，三是过冷却水滴立即冻结或在离开导线表面前结冰。

（2）防冰害的措施。

防冰是一个系统工程，应在线路规划时就考虑，并在工程设计时尽量采取措施，才能达到事半功倍的效果。对于北方沿海城市或空气湿度比较大的北方城市，采用三轨方案就能从根本上解决这个问题。对于已经建成的线路，采取的措施大体上有两种：除冰和防冰。

① 除冰。

在没有做到防止接触网覆冰以前，为最大限度地减少损失，只能采取被动的除冰方法。

在接触网除冰装置运用时，既要保证与接触网具有一定的接触压力、有效除去覆冰，又要尽可能减少对接触网的摩擦损伤，因此要注意：一是除冰装置的材质（硬度要小于接触网的硬度）、构造形式应尽量与现有设备相同；二是除冰装置的带电部分与车体的绝缘情况要绝对可靠；三是应有除冰效果的监测，包括接触网电压检测、冰层厚度的视频检查。

② 防冰。

防冰与除冰相比是主动的，即在预知将要产生覆冰之前，采取防止接触网覆冰的措施。

● 采用加电流的方法。

接触网由 1 根 120 mm² 接触线、1 根 150 mm² 承力索和 2 根 150 mm² 辅助馈线并联组成，由两端车站变电所同时向区间接触网供电，直流电压为 1 500 V。接触线直流电阻非常小，每公里不到 0.15 Ω；以上 4 根导线并联的直流电阻就更小，每公里约 0.03 Ω。在低温环境中，较小的电流在短时间内难以产生足够多的发热量，难以起到防止结冰的作用；要增加发热量，就必须增加通过接触网线的电流值和通电时间。为防止电流过大给设备造成损害，必须根据外界环境条件的变化而控制电流的大小，但难度非常大。表 8-2 列出网线不结冰所需的电流和时间。

表 8-2　网线不结冰所需的电流和时间

环境温度/℃	湿度/%	通电电流/A	通电时间/min	网线结冰情况	网线最终温度/℃
−3～+1	95	250	45	不结冰	+3

● 采用高新技术。

在导线上涂憎水性强的涂料来减少覆冰是一个发展方向，随着科学技术的进步，定能生产出这样一种涂料：具有良好的导电性，便于施工，可刷可喷；抗老化性要强，至少要达到半年以上；亲水性能越差越好；在现场环境（有灰尘等）条件下，亲水性能不被破坏。

3. 实例介绍

工程建设的单纯措施跟不上灾害种类、灾害影响程度的变化。在发达国家，尽管抗灾工程技术提高了，工程投入加大了，但城市灾变的损失和影响不降反升。这使国际社会深刻地认识到：由于防灾减灾问题的复杂性，对灾害的系统管理研究还远远不够，必须采取工程、管理、教育等综合措施才能有效地减少灾变对人类的危害。

1994 年，美国洛杉矶发生地震灾害，虽然高速公路等城市交通系统受到一定程度的破坏，但由于事先规划制订了相对完善的交通应急预案，灾害救援由交通管理中心统一指挥调度，在应急管理中采用了许多新的措施和手段，使城市交通系统在灾变中表现出良好的应变性能。接下来以香港地铁的气象灾害防范及应急预案为例对本部分作简要介绍。

1）香港气象灾害监测与预警

为了做好气象灾害的监测与预警工作，香港地铁一方面与天文台建立合作关系获取气象信息，另一方面安装了风速监测系统实时监测风速风向并预警。

（1）香港天文台。

为了获取气象信息，香港地铁与香港天文台建立技术合作关系，香港天文台负责提供气象信息服务，香港地铁每年支付一定的费用。香港天文台定期向香港地铁提供气象信息和服务，将监测到的气象数据或天气预警通过互联网进行传输，香港地铁（控制中心等）通过登录天文台网站，随时查询最新的气象信息（台风、雷暴等）。

（2）香港地铁风速监测系统。

由于台风对地铁行车安全影响非常直接，为了更准确监测和掌握地铁沿线的台风情况，为行车组织和抢险准备提供决策依据，香港地铁安装了风速监测系统，实时监测地铁沿线的风速、风向等，并将有关数据直接传送到控制中心。在地铁控制中心内，安装了风速监测系统的显示终端，可以实时监测地铁沿线不同区域的风速风向。

风速监测系统的预警分为绿色、黄色 1、黄色 2、红色 1 和红色 2 共五级，地铁根据不同的警报和风速决定行车组织和抢险准备。

2）香港气象灾害应急预案

以天文台提供的气象信息及风速监测系统监测的数据为基础，香港地铁制订了相应的应急处理预案。预案中主要考虑了热带气旋（台风）、雷暴和山泥倾泻等，其中对热带气旋制订了比较详细的应急处理措施，具体如下：

当发布 1 号热带气旋信号时，控制中心将收到的信息以电话和短信的形式发布到相关人员。

当发布 3 号热带气旋信号时，相关部门须密切观察该热带气旋对地铁运营的影响，并做好防风准备。

应急人员的调配：当天文台发出 3 号热带气旋信号并预告 2 h 后可能改为 8 号信号时，线路轨道、供电变电、机电、车厂及车站等安排人员候命以应付紧急状况。各部门主要职责为：

（1）基建维修部：负责安排轨道组、土木工务组、配电组、信号及电信组人员待令；

（2）铁道车辆维修部：负责安排维修车厂及车厂组的应急人员驻守所有车厂内待令，各车厂最少有 6 名应急人员；

（3）车厂经理：负责确保尽量将电动车线停在车厂库内，关闭库门，确保各类车辆上的货物已绑紧，检查各救援车辆并确保其随时可以出动，安排汽车司机查看救援车辆的引擎随时可以起动，辅助设备操作正常；

（4）车站维修经理：安排人员检查集水坑泵、紧急发电机及防洪闸的情况，检查排水沟是否畅通，检查附属建筑内的机房。

当天文台发布 8 号或以上热带气旋信号时，各部门的主要职责为：

（1）由车务专人根据天气情况及交通需要，决定如何提供列车服务，策划列车的服务和车站运作的应急处理，并通知控制中心总主任。

（2）确定列车服务的规则：根据天文台提供的气象信息和风速监测系统监测的数据，在确保安全行车的情况下，组织隧道段和露天段的行车（露天段限速运行），若需停止列车服务，需至少提前 1.5 h 对外公布，包括向市民公告和通知相关外部机构（迪士尼公司、机场管理局、航空公司等）。

（3）成立机场线联合台风巡查队，对台风的影响进行确认和对设备设施进行巡查，并向控制中心提出建议。在地面区段，安排一名人员在列车后端的司机室观察。若发生有杂物阻塞轨道或风力增强至物件在空中飞扬，对行车安全构成危险、车门开启后出现严重问题、乘客走动困难、架空接触网损坏或列车出轨等情况时，停止列车服务。

当天文台发布 9 号或以上热带气旋信号时，各部门的主要职责为：

（1）控制中心总主任须通知以下单位在何时停止露天段的列车服务和隧道段行车间隔

改变：行车控制主任/系统控制主任、通信控制主任、公司事务部奉召执行人、运输署或紧急交通协调中心。

（2）行车控制主任/系统控制主任须编定露天段尾班载客车的车次及确定由终点站开出的时间，协调与其他线路的乘客换乘，并将行车安排通知控制中心总主任。

（3）通信控制主任须将最新的列车服务安排发传真至各车站，向相关人员的手机或传呼机发送信息，通知警方。

（4）原安排的工程列车全部取消。原计划的露天段维修施工将不再进行（8 号热带气旋信号下即不再安排机场线户外作业），所有物料全部要固定好或移至安全地带。但必须的抢修抢险除外。

在列车服务暂停期间，须做好进行线路出清的准备工作，在取消 8 号热带气旋信号后，可以立即恢复服务。恢复行车的准备工作如下：

（1）接到行车主任通知后，车厂列车主任须安排电客车（若接触网通电）或工程列车（若接触网没有通电），以便进行线路出清。由于机场线露天段较长，须安排两列车进行线路出清。

（2）基建维修工程中心须安排负责的基建维修人员在车厂候命，准备随时进行线路出清。

恢复露天段行车的条件：接获香港天文台通知将会取消 8 号热带气旋信号及在过去 1 h 最高阵风风速低于 160 km/h。

恢复露天段行车的程序：

（1）行车控制主任要求车厂列车主任调派电动车组列车或工程列车，以警戒速度在上下行车轨道进行轨道巡查和架空电线视察。当风速达 160 km/h，列车须限速 80 km/h。

（2）基建维修工程中心：安排负责的基建维修部员工乘坐电动车组列车或工程列车，进行轨道巡查和架空电线视察。

（3）行车控制主任确定完成线路出清程序后安排电力系统管理员接通牵引电流，通知车务控制中心总主任和通信控制主任何时恢复列车服务。

3）对国内城市轨道交通的启示

（1）规划和设计时要考虑气象灾害防范。

在进行城市轨道交通规划和设计时，要考虑气象灾害防范的需要。在设计时一般按照《地铁设计规范》《建筑物防雷设计规范》等设计标准进行设计，同时还应考虑不同地区气象条件特点（如沿海地区台风、雷电、高温等，北部低温、霜雪等），对建筑结构、接触网（轨）、电客车、工程车、屏蔽门（安全门）等关键设备设施，系统考虑其气象灾害防范的设计，避免因个别设备设施的防灾等级低而降低整个系统的防灾等级。

同时，要将气象监测系统列入设计中，采取必要的技术设备和技术手段监测和预报气象灾害。目前，在广州地铁 4 号线采用了气象局的气象预报作为气象信息的主要来源和判断依据，辅以高架地铁沿线局部危险点设置专用测风仪作为实时监测和参考的方案。

（2）开展气象灾害的辨识及风险评估。

目前，部分城市轨道交通开展了相关单项的气象灾害辨识及风险评估，如广州地铁 4 号线委托了广州市防雷设施检测所进行了 4 号线雷电风险评估，对设计、建设、运营及应急处理提供了很好的依据，具有直接的指导作用。然而，在国内城市轨道交通中，尚未有系统、全面地开展气象灾害的辨识及风险评估工作。

气象灾害的辨识及风险评估是进行防灾设计的依据之一，也是日常运营组织和制订气象灾害应急预案的基础，进行气象灾害的辨识及风险评估有着现实的意义，应逐步制定气象灾害的辨识及风险评估的标准和方法，并在沿海城市先行开展评估工作。

（3）与气象台建立气象服务及技术合作关系。

气象台是专门从事气象研究和预报（气象灾害预警）的机构，具有专业的技术设备和技术人才，并且气象台也能够根据不同的用户需求提供气象服务。城市轨道交通应合理和充分利用气象台的技术资源，与气象台建立气象服务及技术合作关系，开展气象灾害防范研究及服务工作。气象台根据城市轨道交通沿线的地理位置和历史气象情况，提供专门的气象信息服务，包括提供定期气象信息、天气预报、气象灾害预警、台风或雷电监测实况等，并可以通过网络进行实时查询，为城市轨道交通的行车组织和施工组织提供专业的技术支持。

同时，可以考虑利用气象台的监测站或设备建立气象监测系统，或由气象台直接指导城市轨道交通建立气象监测预警系统。

（4）建立城市轨道交通的气象监测预警系统。

由于气象部门的天气预报、气象灾害预警是针对某个地区、区域、某时间段的预报或预警，不能实时、准确地反映城市轨道交通沿线的气象情况，无法为突发气象灾害下的行车组织、施工组织提供依据。尤其是在台风、雷雨大风、冰雹天气等给行车安全和人身安全带来较大风险时，要么导致过早限速、停运、停止施工等，要么使车辆、乘客和员工遭受台风、雷雨大风等的危害，危及行车安全和人身安全。

因此，城市轨道交通应开发或建立监测系统，在沿海线路、露天线路、高架线路设置一定数量的气象监测站或监测设备，对风速、雨水、雷电、冰雹等进行实时监测，并根据对地铁运营的影响划定不同的预警等级，为运营组织提供决策依据。当前，广州地铁控制中心安装了"气象警报接收机"，并结合 4 号线靠海、高架线路长和地势空旷等特点，计划建立风速监测系统。

（5）编制或完善气象灾害应急预案。

参考和借鉴相关地铁气象灾害应急处理的经验，编制或进一步完善城市轨道交通的气象灾害应急处理预案。预案的制订，应根据当地城市轨道交通的建筑结构、系统设备和气象情况，结合气象台提供的气象预报或气象灾害预警，明确在不同情况下行车组织部门、设备维护部门和后勤保障部门等部门的应急措施，制定限速运行、停止运营、恢复运营的程序，指导各级运营管理人员开展气象灾害的应急处理工作，做到未雨绸缪、有备无患。广州地铁已制定了《特殊气象应急预案》，并根据 3、4 号线新线开通的情况进行修订和完善。

8.1.2　社会环境

社会环境包括社会的政治环境、经济环境、技术环境、管理环境、法律环境以及社会风气、家庭环境等，它们对城市轨道交通的安全均有不同程度的影响。

1. 政治环境

以伦敦地铁恐怖袭击案为例，重点介绍社会环境中有关政治环境因素造成的城市轨道安全问题。2005 年 7 月 7 日，从早上 8:51 到 9:47，在英国伦敦地铁和公交车上发生连续的恐怖爆炸事件，累计伤亡人数 700 余人；接着伦敦又于 7 月 21 日中午发生 3 起地铁连环爆炸事件，导致伦敦有 5 条地铁线路关闭。该事件为城市轨道交通的反恐问题再次敲响警钟，分析伦敦地铁两次恐怖事件的基本概况对比如表 8-3 所示，两次事件的地点均在客流集中区和环线上。

表 8-3　伦敦地铁两次恐怖事件对比表

对比项目	第一次	第二次
时间	7 月 7 日早上	7 月 21 日中午
地点	塔维斯托克广场、埃奇韦尔路地铁站、国王十字地铁站、金融城、利物浦大街地铁站	沃伦街地铁站、Shepherds Bush 地铁站、Oval 地铁站和 26 路公交车
方式	自杀式爆炸	爆炸
伤亡	56 人死亡	1 人受伤

两次恐怖事件具有如下共性：① 均含有地铁换乘站；② 主要选择在环线地铁线上；③ 均选择在客流高峰期；④ 采用一小时之内的连环爆炸，更能造成恐慌和交通拥堵。

结合伦敦、埃及和以前所发生的恐怖爆炸，城市轨道交通的恐怖行为主要有以下特征：① 主要采用爆炸或烟雾的方式在客流集中的地方对乘客进行伤害性行为而制造恐慌；② 由单点事故发展成为连环事故或连续事故，给救援和疏散造成更大的困难；③ 炸药当量有所提高，杀伤力和危害也更大。

随着世界经济的迅猛发展，事实上恐怖主义的形式更加多样化，这对城市轨道交通的安全问题构成较大威胁。今后，应加强对轨道交通政治环境方面的安全应对措施，进一步完善反恐工作责任体系和工作管理机制，进一步摸排各线路、基地、控制中心的安防、消防设施适用性，同时严控易燃易爆危险品的携带、使用、储存等环节，共同做好车站安检工作，全面提升城市轨道交通系统整体防控能力。

2. 技术环境

据统计，自 1863 年伦敦地铁诞生以来的 150 多年中共发生了一百余起地铁重大安全事故，其中火灾、爆炸、毒气这 3 项占城市轨道交通事故数量的 41%，占事故死亡人数的 90%以上，而有些事故之所以损失惨重，正是由于站内基础设施配备不完善造成的。

以 2003 年 2 月 18 日的韩国大邱地铁纵火事件为例，在此次事故中死亡的乘客有近 200 人，并且还有一百多人受到了不同程度的伤害，正是车厢与车站的基础设置不够完备导致了如此惨重的事故。车厢在发起大火时，燃烧放出大量的有毒气体，车厢的内部设施又有大量的可燃助燃物体，乘客在车厢内吸入了大量的有毒气体，而车厢外的车站排烟系统又失调，导致了许多人没有逃出去结果中毒遇难。可以设想，如果配备了先进且完善的安防设施设备，就能够及时发现各类安全隐患，从而在最大程度上减少事故带来的影响。

我国非常重视安防这一方面，并借鉴其他国家管理措施，在新建设的城市轨道交通中提供了较先进的安防装备，其中包含视频监控系统、设备控制系统、安全报警处置系统、通信系统、广播系统、门禁系统、紧急照明系统、电子巡查系统、屏蔽门防护系统、自动报警系统、排烟系统、灭火系统等，与此同时还配备了警用安全保障系统、专用的有线和无线系统、停车场或车辆段安防系统等，并且在重要部位如车站口、重点设备等处，安排了安检、警察、保安及专业管理人员。上述装备是传统的安防措施及技术，也是城市轨道交通安防系统的主要根本。

3. 管理环境

城市轨道交通的管理环境对整个轨道交通系统的安全运行起着至关重要的作用，不仅乘客的不安全行为可能对公共安全带来影响，地铁的管理方面如果不加以重视，后果往往更甚于前者。

在现场管理中，部分基层管理人员存在工作标注把关不严、自身要求低下、工作积极性不高的弊病。具体体现在工作要求虽然严格但操作者执行比较随意，对工作的态度"得过且过"，对一些繁杂的问题视而不见；部分管理人员由于工作时间年限较长，知识更新不足，对新规章、新制度不通甚至不懂，导致"上梁不正下梁歪"；部分职工工作积极性低，对发现的问题不去查找原因，不去追踪落实，听之任之。这就导致普通地铁员工不经意间的举动都可能会影响到线路运营。

2015 年 4 月 10 日，上海地铁川杨河基地检修库外草皮过火约 30 m²，事后在该处绿化带内发现部分烟头；2015 年 12 月 19 日，上海地铁浦江镇基地信号楼后侧绿化带被引燃，火情被及时控制后同样在草丛中发现烟头；2016 年 7 月 26 日，川杨河基地停车库边口外草地发生火情，扑救后在现场发现大量烟头。在地铁基地内，信号楼、检修库、停车库均属于重点要害部位，若火情无法得到及时控制，势必将影响到列车正常运营及夜间回库保养，造成严重的后果。

4. 法律环境

随着轨道交通运营网络的持续扩展，运维范围、人员也将得到进一步的扩展和扩充，研究如何采取措施督促工作人员遵守行为规范，使其不至于因违章行为导致公共安全事故显得尤为重要。地铁安全管理法规有利于规范地铁的经营、管理及建设，并为其提供法律依据，同时帮助地铁安全、健康、可持续的不断发展。

2002 年我国《安全生产法》正式实施，其中包括对所有具有经营活动的企业安全管理方面的要求，特别是对轨道交通安全管理也提出相应规范，成为我国最早在城市轨道交通公共安全管理方面的法律。

2005 年我国《城市轨道交通运营管理办法》指出了轨道交通安全管理应注重的环节，行业标准仅涵盖了对地铁运营及其工程施工安全组织、安全技术、安全环境等的评价要求，并未对地铁行业在生产运营过程中的公共安全管理工作提出细化的要求，使得这一责任落在了地方政府身上。

2007 年 9 月，上海市发布《重点单位重要部位安全技术防范系统要求——城市轨道交通》。

2008 年 7 月，深圳市发布《城市轨道交通警用安全防范系统配置规范》。

2009 年 5 月，天津市发布《地铁安全防范系统技术规范》。

2009 年 8 月，北京市发布《城市轨道交通安全防范技术要求》。

2014 年 1 月，上海市发布的《上海市轨道交通管理条例》为该地区的地铁行业制定了进一步的行为规范。

2018 年 5 月 14 日经第 7 次部务会议通过《城市轨道交通运营管理规定》，自 2018 年 7 月 1 日起施行。本规定旨在规范城市轨道交通运营管理，保障运营安全，提高服务质量，促进城市轨道交通行业健康发展。

上述的这些国家性和区域性法规主要规定了地铁的治安管理、乘客安全、设施保护等方面，然而我国城市轨道交通运营发展起步较晚，城市轨道交通运营安全管理方面还存在着较多的问题，城市轨道交通运营安全管理体系以及安全管理法规有待于进一步完善。

8.2　内　部　环　境

8.2.1　人员作业环境

城市轨道交通员工作业环境主要包括其工作的站台、站厅、隧道等区域，以及照明、噪声、湿度、温度等所处的环境，这些作业环境对工作人员及乘客的心理变化、疲劳强度和情绪都有直接影响。若地铁员工在一个站台站厅布局合理、无噪声、温度适宜、照明和采光较好的环境中工作，会心情舒畅，抗疲劳强度能力提高，面对乘客时的不良情绪会得到有效克制，工作效率也会相应提高，整个地铁运营系统会较平稳有效地运行，从而可以更好地保障地铁系统的运行安全。与此同时，提高乘客的安全出行责任意识，对于改善整个轨道交通工作人员安全作业环境有着十分重要的作用。

要提升乘客的安全责任意识，地铁方面应强化宣传力度，通过多种渠道和宣传媒介持续将地铁出行安全理念向乘客进行灌输，逐步形成"安全出行、文明乘车"的良好风尚。

1. 进一步开展公众安全宣传教育，营造安全出行的整体氛围

应定期梳理、更新安全宣传资料，借助车站广告栏、列车电视屏等媒介定期推出安全宣传片、宣传海报，并应结合社会关注热点和安全短板，积极策划组织地铁安全宣传进社区、"地铁公共安全宣传周"等主题宣传活动；联手相关教育部门，逐步推进地铁安全宣传教育进校园工作，从娃娃抓起，努力拓展安全宣传的受众层次，尽全力争取广大市民乘客对地铁安全管理工作的理解和支持。

2. 充分依托属地区县和社区街镇开展安全活动

在既有安全举措的基础上，相关单位应进一步与所在区县、街道乡镇交流共建，做到人员对接、预案对接和培训演练对接，持续提高派出所、消防队、志愿者等社会力量参与到轨道交通安全防范和事故救援的能力。

3. 健全主动发现、积极接受的安全问题搜集机制

在网络、微博、微信等新媒体平台上主动搜集轨道交通相关信息，及时发现风险隐患和突发事件；积极应对市民服务、地铁服务等热线来电，一事一议做好回复；鼓励乘客通过电话、手机客户端等方式举报安全风险，并给予适当奖励。

8.2.2　系统内部环境

轨道交通系统内部的环境包含系统内各种设施设备的布局环境以及由外部环境反映折射出的政治文化和经济环境，这些环境因素会直接影响企业员工的职业道德、责任心、安全意识、工作纪律性和安全技能以及系统内部的信息沟通、人际交往和凝聚力。

地铁全体员工都有责任和义务来促进地铁运营的安全，从站务巡视到设施设备巡检，从列车点检到监控值守，从行车调度到列车驾驶等，任何一个步骤都要检查得细致入微，每一个步骤都是与安全相关的重要环节。在"9·27"上海地铁10号线追尾事故中，行车调度在设备故障时的失误，酿成了至今为止上海地铁最为惨重的事故。而要提升地铁员工的安全责任意识，必须营造从上至下全方位重视的内部环境，必须通过道德及业务培训做好员工的安全责任教育，必须结合团队建设、激励、帮困机制稳定员工队伍。

1. 从领导干部着手营造安全型企业

地铁公司应强化企业安全生产主体责任落实，要求领导干部密切与现场一线联系，建立和完善党政同责、一岗双责、失职追责的安全生产责任体系，进一步深化安全生产事件一票否决机制，将安全绩效纳入干部选拔任用以及各类创先评优活动的考核内容，强化安全履职，全面引领运营安全管理工作。

2. 组织开展多种形式的安全活动

（1）组织各类安全活动。深入开展"安全生产月"和"安全警示日"等主题教育活动。

（2）强化上岗安全培训和定期轮训。对调度员、列车司机、车站值班员等特别重要岗位，要有针对性地加强培训和检验为度，通过反复强化的训练，加强应急意识和能力；强化社会主义核心价值观和职业道德教育，提升员工文明素养。

（3）围绕"社会责任第一、安全质量第一、团队协作第一"的企业核心价值观，形成具有特色的企业安全文化、服务文化、管理文化，引导员工自觉规范工作行为和管理行为。

3. 企业应通过各种途径做好队伍维稳工作

（1）推进企业民主管理。尊重员工的主人翁地位，及时公开员工最关心的热点、焦点、重点问题，有效落实员工的知情权、监督权，提高员工参与企业发展和管理的积极性、主动性和创造性，增强员工民主意识和能力，建立健全以职代会为主要形式的民主管理制度，完善职代会重大事项民主决策机制，营造员工参与企业改革发展的浓厚氛围。

（2）满足员工生产生活需求。不断改善班组生产现场环境，推进生产班组现场设备现代化、管理标准化、环境整洁化建设，营造安心、舒心、放心的工作环境；推进基层文化建设，定期组织开展丰富多彩、喜闻乐见的文体活动，满足员工日益提升的精神文化需求。

（3）完善特殊、困难员工帮扶救助机制。开展员工安全心理研究，重视行车关键岗位人员的心理、生理健康，对列车司机、运营调度等人员开展录用上岗心理测试，及时对非安全行为员工开展心理疏导和干预。

（4）持续完善员工奖惩办法，制定分类分级的红黄线制度，落实指标控制考核，建立健全员工违规控制管理体系。通过严控作业流程、严格现场检查、严肃违章考核等手段，开展集中和阶段性的重点整治，确保现场违规数量明显下降。

城市轨道交通系统应坚持社会责任和共享发展理念，健全政府指导、企业主导、社会协同、公众参与的系统化社会共建机制。无论对内、对外，公共安全工作都应当坚持"以人为本"，把人本思维的理念贯穿于企业管理全过程，在持续提高运营服务质量的同时关心员工成长，让社会、乘客和员工共享地铁发展成果。

同时，轨道交通系统与居民的日常出行密不可分，其内部环境的优劣对出行乘客的影响具有潜在性和长期性。因此，营造一个和谐融洽、符合当今社会主流价值观的城市轨道交通系统内部环境，对保障城轨交通运营安全有着十分重要的作用。

第 9 章
城市轨道交通事故调查与处理

9.1　交通事故调查

所谓事故调查，可定义为在事故发生后，为获取有关事故发生原因的全面资料，找出事故的根本原因，防止类似事故的发生而进行的调查。

事故调查是一门科学，也是一门艺术。说它是一门科学，是因为事故调查工作需要特定的技术和知识，包括事故调查专门技术的掌握，如飞机事故调查人员既应熟悉事故分析测定技术，也应了解飞机的结构、原理及相关设备；说它是一门艺术，则因为事故调查工作需要具有丰富的经验及综合处理信息并加以分析的能力，有时甚至要凭直觉，这些并不是简单的教育培训所能达到的。因而，真正掌握事故调查的过程及方法，特别需要理论与实践的紧密结合。

9.1.1　事故调查的目的和意义

1. 调查目的

事故调查工作是安全管理系统中的一个重要职能，其结果对于事故预防和应急计划的制订有重要价值，也为企业或政府有关部门安全工作的宏观决策提供依据。

1）事故调查工作是一种有效的事故预防方法

通过事故调查工作，可以发现事故发生的潜在条件，包括事故的直接原因和间接原因，找出其发生发展的过程，防止类似事故的发生。

2）为制订安全措施提供依据

事故的发生是有因果性和规律性的，事故调查是找出这种因果关系和事故规律的最有效的方法，掌握了这种因果关系和规律性，就能有针对性地制订出相应的安全措施，包括技术手段和管理手段，达到最佳的事故控制效果。

3）揭示新的或未被人注意的危险

任何系统，特别是具有新设备、新工艺、新产品、新材料、新技术的系统，都在一定程度上存在着某些尚未了解、掌握或被忽视的潜在危险。事故的发生给了人们认识这类危险的机会，事故调查是人们抓住这一机会的最主要的途径，只有充分认识了这类危险，才有可能防止其产生。

4）可以确认管理系统的缺陷

事故是管理不佳的表现形式，而管理系统缺陷的存在也会直接影响到企业的经济效益。

事故的发生给了人们将坏事变成好事的机会，即通过事故调查发现管理系统存在的问题，加以改进后，就可以一举多得，既控制事故，又改进管理水平，提高企业经济效益。

5）事故调查工作是高效的安全管理系统的重要组成部分

安全管理工作主要是事故预防、应急措施和保险补偿手段的有机结合，且事故预防和应急措施更为重要。既然事故调查的结果对于事故预防和应急计划的制定均有重要价值，因此，在安全管理系统中要具备事故调查处理的职能并真正发挥其作用，否则安全管理工作的目的和对象就会在人们的头脑中变得模糊起来。

2. 调查原则

事故调查处理应当按照实事求是、尊重科学的原则，及时、准确地查清事故原因，查明事故性质和责任，总结事故教训，提出整改措施，并对事故责任者提出处理意见。原则如下：

（1）事故是可以调查清楚的，这是事故调查最基本的原则。

（2）事故调查应实事求是，以客观事实为根据。

（3）坚持做到"四不放过"原则，即事故原因未查清不放过、当事人和群众没有受到教育不放过、没有制定切实可行的预防措施不放过、事故责任人未受到处理不放过。

3. 调查对象

从理论上讲，所有事故，包括无伤害事故和未遂事故都在调查范围之内。但由于各方面条件的限制，特别是经济条件的限制，要达到这一目标几乎是不可能的。因此，要进行事故调查并达到最终目的，选择合适的事故调查对象也是相当重要的。

1）重大事故

所有重大事故都应进行事故调查，这既是法律的要求，也是事故调查的主要目的所在。因为如果这类事故再发生，其损失及影响都是难以承受的。重大事故不仅包括损失大的、伤亡多的事故，也包括那些在社会上甚至国际上造成重大影响的事故。

2）未遂事故或无伤害事故

有些未遂事故或无伤害事故虽未造成严重后果，甚至几乎没有经济损失，但如果其有可能造成严重后果，也是事故调查的主要对象，判定该事故是否有可能造成重大损失，则需要安全管理人员的能力与经验。

3）伤害轻微但发生频繁的事故

这类事故伤害虽不严重，但由于频繁，对劳动生产率会有较大影响，也说明管理上、技术上有不正常的问题，如不及时采取措施，累积的事故损失也会较大。事故调查是解决这类问题的最好方法。

4）可能因管理缺陷引发的事故

管理系统缺陷的存在不仅会引发事故，而且也会影响工作效率，进而影响经济效益。因此，及时调查这类事故，不仅可以防止事故的再发生，也可提高经济效益，一举两得。

5）高危险工作环境的事故

由于高危险环境中极易发生重大伤害事故，造成较大损失，因而在这类环境中发生的事故，即使后果很轻微，也值得深入调查。只有这样，才能发现潜在的事故隐患，防止重大事故的发生。这类环境包括高空作业场所、易燃易爆场所、有毒有害品生产场所等。

9.1.2 事故调查的准备

事故调查准备工作包括调查计划、人员组成及培训和物质准备等。

1. 事故调查计划

做好事故调查的准备工作，首要的一条就是要有一个详细、严谨、全面的计划，对由谁来进行调查，怎样进行调查做出详尽的安排。

及时报告有关部门是当前很多调查计划中最易忽略的内容。当事故发生后，首先要做的事情不是手忙脚乱地赶赴现场，而是及时通知下列有关人员及部门：

（1）事故直接影响区域内工作的人员或其他人员。这是避免进一步损失或及时施救的最关键的措施。

（2）从事生命抢救、财产保护的人员，如消防、医疗、抢险人员等。

（3）上层管理部门的有关人员。最尴尬的情况是新闻媒介或上级工会监督部门、检察院、劳动管理部门等都已来到现场，而本单位领导或上级主管部门领导仍蒙在鼓里。

（4）专业调查人员。有些事故，比如重、特大事故或专业性很强的事故（如飞机失事），是需要专业调查人员实施调查的。他们来得越早，证据收集就会越及时、越充分。

（5）公共事务人员。这些人员负责对外接待及有关善后事宜的处理，以保证专业人员能够集中力量投入事故调查之中。

（6）安全管理人员。这些人员参与事故调查或保证现场安全。

计划中应依重要度次序列出上述人员的地址及联系方式等，同时也应选择合适的通知方式，既要保证信息的准确交流，也要限制非有关人员受到不必要的影响。

2. 事故调查人员组成

1）调查人员素质及组成

事故调查是一项高度专业性的工作，只有那些经专门训练的人，才能胜任这一工作。作为一个调查人员，要善于探索，对其工作要有献身精神，勤奋而有耐心，而且必须精通有关被调查对象的专业知识，通晓那些影响整体工作的因素。

事故调查人员是事故调查的主体。不同的事故，调查人员的组成会有所不同。《生产安全事故报告和调查处理条例》明确指出：

（1）特别重大事故由国务院或者国务院授权有关部门组织事故调查组进行调查。

（2）重大事故、较大事故、一般事故分别由事故发生地省级人民政府、设区的市级人民政府、县级人民政府负责调查。省级人民政府、设区的市级人民政府、县级人民政府可以直接组织事故调查组进行调查，也可以授权或者委托有关部门组织事故调查组进行调查。

（3）未造成人员伤亡的一般事故，县级人民政府也可以委托事故发生单位组织事故调查组进行调查。

（4）上级人民政府认为必要时，可以调查由下级人民政府负责调查的事故。

（5）特别重大事故以下等级事故，事故发生地与事故发生单位不在同一个县级以上行政区域的，由事故发生地人民政府负责调查，事故发生单位所在地人民政府应当派人参加。

（6）事故调查组的组成应当遵循精简、效能的原则。根据事故的具体情况，事故调查组由有关人民政府、安全生产监督管理部门、负有安全生产监督管理职责的有关部门、监察机关、公安机关以及工会派人组成，并应当请人民检察院派人参加。事故调查组可以聘请有关专家参与调查。

（7）事故调查组成员应当具有事故调查所需要的知识和专长，并与所调查的事故没有直接利害关系。

（8）事故调查组组长由负责事故调查的人民政府指定。事故调查组组长主持事故调查组的工作。

2）不同调查人员的特点

对于各级事故，主持和参与调查的人员会有很大差异，不同的群体又有不同的特点。

（1）企业基层管理人员。这类人员一般可直接进行小型事故的调查，或部分参与某些重大事故的调查过程，如提供相应资料等。优点是熟悉特定的工作环境，了解设备的运行状态，了解当事者的背景情况及心态变化等情况，而缺点是由于其极可能因管理责任等问题牵涉其中，因而影响了其与事故调查人员的合作或可能会以某些言行误导调查过程。

（2）各职能部门人员，如人事、医疗、采购、后勤、工会等。由于这类职能部门也是企业安全管理系统的一部分，因而这类职能部门有关人员参与事故调查对确定管理者的疏忽、失误或管理系统的缺陷尤为重要，但必须指出的是，由于事故原因可能是上述某部门的职能问题，故而这类人员在参与事故调查过程中也会有所顾忌。

（3）安全专业人员。这类人员是事故调查的主角。他们一般均受过专门的事故调查的训练，有分析事故的能力和经验，而且能够较为公正地进行事故分析。但可能会受到事故调查组主持单位领导观点的左右，从"大局"的观点处理事故。

（4）职业事故调查人员。我国目前基本上尚无此类人员，部分欧美发达国家均有以某类专业事故调查为职业者，如小型飞机事故调查人员、汽车事故调查人员等。在我国刚刚兴起的保险评估业，实际上正扮演着这一角色。这类人员既具备丰富的专业知识和事故调查经验，也有着较好的公正性，是事故调查的最佳人选。

3）调查人员人数

根据事故严重程度及性质，可由上述有关人员组成不同级别的事故调查组进行调查工作。事故调查组的成员人数应视事故的严重程度和性质而定。以空难事故为例，国际民航组织对事故调查小组编制有如下规定：

小型飞机失事时，一般 1～2 名经过专业培训的调查员即可完成调查工作。而对于大型飞机失事，为了能够考虑到各方面的问题，必须由按专业划分的若干小组组成一个实力雄厚的调查队伍，通常包括以下 11 类调查小组：

（1）飞行小组。分析研究在事故发生前地勤人员活动的全部事实和最后飞行阶段中的飞行情况。

（2）气象小组。收集和汇编所有与本次事故有关的准确的气象资料。

（3）空中交通勤务小组。调查空中交通勤务部门的原始记录。

（4）见证人小组。联系和会晤所有可能听到或看到失事飞机的当次飞行情况，以及了解该次飞行情况或事故发生时的气象情况的人员。

（5）事故记录仪小组。设法找到失事飞机的飞行数据记录仪和座舱语音记录仪，并读出有关数据。

（6）结构小组。调查飞机的机体和飞行操纵系统。

（7）动力装置小组。调查发动机、燃油和滑油系统、螺旋桨以及发动机操纵系统。

（8）系统小组。详细检查所有的系统和附件，包括液压、气动、电子和电气、无线电通信及导航设备、空调及增压系统、防冰和防雨系统、座舱灭火、氧气系统等。

（9）维修记录小组。负责审查所有的维修记录，以便查清失事飞机的维修情况。

（10）人为因素小组。调查航空医学及坠毁致伤方面的问题。

（11）撤离、搜寻、营救和灭火小组。调查有关撤离、搜寻、营救的情况，以及地面灭火效能方面的问题。

3. 事故调查的物质准备

在事故调查准备工作中，除了事故调查计划及人员素质要求外，另一个主要的工作就是物质上的准备。"工欲善其事，必先利其器"，没有良好的装备和工具，事故调查人员素质再高，也是"巧妇难为无米之炊"。因而，一般情况下，有可能从事事故调查的人员，必须事先做好必要的物质准备，包括身体上的准备和调查工具准备。

1）身体上的准备

除了保证一个良好的身体状态外，由于事故发生地点的多样性，如飞机、火车等运输工具的事故可能在荒无人烟处；事故现场有害物质的多样性，如辐射、有毒物质、细菌、病毒等；因而在服装及防护装备上也应根据具体情况加以考虑。同时考虑到在收集样品时受到轻微伤害的可能性较大，建议有关调查人员能定期注射预防破伤风的血清。

2）调查工具准备

调查工具因被调查对象的性质而异。通常来讲，专业调查人员必备的调查工具有：

（1）摄像机、照相机和胶卷。用于现场摄像、照相取证；对于火灾事故，彩色胶卷是必须的，因为火焰的颜色是鉴别燃烧温度的关键。

（2）纸、笔、夹等。

（3）有关规则、标准等参考资料。

（4）放大镜，用于样品鉴定。

（5）手套，用于收集样品使用。

（6）录音机、带，用于与目击证人等交谈或记录调查过程。

（7）急救包，用于抢救人员或自救。

（8）绘图纸，用于现场地形图绘制等。

（9）标签，采样时标记采样地点及物品。

（10）样品容器，用于采集液体样品等。

（11）罗盘，用于确定方向。

常用的仪器包括噪声、辐射、气体等的采样或测量设备及与被调查对象直接相关的测量仪器等。

9.1.3　事故调查的基本步骤

实施事故调查过程是事故调查工作的主要内容。一般的事故调查的基本步骤包括现场处理、现场勘查、物证收集、人证问询等主要工作。

由于这些工作时间性极强，有些信息、证据是随时间的推移而逐步消亡的，有些信息则有着极大的不可重复性，因而对于事故调查人员来讲，实施调查过程的速度和准确性显得更为重要。只有把握住每一个调查环节的中心工作，才能使事故调查过程进展顺利。

1．事故现场处理

事故现场处理是事故调查的初期工作。对于事故调查人员来说，由于事故的性质不同及事故调查人员在事故调查中的角色的差异，事故现场处理工作会有所不同，但通常现场处理应进行如下工作：

1）安全抵达现场

首先要使自己能够在携带了必要调查工具及装备的情况下，安全地抵达事故现场。在抵达现场的同时，应保持与上级有关部门的联系，及时沟通。

2）现场危险分析

这是现场处理工作的中心环节。现场危险分析工作主要有观察现场全貌，分析是否有进一步危害产生的可能性及可能的控制措施，计划调查的实施过程，确定行动次序及考虑与有关人员合作，控制围观者，指挥志愿者等，同时做好现场保护工作。

3）现场营救

最先赶到事故现场的人员的主要工作就是尽可能地营救幸存者和保护财产。作为一个事故调查人员，如果有关抢救人员（如医疗、消防等）已经到位且人手并不紧张，则应及时记录事故遇难者遗体的状态和位置并用照相和绘草图的方式标明位置，同时告诫救护人员必须尽早记下他们最初看到的情况，包括幸存者的位置、移动过的物体的原位置等。

4）防止进一步危害

在现场危险分析的基础上，应尽快查明现场是否有危险品存在并采取相应措施，对现场可能产生的进一步的伤害和破坏采取及时的行动，使二次事故造成的损失尽可能小。

许多事故现场都很容易发生火灾，故应严加防护，当存在严重的火灾危险时，应准备好随时可用的消防装置，并尽快转移易燃易爆物质，同时严格制止任何可能引起明火的行为。

5）保护现场

这是下一步物证收集与人证问询工作的基础。其主要目的就是使与事故有关的物体痕迹、状态尽可能不遭到破坏，人证得到保护。这时事故调查人员将成为主角，并应承担起主要的责任。

有些物证（如痕迹、液体和碎片等）极容易消失，因而要事先计划好这类证据的收集，准备好样品袋、瓶、标签等，并及时收集保存。因需要清理现场或移动现场物品时，例如车祸发生后会阻塞通道，应在移动或清理前对重要痕迹照相或画出草图，并测量各项有关数据。

值得指出的是，现场保护工作不是少数人就能完成的。事故调查人员应主动与在现场工作的其他人员沟通联系，多方合作，同时协调好保护现场与其他工作的矛盾，以合作的方式达到目的。

2．事故现场勘查

事故现场勘查是事故现场调查的中心环节。其主要目的是为查明当事各方在事故之前和事发之时的情节、过程以及造成的后果。通过对现场痕迹、物证的收集和检验分析，可以判明发生事故的主、客观原因，为正确处理事故提供客观依据。

现场勘查的顺序和范围，应根据不同类型的事故现场来确定。勘查人员到达现场后，首先要向事故当事人和目击者了解事故发生的情况和现场是否有变动，如有变动，应先弄清变动的原因和过程，必要时可根据当事人和证人提供的事故发生时的情景恢复现场原状以利实地勘查；在勘查前，应巡视现场周围情况，对现场全貌有概括的了解后，再确定现场勘查的范围和勘查的顺序。

事故现场勘查工作是一种信息处理技术。由于其主要关注四个方面的信息，即人（people）、部件（part）、位置（position）和文件（paper），也称之为4P技术。

（1）人，应以事故的当事人和目击者为主，但也应考虑维修、医疗、基层管理、技术人员、朋友、亲属或任何能够为事故调查工作提供帮助的人员。

（2）部件，指失效的机器设备、通信系统、不适用的保障设备、燃料和润滑剂、现场各类碎片等。

（3）位置，指事故发生时的位置、天气、道路、操作位置、运行方向、残骸位置等。

（4）文件，指有关记录、公告、指令、磁带、图纸、计划、报告等。

3. 人证的保护与问询

在事故调查中，证人的询问工作相当重要，大约50%的事故信息是由证人提供的，而事故信息中大约有50%能够起作用，另外50%的事故信息的效果则取决于调查者怎样评价分析和利用它们。

所谓证人，通常是指看到事故发生或事故发生后最快抵达事故现场且具有调查者所需信息的人。广义上则是指所有能为了解事故提供信息的人，甚至有些人不知事故发生，却有有价值的信息。证人信息收集的关键之处在于迅速果断，这样就会最大限度地保证信息的完整性。

1）人证保护与询问工作应注意的问题

在进行人证保护与问询工作中，应注意以下问题：

（1）证人之间会强烈地互相影响。

（2）证人会强烈地受到新闻媒介的影响。

（3）不了解所看到的事，不能以自己的知识、想法去解释的证人，容易改变他们掌握的事实去附和别人。

（4）证人会因为记不住、不自信或自认为不重要等原因忘却某些信息。如一个人10年后才讲出他看到的事情，因为当时他认为没有价值。

（5）问询开始的时间越晚，细节会越少。

（6）问询开始的时间越晚，内容越可能改变。

（7）最好画出草图，结合草图讲解其所闻所见。

从上述问题可以看出，在人证保护工作中，应当避免其互相接触及其与外界的接触，并最好使其不离开现场，使问询工作能尽快开始，以期获得尽可能多的信息。

2）证人的确定

证人的确定工作是人证保护与问询工作的第一步。因为几乎没有无证人的事故现场，因而事故调查人员应尽快赶到现场，为确定目击者创造良好的机遇。在收集证据时首先要收集证人的信息（如姓名、地址、电话号码等），以便与证人保持联系。

在一些特殊情况下，也可采用广告、电视、报纸等形式征集有关事故信息，获得证人的支持。

3）证词的可信度

由于证人背景的差异及其在该事件中所处的地位，都可能产生证词可信度上的差异，而不同可信度的证词其重要性是有很大差异的。例如，熟悉发生事故的系统或环境的人能提供更可信的信息，但也有可能把自己的经验与事实相混淆，加上了自己的主观臆断；而与肇事者或受害者有特殊关系的人，或与事故有某种特定关系的人，其证词的可信度与事故与其工作的关系、个人的卷入程度、与肇事者或受害者的关系等密切相关。

可信度最高的证人是那些与事故发生没有关联，且可以根据其经验与水平做出准确判断者，一般称之为专家证人。我国各级政府聘请的安全专家组的专家们，实际上就属于这类人，他们的经验和判断对于事故结论的认定具有极其重要的意义。

4）证人的问询

证人问询一般有两种方式：

（1）审讯式。调查者与证人之间是一种类似警察与疑犯之间的对手关系，问询过程高度严谨，逻辑性强，且刨根问底，不放过任何细节；问询者一般多于一人。这种问询方式效率较高，但有可能造成证人的反感从而影响双方之间的交流。

（2）问询式。这种方法首先认为证人在大多数情况下没有义务描述事故，作证主要依赖于自愿；因而应创造轻松的环境，感到你是需要他们帮助的朋友。这种方式花费时间较多，但可使证人更愿意讲话。问询中应鼓励其用自己的语言讲，尽量不打断其叙述过程，而是用点头、仔细聆听的方式，做记录或录音最好不引人注意。

无论采用何种方法，都应首先使证人了解，问询的目的是了解事故真相，防止事故再发生。好的调查者，一般都采用两者结合，以后者为主的问询方式，并结合一些问询技巧进行工作。

4. 物证的收集与保护

物证的收集与保护是现场调查的另一重要工作，前面提到的 4P 技术中的 3P，即部件（part）、位置（position）、文件（paper）属于物证的范畴。保护现场工作的很主要的一个目的也是保护物证。几乎每个物证在加以分析后都能用以确定其与事故的关系，而在有些情况下，确认某物与事故无关也一样非常重要。

由于相当一部分物证存留时间比较短，有些甚至稍纵即逝，所以必须事先制订好计划，按次序有目标地选择那些应尽快收集的物证，并为收集这类物证做好物质上的准备。如液体会随时间而逐渐渗入地下，应用袋、瓶等取样装入；如已渗入地下，则应连土取样，以供分析。物体表面的漆皮也是很重要的物证，因其与其他物质相接触后一般会带走一些，有时肉眼看不见，但借助于专门的仪器即可发现。有关文件资料、各类票据、记录等也是一类很重要的物证，即使不在事故现场，也应注意及时封存。

数据记录装置是另一类物证。它是为满足事故调查的需要而事先设置的记录事故前后有关数据的仪器装置，其主要目的是在缺乏目击者和可调查的硬件（如已损坏）的条件下，保证调查者能准确地找出事故的原因。设备上的运行记录仪，公共设施、金融机构的摄像装置，是较为简单的数据记录装置；而飞机上的"黑匣子"，是较高档次的数据记录装置。"黑匣子"实为橘红色，分为飞行数据记录仪（FDR）和座舱语音记录仪（CVR）两大部分，始用于 1957年，当时的飞行数据记录仪只能记录 45 s 的有关爬升率、下降率、速度、离地面高度、方向等 5 个飞机飞行参数。现在的 FDR 已可记录 25 h 内的 100 多个飞行参数，且整个装置均置于一个耐冲击、耐高温、耐腐蚀的封闭容器之中，因而在事故发生后成为调查人员搜寻的第一目标。

遥测技术的应用也为数据记录分析开辟了新的道路。如美国一航天飞行器发射后即失去了地面对其的控制。为查出事故原因，技术人员利用遥测的方式测量飞行器中的有关参数，并进行相应的模拟实验，最终判断出是因为一位工程师装错了一根管子所致，为避免类似事故的发生发挥了重要的作用。

5. 事故现场照相

现场照相是收集物证的重要手段之一。其主要目的是通过拍照的手段提供现场的画面，包括部件、环境及能帮助发现事故原因的物证等，证实和记录人员伤害和财产破坏的情况。特别是对于那些肉眼看不到的物证、当进行现场调查时很难注意到的细节或证据、那些容易随时间逝去的证据及现场工作中需移动位置的物证，现场照相的手段更为重要。

1）现场照相的内容和要求

现场照相应包括记录事故发生时间、空间及各自的特点、事故活动的现场客观情况以及造成事故事实的客观条件和产生的结果，形成事故现场的主体的各种迹象。

（1）现场方位照相。

现场方位照相是指拍摄现场所处的位置及现场周围环境、凡是与事故有关的场所、景物都是拍照的范围，用以说明案件场所、环境特点、气氛、季节、气候、地点、方向、位置以及现场与周围环境的联系。

（2）现场概貌照相。

现场概貌照相是指拍摄除了现场周围环境以外整个现场状况。它表达现场内部情景，即拍照事故现场内部的空间、地势、范围，事故全过程在现场上所触及的一切现象和物体，现场概貌照相反映事故现场内部各个物体之间的联系和特点，表明现场的全部状况和各个具体细节，说明现场的基本特征，使人们看了后能对现场的范围、整个状况、特点等有一个比较完整的概念。

（3）现场重点部位照相。

现场重点部位照相是指拍摄与事故有关的现场重要地段，对审理、证实事故情况有重要意义的现场上物体的状况、特点，现场上遗留的与事故有关的物证的位置和物证与物证之间的特点等，以反映它们与现场以及现场上有关物体的关系。

（4）现场细目照相。

现场细目照相是拍摄在现场上存在的具有检验鉴定价值和证据作用的各种痕迹、物证，以反映其形状、大小和特征。细目照相的内容很多，如遗体、活体上的痕迹，血迹的滴溅或喷溅方向，电事故的电击点，火灾事故的起火点，交通事故的接触点以及工具的形状、号码、破损情况、撬压工具、脚印、文字、附着物等。现场细目照相所拍照的痕迹、物证，对揭露与证实事故真相具有重要的意义。

2）现场照相中应注重的问题

（1）当接近事故现场时，应先照几个基本照，如标准的四个方向的同距离照片，并从制高点拍摄现场全景，但要记录高度和角度。

（2）尽快拍摄可能被移动的事物，包括仪表的读数，控制器位置，以及任何会因天气、交通或清理人员除去的物证，如擦痕、液体等。

（3）在火灾事故中，拍摄火焰和烟雾。因为火焰的颜色直接反映出燃烧的温度，如黄白色火焰约为 1 500 ℃，红色约为 500 ℃；而烟雾则能指示出所燃烧的物质，如汽油、橡胶会产生浓烟，木、纸、植物等则是淡白烟，金属燃烧则伴有闪光等。

（4）拍摄残片等应靠近一些以保证清晰，但又要保持一定距离以表明相互关系。

（5）拍摄中应尽量摄入一些熟悉的物体作为参照物以便进行比较。

（6）拍摄重要部件和破损表面的特写时，应用直尺或其他类似物表明尺寸，或在照片中摄入已知尺寸的物体，同时选用一个广角显示部件之间的关系。

（7）应做好摄影记录，将拍摄物体、目的、胶卷编号、类型等记录完全。而对于拍照条件和程序、照明性质、拍照时间、拍照地点等，最好在现场平面图或示意图上注明。

（8）围观的人群也应加以拍摄，因为通常故意破坏者（如纵火者），可能会观看其"杰作"。

6. 事故现场图与表格

现场绘图也是一种记录现场的重要手段。现场绘图与现场笔录、现场照相均有各自特点，相辅相成，不能互相取代。现场绘图是运用制图学的原理和方法，通过几何图形来表示现场活动的空间形态，是记录事故现场的重要形式，能比较精确地反映现场上重要物品的位置和比例关系。

1）事故现场图的种类

（1）现场位置图，是反映现场在周围环境中位置的。对测量难度大的，可利用现有的厂区图、地形图等现成图纸绘制。

（2）现场全貌图，是反映事故现场全面情况的示意图。绘制时应以事故原点为中心，将现场与事故有关人员的活动轨迹、各种物体运动轨迹、痕迹及相互间的联系反映清楚。

（3）现场中心图，是专门反映现场某个重要部分的图形。绘制时以某一重要客体或某个地段为中心，把有关的物体痕迹反映清楚。

（4）专项图也称专业图，是把与事故有关的工艺流程、电气、动力、管网、设备、设施的安装结构等用图形显示出来。

以上 4 种现场图，可根据不同的需要，采用比例图、示意图、平面图、立体图、投影图的绘制方式来表现，也可根据需要绘制出分析图、结构图以及地貌图等。

2）现场绘图注意事项

（1）图中应标明方向。

（2）图中应标明天气、高度、距离、时间、绘制者等有关信息。

（3）图中应标明主要残骸及关键物证的位置。

（4）图中应标明受伤害者的原始存息地。

（5）图中应标明关键照片拍摄的位置和距离。

3）表格

表格也是一种特殊形式的现场绘图，包含的主要信息有统计数据和测量数据。这类数据以表格的形式加以记录，既便于取用，也便于比较，对调查者也有很人的帮助。

7. 典型事故的现场勘查

机动车辆事故现场是指发生事故的车辆、伤亡人员及与事故有关的遗留物、痕迹所在的路段和地点。

机动车辆事故的最显著的特点就是现场上均能见到明显的痕迹、物证，如刹车痕迹、碰撞痕迹、遗落的物质（灯罩、玻璃、碎片、油漆片等）。

1）现场勘查的基本方法、步骤

（1）范围较小的现场、肇事车辆和痕迹相对集中的现场，可以肇事车辆和痕迹集中的地点为中心，采取由内向外勘查的方法。

（2）范围较大的现场，肇事车辆和痕迹物证相对分散，为防止远处的痕迹被破坏，可由外向内勘查。

（3）对车辆、痕迹比较分散的重大事故现场，可以从事故发生的起点向终点分段推进或从痕迹、物证容易受到破坏的路段开始勘查。

2）现场勘查的重点

（1）现场道路、地形、地貌。勘查现场道路、地形、地貌，以发现道路状况、天气状况以及路面自然损坏状况及其对车辆的影响。

（2）现场路面上的痕迹、物证。勘查现场路面上的痕迹、物证，如车辆上的机件、玻璃碎片、制动拖印和轮胎挫划痕迹，以判断车辆在肇事过程中双方接触点的位置及车辆行驶路线、速度和驾驶员采取措施的情况。

（3）肇事车辆和伤亡人员身体。勘查肇事车辆和伤亡人员身体，以分析出事故当时车辆和行人的方向、速度、接触状况，为最终判断事故原因提供重要依据。

9.2　交通事故处理

交通事故发生后，应按照"四不放过"的原则进行调查处理。对于事故责任者的处理，应坚持思想教育从严，行政处理从宽的原则；对于情节特别恶劣，后果特别严重，构成犯罪的责任者，要坚决依法惩处。

1. 事故处理期限

重大事故、较大事故、一般事故，负责事故调查的人民政府应当自收到事故调查报告之日起 15 天内做出批复；特别重大事故，30 天内做出批复，特殊情况下，批复时间可以适当延长，但延长的时间最长不超过 30 天。

有关机关应当按照人民政府的批复，依照法律、行政法规规定的权限和程序，对事故发生单位和有关人员进行行政处罚，对负有事故责任的国家工作人员进行处分。

事故发生单位应当按照负责事故调查的人民政府的批复，对本单位负有事故责任的人员进行处理。负有事故责任的人员涉嫌犯罪的，依法追究刑事责任。

2. 事故结案类型

在事故处理过程中，无论事故大小都要查清责任，严肃处理，并注意区分责任事故、非责任事故和破坏事故。

（1）责任事故。因有关人员的过失而造成的事故为责任事故。

（2）非责任事故。由于自然因素而造成的不可抗拒的事故，或由于未知领域的技术问题而造成的事故为非责任事故。

（3）破坏事故。为达到一定目的而蓄意制造的事故为破坏事故。

3. 责任事故的处理

对于责任事故，应区分事故的直接责任者、领导责任者和主要责任者。其行为与事故的发生有直接因果关系的，为直接责任者；对事故的发生负有领导责任的，为领导责任者；在直接责任者和领导责任者中，对事故的发生起主要作用的，为主要责任者。

1）追究领导的责任

有下列情形之一时，应当追究有关领导的责任。

（1）由于安全生产规章制度和操作规程不健全，职工无章可循，造成伤亡事故的。

（2）对职工不按规定进行安全技术教育，或职工未经考试合格就上岗操作，造成伤亡事故的。

（3）由于设备超过检修期限运行或设备有缺陷，又不采取措施，造成伤亡事故的。

（4）作业环境不安全，又不采取措施，造成伤亡事故的。

（5）由于挪用安全技术措施经费，造成伤亡事故的。

根据《国务院关于特大安全事故行政责任追究的规定》，地方人民政府主要领导人和政府有关部门正职负责人对下列特大安全事故的防范、发生，有失职、渎职情形或者负有领导责任的，给予行政处分；构成玩忽职守罪或者其他罪的，依法追究刑事责任：

（1）特大火灾事故。

（2）特大交通安全事故。

（3）特大建筑质量安全事故。

（4）民用爆炸物品和化学危险品特大安全事故。

（5）煤矿和其他矿山特大安全事故。

（6）锅炉、压力容器、压力管道和特种设备特大安全事故。

（7）其他特大安全事故。

地方人民政府和政府有关部门对特大安全事故的防范、发生直接负责的主管人员和其他直接责任人员，比照规定给予行政处分；构成玩忽职守罪或者其他罪的，依法追究刑事责任。

2）追究肇事者和有关人员责任

有下列情况之一时，应追究肇事者或有关人员的责任：

（1）由于违章指挥或违章作业、冒险作业，造成伤亡事故的。

（2）由于玩忽职守、违反安全生产责任制和操作规程，造成伤亡事故的。

（3）发现有发生事故危险的紧急情况，不立即报告，不积极采取措施，因而未能避免事故或减轻伤亡的。

（4）由于不服从管理、违反劳动纪律、擅离职守或擅自开动机器设备，造成伤亡事故的。

3）重罚的条件

有下列情形之一时，应当对有关人员从重处罚：

（1）对发生的重伤或死亡事故隐瞒不报、虚报或故意拖延报告的。

（2）在事故调查中，隐瞒事故真相，弄虚作假，甚至嫁祸于人的。

（3）事故发生后，由于不负责任，不积极组织抢救或抢救不力，造成更大伤亡的。

（4）事故发生后，不认真吸取教训、采取防范措施，致使同类事故重复发生的。

（5）滥用职权，擅自处理或袒护、包庇事故责任者的。

9.3 事故责任和整改措施

1. 事故性质的认定

对于事故性质的认定，可依据国家有关法规和标准（如《生产安全事故报告和调查处理条例》《企业职工伤亡事故分类标准》等）进行评定，事故的性质一般分为责任事故和非责任事故。

2. 事故责任分析

事故责任分析是在事故原因分析的基础上进行的，进行责任分析的目的是使责任者吸取教训，改进工作。事故责任分为：直接责任、主要责任和领导责任。

1）直接责任和主要责任

直接责任者，是指其行为与事故的发生有直接关系的人员。主要责任者，是指对事故的发生起主要作用的人员。下列情况应负直接责任或主要责任：

（1）违章指挥或违章作业、冒险作业造成事故的。

（2）违反安全生产责任制和操作规程造成事故的。

（3）违反劳动纪律、擅自开动机械设备、擅自更改、拆除、毁坏、挪用安全装置和设备造成事故的。

2）领导责任

领导责任者，是指对事故的发生负有领导责任的人员。下列情况应负领导责任：

（1）由于安全生产责任制、安全生产规章和操作规程不健全造成事故的。

（2）未按规定对员工进行安全教育和技术培训或未经考试合格上岗造成事故的。

（3）机械设备超过检修期或负荷运行或设备有缺陷不采取措施造成事故的。

（4）作业环境不安全，未采取措施造成事故的。

（5）新建、改建、扩建工程项目的安全设施未与主体工程同时设计、同时施工、同时投入生产和使用造成事故的。

3. 事故教训

实践证明，吸取事故教训是杜绝事故再发生最直接、有效的做法。不同的事故其内在的诱因通常存在差异，准确地找出原因，分析事故的教训，对于制定严密、合理的整改措施有着重要的意义。人们往往通过对典型事故案例的分析，找到那些与事故的发生有密切联系的共性点，为总结事故教训、制定有效可靠的整改措施打下基础。

现实生活中，导致一个事故发生的原因极为复杂，除了直接责任人员的责任外，管理方面、安全生产系统方面、安全生产制度方面存在一些问题，都有可能成为导致事故发生的原因。

通过对若干起事故案例教训的分析和总结，对于一般生产安全事故，可从以下十个方面着手制定事故教训及事故整改措施：

（1）是否贯彻落实了有关安全生产的法律、法规和技术标准；

（2）是否制定了比较完善的安全管理制度；

（3）是否制定了合理的安全技术防范措施；

（4）安全管理制度和技术防范措施执行是否到位；

（5）安全培训和宣传做得如何，职工的安全意识是否到位；

（6）有关部门执法力度是否到位；

（7）企业负责人是否重视安全生产工作；

（8）是否存在官僚和腐败现象，因而造成了事故的发生；

（9）是否落实了"三同时"的有关要求；

（10）是否建立了合理、有效的事故应急救援预案等。

4. 事故整改措施

整改措施也称安全对策措施，即针对发生事故的原因、性质、类别采取相应的安全对策。

1）安全技术整改措施

事故调查报告中一般应包括安全技术整改措施的有关内容。针对事故性质的不同和导致事故发生原因的不同，应制定并采取相应的安全技术整改措施。一般来说，安全技术整改措施主要针对企业生产工艺过程存在的问题、作业人员在现场出现的操作问题、主要设备设施及其安全装置存在的不安全问题、企业安全组织管理上存在的问题，以及政府安全生产监督管理方面存在的问题等。对于生产工艺过程中存在的问题，具体包括以下 6 个方面：

（1）防火防爆技术措施。主要有防止可燃、易爆系统的形成和消除、控制引燃能源两个方面。

（2）电气安全技术措施。主要包括接零接地保护系统技术措施、漏电保护技术措施、绝缘技术措施、电气隔离技术措施、安全电压（或称安全特低电压）技术措施、屏护和安全距离技术措施、联锁保护技术措施等。

（3）机械伤害防护措施。主要包括采用本质安全技术的措施、限制工艺使用的机械应力的措施、注意材料和物质的安全性措施，以及注意履行安全人机工程学的原则、注意履行设计控制系统的安全原则而采取专门的安全防护措施等。

（4）起重作业的安全对策措施。起重作业事故一旦发生，后果往往非常严重，必须给予特殊重视，制定专门对策。

（5）厂内运输安全对策措施。厂内运输特别是机动车辆运输具有较高风险。对导致事故发生有关的铁路、道路线路与建筑物、设施的规划以及厂区的平、立面布置等，也必须采取必要的对策措施防范事故的发生。对于工业企业厂内铁路、道路运输过程使用的机动工业车辆和道口安全也必须注意采取恰当的安全对策措施。危险化学品贮运是相当多的企业面临的一项工作，对此企业应认真贯彻落实国家近年来发布的一系列危险化学品安全生产法规，采取相应的安全对策措施，减少以至防止危险化学品事故的发生。

（6）其他安全技术措施。

2）安全管理整改措施

采取安全管理对策措施，就是通过一系列管理手段对企业的安全生产工作进行全面的整合、完善与优化，将人、机、物、环境等涉及安全生产工作的各个环节有机地结合起来，使企业的生产经营活动在安全、健康的前提下正常地开展，让安全技术对策措施发挥最大的作用。安全管理整改措施主要包括以下三个方面的工作：

（1）建立全面、系统的企业安全生产管理制度体系。

（2）建立并切实完善企业安全生产管理的组织机构，实现安全生产相关管理人员的合理配置。

（3）建立、健全企业对于安全生产投入的长效保障机制。

3）安全培训和教育

对于企业的安全生产培训教育工作，可从以下三个角度开展工作：

（1）针对单位主要负责人和安全生产管理人员的安全生产培训教育。对于单位主要负责人和安全生产管理人员，安全培训教育的重点是关于国家有关安全生产的法律法规、行政规章和各种技术标准、规范的教育。安全生产培训教育的主要目的，是使他们了解企业安全生产管理的基本体系和安全管理科学思想，从而掌握对整个企业实施安全生产管理的能力，并取得安全管理岗位资格证书。

（2）针对企业一般从业人员的安全生产培训教育。对企业一般从业人员进行安全培训教育的主要目的，是使其了解企业生产工艺及与之相关的安全生产各类基本知识和技能，熟悉有关的安全生产规章制度和安全操作规程，掌握岗位安全操作技能。

（3）针对特种作业人员的安全生产培训教育。对于特种作业人员，企业必须按照国家有关规定，派其接受专门的特种作业安全培训教育，取得特种作业操作资格证书，持证上岗。

第 10 章

城市轨道交通公共安全

社会公共安全，作为国家安全的范畴尤为重要，它会牵涉到每一位社会成员的利益，一旦发生公共安全事件，带来的损失和危害不会简单地和事件处理一同结束，往往会在后期的修复过程中产生连锁效应甚至反复的危害，引起周边因素的连锁反应。

公共安全，是指非特定的社会和公民个人从事和进行正常的生活、工作、学习、娱乐和交往所需要的稳定的外部环境和秩序。现代社会的公共安全，会涉及自然灾害、安全生产事故、恐怖活动等危害非特定社会成员的人身安全和财产利益。

所谓公共危机，是指突然发生的，具有严重威胁、不确定性的紧急事件或状态，会严重威胁到人们的生命、财产以及环境安全，也会扰乱正常的社会秩序，同时也对社会常态和政府的管理能力提出了巨大的挑战。危机处理的好坏，很大程度上取决于决策者和管理者进行危机管理的能力。

10.1 公共安全问题主要威胁

发展城市轨道交通建设可谓是一项利国利民的举措，形成以城市轨道交通为主力军的公共交通系统，可以增强公共交通的吸引力，缓解城市交通压力和堵塞现象，同时，也可以大力推进城市发展的步伐，带动线路和站点周边经济发展，提升城市的整体形象与品质。然而，城市轨道交通一旦发生重大事故或者突发性事件，现实的影响和危害就会突显出来，如果决策不当或者应急处置不合理，甚至会演变成为公共危机。在北京、上海、广州等大城市，城市轨道交通作为一种最理想的居民出行的公共交通方式，也是社会公共场所的缩影，是人流量比较集中的场所，比较容易引起对不特定社会个体的针对性公共安全事件。城市轨道交通面临的公共安全问题，所受到的威胁因素构成比例不尽相同，主要威胁因素从四方面进行概述：① 自然灾害；② 公共卫生事件；③ 社会安全事件；④ 重大责任事故。

10.1.1 自然灾害

1. 基本介绍

自然事故是由自然灾害造成的事故，是指由自然因素引发的与地壳运动、天体运动、气候变化相关的灾害，主要包括水旱灾害、气象灾害、地震灾害、地质灾害、海洋灾害、生物灾害和森林、草原火灾等。这类事故在目前条件下不能被完全预防与控制，只能通过研究预测、预报技术，尽量减轻灾害所造成的破坏和损失。自然灾害是地理环境演化过程中的异常事件，却成为阻碍人类社会发展的最重要的自然因素之一，自然灾害和其他意外因素的侵害也逐渐成为威胁城市轨道交通的公共安全因素之一。

世界范围内重大的突发性自然灾害包括：旱灾、洪涝、台风、风暴潮、冻害、雹灾、海啸、地震、火山、滑坡、泥石流、森林火灾、农林病虫害、宇宙辐射、赤潮（极少出现，出现了也影响小）等。

中国国土空间上常见的自然灾害种类繁多，主要包括洪涝、干旱、台风、冰雹、暴雪、沙尘暴等气象灾害，火山、地震、山体崩塌、滑坡、泥石流等地质灾害，风暴潮、海啸等海洋灾害，森林草原火灾和重大生物灾害等。

2. 分类

按照自然灾害形成的时长，可以分为突发性自然灾害和缓发性自然灾害。

有些自然灾害，当致灾因素的变化超过一定强度时，就会在几天、几小时甚至几分、几秒内表现为灾害行为，像火山爆发、地震、洪水、飓风、风暴潮、冰雹、雪灾、暴雨等，这类灾害称为突发性自然灾害。

旱灾、农作物和森林的病、虫、草害等，虽然一般要在几个月的时间内成灾，但灾害的形成和结束仍然比较快速、明显，所以也把它们列入突发性自然灾害。另外还有一些自然灾害是在致灾因素长期发展的情况下，逐渐显现成灾的，如土地沙漠化、水土流失、环境恶化等，这类灾害通常要几年或更长时间的发展，则称之为缓发性自然灾害。

按照自然灾害发生的次序，可以分为原生灾害、次生灾害和衍生灾害。

许多自然灾害，特别是等级高、强度大的自然灾害发生以后，常常诱发出一连串的其他灾害接连发生，这种现象叫灾害链。灾害链中最早发生的起作用的灾害称为原生灾害；而由原生灾害所诱导出来的灾害则称为次生灾害。自然灾害发生之后，破坏了人类生存的和谐条件，由此还可以导生出一系列其他灾害，这些灾害泛称为衍生灾害。如大旱之后，地表与浅部淡水极度匮乏，迫使人们饮用深层含氟量较高的地下水，从而导致了氟病，这些都称为衍生灾害。

3. 特征介绍

自然灾害的特点归结起来主要表现在六个方面：

第一，自然灾害具有广泛性与区域性。一方面，自然灾害的分布范围很广。不管是海洋还是陆地地上或是地下，城市还是农村，平原、丘陵还是山地、高原，只要有人类活动，自然灾害就有可能发生。另一方面，自然地理环境的区域性又决定了自然灾害的区域性。

第二，自然灾害具有频繁性和不确定性。全世界每年发生的大大小小的自然灾害非常多。近几十年来，自然灾害的发生次数还呈现出增加的趋势，而自然灾害的发生时间、地点和规模等的不确定性，又在很大程度上增加了人们抵御自然灾害的难度。

第三，自然灾害具有一定的周期性和不重复性。主要自然灾害的发生都呈现出一定的周期性，人们常说的某种自然灾害"十年一遇、百年一遇"，实际上就是对自然灾害周期性的一种通俗描述，自然灾害的不重复性主要是指灾害过程、损害结果的不可重复性。

第四，自然灾害具有联系性。自然灾害的联系性表现在两个方面：一方面是区域之间具有联系性。比如，南美洲西海岸发生"厄尔尼诺"现象，有可能导致全球气象紊乱；美国排放的工业废气，常常在加拿大境内形成酸雨。另一方面是灾害之间具有联系性。也就是说，某些自然灾害可以互为条件，形成灾害群或灾害链。例如，火山活动就是一个灾害群或灾害链，火山活动可能导致火山爆发、冰雪融化、泥石流、大气污染等一系列灾害。

第五，各种自然灾害所造成的危害具有严重性。例如，全球每年发生可记录的地震约 500 万次，其中有感地震约 5 万次，造成破坏的近千次，而里氏 7 级以上足以造成惨重损失的强烈地震，每年约发生 15 次；干旱、洪涝两种灾害造成的经济损失也十分严重，全球每年经济损失可达数百亿美元。

第六，自然灾害具有不可避免性和可减轻性。由于人与自然之间始终充斥着矛盾，只要地球在运动、物质在变化，只要有人类存在，自然灾害就不可能消失，从这一点看，自然灾害是不可避免的。然而，充满智慧的人类，可以在越来越广阔的范围内进行防灾减灾，通过采取避害趋利、除害兴利、化害为利、害中求利等措施，最大限度地减轻灾害损失，从这一点看，自然灾害又是可以减轻的。

10.1.2　公共卫生事件

1. 事件种类

公共卫生事件主要包括传染病疫情、群体性不明原因疾病、食品安全和职业危害、动物疫情，以及其他严重影响公众健康和生命安全的事件。

2. 事件分级

根据突发公共卫生事件性质、危害程度、涉及范围，突发公共卫生事件分为特别重大（Ⅰ级）、重大（Ⅱ级）、较大（Ⅲ级）和一般（Ⅳ级）四级。

3. 特点

第一，成因的多样性。许多公共卫生事件与自然灾害有关，比如说地震、水灾、火灾等，容易引起新的、大的疫情。公共卫生事件与事故灾害也密切相关，比如环境污染、生态破坏、交通事故等。社会安全事件也是形成公共卫生事件的一个重要原因，如生物恐怖等。另外，还有动物疫情、致病微生物、药品危险、食物中毒、职业危害等。

第二，分布的差异性。在时间分布差异上，不同的季节传染病的发病率也会不同，比如 SARS 往往发生在冬、春季节，肠道传染病则多发生在夏季。分布差异性还表现在空间分布差异上，传染病的区域分布不一样，像我国南方和北方的传染病就不一样，此外还有人群的分布差异等。

第三，传播的广泛性。尤其是当前正处在全球化的时代，某一种疾病可以通过现代交通工具跨国流动，而一旦造成传播，就会成为全球性的传播；另外，传染病一旦具备了三个基本流通环节，即传染源、传播途径以及易感人群，就可能在无国界情况下广泛传播，如 2020 年的 COVID-19 疫情全球暴发。

第四，危害的复杂性。也就是说，重大的卫生事件不但对人的健康有影响，而且对环境、经济乃至政治都有很大的影响。比如 2003 年的 SARS 流行，尽管患病的人数不是最多，但对我国造成的经济损失确实很大。

第五，治理的综合性。治理需要四个方面的结合，第一是技术层面和价值层面的结合，第二是直接的任务和间接的任务相结合，第三是责任部门和其他的部门结合起来，第四是国际和国内结合起来。只有通过综合的治理，才能使公共事件得到很好的治理。另外，在解决治理公共卫生事件时，还要注意解决一些深层次的问题，比如社会体制、机制的问题、工作效能问题以及人群素质的问题，所以要通过综合性的治理来解决公共卫生事件。

第六，新发的事件不断产生。比如 1985 年以来，艾滋病的发病率不断增加，严重危害着人们的健康；2003 年，非典疫情引起人们的恐慌；近年来，人禽流感疫情使人们谈禽色变；以及前段时间的人感染猪链球菌病、手足口病等都威胁着人们的健康；还有 2020 年最新出现的 COVID-19，给人类带来灾难。

第七，种类的多样性。引起公共卫生事件的因素多种多样，比如生物因素、自然灾害、食品药品安全事件、各种事故灾难等。

第八，食源性疾病和食物中毒的问题比较严重。比如 1988 年上海甲肝暴发，1999 年宁夏沙门氏菌污染食物中毒，2001 年苏皖地区肠出血性大肠杆菌食物中毒，2002 年南京毒鼠强中毒事件，2004 年劣质奶粉事件等。这些事件都属于食源性疾病和食物中毒引起的卫生事件。

第九，公共卫生事件频繁发生。这与公共卫生的建设及公共卫生的投入都有关系，公共卫生事业经费投入不足；忽视生态的保护以及有毒有害物质滥用和管理不善，都会使公共卫生事件频繁发生。

第十，公共卫生事件的危害严重。公共卫生事件不但影响人们的健康，还影响社会的稳定，影响经济的发展。

10.1.3　社会安全事件

1. 基本介绍

社会安全事件是指危及社会安全、社会发展的重大事件，主要包括恐怖袭击事件、民族宗教事件、经济安全事件、群体性事件以及其他重大刑事案件等。

近年来恐怖袭击日益频繁，城市轨道交通更成为恐怖袭击和破坏的主要目标之一，会严重威胁国家安全、社会稳定、经济发展和人民生命财产安全。城市轨道交通的车站、站台、列车、区间、运营控制中心等多个重要位置都面临恐怖暴力袭击的危险。2005 年 7 月 7 日，从早上 8:51 到 9:47，在英国伦敦地铁和公交车上发生连续的恐怖爆炸事件，累计伤亡人数 700 余人；接着伦敦又于 7 月 21 日中午发生 3 起地铁连环爆炸事件，导致伦敦有 5 条地铁线路关闭；随后，7 月 23 日埃及国庆节这一天，在埃及的繁华旅游区沙姆沙伊赫连续发生 2 起汽车爆炸事件。这些是自 "9·11" 事件以来在时间跨度上最为密集的恐怖爆炸事件。上述事件为城市轨道交通的反恐问题再次敲响警钟。

2. 分类

突发公共事件按其性质、可控性、严重程度和影响范围等因素，一般分为四级：一般、较大、重大、特别重大。对应的，应急响应级别分为四个级别：Ⅳ级、Ⅲ级、Ⅱ级、Ⅰ级。

1）特别重大事件

参与人数 3 000 人以上，冲击、围攻县级以上党政军机关和要害部门；或打、砸、抢、烧乡镇级以上党政军机关的事件；阻断铁路干线、国道、省道、高速公路和重要交通枢纽、城市交通 8 h 以上，或阻挠、妨碍国家重点建设工程施工，造成 24 h 以上停工；或阻挠、妨碍省重点建设工程施工，造成 72 h 以上停工的事件；或造成 10 人以上死亡或 30 人以上受伤；或高校内人群聚集失控，并未经批准走出校门进行大规模游行、集会、绝食、静坐、请愿等，引发跨地区连锁反应，严重影响社会稳定的事件；或参与人数 500 人以上，或造成重大人员伤亡的群体性械斗、冲突事件。

2）重大群体性事件

参与人数在 1 000 人以上、3 000 人以下，影响较大的非法集会、游行示威、上访请愿、聚众闹事、罢工（市、课）等，或人数不多但涉及面广和有可能进京的非法集会和集体上访事件；或阻断铁路干线、国道、省道、高速公路和重要交通枢纽、城市交通 4 h 以上的事件；或造成 3 人以上 10 人以下死亡，或 10 人以上 30 人以下受伤的群体性事件；或高校校园网上出现大范围串联、煽动和蛊惑信息，造成校内人群聚集规模迅速扩大并出现多校串联聚集趋势，学校正常教学秩序受到严重影响甚至瘫痪，或因高校统一招生试题泄密引发的群体性事件；或参与人数 100 人以上 1 000 人以下，或造成较大人员伤亡的群体性械斗、冲突事件；或涉及境内外宗教组织背景的大型非法宗教活动，或因民族宗教问题引发的严重影响民族团结的群体性事件；或因土地、矿产、水资源、森林、水域、海域等权属争议和环境污染、生态破坏引发，造成严重后果的群体性事件；或已出现跨省区市或跨行业影响社会稳定的连锁反应，或造成了较严重的危害和损失，事态仍可能进一步扩大和升级的事件。

3）较大群体性事件

参与人数在 100 人以上、1 000 人以下，影响社会稳定的事件；或在重要场所、重点地区聚集人数在 10 人以上、100 人以下，参与人员有明显过激行为的事件；或已引发跨地区、跨行业影响社会稳定的连锁反应的事件；或造成人员伤亡，死亡人数 3 人以下、受伤人数在 10 人以下的群体性事件。

4）一般群体性事件

未达到较大群体性事件级别的为一般群体性事件。

3. 事件管理

突发社会安全事件管理，就是通过一系列有效管理行为来预防和处理突发社会安全事件，以使公共组织及其成员摆脱危机状态的行为过程，有效减少和处理突发社会安全事件。主要包括三个方面：

（1）对突发社会安全事件前的有效预防。重在加大政策调整力度，促进社会化保障体系和法律制度的建立完善，减轻群众负担和保障权益，做好就业、劳动及福利保障、救济扶困等；并建立社会预警机制，提高快速反应能力；同时，倡导公共参与渠道，拓宽公众参与途径，完善科学民主决策机制；不断提高各级干部危机意识，科学决策和及时控制、有效处理社会矛盾的能力。

（2）对突发社会安全事件的及时应对。突发社会安全事件一旦爆发，就应积极处置，并把握以人为本、及早化解、依法处理、慎用警力、当地领导负责等五大原则。在处置过程中，具体采取七种基本方法：一是迅速控制事态，争取由大变小，由热变冷，由强变弱，防止其蔓延扩大；二是提出整体方案和对策，了解事态起因，参与人群情况，有针对性地做出应对策略；三是统一行动，要精心组织部署，明确责任分工，各方联合行动，才能全面解决问题；四是政府及有关领导直接对话，进行解释，消除误解和对立情绪；五是主导舆论导向，利用主流媒体做好正面宣传报道，减少和消除不实谣言和传闻的负面影响；六是组织纪律约束，利用归属组织做教育工作，进行纪律约束，最大限度减少参与事件的人数规模和越轨言行；七是法律措施，利用执法机关依法处置，保护公民合法权益，打击违法犯罪行为。

（3）对突发社会安全事件后的修复重建。事后要对突发社会安全事件进行评估，总结经验教训，改进管理和工作方法，采取有效措施做好突发社会安全事件的恢复重建，在机制、管理、设施等方面进行改进和修复，并继续利用各种渠道对突发社会安全事件参与人员进行教育疏导和善后工作，从根本上防止事件再次发生。

10.1.4　重大责任事故

重大责任事故是指在生产、生活过程中意外发生的故障、事故带来的灾难，主要包括企业生产事故、交通运输事故、公共设施和设备事故、环境污染事故和生态破坏事故等。

1. 事故的分类

事故的分类有很多种，如有按事故发生性质的分类、按事故严重程度的分类等，这里介绍两种分类。

（1）按伤害原因和状况分类。根据《企业职工伤亡事故分类》（GB 6441—1986），综合考虑起因物、引起事故发生的诱导性原因、致害物、伤害方式等，可将企业职工伤亡事故分为20类，见表10-1。

表 10-1　企业职工伤亡事故分类

序号	事故类型	说　明
1	物体打击	指失控物体的惯性力造成的人身伤害事故。如落物、滚石、锤击、碎裂、崩块、砸伤等造成的伤害，不包括爆炸而引起的物体打击
2	车辆伤害	指企业机动车辆引起的机械伤害事故。如机动车辆在行驶中的挤、压、撞车或倾覆事故，在行驶中上下车、搭乘矿车或放飞车所引起的事故，以及车辆运输挂钩、跑车事故
3	机械伤害	指机械设备与工具引起的绞、碾、碰、割、戳、切等伤害。如工具或刀具飞出伤人，切屑伤人，手或身体被卷入，手或其他部位被刀具碰伤，被转动的机构缠压住等，但属于车辆起重设备的情况除外
4	起重伤害	指从事起重作业时引起的机械伤害事故。包括各种起重作业引起的机械伤害，但不包括触电、检修时制动失灵引起的伤害，以及上下驾驶室时引起的跌倒
5	触电	指电流流经人体，造成生理伤害的事故。适用于触电、雷击伤害。如人体接触带电的设备金属外壳、裸露的临时线、漏电的手持电动工具；起重设备误触高压线或感应带电；雷击伤害；触电等事故
6	淹溺	指因大量水经口、鼻进入肺内，造成呼吸道阻塞，发生急性缺氧而窒息死亡的事故。适用于船舶、排筏、设施在航行、停泊、作业时发生的落水事故
7	灼烫	指强酸、强碱溅到身体引起的灼伤，或因火焰引起的烧伤，高温物体引起的烫伤，放射线引起的皮肤损伤等事故。适用于烧伤、烫伤、化学灼伤、放射性皮肤损伤等伤害。不包括电烧伤以及火灾事故引起的烧伤
8	火灾	指造成人身伤亡的企业火灾事故。不适用于非企业原因造成的火灾。比如，居民火灾蔓延到企业，此类事故属于消防部门统计的事故
9	高处坠落	指由于危险重力势能差引起的伤害事故。适用于脚手架、平台、陡壁施工等高于地面的坠落，也适用于由地面踏空失足坠入洞、坑、沟、升降口、漏斗等情况。但排除以其他类别为诱发条件的坠落，如高空作业时，因触电失足坠落应定为触电事故，不能按高空坠落划分
10	坍塌	指建筑构筑、堆置物等的倒塌以及土石塌方引起的事故。适用于因设计或施工不合理而造成的倒塌，以及土方、岩石发生的塌陷事故。如建筑物倒塌，脚手架倒塌，挖掘沟、坑洞时土石的塌方等情况。不适用于矿山冒顶片帮事故，或因爆炸引起的坍塌事故

续表

序号	事故类型	说　明
11	冒顶片帮	矿井工作面、巷道侧壁由于支护不当、压力过大造成的坍塌，称为片帮；顶板垮落为冒顶。二者常同时发生，简称冒顶片帮
12	透水	指矿山、地下开采或其他坑道作业时，意外水源带来的伤害事故
13	放炮	施工时，放炮作业引起的伤亡事故。适用于各种爆破作业。如采石、采矿、采煤、开山、修路、拆除建筑物等工程进行的放炮作业引起的伤亡事故
14	瓦斯爆炸	指可燃性气体瓦斯、煤尘与空气混合形成了达到燃烧极限的混合物，接触火源时，引起的化学性爆炸事故。主要适用于煤矿，同时也适用于空气不流通，瓦斯、煤尘积聚的场合
15	火药爆炸	指火药与炸药在生产、运输、贮藏的过程中发生的爆炸事故
16	锅炉爆炸	指锅炉发生的物理性爆炸事故。适用于使用工作压力大于 0.07 MPa、以水为介质的蒸汽锅炉，但不适用于铁路机车、船舶上的锅炉以及列车电站和船舶电站的锅炉
17	容器爆炸	容器是指比较容易发生事故，且事故危害性较大的承受压力载荷的密闭装置。容器爆炸是压力容器破裂引起的气体爆炸，即物理性爆炸，包含容器内盛装的可燃性液化气在容器破裂后，立即蒸发，与周围的空气混合形成爆炸性气体混合物。遇到火源时产生的化学爆炸，也称容器的二次爆炸
18	其他爆炸	凡不属于上述爆炸的均列为其他爆炸事故
19	中毒和窒息	指人接触有毒物质，如误吃有毒物质或吸入有毒气体引起的人体急性中毒事故，在坑道、暗井、涵洞、地下管道等不通风的地方工作，因为氧气缺乏，有时会发生突然晕倒，甚至死亡的事故称为窒息。两种现象合为一体，称为中毒和窒息事故。不适用于病理变化导致的中毒和窒息事故，也不适用于慢性中毒的职业病导致的死亡
20	其他伤害	其他伤害，凡不属于上述伤害的事故均称为其他伤害，如扭伤、跌伤、冻伤、野兽咬伤、钉子扎伤等

这种分类方法目前比较通用，具有某种法定意义。优点是覆盖面广泛，分类比较简单，概括了全国工业生产各个方面的事故。缺点是比较粗略，不利于事故的预防。

（2）按国家"九五"科技攻关成果事故标准分类。可将事故分为 20 类，具体的分类和说明如表 10-2 所示。

表 10-2　"九五"科技攻关成果事故标准分类

序号	事故类型	说　明
1	坠落、滚落	坠落、滚落是指人从树木、建筑物、脚手架、机器、乘坐物、梯子、阶梯、斜面等处落下。包括与车辆式机械等一起滚落的情况。包括因坐立的场所动摇而坠落，以及因坐立的场所倒塌而坠落，不被掩埋而是碰到了其他物体（包括地面）的情况。不包括交通事故。触电坠落算"触电"分类
2	摔倒、翻倒	摔倒、翻倒是指人因摔倒、滑倒而碰撞了物体致伤。包括与车辆式机械等一起翻倒的情况。不包括交通事故。因触电摔倒则归入"触电"分类
3	碰撞	碰撞是指以人为主动方面碰撞到静止物体或运动物体的情况。包括被推、被摔后与物体碰撞，包括与车辆式机械的碰撞。不包括交通事故
4	飞溅、落下	飞溅、落下是指飞溅的物体、落下的物体为主动方面碰撞到人。包括砂轮的破裂，切断片、切屑等物飞溅，包括自己拿的物体掉到脚上。但容器破裂后的飞溅物伤人，则归入"破裂"类

续表

序号	事故类型	说　明
5	坍塌、倒塌	坍塌、倒塌是指堆积物、物料、脚手架、建筑物等散落或倒塌碰到人，人被碰被压。包括直立的物体倒下、塌方、雪崩、滑坡等
6	被碰撞	被碰撞是指物为主动方面碰人的情况。包括起吊的货物、机械的活动部分等碰到人。不包括交通事故
7	轧人	轧人是指被物体夹住、卷进而挤压、拧绞。因冲床的金属模、锻压机的锤而创伤属于本分类。包括被压。不包含交通事故
8	切伤、擦伤	切伤、擦伤是指被摩擦，在摩擦状态下被切伤。包括被刀具切割，使用工具时被物体切割、摩擦等
9	踩伤	踩伤是指踩着钉子、金属片等。包括踩穿地板、石棉瓦等致伤。踩穿而坠落归入"坠落"分类
10	淹溺	指被水淹溺或落入水中淹溺。包括高处坠落淹溺，不包括矿山、井下透水淹溺
11	接触高、低温物	接触高、低温物是指与热的物体或物质、冷的物体或物质接触致伤，包括由于暴露于高温或低温环境下受伤害
12	接触有害物	接触有害物是指通过呼吸、吸收（皮肤接触）或摄入有害物、有毒物致伤的情况；包括被放射线辐射、被腐蚀剂致伤。缺氧症及因暴露于高气压、低气压环境下导致的伤害也属此类
13	触电	触电包括触及带电体和人受放电冲击，雷击
14	爆炸	爆炸是指压力急剧发生或释放，引起伴随爆声的膨胀等情况。包括水蒸气爆炸。容器、装置的内部爆炸等容器、装置发生破裂，也归于此类。不包括破裂
15	破裂	破裂是指容器或装置因物理性压力而破裂。包括压碎。不包括因机械力而破裂的情况
16	火灾	指在时间和空间上失去控制的燃烧所造成的灾害，如建筑物火灾
17	道路交通事故	道路交通事故是指企业内道路交通及运输中的事故，受伤害人是乘客或驾驶员。包括与其他车辆的碰撞、擦碰，与停放车或静止物体的碰撞、擦碰、翻车，冲出公路（失控），急停或急起动等。不适用于发生在运输工具上个人性质的事故
18	其他交通事故	其他交通事故指由船舶、飞机及用于公共运输的列车、电车等造成的事故。限于工作活动范围内的情况，工作外交通事故不在此类
19	动作不当	动作不当指造成伤害的原因仅仅在于人本身的情况。包括因身体的一个随意动作和不自然的姿势、动作反常引起伤害。包括因拾、拉、推、挥动或投掷物体时用力过猛而受伤。失去平衡坠落、搬物过重摔倒等，即使也有动作不当的原因，也在"坠落""摔倒"等中分类。在"碰撞""被碰撞"及上述其他分类中，不在此分类
20	其他	其他在上述任何一类中都不能包括的情况，例如，被动物或昆虫叮咬而致伤等

2. 城市轨道交通突发事故等级分类

根据事故对生命、财产和城市轨道交通运营产生的危害程度大小，突发事件可分为6个等级，见表10-3。

表10-3　突发事件等级分类

级别（颜色）	类型	说　明
特级（黑色）	灾难性（或毁灭性）突发事件	特大地震、特大洪灾、战争空袭等不可抗力事件；城市电网瘫痪引起城市轨道交通网络长时间停运事件

续表

级别（颜色）	类型	说　　明
一级（橙色）	特大突发事件	造成城市轨道交通网络 6 h 以上停运事件；30 人以上的群死群伤；重大火灾、毒气、爆炸、恐怖袭击等社会公共安全事件
二级（橙色）	重大突发事件	造成两条以上城市轨道交通全线中断运营 3～6 h，或部分区段中断运营 6 h 以上的事件；10 人以上的群死群伤事件
三级（黄色）	较大突发事件	造成一条城市轨道交通中断运营 1～3 h 或部分区段中断运营 3 h 以上的事件；3 人及以上的群死群伤事件
四级（蓝色）	一般突发事件	造成一条城市轨道交通中断运营 30 min～1 h 的事件；3 人以下的群死群伤，地面车站或非公共区域着火事件，气象台、公共卫生预警的红色和橙色事件
五级（灰色）	较小突发事件	影响城市轨道交通正常运营但危害程度较低的事件；列车较大面积晚点、乘客受伤、火灾报警、客流爆满、列车救援、枢纽站突发事件，以及气象台预警的黄色和蓝色事件等

3. 城市轨道交通突发事故特点

城市轨道交通是一个极其复杂的交通网络系统，它与周边的环境交错相连，并且空间相对狭小、人流密集复杂，比大部分开阔区域更易发生各类突发事件，甚至引发突发事件连锁反应，极易造成次生灾害。城市轨道交通突发事件有以下特点：

（1）突发性、紧急性、高度难以预测性。列车事故等重大突发事件没有任何预见性，存在的安全隐患都具有隐蔽性，诱发因素往往复杂多样，即使政府等组织机构制定了周密的应急预案，都无法对于突发事件发生的具体时间和形式作出预测判断，一旦爆发，就会带来危害和损失。

（2）社会影响性。轨道交通人流高度密集，具有较大社会影响。轨道交通现在是网络化运营，一个站的乘客滞留会造成整条线甚至整个网络的运营不正常。比如西安地铁北大街站，目前两线换乘，一旦一条线的站点发生突发事件造成停运或滞留，另外一条线的乘客或分流其他站下车或分流至地面交通，给广大乘客带来不便，引发一定的社会矛盾，若发生火灾、爆炸，可能会造成轨道交通运输的瘫痪。

（3）危害与破坏性。不同类型的突发事件都会产生一定的破坏性，人员伤亡、财产受损、精神威胁等比较普遍。突发事件严重程度不同，其破坏性和危害范围也会不同，一旦发生突发事件，事态都会快速蔓延，如若不迅速有效地做出反应，会引起社会公众的过度恐慌，造成不必要的次生事件。如典型的韩国大邱地铁火灾事件中，由于相关人员的处置措施不当，明明在供电系统关闭，列车已经处于无法行驶的状态下，却紧闭车门，没有果断采取紧急措施疏散乘客，突发事件的处置不善，让一辆载客列车在没有任何指令的情况下驶入发生火灾的站台，造成至少 126 人死亡。2005 年自从伦敦发生地铁爆炸事件后，选择搭乘地铁的乘客骤降七成之多，甚至导致英国股票指数（FTSE）下跌 124.54 点。

（4）影响当局政府形象，甚至产生信任危机。频繁发生城市轨道交通突发事件的社会，会缺失安全感，引起民众的心理恐慌，动摇政府的信誉，当局政府的应急管理能力直接影响到政府的形象。

10.2 灾害事件与事故应急管理

随着现代化进程的加快、交通领域的大发展，社会对交通运输业的运营安全及应急管理提出了更高的要求。国家和交通主管部门都明确强调要以提高应急能力为主线，认真贯彻落实《突发事件应对法》，完善应急预案，健全应急管理体制机制，加快交通应急体系建设，全面提高交通应急管理水平，为全面深入推进社会发展创造良好环境。

10.2.1 应急管理概述

交通事故以及其他突发事件的发生具有偶然性，一旦发生会给人们的生命财产以及交通运输系统的正常运营造成巨大影响，甚至会导致二次事故的发生。因此，如何实施有效的管理，尽量预防和减少事故和突发事件的负面影响，是交通安全管理的重要内容之一。

应急管理一词来源于英文 emergency management，是针对灾害和危机等突发事件进行预防监测、应急处置和恢复重建的全过程管理。国务院发布的《国家突发公共事件总体应急预案》中指出：应急管理是指政府及其他公共机构在突发公共事件的事前预防、事发应对、事中处置和善后管理过程中，通过建立必要的应对机制，采取一系列必要措施，保障公众生命财产安全，促进社会和谐健康发展的有关活动。

应急管理的内涵包括预防、预备、响应和恢复四个阶段。预防是指从应急管理的角度出发，防止突发事件或事故的发生，避免应急行动的相关工作；预备是指事故发生前采取的行动，目的是应对事故的发生，并提高应急行动能力，推进有效的响应工作，主要任务为制定应急预案及完善应急保障系统；响应是指事故发生后立即采取的行动，目的是保护生命，将财产损失降至最低程度；恢复是指在响应结束后立即恢复运营，目的是使交通运营恢复到正常状态或得到进一步改善。

10.2.2 突发事件应急管理内容

城市轨道交通应急管理，是指城市轨道交通运营管理部门针对突发事件的前后过程，通过建立必要应对机制和具体的措施，形成一套有效的预警—预防—控制—处理—恢复—评估的应急系统，确保应急组织指挥统一顺畅，处置及时妥善，最大限度地减少人员伤亡和财产损失的有关活动。作为一个涵盖城市轨道交通突发事件全过程的系统工程，城市轨道应急管理要求注重监测预警、事件预防、应急处置、事后恢复、总结评估等每一个具体环节。

城市轨道交通应急管理的主要内容归纳起来可以简称为"一案三制"。具体指的是："一案"（应急预案）、"三制"（应急管理体制、运行机制和法制）。应急管理体制指政府建立专门应急组织和指挥机构，对应急工作进行协调与管理；运行机制指涵盖突发事件前后过程中的各个环节，设定的突发事件预警机制、信息共享机制、应急决策机制、协调执行机制、评估机制等应急机制；法制指的是突发事件应急管理过程中遵循和依据的相关规章制度、法律法规。

1. 应急预案的概念

应急预案又称应急计划，是针对可能发生的突发事件和重大事故，为保证迅速、有序、有效地开展应急与救援行动，降低突发事件（重大事故）损失而预先制定的计划或方案。它是在辨识和评估潜在的突发事件（重大事故）发生可能性、发生过程、发生后果及影响严重程度的基础上，对应急机构与职责、人员、技术、装备、设施（备）、物资、救援行动、指挥与协调等方面预先做出的具体安排。

应急预案明确了在突发事件、重大事故发生之前、发生过程中以及刚刚结束之后，谁负责做什么，何时做，以及相应的策略和资源准备等。

2. 应急预案管理

1）应急预案分类

按预案的适用对象范围，可以将应急预案分为综合预案、专项预案和现场预案三类，从而保证预案文件体系的层次清晰和开放性。

（1）综合预案。

综合预案是整体预案，它从总体上阐述应急方针、政策、应急组织结构及相应的职责，以及应急行动的总体思路等。通过综合预案可以很清晰地了解应急体系及预案的文件体系，更重要的是可以作为应急救援工作的基础和"底线"，即使对那些没有预料到的紧急情况，也能起到一般的应急指导作用。

（2）专项预案。

专项预案是针对某种具体的、特定类型的紧急情况，例如针对铁路列车冲突、脱轨、火灾、爆炸、恐怖袭击等的应急而制定的。专项预案是在综合预案的基础上，充分考虑了某些特定灾害的特点，对应急的形式、组织机构、应急活动等进行更具体的阐述，具有较强的针对性。

（3）现场预案。

现场预案是在专项预案的基础上，根据具体情况需要而编制的，它是针对特定具体场所的特殊危险及周边环境情况，在详细分析的基础上，对应急救援中的各种情况做出具体、周密而细致的安排，因而具有更强的针对性和对现场具体救援活动的指导性。

2）应急预案的基本结构

各类应急预案因层次和应用范围不同而侧重点和表现形式不同，但都可以采用相似的基本结构，即基于应急任务或功能的"1+4"预案编制结构。"1"指的是基本预案，"4"指的是应急功能设置、标准操作程序、特殊风险预案和各类支持附件，如图 10-1 所示。

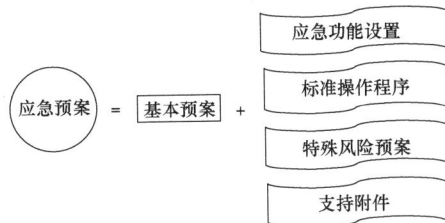

图 10-1　应急预案基本结构

基本预案是应急预案的总体描述，主要阐述应急预案所要解决的紧急情况、应急的组织体系、方针、应急资源、应急的总体思路，并明确各级组织在应急工作行动中的职责等。

应急功能设置是针对在各类重大事故中采取的一系列基本应急行动和任务而编写的计划。

标准操作程序主要是针对每一个应急活动执行部门，在进行具体应急活动时所规定的操作标准。

特殊风险预案是指根据各类事故灾难、灾害特征，需要对其应急功能做出针对性安排的特殊预案。

支持附件主要包括应急救援的有关支持保障系统的描述及有关的附图表。

3）应急预案的内容

应急预案是针对可能发生的各类重大事故所需的应急准备和应急行动而制定的指导性文件，总体上，一个完整的应急预案应包括下列核心内容：

（1）总则。

① 编制目的。

简述应急预案编制的目的、作用等。

② 编制依据。

简述应急预案编制所依据的法律法规、规章以及有关行业管理规定、技术规范和标准等。

③ 适用范围。

说明应急预案适用的区域范围以及事故的类型、级别。

④ 应急预案体系。

说明本单位应急预案体系的构成情况。

⑤ 应急工作原则。

说明本单位应急工作的原则，内容应简明扼要、明确具体。

（2）运输生产单位的危险性分析。

① 运输生产单位概况。

主要包括单位地址、业务范围、从业人数、隶属关系以及重大风险源、重要设施、目标、场所和周边布局情况。必要时，可附平面图进行说明。

② 风险源与风险分析。

主要阐述本单位运输生产业务中存在的风险源及风险分析结果。

（3）组织机构及职责。

① 应急组织体系：明确应急组织形式、构成单位或人员，并尽可能以结构图的形式表示出来。

② 指挥机构及职责：明确应急救援指挥机构总指挥、副总指挥、各成员单位及其相应职责。应急救援指挥机构根据事故类型和应急工作需要，可以设置相应的应急救援工作小组，并明确各小组的工作任务及职责。

（4）预防与预警。

① 风险源监控。

明确本单位对风险源监测监控的方式、方法以及采取的预防措施。

② 预警行动。

明确事故预警的条件、方式、方法和信息的发布程序。

③ 信息报告与处置。

按照有关规定，明确事故及未遂伤亡事故信息报告与处置办法。

● 信息报告与通知，明确24 h应急值守电话、事故信息接收和通报程序。

● 信息上报，明确事故发生后向上级主管部门和地方人民政府报告事故信息的流程、内容和时限。

● 信息传递，明确事故发生后向有关部门或单位通报事故信息的方法和程序。

（5）应急响应。

① 响应分级。

针对事故危害程度、影响范围和单位控制事态的能力，将事故分为不同的等级，按照分级负责的原则，明确应急响应级别。

② 响应程序。

根据事故的大小和发展态势，明确应急指挥、应急行动、资源调配、应急避险、扩大应急等响应程序。

③ 应急结束。

明确应急终止的条件。事故现场得以控制，环境符合有关标准，导致次生、衍生事故隐患消除后，经事故现场应急指挥机构批准后，现场应急结束。

应急结束后，应明确：事故情况上报事项；需向事故调查处理小组移交的相关事项；事故应急救援工作总结报告。

（6）信息发布。

明确事故信息发布的部门、发布原则。事故信息应由事故现场指挥部及时准确向新闻媒体通报。

（7）后期处置。

主要包括受伤人员处理、事故后果影响消除、恢复运输、善后赔偿、抢险过程和应急救援能力评估及应急预案的修订等内容。

（8）保障措施。

① 通信与信息保障，明确与应急工作相关联的单位或人员通信联系方式和方法，并提供备用方案。建立信息通信系统及维护方案，确保应急期间信息通畅。

② 应急队伍保障，明确各类应急响应的人力资源，包括专业应急队伍、兼职应急队伍的组织与保障方案。

③ 应急物资装备保障，明确应急救援需要使用的应急物资和装备的类型、数量、性能、存放位置、管理责任人及其联系方式等内容。

④ 经费保障，明确应急专项经费来源、使用范围、数量和监督管理措施，保障应急状态时运输生产单位应急经费的及时到位。

⑤ 其他保障，根据本单位应急工作需求而确定的其他相关保障措施（如交通运输保障、治安保障、技术保障、医疗保障、后勤保障等）。

（9）培训与演练。

① 培训，明确对本单位人员开展的应急培训计划、方式和要求。如果预案涉及社区和居民，要做好宣传教育和告知等工作。

② 演练，明确应急演练的规模、方式、频次、范围、内容、组织、评估、总结等内容。

（10）奖惩。

明确事故应急救援工作中奖励和处罚的条件和内容。

（11）附则。

① 术语和定义：对应急预案涉及的一些术语进行定义。

② 应急预案备案：明确应急预案的报备部门。

③ 维护和更新：明确应急预案维护和更新的基本要求，定期进行评审，实现可持续改进。

④ 制定与解释：明确负责应急预案制定与解释的部门。

⑤ 应急预案实施：明确应急预案实施的具体时间。

（12）附件。

① 有关应急部门、机构或人员的联系方式，列出应急工作中需要联系的部门、机构或人员的多种联系方式，并不断进行更新。

② 重要物资装备的名录或清单，列出应急预案涉及的重要物资和装备名称、型号、存放地点和联系电话等。

③ 规范化格式文本，信息接收、处理、上报等规范化格式文本。

④ 关键的路线、标识和图纸，主要包括：警报系统分布及覆盖范围，重要防护目标一览表、分布图，应急救援指挥位置及救援队伍行动路线、疏散路线、重要地点等标识，相关平面布置图纸、救援力量的分布图纸等。

⑤ 相关应急预案名录，列出直接与本应急预案相关的或相衔接的应急预案名称。

⑥ 有关协议或备忘录，与相关应急救援部门签订的应急支援协议或备忘录。

3. 应急管理体系

应急管理体系主要由组织体制、运行机制、法制基础及保障体系组成，见图 10-2。

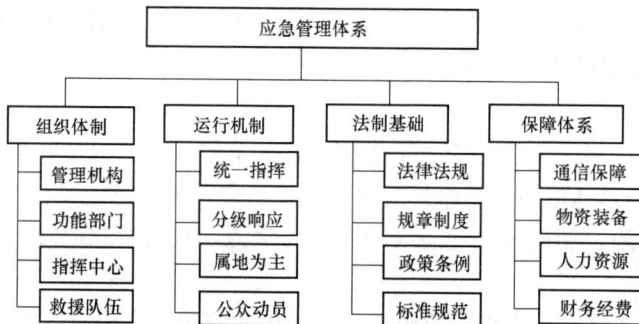

图 10-2　应急管理体系结构图

1）组织体制

组织体制建设包括管理机构、功能部门、指挥中心和救援队伍等内容。由于行政管理体制与法律制度不同，各发达国家在应急管理组织机构的设置与职能上，也不尽相同，可归纳为两类：一类是建立综合性强的应急管理机构，实行集权化和专业化管理，统一应对和处理危机，代表性的国家是美国、俄罗斯、日本等。另一类是实行分权化和多元化管理，在应急管理中实行多部门参与和合作，代表性的国家是英国、德国、澳大利亚、新西兰等。

2）运行机制

应急运行机制包括统一指挥、分级响应、属地为主和公众动员。交通事故的应急处置过程，应严格遵守各项事故救援规章制度，坚持事故应急处置的统一集中指挥和多部门配合的原则。

3）法制基础

应急法制建设是应急体系的基础和保障，有关的法规可分为紧急状态法、应急救援管理条例、政府法令和标准。基于法律进行应急管理是发达国家的成功经验，其应急管理的所有权限都由法律赋予，包括应急预案编制、审核和备案制度、信息发布和报告制度、应急救援制度等都应通过法律法规形式确定下来，建立一套完善的应急管理法律体系。

4）保障体系

应急保障体系包括通信保障、物资装备、人力资源和财务经费等。

10.2.3　应急管理现状

1. 美国的应急管理

美国是世界上应急管理体系建设比较完备的国家之一，不断完善的体制、法制建设使其应对突发事件的能力越来越强。经过多年的改进和加强，美国已基本建立起一个比较完善的应急管理组织体系，形成了联邦、州、县、市、社区五个层次的应急管理与响应机构，比较全面地覆盖了美国本土和各个领域。如图 10-3 所示，为了提高综合防灾救灾的能力，各级政府都设有负责应急管理的常设机构，负责防灾救灾工作的日常管理和综合协调。

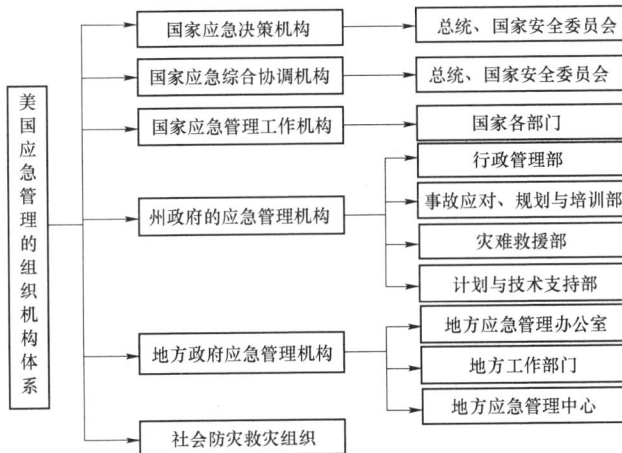

图 10-3　美国应急管理的组织机构体系

国家级应急管理中心主要负责制定灾害应急管理方面的政策和法律，组织协调重大灾害应急救援，提供资金和科学技术方面的支持，组织开展应急管理的专业培训，协调外国政府和国际救援机构的援助活动等。另外，联邦政府的地质调查局、国家海洋与大气管理局、林务局、美国陆军工兵、农业部等部门，也承担着重要的自然灾害应急管理职能。州政府主要负责制定州一级的应急管理和减灾规划，建立和启动州一级的应急处理中心，监督和指导地方应急机构开展工作，组织动员国民警卫队开展应急行动，在遇到重大灾害时及时向联邦政府提出援助申请。地方政府（县、市级）承担灾害应急一线职责，具体组织灾害应急工作。当灾害发生时，根据灾害应急管理职责和运作程序，由灾害发生地的政府首先开展灾害应急工作，当灾害发展到超过其应急管理权限和应对能力时，则逐级上报并由上一级政府负责接管灾害应急工作。如果灾害威胁大、影响面广，可直接由高层组织机构启动应急行动。

2. 日本的应急管理

日本地处亚欧板块、菲律宾海板块、太平洋板块交接处，是环太平洋火山带频繁活动的地区。台风、地震、海啸、泥石流、火山喷发、暴雨等各种自然灾害极为常见。20 世纪 90 年代中期以来，日本政府强化了政府纵向集权应急职能，建立了以内阁府为中枢，通过中央防灾会议决策，突发事件牵头部门相对集中管理，中央政府、都道府县（省级）、市町村分级负责，以市町村为主体，消防、国土交通等有关政府部门分类管理，密切配合，防灾局综合协调的应急管理组织体制。各级政府之间不是上下级行政隶属关系，而是一种指导协作关系，但中央政府可通过各种形式对地方政府进行监督和控制。在常态政府行政管理体制基础之上，日本根据国家和地方防灾救灾工作的需要，从中央到地方设置了一套政府和社会组织共同参与的应急管理机构，明确了各级各类应急管理机构的职责，确立了应急管理组织机构体系，如图 10-4 所示。

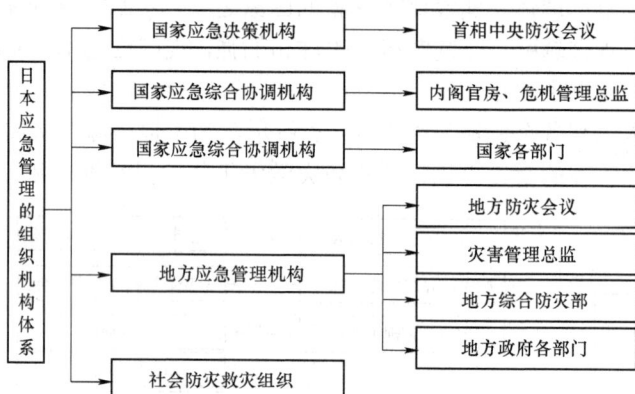

图 10-4　日本应急管理的组织机构体系

3. 英国的应急管理

虽然英国自然条件优越，少有巨灾，但也是一个洪灾不断、恐怖威胁形势严峻、生产安全与技术灾难隐患始终存在、应急管理任务繁重的国家。在应急管理的组织机构方面，英国形成了如图 10-5 所示的组织机构体系。英国首相是中央政府灾害应急管理的最高行政首长，负责统一领导、指挥和协调政府各部门的应急管理活动。内阁办公厅是英国政府的中枢机构，在危机管理方面负有收集和评估灾害信息、向公众提供预警信息、进行公众教育等方面的职责。英国政府各部门分别负责各自职责范围内的防灾救灾工作。

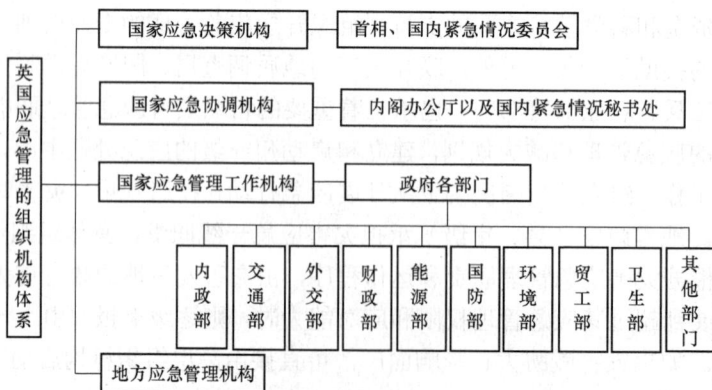

图 10-5　英国应急管理的组织机构体系

4. 俄罗斯的应急管理

俄罗斯是世界上国土面积最大的国家，受其地理位置和全球变暖的影响，俄罗斯北部经常发生冰川崩塌事故，同时冰冻、森林大火、火山喷发、地震、水灾、旱灾等自然灾害也较为严重。俄罗斯总统是联邦应急管理事务的最高行政领导，全面领导俄罗斯的防灾救灾工作，遇到重大紧急事件，进行直接指挥和处置工作。联邦安全会议是俄罗斯国家和社会安全问题的核心决策协调机构。紧急情况部连同联邦安全局、国防部、对外情报局、联邦边防局共同组成俄罗斯应急救援和处置的专门机构，主要任务是制定和落实国家在民防和应对突发事件方面的政策，实施一系列预防和消除灾害措施，对国外受灾地区提供人道主义援助等活动。同时联邦其他部门，如外交部、联邦政府与情报署、联邦保卫局在应急管理中分别负责相关领域的防灾救灾工作，发挥着至关重要的作用，形成应对重大灾害和违纪事件的应急组织机构体系，如图 10-6 所示。

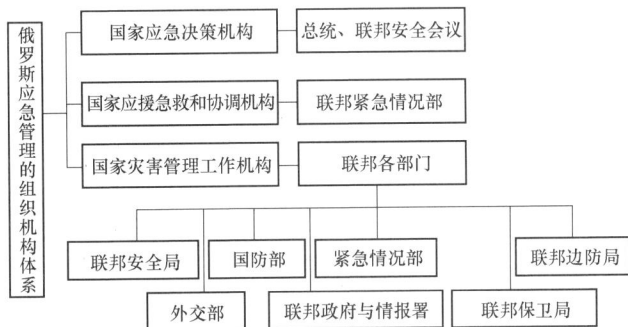

图 10-6　俄罗斯应急管理的组织机构体系

5. 我国突发事件应急管理开展的主要工作

20 世纪 90 年代至今，我国各行业逐步加快了应急管理的力度，并颁布了相关法案、条例。

1997 年 7 月，原化工部发布了《关于实施化学事故应急教预案加强重大化学危险源管理的通知》，首次提出了"化学事故应急救援预案编写提纲"。

2002 年 6 月，我国颁布了《安全生产法》，明确要求"生产经营单位的主要负责人有组织制定并实施本单位的生产安全事故应急救援预案的职责"，"生产经营单位对重大危险源应当建档，进行定期检测、评价、监控，并制定应急预案"。

自 2003 年 SARS 暴发以来，国务院投入很大力量组织制定国家突发公共事件总体应急预案、专项应急预案和部门应急预案。2003 年 12 月，国务院办公厅成立应急预案工作小组。

2004 年 9 月，党的十六届四中全会明确提出：要建立健全社会预警体系，形成统一指挥、功能齐全、反应灵敏、运转高效的应急机制，提高保障公共安全和处置突发事件的能力。

2005 年 5 至 6 月，国务院印发了四大类 25 件专项应急预案，80 件部门预案和省级总体应急预案也相继发布。

2006 年 1 月 8 日，国务院发布了《国家突发公共事件总体应急预案》，对自然灾害、事故灾难、公共卫生事件和社会安全事件等四类突发公共事件，根据事件性质、严重程度、可控性和影响范围等因素分为四级，并建立了"红橙黄蓝"四级预警。图 10-7 为特别重大突发事件应急管理工作流程。

2006 年 1 月，国务院发布 9 件事故灾难类突发公共事件专项应急预案。这 9 件事故灾难类突发公共事件专项应急预案是：国家安全生产事故灾难应急预案，国家处置铁路行车事故应急预案，国家处置民用航空器飞行事故应急预案，国家海上搜救应急预案，国家处置城市地铁事故灾难应急预案，国家处置电网大面积停电事件应急预案，国家核应急预案，国家突发环境事件应急预案，国家通信保障应急预案。同时，目前各省、区、市也完成了省级总体应急预案编制工作。这表明，全国应急预案编制工作基本完成，初步形成了全国应急预案体系，应急管理体系建设正在加快推进。

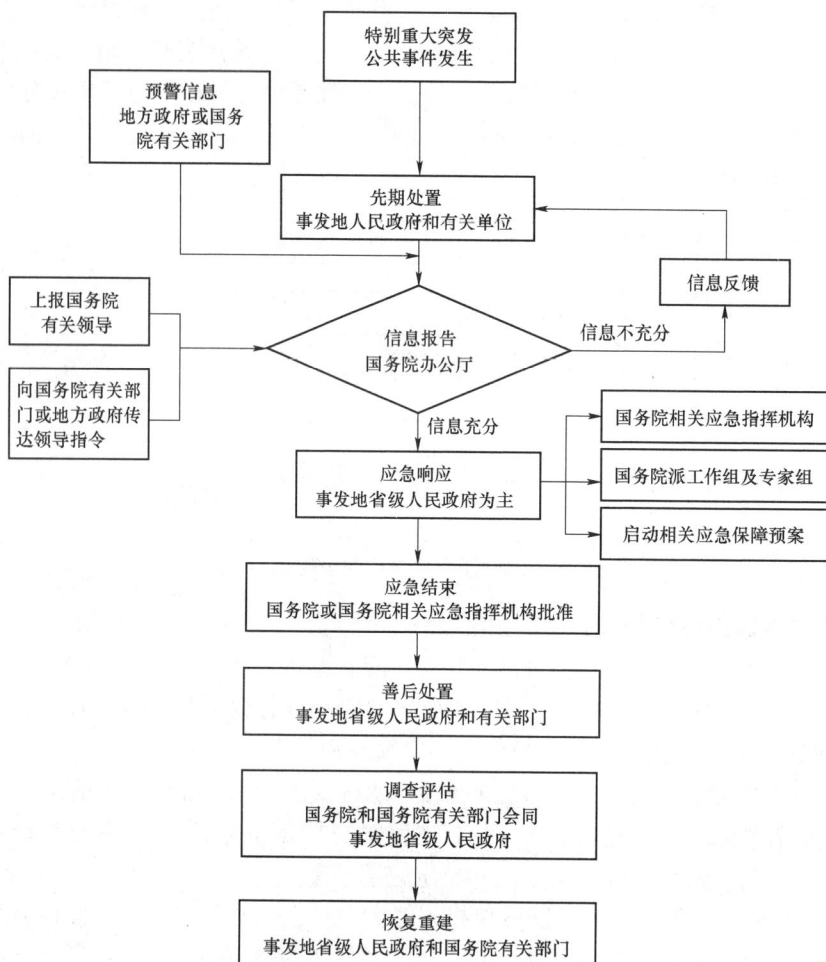

图 10-7　特别重大突发事件应急管理工作流程

10.2.4　灾害事件现场应急管理

1. 指挥与控制

指挥与控制是指紧急事件中的信息管理、信息分析和决策。

（1）应急管理组。应急管理组全面负责和控制所有与事故相关的活动。应急管理组由应急指挥领导担任，应急指挥由设施管理者担任，负责指挥和控制应急事务的所有方面。应急组其他成员为高层管理者，其主要工作是评估事件的短期和长期影响，下达撤离或关闭设施的命令，接待外部组织、媒体和发布新闻。

（2）事故指挥系统。事故指挥系统可提供协调的响应、清晰的命令链和安全操作链。事故指挥官通过应急操作中心负责事故的前线管理、战术规划与实施，决定是否需要外部帮助，转达对内部资源的要求或对外部帮助的要求。事故指挥官是有决定权的管理人员，工作职责为担任指挥，评估形势，实施应急管理预案，决定响应策略，命令撤离，督察所有事故响应活动和宣布事故结束。

（3）应急操作中心。应急操作中心是应急管理的中心，根据事故指挥官和其他人员提供的信息进行决策。应急操作中心位于设施中不容易卷入事故的地方，可以是经理办公室、会议室、安全部门、培训中心等，并明确一个备用位置以备万一。应急操作中心的资源包括通信设备、应急管理预案拷贝和应急操作中心程序、设计图、地图和形势图板、应急操作中心人员和职责说明清单、技术信息和应急者使用的数据、建筑保卫系统信息、电话目录、备用电源、通信与照明以及应急供应等。

（4）预案应考虑的问题。预案应考虑的问题包括两个方面。

第一，建立操作与控制系统，包括明确指定任务的人员的职责；明确灭火、医疗健康管理服务、工程的程序和责任；明确接任顺序；确保关键岗位的领导、权力和责任的连续性；明确每一响应功能需要的设备与供应等。

第二，安排所有人员识别并报告紧急情况，警告其他职工，采取保卫与安全措施，安全撤离和提供培训等。

（5）保卫。事故一开始就应隔离现场，如果可能，发现者应该保护现场并限制人员接近，但是不能让任何人冒险进行这项工作。基本保卫措施包括关闭门窗，人员安全撤离后用家具建立临时障碍，在危险材料泄漏的路径上设置围堵设施并关上文件柜和抽屉。只有受过专业训练的人员才允许进行高级的保卫措施，进入设施、应急操作中心和事故现场的人员限于应急响应中直接有关的人员。

（6）外部响应的协调。在某些情况下，由于法律法规的要求、事先的协议以及紧急事件的性质，需要事故指挥官将操作移交给外部机构，实施工厂与外部响应组织之间的协议。工厂的事故指挥官应向社区的事故指挥官提供完整的形势报告，并追踪现场组织和协调应急响应，这可以帮助增加个人的安全性和责任感，避免重复工作。

2. 通信

在应急反应期间，通信是必不可少的，用于报告紧急情况、警告危险、保持与家庭和不当班职工联系以通报设施的事件和协调应急行动，保持与客户和供应商接触等。

（1）通信系统各种事故发生的可能性。要考虑通信方面所有可能的事故，包括暂时的或短期的中断和完全的通信瘫痪。主要考虑以下六个方面的内容。

① 设施的日常功能和支持这些功能的通信，包括语音和数据。

② 一旦出现通信故障将对企业造成什么冲击，在紧急事件中造成怎样的冲击。

③ 确定所有设施通信的优先顺序，决定紧急事件期间哪个应首先恢复。

④ 建立恢复通信系统的程序。

⑤ 与通信供应商就其通信应急响应能力进行协商，建立恢复服务的程序。

⑥ 决定是否需要就每一岗位提供备用通信手段。

（2）应急通信。紧急事件中的应急通信系统包括紧急响应者之间、紧急响应者与事故指挥官、事故指挥官与应急操作中心、事故指挥官与职工、应急操作中心与外部响应组织、应急操作中心与相邻企业、应急操作中心与职工家庭、应急操作中心与顾客以及应急操作中心与媒体等。应急通信方法包括信使、电话、无线对讲机、传真机、微波通信、卫星通信、调制解调器、局域网和手势等。

（3）家庭通信。紧急事件中要制定紧急事件中与职工家庭通信的预案，具体包括三个方面。

① 考虑在紧急事件中互相分离或受伤时怎样与家庭联系。

② 在紧急事件中安排与所有家庭成员进行电话联系。

③ 一旦紧急事件中不能回家，安排会见家庭成员的地方。

（4）通告。建立向职工报告紧急事件的程序，将紧急电话号码贴在每一部电话机旁、公告栏以及其他显著的位置，保持应急响应关键人员住址、电话号码或其他联系手段的更新，收听气象台发布的暴雨、飓风及其他恶劣天气的警报，预先确定政府机构需要的通告，通告应该在事故可能影响公众健康与安全时立即发出。

（5）警报。设立紧急事件中警告个人的系统，包括能被设施中的人听见或看见、有辅助电力供应和清晰可分辨的信号，必须有警告残疾者的预案，例如，通过闪光灯警告听力障碍者。建立报警程序，用来警告顾客、承包商、来访者和其他不熟悉设施报警系统的人。对于报警系统，至少应每月进行一次测试。

3. 生命安全

紧急事件期间，保护设施中每个人的健康和安全是最重要的。

（1）撤离计划。撤离是最普通的保护措施。编写撤离政策的程序为：① 决定需要撤离的条件；② 建立清晰的命令链，明确有发布撤离命令权的人，任命撤离管理人员帮助他人撤离和清点人数；③ 建立特定撤离程序和清点人数的系统，较远撤离时应考虑人员的交通问题；④ 建立程序帮助有残疾的人员和语言不通的人员；⑤ 张贴撤离程序；⑥ 任命撤离过程中继续或中断关键操作的人员，他们必须有能力判断何时放弃操作，撤离自己。

（2）撤离路线与出口。指定主要和备用的撤离路线和出口，要有清晰标记和照明，要安装应急照明以防备撤离时停电。撤离路线和应急出口应有足够宽度以容纳撤离人数，任何时候都应干净无障碍，较低概率暴露在另外的危险中。撤离路线须经非本单位人员评价通过。

（3）集合区与人数清点。集合区的混乱可能导致不必要的和危险的搜救操作，应明确撤离后的集合地点，撤离后清点人数，应确定未到者的姓名和最后所在位置并提交应急操作中心，建立清点供应商、顾客等其他非本单位职工的程序，并建立进一步撤离程序以防事故扩大，包括让职工回家或提供交通工具到安全地点。

（4）躲避。在有些紧急事件中，不论在设施内还是设施外的公共建筑内，最好的保护措施就是躲避。在躲避中要考虑躲避的条件，确认设施内或社区的躲避空间，建立让个人躲避的程序，确定必需的应急供应，如水、食物、医疗设施等。如果需要，任命躲避场所管理者，制订与地方当局的协调计划。

（5）训练与信息。训练职工撤离、躲避或其他安全程序。至少每年训练一次，对于新职工、撤离管理员、躲避场所管理者和其他有特殊安排的人员必须进行训练。当引进新装备、材料或过程、更新或修订程序、改进职工的练习行动时，也必须进行训练。提供的应急信息包括检查表、关键地方张贴的撤离图，以及考虑顾客或其他来访者需要的信息。

（6）家庭的准备。帮助职工安置家庭成员。以家庭为单元，做好应对紧急事件的准备，这将增加职工个人的安全性，减少其对家人的担忧，才能尽快投入新的救援或生产活动。

4. 财产保护

紧急事件发生时应保护设施、设备和关键的记录，这对以后恢复生产是必须的。保护的设施包括防火系统、防雷系统、液位监测系统、溢流检测装置、自动关闭装置和应急发电系统等。设施关闭通常是最后的措施，一些设施只需要简单的关闭程序，例如，关掉设备、锁门、发警报。一些较大的设施需要复杂的关闭程序。保存必要记录对于恢复操作是非常重要的，这些记录包括财务与保险信息、工程计划与工程图、产品清单与说明书、职工、顾客、供应商数据库、配方与商业秘密、个人资料等。

5. 外部组织

与社区、外部组织的关系会影响保护人员和财产以及恢复操作的能力。以下描述应急预案中涉及的外部组织。

（1）涉及社区。与社区领导、应急负责人、政府机构、社区组织与公共事业部门保持对话，定期会见社区应急人员，评审应急预案与程序，谈论为准备与防止紧急事故可以做些什么。

（2）互助协议。为避免应急响应中的混乱和冲突，应与地方应急响应机构和相邻企业建立互助协议，包括确定帮助的类型、激活协议的命令链和确定通信程序。

（3）为社区服务。在涉及整个社区的紧急事件中，企业需要在人员、设备、掩蔽设施、培训、储存、饲养设施、应急操作中心设施、食品、衣物、建筑材料、资金、运输等方面帮助社区。

（4）公众信息。当紧急事件扩大至设施外时，社区要了解事故的性质、公众安全和健康是否处于危险中、怎么解决问题、如何阻止事态恶化，就要确定事件可能影响到的人，明确他们需要的信息。这些人包括公众、媒体、职工与退休职工、协会、承包商和供应商、顾客、股东、应急响应组织、管理机构、指定与选举的官员、特殊兴趣组织、邻居等。

（5）与媒体的关系。媒体是紧急事件中与公众最重要的联系途径。紧急事件期间向媒体提供信息时，应做到给所有媒体接触信息的平等的机会，可能时发布简报或召开记者招待会。同时确保现场媒体代表的安全，保存发布信息的记录。

值得注意的是要避免对有关事故进行猜测，不允许非授权人发表信息，不得掩盖事实或误导媒体，不得谴责事故。

6. 恢复与重建

事故过后应着手恢复操作。恢复操作包括以下内容：

（1）建立恢复组织，建立恢复操作优先顺序。

（2）继续保持个人与财产安全，评估残余危害，保留现场安全保卫。

（3）召开职工会议。

（4）保留详细记录，包括声音记录、损害的照片和录像带。

（5）统计损失情况，建立损失的账目。

（6）事件后通告程序，通报职工家庭有关个人的财产状况，通报不在岗人员的工作状态，通报保险公司和有关政府机构。

（7）保护未损坏财产，关闭建筑进口，清除烟、水和其他残骸，保护设备防止受潮，恢复供电。

（8）进行事故调查，与政府有关部门协调行动。

7. 管理与后勤

保持完整、准确的记录有助于更加有效地开展应急响应和恢复程序。

（1）管理行为。事件前的管理行为包括建立书面的应急管理预案、保留培训记录、保留所有书面通信记录、演练与演习的文件与鉴定、预案编制活动中涉及的社区应急响应组织等。

紧急事件期间和以后的管理行为包括保存电话记录、保存详细的事故记录、保存受伤及随后行为的记录、清点人数、协调家庭成员的通告、发布新闻、保存取样记录、管理资金、协调个人服务、事件调查与恢复操作文件等。

（2）后勤。紧急事件前，后勤的主要工作为采购设备、储存供应、明确应急设施、建立培训设施、建立互助协议和准备资源清单。应急期间的后勤是为应急响应者提供设施图、向职工提供材料安全数据单、安装备用设备、维修零件、安排医疗支持、食物和交通、安排躲避设施、提供备用电源和备用通信。

10.2.5　重要目标区救援预案

重要目标区的救援预案是一个实质性的具体行动方案，它是各救援分队实施救援的依据。此类预案主要有以下六个方面的内容。

（1）事故预想。事故预想是制定目标区救援预案的前提。事故预想的主要内容包括：重要目标区的危险源概况；潜在威胁最大的目标（单位）名称；主要有毒、有害物质的常存量；对潜在威胁程度的评估；对诱发事故因素的分析；对各季节风向、风速、气温、雨（雪）量的判断及气象条件对化学事故的可能影响等。根据调查资料建立数据库，对危害结果进行预测。

（2）救援决心。救援决心主要说明救援指挥者的指导思想，采取的手段和达到的目的。

（3）任务区分。按照厂区救援、社区救援和市预备队救援三个层次单位（队）区分任务。厂区救援是本厂自身的救援，其任务是切断毒源、制止扩散及救护本厂人员。社区救援是所在社区指挥部组织的救援，应集中全区所有力量进行救援，其救援范围以厂区为主。市预备队救援，任务范围除专业技术人员到厂区外，以外围救援为主。

（4）人口疏散。人口疏散应考虑疏散的时机、范围、地域、路线、方法和保障以及组织指挥。疏散地域应选择在事故源的上风方向、在毒气扩散范围之外、便于机动和能容纳所疏散的人口等处。

（5）组织指挥。组织指挥包括指挥机构的组成、任务、权限、位置、指挥所开设时机。指挥位置要选择在毒气扩散的上风方向，并便于指挥的位置。指挥所人员的构成应为本系统、厂（企）指挥部的成员和各专业分队的指挥员代表。各代表均应携带指挥通信工具，能接受指挥部的命令，又能对其分队实施有效指挥。

（6）各种图表。

① 基本救援预案图的主要内容包括重要目标分布情况；救援力量配置情况；市、区消防和有关部门、单位的位置；市、区目标区有线、无线联网情况。

② 重要目标区应急救援预案图的主要内容包括危险源扩散范围及模式；各救援分队的机动、展开位置；人口疏散的方向和地域；各级指挥所的位置。

③ 其他各种附表。救援指挥部序列表主要反映本系统、厂（企）指挥部和专业队的编号及指挥关系。危险品来源情况表主要内容包括单位名称、详细地址、联系电话、品名、产量、日储量、等级划分及周围人口密度等。救援力量情况表主要包括单位名称、详细地址、联系电话、人数、装备器材名称、数量、技术性能、装备车辆数、救援能力及防护能力等。

第 11 章
城市轨道交通事故案例分析

11.1 重 大 事 故

11.1.1 案例 1："2·22" 阿根廷城铁出轨事故

1. 事故概述

当地时间 2012 年 2 月 22 日，阿根廷首都布宜诺斯艾利斯发生一起城铁列车和站台相撞出轨事故，造成 51 人死亡，700 余人受伤，其中部分伤者伤势严重（见图 11-1）。

图 11-1　阿根廷城铁出轨事故

2. 发生原因

因制动故障、列车司机经验不足、设备老化等原因，列车进站后未能及时制动，冲入车站铁轨尽头的障碍物，经撞击后出轨；列车发动机前端和第一节车厢严重受损，强行停车的冲击力造成乘客伤亡严重。

3. 经验教训

（1）车辆、设备系统维护不及时，设备老化未得到足够的重视。

（2）司机上岗时间短、培训不足，遇制动故障失灵，突发事件应急处置经验不足。

4. 应对措施

（1）及时改进设备技术，消除设备隐患。从安全技术方面最大限度消除运营行车设备存在的已知安全隐患。

（2）认真查找运营线路、车站和设备中存在的重大危险源，坚持科学分析并控制危险源点，切实做好安全风险控制。

11.1.2 案例2："3·29"莫斯科地铁连环爆炸事故

1. 事故概述

当地时间2010年3月29日早晨7点50分左右，莫斯科市地铁"卢比扬卡"站内车厢发生爆炸；其后"文化公园"站发生第二起爆炸；随后在"和平大街"地铁站，又发生第三起爆炸，爆炸现场惨不忍睹（见图11-2～11-4）。

图11-2 爆炸现场人员伤亡状况

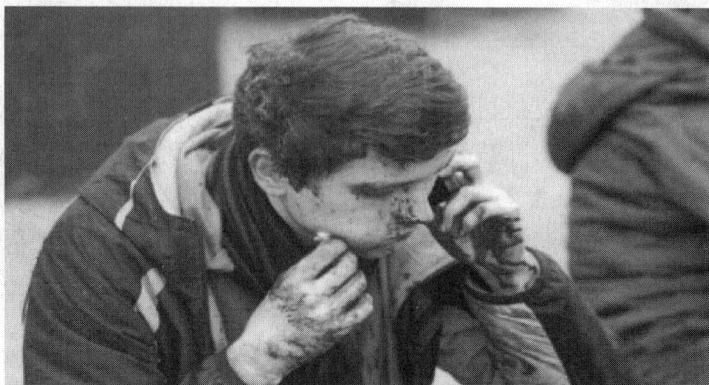

图11-3 爆炸事故中受伤的乘客

图 11-4　事故造成社会恐慌

2. 发生原因

为实现政治目的，恐怖分子进行有计划的自杀式恐怖袭击。

3. 经验教训及防范措施

"3·29"莫斯科地铁爆炸事件（见图 11-5）对地铁安全防范工作有警示作用，应在以下四方面进行强化：

爆炸事故造成整个地铁站区域浓烟滚滚，给救援和乘客疏散带来了极大困难

图 11-5　爆炸车站现场图

（1）加强巡查。在地铁车站、车厢，地铁工作人员和公安干警应不间断进行巡查，尤其在重大节庆活动日。

（2）加强检查。在地铁进闸口等关键位置，加大对乘客乘坐地铁时携带物品的检（抽）查力度，防止易燃、易爆、有毒危险品和危及乘客安全的物品进站。

（3）加强演练。根据事先制定好的各类预案，针对可能发生的各种情况，安排各种方式的演练和培训，提高安全防范意识和快速处理能力。

（4）加强宣传引导。通过公共媒体、车站及列车传播媒介，宣导防恐常识及紧急情况下疏散知识与方法，提高社会整体防恐力度和乘客的安全自救意识。

11.1.3 案例3："6·22"华盛顿地铁相撞事故

1. 事故概述

当地时间2009年6月22日下午，美国华盛顿哥伦比亚特区发生一起地铁相撞事故，事故至少造成9人死亡，76人受伤。当时正值下班高峰期，被撞214列车以手动模式驾驶，因前方另有一列地铁列车，所以停下来等待前车开走，停下来时间并不长，就遭到112列车追尾，214列车尾部遭受猛烈撞击。肇祸112列车当时处于"自动驾驶"模式，但未能在与214列车安全距离不足的情况下自动进行紧急制动，最终因112列车人工紧急制动措施不够及时，冲撞了前面的214列车，导致前面214列车尾部车厢严重变形，112列车的第一节车厢爬上214列车尾部（见图11-6）。

图11-6 事故现场车辆受损情况

2. 发生原因

信号设备技术故障，导致列车在自动驾驶运行时与前车发生追尾相撞。

3. 经验教训

（1）不能忽视运营专业人员的业务培训。地铁自动化程度高，一旦设备失灵，倘若人员处理不当，则很容易导致事故的发生。本次事故中丧生列车司机只接受6个星期训练便独立上岗，启示人们不可放松对列车驾驶员的专业技术培训，运营人员专业素养尤为重要。

（2）加强对设备的试验、检测和认证工作。地铁运营前的车辆及机电设备采购到位或技术升级后，必须进行一系列的技术试验、检测和认证工作，发现并及时解决存在的问题，保证技术装备在运营中的安全稳定状态。

11.2　大　事　故

11.2.1　案例 4：北京地铁 4 号线扶梯故障事故

1. 事件经过

2011 年 7 月 5 日上午 9 时 36 分，北京地铁 4 号线动物园站 A 口上行电扶梯发生设备溜梯故障，导致正在搭乘电梯的乘客随着倒行的电梯向下摔倒，挤压在电梯口，导致人压人，事故造成 1 人死亡，死者为一名 12 岁外地到京旅游的男童，30 人受伤，其中 3 人重伤，27 人轻伤（见图 11-7）。

图 11-7　人员伤亡情况现场图

2. 造成影响及后果

（1）对运营的影响：致 1 人死亡，30 人受伤，其中 3 人重伤，给社会公共安全带来了重大影响。

（2）对设备的影响：无。

（3）定性定责："7·5"北京地铁 4 号线自动扶梯逆转事故是一起设备故障责任事故。

3. 原因分析

由于动物园站 A 口上行扶梯固定零件损坏，扶梯驱动主机发生偏移，造成驱动链条脱落，扶梯在上行过程中突然停止并快速逆向下滑运行，与原来上行方向相反倒行，造成正在电梯上的乘客向下摔倒，并快速堆积在电梯口，人压人挤伤，12 岁小孩因被挤压在最下面不幸身亡（见图 11-8）。

4. 改进及防范措施

（1）完善电扶梯的安全管理。电扶梯设备管理部门应明晰维保单位与运营双方安全责任，严格履行对维保单位工作质量监督检查职责；按规定办理电扶梯使用登记并建立安全技术档案，及时申报定期检验。

（2）加强电扶梯维护保养。电扶梯设备管理部门应针对长大扶梯、客流较大车站等情况制定具有针对性的维保措施，做到点面兼顾，确保扶梯得到长期有效保养。

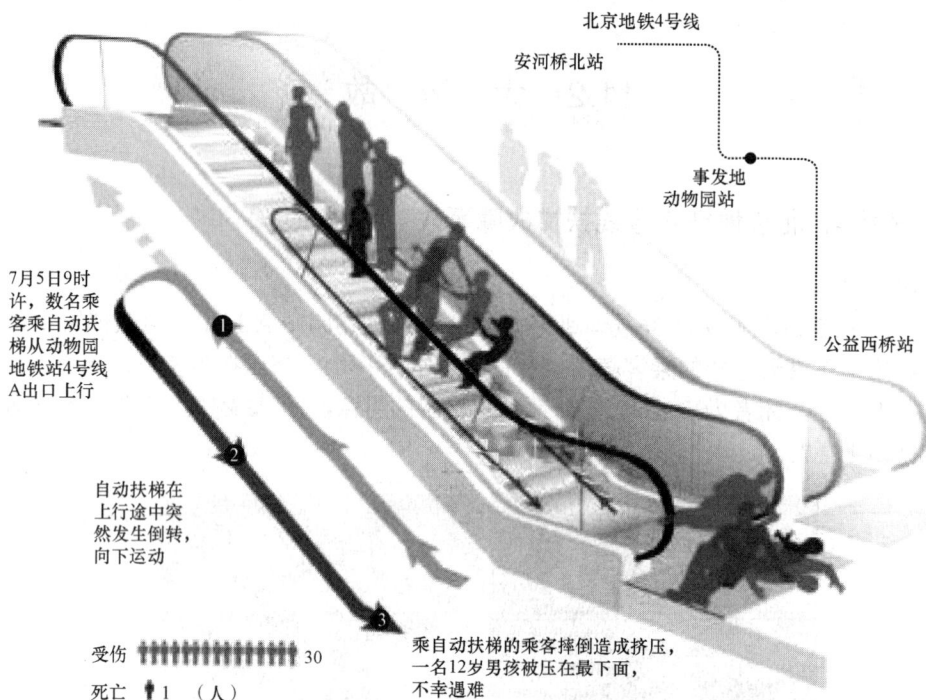

北京地铁4号线
安河桥北站
事发地 动物园站
公益西桥站

7月5日9时许，数名乘客乘自动扶梯从动物园地铁站4号线A出口上行

①

② 自动扶梯在上行途中突然发生倒转，向下运动

③

受伤 🯅🯅🯅🯅🯅🯅🯅🯅🯅🯅🯅🯅🯅🯅🯅🯅🯅🯅🯅 30
死亡 🯅 1 （人）

乘自动扶梯的乘客摔倒造成挤压，一名12岁男孩被压在最下面，不幸遇难

图 11-8　人员伤亡原因示意图

（3）加强设备监控，确保设备状态良好。车站工作人员及设备管理人员应定时对车站扶梯设备进行监控，落实巡查，发现设备运作异常，应及时停用报修。对扶梯质量问题，与扶梯供应商积极寻求解决方案，消除扶梯安全隐患。

（4）加强安全乘梯宣导。规范车站扶梯安全广播、安全乘梯标识管理，车站人员在客流高峰期，加强对重点扶梯的乘梯引导。

5. 事故调查结果及处罚

（1）扶梯制造单位广州奥的斯电梯有限公司、日常维护保养单位北京奥的斯电梯有限公司对此次事故的发生负有主要责任。

（2）奥的斯电梯（中国）投资有限公司由于未能及时发放有关技术文件，对本次事故负有次要责任。

（3）涉嫌触及刑律的两名事故责任人，交由司法机关依法追究刑事责任；上述三个公司被依法处以罚款；北京奥的斯电梯有限公司负责事故扶梯日常维保的人员，被吊销作业许可证。

11.2.2　案例 5：某地铁 4 号线新造车辆段违章操作叉车伤亡事故

1. 事故概况

2007 年 7 月 12 日 15:45 左右，某地铁新造车辆段线路工班工班长伍某到调度室钥匙箱前取钥匙，当值调度秦某发现后询问他借用什么钥匙，伍某说是叉车钥匙，秦某阻止他说你没有叉车操作证不能开叉车，伍某没有理会，也未在借用记录本上登记就拿着钥匙走出了调度室。随后，伍某从负一层开叉车到了车辆段 5 道作业现场。

16:07，伍某一人开叉车回负一楼。

16:20 左右，余某在回作业现场的途中，发现负一层西端通道拐弯处有一辆叉车翻倒在地，现场柴油流了一地，伍某被叉车压在车下，地上有很多血。余某立刻拨打 120 求救，随后往车辆段工班的作业现场跑并给分部调度打电话（16:23）汇报现场情况。

余某将正在 27 道和 5 道作业的工班所有人员都叫到事故现场进行抢救，但未能抬动叉车，又从库房拿起道器及千斤顶将叉车的一端抬起，将伍某从叉车驾驶位横梁下移出。期间救护车上的医生打电话说找不到新造车辆段的位置，分部调度秦某马上要求车辆段内的值班司机用车将伍某送到医院。

16:43 左右，伍某被送到医院，医生立即展开抢救，大约 20 分钟后，医生告知伤者因伤势太重抢救无效死亡。

2. 原因分析

1）直接原因

（1）伍某违反公司规章制度，在没有取得市级以上质量技术监督行政部门颁发的特种设备作业人员资格证书的情况下，忽视安全、无视劝阻，无证违章擅自驾驶叉车。

（2）由于伍某未经叉车操作培训，未掌握叉车驾驶技能和应急处理措施，驾驶叉车不当，导致叉车侧翻，致其本人颅脑重度损伤。

（3）事发叉车为 CPCD20H 型内燃平衡重式叉车，出厂日期为 2005 年 9 月，上次检验日期为 2007 年 2 月 6 日，经特种设备监察检验所检验，检验结论合格。车辆部曾在 2007 年 6 月 11—15 日对设备进行了双月保养，设备状况正常。设备处于安全状态，本次事故是由于人的不安全行为引起。

2）间接原因

（1）特种设备钥匙管理人员规章制度执行不力。伍某私自在调度室钥匙箱里取叉车钥匙，当值调度秦某发现后，只作口头制止，没有采取强硬的手段制止其违章行为，也没有立即向上级报告，纵容了违章行为。

（2）工建部对特种设备管理不善。分部钥匙借用台账显示，今年以来，叉车使用记录只有一次，说明工建部对叉车的使用基本上都是违章使用。分部长期存在以下情况：叉车钥匙分别在调度室、综合工班两处保管；人员取走叉车钥匙时没有登记。据调查，工建部还有其他员工曾经无证驾驶叉车。这些管理上的问题为事故的发生埋下了隐患。

（3）各级管理人员检查不到位、监督不到位，没有及时发现工建部在叉车的使用上存在管理问题。

3. 防范措施

（1）建立完善的钥匙管理制度，专人管理，有效控制钥匙的使用。钥匙管理人员认真履行岗位职责，审核借用的必要性和借用人的设备操作资格，并做好登记，防止其他员工擅自拿取钥匙。

（2）全面检查特种设备台账和特种作业人员台账，杜绝无证操作的行为。加强特种设备操作人员的技能培训，定期对持证人员进行培训和考试，并形成制度；明确特种设备操作人员技能审核要求，论证厂内机动车、起重设备的管理模式。

（3）加强特种设备使用的监管。建立叉车、电瓶车随车使用登记表，使用人每次使用时需登记使用人姓名、操作证号、使用时间、有无异常情况等，杜绝无证违章操作。

（4）综合部加强道路交通安全管理，普查、完善 4 个车辆段内道路交通安全标志的配置，特别关注限高、限速、急转弯等安全标志。禁止叉车在新造车辆段综合楼负一层库房内使用。

（5）全面清查和进一步完善厂内机动车、起重设备等特种设备规章、操作规程，车辆部负责归口明确厂内机动车、起重设备等特种设备的操作规程。

（6）发动广大员工，在已识别出的危险源基础上，查找各岗位还存在的危险源，制定相应的防范措施，补充完善职业健康安全管理体系的危险源识别和风险评价。

（7）完善叉车等特种设备送检的交接制度，做好自控、互控、他控的监督工作。

11.3 险 性 事 故

11.3.1 案例 6：轻轨救援工程车与载客列车追尾事故

1. 事件概况及经过

概况：2009 年 12 月 27 日 11 时 31 分，某市一辆轻轨救援工程车与 219 号轻轨载客列车追尾相撞，造成 219 号车内 200 余名乘客中 46 人不同程度受伤（见图 11-9）。

被追尾的正在站内乘降旅客的219号车

故障被救援的轻轨车208号及救援工程车辆

图 11-9 追尾事故现场图

具体经过：12 月 27 日 11 时许，救援工程车接调度命令牵引因制动系统故障的 208 号轻轨车，由 A 站向 B 站方向行驶；11 时 31 分通过 C 站时，驾驶员发现救援工程车刹车失灵，并最后导致在站内与正在线路上停车上下乘客的 219 号轻轨客车追尾相撞。被撞轻轨客车尾部和转向架受损，风挡玻璃破碎，车内两扇窗户玻璃破碎脱落。当时 219 号轻轨客车内有乘客 200 余人，事故造成部分乘客受伤并受到惊吓。

2. 造成影响及后果

（1）对运营的影响：事故性质恶劣，造成运营载客的 219 号车上 40 多人就医检查，重伤 2 人，其中 1 人腰椎骨折、1 人锁骨骨折，轻伤 11 人须留院观察。市轨道交通集团有限公司为保证轻轨的正常运营，迅速抢修、转移事故车辆，用一个多小时的时间就恢复了车站和线路运营。

（2）对设备的影响：追尾撞击严重损坏救援工程车和 219 号车（见图 11-10）。

3. 原因分析

发生该起列车追尾事故的直接原因为担当救援 208 号故障车的救援工程车制动故障，导致接近车站时失控冒进车站，撞上停在站内上下乘客的 219 号载客列车。

猛烈追尾撞击后，219 号载客列车上玻璃损坏严重，乘客受伤大部分均在此车厢内

图 11－10　事故中损毁的轻轨客车图

4. 改进及防范措施

（1）机车牵引客车时，正确处理联挂后的风电连接，并要有两人确认连接状态和机车、车辆的制动设备重联状态。

（2）开车前了解清楚故障车辆的风电状态，特别是制动系统状态。

（3）动车前和动车后进行制动效能试验。

（4）运行中适当控制速度。

（5）接近车站提前控制速度，第一个车站提前制动调速。

（6）发生制动失效时要冷静，严格地按照应急处置方案进行处置。

（7）遇到未见过的故障现象时，立即请求技术支援。

11.3.2　案例 7：某轨道交通线调试列车挤岔脱轨事件

1. 事件经过

2011 年 3 月 10 日 19 时 30 分，某地铁线路高架段 A 站至 B 站区间下行线，因工程承包单位的施工人员擅自搬动该区间通往 B 车辆段的正线道岔，并在工程轨道车进入 B 车辆段后，既未将该正线道岔恢复正向定位位置，又未向轨行区调度控制中心汇报道岔位置，导致当天夜间进行正线 ATO 信号调试的一列电客车（4 辆编组）以 60 km/h 的速度从反岔方向运行挤过该道岔时，前 3 节车厢发生脱轨掉道的恶性行车事件（见图 11－11）。

A站进站前的正线道岔被反岔方向运行调试列车挤过

图 11－11　某线出入场线路现场图

2. 造成影响及后果

（1）对运营的影响：中断正线调试运行。

（2）对设备的影响：线路及道岔损坏，掉道车辆走行部严重损毁。

（3）定性定责：工程施工单位违规作业。

3. 原因分析

（1）施工承包商的工程轨道车辆在线路上的行车管理不严格。在施工单位施工人员自行搬动入车辆段道岔后，正线道岔的位置和锁闭状态未得到控制中心的监管和记录。

（2）调试区间安全及封闭管理不严格。调试作业前，调试列车未对调试区域的线路进行低速巡道检查作业，也未指派车站、工程部门人员对区间道岔进行锁闭状态检查。

（3）ATO信号调试作业负责人和调试列车司机运行中未做到集中瞭望，未及时发现调试线路的正线道岔尖轨处于侧向挤岔位置状态。

4. 改进及防范措施

（1）调试线路列车必须先进行巡道作业。

（2）列车运行中电客车司机严格执行确认进路的瞭望。

（3）运行中必须做到瞭望不间断，发现进路异常立即紧急停车。

11.4 一 般 事 故

11.4.1 案例8：某地铁4号线新造车辆段牵19道车挡被撞坏事件

1. 事件经过

2011年1月14日21:50，调车班司机接当天第4号调车作业单。

22:10，司机整备作业完毕。

22:15，在17A往牵19的途中，由于司机精神不振，列车在牵19道没有按规定停车位置停车，司机发现列车越过停车标后采取快速制动，列车车钩撞上牵19道尽头线的车挡，导致车挡横梁脱落掉在地上，司机立即驾驶列车后退约3 m，并下车将脱落的横梁放回原位。

22:50，司机回到派班室后未向车厂调度或派班员反映情况，同时未填写事件单。在事后调查中，司机存在侥幸心理，试图隐瞒事件经过，未汇报分部，且在分部、部门调查人员多次询问下还不承认，直至1月26日在录像依据的情况下才承认事实，性质恶劣。

2. 事件分析

（1）当值司机安全意识淡薄，当班中精神不振，违章操作，没有按规定停车位置停车，导致列车车钩撞上牵19道尽头线的车挡，车挡横梁脱落掉在地上。

（2）乘务部管理不到位，对员工的作业及思想状态了解不到位。得到信息后，部门对信息敏感性不高，管理人员未能第一时间到达现场进行事件的调查。

3. 整改措施

（1）加强员工安全意识教育和职业道德教育，树立良好的职业道德，认真履行岗位职责，严格遵守劳动纪律，不断增强工作责任心和安全生产意识，不能相互包庇、隐瞒，制造虚假信息，保障地铁的安全运行。

（2）加强员工思想引导和严肃作业纪律，各岗位人员在工作中要加强互控和他控，对于工作中的违章指挥和违章作业要坚决进行抵制，形成齐抓共管的工作氛围，共同确保运营行车生产安全。

11.4.2　案例 9：某地铁车场调车挤岔事件

1. 事件经过

某年 2 月 13 日 12 时 52 分，电客车 17、18 车在 6 道（洗车线）第二次洗车完毕，司机和副司机没有与车厂信号楼值班员联系，也没确认进路防护（进厂信号机）信号机，就擅自动车，动车后也没确认道岔。

12 时 54 分，以 15 km/h 速度将车厂 4#交分道岔挤坏，信号楼值班员用电台呼叫司机停车，司机采取紧急停车，越过了 4#岔尖轨 30 m，造成了挤岔事故。

2. 造成影响及后果

（1）对运营的影响：影响后续列车入厂。

（2）对设备的影响：无。

（3）定性定责：定为一般事故。

3. 原因分析

（1）司机和副司机安全意识不强，动车前没有确认信号、进路，没有与车厂信号楼的信号值班员联系，是造成这起事故的主要原因。

（2）信号机设在左边，司机没注意确认是次要原因。

4. 改进及防范措施

（1）列车进、出厂前应与信号值班员联系，保证进路绝对正确，确认信号后方可动车。

（2）车厂调度安排动车作业时，注意考虑司机吃饭的问题。每批作业在交司机计划时要布置安全注意事项。

（3）司机驾驶中及动车前的呼唤应答不能流于形式，要落到实处。

11.5　事　故　苗　头

11.5.1　案例 10：列车冒进信号事件

1. 事件经过

2017 年 9 月 26 日，某地铁 082008 次列车越过 S2108 信号机红灯。司机在未确认 S2108 信号机开放引导信号的情况下，以 RM 模式擅自越过 S2108 信号机红灯至火车南站上行站台。

2. 造成的影响及后果

造成列车冒进信号，该事件构成事故苗头。

3. 原因分析

司机虽与行调进行越 S2108 信号机引导信号进行沟通，但潜意识中主观认为需越过 S2108 信号机红灯进行红光带的压道，司机在司机日志中记录信号机编号及行调代码，误认为越信号机红灯是压红光带的正确处置流程。这暴露出司机服从行调指挥和执行调度命令意识淡薄，车间安全管理效率不足、效果不佳、管理松懈。

4. 改进及防范措施

（1）要求车辆中心组织全员学习讨论本次事件，吸取经验教训，举一反三，制定并落实有效的防范措施。

① 发布调度命令时，要求司机应将调度命令内容记录在司机日志，并正确理解，有疑问及时向行调或相关岗位询问。

② 在应急情况下，车间、班组层级的岗位在提醒相关注意事项时，应紧抓要点，详细、具体布置。

③ 在动车前严格确认动车五要素——"进路、信号、道岔、车门、制动"，作业过程中严格执行"看不清就停、听不清就问"的作业要求。

④ 对相关学习材料进行重新梳理优化，培训时逐条讲解要点，让员工充分理解，并通过抽问、考试等形式检验掌握情况。

⑤ 定期开展段/场关闭信号机测试，规范司机确认行车凭证的习惯。

（2）要求调度中心行车调度严格按照分公司规章制度要求开展行车组织，在行车岗位"铁三角"中要建立大局观，加强对其他行车岗位关键作业点的布置、提醒，共同保障运营的安全生产。

11.5.2　案例 11：某地铁自动开启非站台侧车门事件

1. 事件概况

某年 3 月 5 日 9:00，8 号线 1304 次以 ATO 模式在某站对标停稳，交接完毕后，接车司机开主控钥匙时发现车辆屏显示两侧车门图标全部黄色，随后下行右侧（非站台侧）车门自动关闭，有关门报警声。当时车厢内约有 20～30 名乘客。后司机向轮值反映（但未说清楚），轮值以为是站台侧车门，故通知司机关门动车。司机关门后进入驾驶室，确认列车状态正常后动车。

2. 事件分析

（1）该列车出厂时出现过站台侧车门自动开启的故障，但前日夜班与本日早班的调度员都没有引起重视，没有组织该车空车退出服务或运行至临近车站退出服务。

（2）1304 次接车司机在知道非站台侧车门曾经打开过的情况下，没有意识到要确认轨行区是否有人便动车。司机对非站台侧车门开启存在的风险意识不足，安全意识不强。

（3）故障列车在出现非站台侧车门自动打开的情况后，正线轮值及接车司机均没有及时将情况向行调汇报，导致行调未能及时做出应对措施。

（4）事件发生时，正线轮值正在交接班，对事件了解不够及时，未能在故障列车出站前采取恰当措施，只是单凭接车司机的反馈，并且是在不清楚是何种异常的情况下到客室确认无异常后，便指示接车司机先动车。对正线上发生的事件及故障跟进及指导不到位。

（5）站台岗在发现列车出现异常情况后，只是用对讲机询问司机，在未得到任何答复后，也没有采取任何措施，未能意识到其中存在的风险。

3. 整改措施

（1）司机、轮值及调度要对线上列车的故障高度敏感，故障信息传递要清晰。当出现列车在正线车门自动打开时，行调应立即组织清客退出服务。

（2）当正线出现非站台侧车门打开时，司机第一时间报行调建议清客。清客完毕关门后，司机打开非站台侧车门逐个确认是否有人进入线路，车站人员从两端墙处下线路进行确认（有接触轨的线路申请停电后下线路），共同确认安全后报行调。

（3）列车出现异常情况时，司机要及时向行调反馈，OCC 值班司机及正线轮值应做好跟踪及判断，根据故障造成影响的大小，及时向行调提出处理建议。

（4）终点站是行车安全的关键地点，终点站轮值应紧守岗位，跟踪好每趟列车的折返作业，对异常情况及时做出现场指导及监督。

（5）发生故障时，调度要第一时间通报相关维修部门轮值。要求调度员将草稿的信息整理后，记录在行调工作日志中，并将报检调的信息记录在后续跟进栏中。同时在故障沟通时，要抓住关键问题，若存在安全风险时，立即通知列车待令。

（6）站台岗在发现站台出现危及行车安全的情况时，要及时处理，防止事件扩大化。

11.6　安全事故类

11.6.1　案例 12：车站误操作类——某地铁 5 号线道岔故障清客事件

1. 事件概况

某年 9 月 22 日 11:03，行调发现 HMI 显示上行 W0103 道岔右位未转到位故障已被排除的信息。

11:14，中央 HMI 显示 W0103 道岔短闪，瞬间恢复正常。行调立即组织后续列车采用 Ⅱ 道折返，并将 W0103 道岔单独锁定在右位（正线位）；OCC 组织通号及工建人员抢修。

12:19，行调通知 A 站道岔故障，可能在 B 站组织小交路，要求车站准备清客，人员到下行站台待令，先待令不用清客（车站复诵声音较小）。

12:22，A 站对下行的 01707 次进行清客。行调随后组织该车空车到 B 站下行投入载客服务。

12:34，通号调度报：经抢修人员处理，W0103 道岔恢复正常表示，建议不转动该道岔，计划运营结束后再详细检查。行调将该道岔单独锁定在正线位置。

2. 事件分析

（1）行调发布安排人员到下行站台做好清客及组织小交路的准备命令时，虽能多次提醒车站先做好准备，先在站台待令，但在车站复诵声音较小的情况下，没有要求车站人员再次复诵命令。

（2）A 站当班行车值班员当班期间注意力不集中，安全意识淡薄，在接收行调命令时未按要求进行完整复诵，同时在不确定行调命令的情况下，没有再次与行调确认，臆测调度命令，致使运营列车错误清客。

3. 整改措施

（1）调度员在发布命令时，需严格按照标准化要求，并要求现场人员准确复诵内容，对现场复诵声音较小或复诵不清晰的情况下，必须再次要求其复诵，以保证命令被正确接收和执行，避免误操作。

（2）各站在接调度电话时，必须严格执行复诵制度，对调度发布的指令不清楚时必须再次与行调沟通确认，严禁臆测行事。

（3）在执行列车清客时，如果车站和司机收到的行调命令信息不一致，车站、司机应该主动向行调确认清客命令，待确认清楚后方可执行。

11.6.2 案例13：乘务误操作类——某地铁列车越站事件

1. 事件经过

2011年9月12日，电客车司机驾驶312车执行37#时刻表04506次载客运营服务，14:58在A站以ATO模式开车，列车运行到A站至B站上行线区间时，司机将右手小臂压在牵引主控手柄上，并在16:01:57时突然将主控手柄推到P1位，约1 s后司机见列车没有产生制动立即恢复手柄至"零"位。16:02:18列车接近B上行站名标，司机左手放在紧急按钮上，按作业程序手指呼唤站名标及TOD屏，确认TOD屏无跳停信息（见图11-12）。

> 03126司机室2011年09月12日 16:01:16 星期一
>
> ATO造成运行中误动手柄，列车惰行

图11-12 司机室监控视频截图

当列车进入B上行站台距头端墙8～9个屏蔽门时，司机发现列车速度仍有47 km/h，且列车无减速迹象，TOD屏无跳停信息。16:02:37司机立即按下紧急停车按钮，16:02:46列车越过B上行显示绿色信号的出站信号机后停车。停车后司机确认列车停车位置已越过停车标约30 m，立即报告行调，根据行调指示在B站不开关门继续运行至C站。16:04:10司机以ATP模式动车继续运行，在C站台停车作业后，恢复ATO正点运行至D站。

2. 造成影响及后果

（1）对运营的影响：导致04506次载客列车在B站未开门上下乘客。

（2）对设备的影响：无。

（3）定性定责：电客车司机严重违章操纵事件。

3. 原因分析

（1）电客车司机未真正理解ATO模式驾驶的列车，运行中主控手柄离开"零"位后，若2 s内将手柄重新置"零"位时会发生列车无模式不接受ATO信号控制，并维持惰行的设备系统隐患。

（2）列车以ATO模式驾驶运行在A站至B站区间时，司机未执行乘务室相关标准。运行中随意将操作手手臂放在司机控制手柄上，在列车以ATO模式自动运行过程中错误推动了主控手柄至牵引位P1位。在发现自己错误操作后，又错误认为列车此时还没产生制动状态就认为设备还没接收到手柄误动信息，便将手柄拉回到"零"位，从而造成了列车TOD

屏（信号屏）显示"自动运行"（见图 11-13），但 DU 屏（列车状态屏）显示"NO MODE"（见图 11-14）的危险运行状态。此时 ATO 的控制指令不能正常接入列车牵引和制动系统，列车控制计算机接收不到信号系统的牵引和制动信号指令，全列车此时既不会自动制动，也不会牵引运行，而是以当前速度维持在惰行的失控状态。

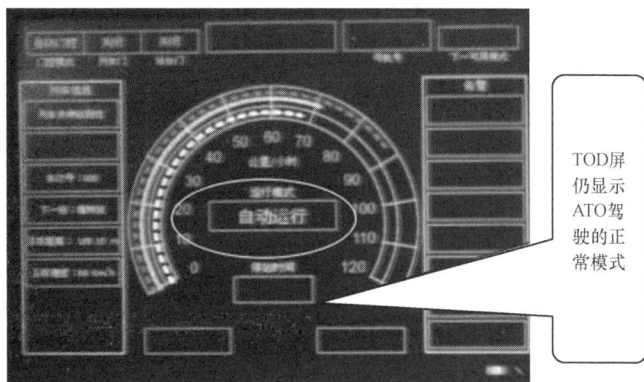

图 11-13　TOD 信号屏显示自动运行状态图

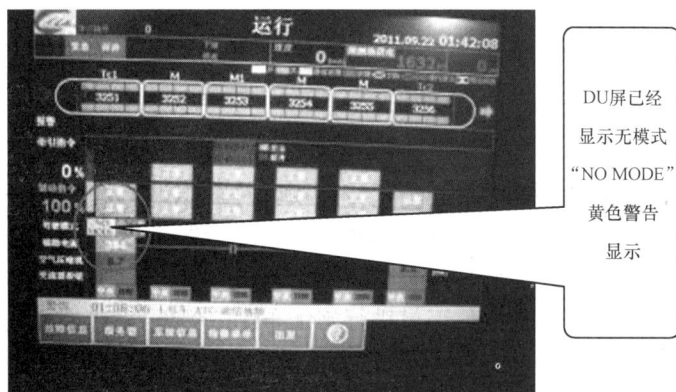

图 11-14　DU 屏显示列车无模式状态图

（3）司机在疲劳时段运行，安全意识不清晰。司机在发现自己错误推动手柄时，以列车没有产生 100% 制动为判断标准，将手柄盲目拉回"零"位，违反了列车在 ATO 模式下运行中误动手柄后禁止在未停车就恢复手柄至"零"位并继续使用 ATO 驾驶模式运行的规定。在误动主手柄并拉回"零"位后，也未能及时发现列车一直处于惰行的危险状况，直到列车在下一站进站时不会停车，才发现列车运行异常，未及时起到对 ATO 列车的运行状态监控作用。

（4）司机安全意识淡薄，行车安全的防范及警惕意识不高。运行中有中断瞭望的不良习惯，而且对列车的运行状态未能按照相关操作标准严格进行显示屏监控。在列车持续有近 40 s 处于无制动和牵引的惰行状态时，没有及时判断和处理，直至列车在距站台头端墙 8~9 个屏蔽门时才发现速度偏高、列车无制动现象，错过了采取紧急停车措施最佳时机。

4. 改进及防范措施

（1）ATO 驾驶模式下，司控器手柄必须置"零"位。运行中禁止任何人员将手或物品放置在司控器手柄上，以防误动控制手柄。

（2）严格规范电客车司机在 ATO 驾驶时的操作规范。司机左手放于鸣笛按钮前，右手放于主控手柄前，不得随意触动主控手柄。如无意触碰主手柄离开"零"位后，应立即采取紧急制动停车，列车停稳后再选择 ATP 或 ATO 模式驾驶。严禁没有停车就重新将手柄置"零"位并使用 ATO 模式继续运行。

（3）司机在 ATO 模式驾驶时，应时刻注意监控列车的运行状态，随时监视 TOD 屏、DU 屏的驾驶模式显示状态和 TOD 屏是否有超速状态显示。发现列车运行状态异常，及时采取停车措施。列车运行中司机将 DU 屏切换到运行界面，并随时监视 DU 屏上驾驶模式的显示状态（制动或通信故障需要监视其他界面外）。

（4）运行中司机必须集中精力进行前方线路、信号和列车运行状态（速度、驾驶模式、DU 屏、TOD 屏显示等）的目视监控。列车在运行中，司机不得做与行车无关的事情，特别是在列车起动或进站及接近信号、道岔前，列车运行在小曲线半径弯道上及列车出入场等关键时段，严禁中断瞭望。

（5）发现列车运行异常平稳，列车无牵引、制动迹象，列车在上坡道速度严重低于推荐速度、下坡道发生速度失控现象时，必须立即采取停车措施并检查 TOD 屏与 DU 屏的列车模式。

11.6.3　案例 14：施工安全类——3 号线人工排列进路施工超出作业区域事件

1. 事件概况

2011 年 2 月 16 日，车务二部申报一个人工排列进路施工。作业代码：3A2-16-27。作业区域：A 区间通道 3（虚拟站）（不含 A 区间通道 3（虚拟站）下行线）—B 站下行线，A 区间通道 3（虚拟站）（不含 A 区间通道 3（虚拟站）上行线）—B 站上行线，C 折返线 1 道，C 折返线 2 道，C 渡线。该作业由 C 站负责请销点。

2 月 16 日晚，B 站值班站长向值班员进行施工布置，发现当晚施工计划有一人工排列进路施工，施工作业区域包含 B 站上下行正线，值班站长就想利用该施工点到线路现场熟悉设备操作。

次日 1:09，行调批准该施工作业。

1:15，C 站邓某通知 B 站行车值班员施工已请点，但没有在施工系统上备注相关情况；B 站行车值班员张某也没有在系统备注本站人员进出情况。

1:35，B 站值班站长带领客运值班员与站务员由上行头端进入施工区域，分别到达 W901、W905 道岔区域讲解道岔左/右位及熟悉本站线路情况。但值班站长觉得培训效果不理想，认为让员工实操一次印象会更深刻，于是从线路的工具箱取出人工排列进路的工具，并要求员工排列 C 上行线至入厂线进路及出车厂线至 B 下行线的进路，涉及道岔包括 W901、W903、W907、W911、W909。值班站长要求员工排列相关进路时，只记得本次施工作业区域是 B 站至 C 站这一段区域，忘记了作业区域不包含出、入车厂线。

施工作业期间，B 站行车值班员也没有发现下线路人员已超出施工区域进行作业。C 站行车值班员邓某通过 LSMC 发现 B 站的道岔显示干扰，但没有引起足够重视，未能发现有 3 副干扰的道岔已超出作业区域。

2. 事件分析

（1）B 站值班站长出于提高业务技能的目的，主动开展人工排列进路培训的工作积极性值得肯定。但对施工计划以外，需下线路操作行车相关设备等作业的安全敏感性不强，随意组织进行相关作业。

（2）B 站值班站长工作责任心不强，在组织人工排列进路培训前，没有确认清楚施工作业范围，就要求员工排列超出施工作业区域的进路，是事件的主要原因。

（3）B 站行车值班员工作责任心不强，在值班站长已进行当晚施工布置后，仍不清楚施工作业范围，导致未能发现值班站长越出施工作业区域排列进路，是事件的次要原因。

（4）C 站作为该施工作业主站，未对作业区域内相关设备的异常情况引起足够重视，导致没能及时发现人员超出施工区域作业。

3. 整改措施

（1）各单位必须严格按照要求做好施工作业布置。值班员、值班站长必须认真检查与核对，确保掌握当班期间的各项施工作业计划。

（2）各站进行人工排列进路、LSMC/LOW 实操培训等施工作业时，当班值班站长必须与培训负责人、行车值班员明确培训作业区域与可操作的道岔，确保所有人员清楚施工作业要求。

（3）若车站、车厂组织人工排列进路培训时，培训负责人必须在进入线路前，对全体培训人员就安全注意事项、作业区域等进行布置。参与培训人员必须严格遵守。

（4）各单位必须严格按照施工管理要求，办理施工请销点手续，认真记录辅站信息、进出人数、防护设置时间等。严禁施工登记流于形式。

（5）发生各类安全事件时，相应单位应及时按信息汇报流程进行汇报。

11.6.4　案例 15：综治类——某地铁 A 站出入口栏杆被盗事件

1. 事件概况

该事件发生在 2011 年 8 月 29 日 15:24，但 A 站当天早班值班站长未能及时发现，直到 21:47 夜班值班站长巡视到 B 口时才发现栏杆被盗并进行了汇报。事后，经过查看公安录像，发现当天在 15:00 后，当班值班站长只有在 16:06 到 D 口巡视的记录，其余出入口均没有巡视，但车站"每日消防、综治安全巡查表"均有相应的巡视记录。

2. 事件分析

（1）车站在日常巡视中不够细致，在较长时间（15:30—22:00）内，未及时发现设备被盗的情况。

（2）早班值班站长在当班期间，将近 6 h 没有按流程对车站出入口进行巡视，工作责任心不强，且在没有巡视情况下仍按正常情况填写巡视记录，严重违反规章制度和作业纪律。

3. 整改措施

（1）各部组织员工学习此次事件，教育员工认真履行岗位职责，严格遵守劳动纪律，不断增强工作责任心。

（2）值班站长必须严格执行至少每 2 h 巡视车站一次的规定，并按实际巡视情况进行记录，发现问题及时汇报。

（3）车站通过综治会等方式教育驻站的保洁、保安等工作人员，加强日常巡视，认真检查车站设备的情况，发现异常及时报告。

（4）要求各站立即核查是否存在类似容易被盗的设备设施，如有该类设备设施则按流程报维修部门，要求其立即进行处理。

11.6.5 案例16：侵限类——某地铁1号线下行接触网有异物事件

1. 事件概况

2011年3月15日，坑口下行1613次司机发现前方150m左右接触网上方有异物，影响行车。行调通知坑口站值班站长担任事故处理主任，添乘该列车前往处理；到达异物点后，值班站长报告行调没有绝缘手套，无法进行处理；此时供电人员正好到站，后由供电人员进行了处理。

2. 事件分析

（1）在处理接触网异物时，行调组织载客列车进入区间处理，存在安全隐患；且当时异物地点离站台约100m，距离较近，不应该组织登乘列车前往处理。

（2）故障发生后，值班主任助理对异物带来的影响程度不清楚，企信通将缠在接触网上的胶带描述为胶袋。

（3）事故处理主任过分依赖行调，对接触网异物处理的程序及预想不够，未及时将没有绝缘手套无法处理接触网异物的情况报告行调。

（4）车站人员对现场管理力度不够。异物处理完毕后，未按照行调命令组织供电人员登乘列车出清线路，而是任由其返回车站，延长了线路出清的时间；且在未经行调同意的情况下，将荧光衣借给现场客车队长，并让其进入线路。

3. 整改措施

（1）若组织列车进区间处理异物时，必须要求列车在站台清客后空车前往故障地点处理，防止列车在区间运行时出现其他意外情况；若故障点距离站台较近时，应组织人员下线路处理。

（2）值班主任助理要详细了解现场情况，发布信息应迅速准确，避免文字或语言组织失误导致信息传达失真，影响故障的处理。

（3）各部应进一步加强员工对于接触网（轨）有异物处理程序的培训。同时要求各部检查并根据"接触网（轨）附近有异物的应急处理程序"配置绝缘靴和绝缘手套（各2双）。

（4）若值班站长担任事故处理主任时，需加强对故障处理现场的管理，严格执行行调命令，确保现场安全。

11.6.6 案例17：其他类——A站00202次夹小孩开车事件

1. 事件经过

2012年4月23日，机班驾驶0318车执行00202次载客运营服务，7:58:14列车到达A站上行站台停妥，司机按规定程序进行站台作业，确认站台安全后7:59:18以ATO模式动车。7:59:24有乘客使用4-2车门乘客报警，司机立即与乘客进行通话，乘客反映"有小孩被夹到，快来处理"，司机立即回复"好的，请不要惊慌，司机马上处理"。7:59:58司机按下紧急停车按钮停车，8:00:30司机发现DU屏4-4车门显示红色叉，所有门关闭指示灯灭，8:00:45司机经客室通道门前往处理，为节省处理时间，由在司机室的登乘司机向行调汇报4-4车门夹到小孩，司机已采取紧急停车现前往处理，并播放临时停车广播。司机到达现场后发现有分公司同事在被拉紧急解锁开门的4-4车门位置监控，该车门被打开10cm左右，旁边有一妇女抱着一个一岁左右的小孩。8:05:45 司机恢复紧急解锁手柄并关闭车门，并确认现场安全后通过客室回到司机室。8:08:45 司机报告行调后以 ATO 模式继续运行。8:35:55 到达终点站，比照时刻表晚点 9 min 6 s。

2. 造成影响及后果

（1）对运营的影响：造成 00202 次在 A—B 区间停车处理车门夹人，本列车延误 9 min。

（2）对设备的影响：该车六个车门的紧急解锁手柄盖板和紧急通话盖板被乘客砸坏。

（3）定性定责：车门夹人开车事件。

3. 原因分析

（1）通过监控分析和调查，本次列车司机能按照乘务一次作业标准进行站台作业，没有简化作业程序和压缩站停时间的现象。但是由于列车车门夹人夹物后未产生防夹显示，司机没有发现夹人夹物。车门状态见图 11-15。

车门夹人没有启动防夹功能，开车后被乘客按压紧急报警并拉动紧急解锁手柄，被迫区间停车，通过客室去夹人车门处复位车门

图 11-15　紧急解锁手柄被激活的车门状态图

（2）本次列车正值早高峰时期，A 至 B 各站均有乘客因人多无法上车的情况。在地下段车站因屏蔽门的原因，关门后车门与屏蔽门之间的空隙光线很暗，司机只能通过尾端墙的黄色灯带来确认夹人夹物情况，而黄色灯带距车门大约有 10～20 cm 的距离，只要夹到的物品小于这个距离，灯带就不能被遮住，司机也就不能通过灯带来判断夹物的情况。

（3）按照现有程序，司机在区间接到乘客有关夹人夹物的报警后，要立即采取停车措施经客室前往处理。而本次列车正值早高峰时段，车上乘客很多，给司机的通行造成了困难，使处理时间相应增加。

4. 改进及防范措施

（1）司机加强对关门后间隙的安全确认。目前 3 号线采取的防止夹人夹物的措施是在尾端墙安装黄色灯带，只要有人或物品被夹在屏蔽门和列车门之间，黄色灯光就会被挡住，司机就能比较容易瞭望到屏蔽门和车门之间的间隙情况。但是黄色灯带安装在屏蔽门和车门之间的中间位置，距车门大约有 10～20 cm 的距离，也就是说只要夹到的物品小于这个距离，灯带就不能被遮住，司机也就不能通过灯带来判断夹物的情况。

（2）电客车司机关门作业时，要同时观察站台岗人员的手信号显示。由于车门防夹功能最小检测障碍物标准较大，当障碍物小于车门最小探测障碍物的大小时，车门将不会启动防夹功能，电客车司机只能通过观察间隙状态和站台岗人员显示的信号来判断车门安全。

（3）当车门夹物在距离站台地面 60 cm 以下时，尾端墙处灯带会显示较短的连续光带，司机容易误判为灯带完整。在发现不确定夹人夹物的可疑情况时，直接打开车门重新关门，并可以采取蹲下身体降低视线角度来观察间隙安全。

（4）向分公司提出进一步研究高峰时间段内在区间处理车门夹物和车门故障时，司机经疏散平台往返故障车门位置进行处置的可行性。

11.7　地铁火灾事故

由于地铁的空间有限且人员密集，一旦遭遇火灾、恐怖袭击等灾难性事件，极有可能造成巨大的人员伤亡和经济损失，因此地铁的安全问题十分重要。通过对韩国大邱及中国香港地铁火灾发生的原因、造成的人员伤亡、车站设施损坏程度及行车影响等方面的对比分析，讨论地铁安全的应对措施及优化建议。

11.7.1　韩国大邱地铁纵火案

1. 事件概况

2003 年 2 月 18 日 09:52，韩国大邱中央路地铁站，一名男子点燃随身携带的易燃物引起火灾，造成 198 人死亡，146 人受伤，298 人失踪。

2. 事件经过

09:52 地铁列车 1079 次在市中心的中央路站停稳，3 号车厢里一名男子从手提包里取出一个装满易燃物的塑料罐，把塑料罐内的易燃物洒到座椅上，并用打火机点燃塑料罐抛到座椅上。

09:53 整节车厢燃起大火，并冒出浓烟，散发出浓重毒气，3 号车厢起火后，火势迅速蔓延至整列车六节车厢。

09:53 对向 1080 次列车进站前收到 OCC 发来的火灾通报，但通报后 OCC 没有作进一步指示。

09:55 对向的 1080 次列车驶入站台对标停稳，车门自动打开后驾驶员因害怕毒气进入车厢，迅速将车门关闭。此时，1079 次列车的火势迅速蔓延至 1080 次列车的六节车厢，两列车同时起火燃烧。

09:57 车站的电力系统自动断电，现场一片漆黑，此时由于车站断电，列车不能继续行驶。

09:58 司机在没有打开客室门的情况下，关闭主控钥匙离开现场。全车厢乘客均被关在黑暗的车厢内，加上地铁车窗的玻璃十分坚固，乘客又不清楚车门解锁装置的使用方法，只能被困在车厢里，导致大部分乘客被烧死或因浓烟窒息而死（部分车厢的乘客发现了应急装置，用手动方式打开车门得以逃生，但许多车门一直未被打开。1079 次列车的车厢门是开的，乘客得以及时逃生；但 1080 次列车的车门却是关的，大多数死者是 1080 次列车上的乘客。）

几分钟之内，现场浓烟滚滚，加上交警封锁的主要交通干道为火速赶来的消防车和救护车专用车道，导致消防车无法以最快速度到达现场，耽误了消防扑救的最佳时机。

10:00 遇难者亲属打电话到韩国地铁总公司请求将自己家属救出来，但地铁公司此时全然不知现场情况。

10:14 1079 次列车驾驶员将火灾情况通报给车站综控室。

13:38 火势被控制，抢救出的伤员被紧急送到附近各大医院接受治疗。

3. 事件造成的影响及损失

1）人员伤亡

该事件共造成 198 人死亡，146 人受伤，298 人失踪。

2）经济损失

两列地铁车辆被烧毁，隧道及车站附属设施被全部烧毁，直接经济损失约 30 亿元。

3）行车影响

线路全面瘫痪，中央路地铁站停运 196 天。

4. 事件原因

1）设备问题

（1）车厢材料为非防火材质，且燃烧后释放大量有毒气体。该车厢材料未遵守 2000 年《都市铁路车辆安全规则》必须使用阻燃材料的规定（该车辆采购于 1997 年）。

（2）排烟系统的缺陷。排烟系统负荷量不够，只能保障平时的空气流通，在设计时未考虑应急情况下的负荷。

2）人员操作问题

（1）列车司机收到 OCC 通知前方站发生火灾时，未及时按照站内火灾应急处理程序进行越站或不进站处理；列车进站停稳开门后，司机立即将车门关闭并广播通知乘客在车厢内等待；在火势逐渐增大的过程中，司机慌忙关闭列车主控钥匙离开现场。

（2）行车调度收到车站发生火灾的信息后，仅通知司机前方地铁站发生火灾，未发布扣停或越站等指示。

（3）站务人员未按照火灾应急疏散程序采取相关措施引导乘客疏散，导致乘客无法短时间内离开现场，进一步扩大事件影响范围。

（4）发生火灾后，工作人员未使用车站内的消防设备灭火，错过了扑救的最佳时期。

（5）乘客在紧急情况下，不会使用车门紧急解锁装置打开车门，导致大部分乘客无法逃离火灾现场。

3）管理问题

（1）应急处置程序不完善。发生应急突发事件时，各岗位均无有效应急处置程序及应变计划。

（2）信息沟通机制不健全。调度所 7 min 才确认警报，地铁公司 8 min 后才收到遇难者家属求救电话，司机 22 min 后才将火灾情况报车站综控室，以及消防车与救护车专用车道被封锁等一系列问题，错过各方最佳救援时间，导致事件影响进一步扩大。

11.7.2　中国香港地铁纵火案

1. 事件概况

2004 年 1 月 5 日 09:00，T61 次列车由尖沙咀站开往金钟站，列车运行至尖一金区间时，一名乘客故意点燃身上携带的易燃物品引起火灾，造成 14 人轻伤。

2. 事件经过

09:07 列车在驶离尖沙咀站不久，邻近纵火者站立的乘客看到纵火者点燃物料，令纵火者停止，但纵火者无视警告继续将燃烧的瓶子掷到车厢地板上，一些易燃液体从瓶内流到地板上燃烧起来。

09:07 乘客尝试制止纵火者，并尽力踩灭纵火者掷到地板上的燃烧物料。

09:08 乘客转移到第 1、2 节车厢之间的贯通道处，此时该处已经挤满了乘客，尽管两次努力均未能成功阻止纵火者纵火，但延缓了纵火者的行动，并将情况告知其他乘客。

09:09 司机发现驾驶室与车厢之间的通道门底部门缝透出火光，有少量烟雾，他立刻意识到情况的严重性，在数秒内启动了乘客通话系统。

09:10 确定发生火灾后，司机使用无线电紧急频道向 OCC 报告 T61 次列车发生火灾。此时，T61 次列车已离开尖沙咀站约 1.2 km，距前方金钟站 1.2 km，仍需行驶 1.5 min。

09:10 司机播放 2 次乘客广播，第 1 次通知乘客保持冷静，指示他们向列车尾部转移，随后又重复广播提醒乘客远离火灾区。

09:11 OCC 确认事态较为严重，立即通知在该隧道内尾随事故列车的 T43 次列车停下，反向运行至尖沙咀站。

09:12 OCC 通知金钟站站长前往现场处理事故。

09:13 OCC 向消防处和铁路警区求援，宣布发生重大事故，发出"红色警报"，并通知香港政府运输部。

09:14 列车 T61 次到达金钟站下行站台，司机手动打开车门和屏蔽门，受浓烟影响，司机无法清楚确认屏蔽门是否已经打开，于是用站台上的屏蔽门开关开启屏蔽门，以确保能够疏散乘客。

09:14 接到 OCC 值班主任的通知，车站站长立即用闭路电视监察站台情况，同时指挥车站员工前往现场处理事故，准备疏散车站内的乘客。站台站务员立刻到达列车所在的位置，站在第 1 对车门外的站台边缘，使用车厢内的手提灭火器灭火。

09:15 1 名车站安保员和 2 名车站维修人员相继到场，用灭火器彻底灭火。

09:16 启动车站疏散程序，站厅层所有闸机可自由转动，方便疏散，站内播放应急疏散广播，并在出入口乘客信息显示牌上显示"火警，不准进内"的标志。

T61 次列车上很多乘客下车后仍逗留在第 2、3 节车厢外面的站台上观看事故车辆的情况，车站员工和驻站警察合力疏散在站台观看的人群，并对荃湾线下行站台区域进行清场。

09:20 消防人员到达站台，向烧焦的材料洒水，防止材料再次燃烧。

09:27 整个车站疏散完毕，并完全关闭。在此期间，OCC 内的环境系统管理员启动排烟设施，有效地清除了聚积在前 2 节车厢内的烟雾。

09:35 列车 T61 次驶入附近存车线接受消防人员检查。

09:40 线路恢复正常。

事故期间，荃湾线列车在尖沙咀站与荃湾站之间采用小交路运行，港岛线对向上行列车运行时，由 OCC 安排列车在金钟站越站。

3. 事件造成的影响及损失

1）乘客受到的影响

14 名乘客轻伤，无重伤人员。

2）造成的财产损失

第一节车厢部分设备轻微起泡或破裂。

3）行车影响

荃湾线尖沙咀至中环站的列车中断服务 25 min。

11.7.3　案例对比分析

结合上述两起火灾案例，对其影响程度及事件处置方面进行对比汇总，总结事故缘由，理清工作思路，明确工作目标，制定工作方向。

1. 损失及影响对比分析

两起案例的起因均是人为纵火，但造成的损失及影响截然不同，具体对比见表 11-1。

表 11-1　事故损失影响对比表

序号	影响分类	韩国大邱地铁	中国香港地铁
1	乘客影响	198 人死亡，146 人受伤，298 人失踪	14 名乘客轻伤
2	财产损失	中央路站两列车被烧毁，隧道及车站附属设施被全部烧毁，直接经济损失约 30 亿元	第一节车厢部分设备轻微起泡或破裂
3	行车影响	线路全面瘫痪，中央路地铁站停运 196 天	荃湾线尖沙咀至中环站的列车中断服务 25 min

2. 事件处置对比分析

韩国大邱地铁火灾损失严重主要是其设备方面、人员操作方面及管理方面存在问题所致，中国香港地铁损失较小的关键原因在于各岗位响应及时、处理得当，具体对比分析见表 11-2。

表 11-2　事件处置对比表

序号	处置模块	细化分类	韩国大邱地铁	中国香港地铁
1	设备方面	车辆设备	车厢材料易燃	车厢材料防火
		疏散排烟设备	排烟系统负荷量不够	排烟设施有效清除烟雾
2	人员操作方面	司机	(1) 未及时执行火灾应急处置程序；(2) 害怕毒气进入，关闭车门，通知乘客在车厢等待，关闭主控钥匙离开现场	(1) 立即详细汇报火灾的情况；(2) 到站后迅速打开车门和屏蔽门疏散乘客
		站务人员	(1) OCC 未向列车发布扣停或越站等相关指示；(2) 未及时执行乘客疏散程序引导乘客疏散	(1) 停下尾随列车，并启动紧急救援服务；(2) 及时前往现场疏散乘客；(3) 在站内播放应急疏散广播；(4) 在出入口乘客信息显示牌上显示"火警，不准进内"的标志
		车站工作人员及乘客	(1) 工作人员未使用消防器材进行灭火；(2) 乘客无法打开车门	(1) 车站工作人员及时使用灭火器灭火；(2) 乘客及时尝试制止纵火，且能转移至非纵火车厢
3	管理问题	应急处置程序	无有效应急处置程序及应变计划	有效实施应急处置程序，应变计划完备
		应急响应机制	信息沟通机制不健全	信息沟通机制完善，各层级能及时传达并执行相关指令

3. 事件总结及思考

通过对两起火灾事件影响及处置措施对比分析表明，高效、及时的应急处置机制可以有效降低或避免事故事件造成的影响。因此，为有序、高效开展后期应急处置工作，降低突发事件影响，需结合此事件的经验及教训开展以下工作：

1）卡控设备设施标准，降低事故事件影响

前期采购的设备设施存在缺陷，将会给后期运营带来较大的风险及安全隐患，若发生火灾、爆炸等突发情况，极易造成较大的事件影响。

因此，在设备招标采购阶段，需严格卡控车厢装修材料、排烟系统等相关设备设施标准，确认设备设施材质、型号、功能等满足《地铁设计规范》（GB 50157—2013）、《地铁设计防火标准》（GB 51298—2018）、《地铁安全疏散规范》（GB/T 33668—2017）等标准要求，有效降低或避免运营期间设备设施问题造成的影响。

2）提升员工业务素质，增强应急处置能力

员工的应急处置能力是能否妥善处置事故事件的关键因素，而妥善的应急处置需具备扎实的业务基础，因此，提升员工业务素质显得尤为重要。

调度、乘务等关键性岗位，需对其上岗条件进行严格把控，必须确认业务技能水平符合上岗条件并满足《城市轨道交通初期运营前安全评估技术规范　第1部分：地铁和轻轨》（交办运〔2019〕17号）、《城市轨道交通运营管理规定》（交通运输部令2018年第8号）标准要求后，方可上岗。运营期间需定期开展桌面及实操演练，强化员工业务素质，提升应急处置能力，有效降低或避免人为因素造成的影响。

3）建立应急处置及响应机制，提高应急处置效率

根据《城市轨道交通运营管理规定》、《国务院办公厅关于保障城市轨道交通安全运行的意见》（国办发〔2018〕13号）要求，运营单位应明确各实施单位的职责分工、工作机制和处置要求，制定完善的应急预案体系。

应急预案体系应涵盖特殊气象及自然灾害、恐怖袭击、突发治安事件、列车救援、地铁火灾、车站大面积停电事件、设施设备故障、损毁，以及大客流等情形。运营管理部门需结合可能发生的突发事件等级及其影响和后果，制定相应的应急预案及处置措施等，形成健全的应急预案体系，保障应急处置工作有序开展。

建立高效的应急响应机制应遵循"高度集中、统一指挥、逐级负责、先通后复"的原则，组织各业务实施单位成立应急指挥机构，组建专兼职应急抢险队伍，根据《城市轨道交通运营突发事件应急演练管理办法》（交运规〔2019〕9号）、《城市轨道交通运营管理规定》中对应急演练等级、演练周期及演练内容等相关要求，制定详细的演练计划，突击式开展各项应急演练，提升各业务实施单位的信息响应、信息传达及应急联动能力，确保各种突发事件的应急处置反应及时、措施果断、有序可控。

韩国大邱地铁火灾造成如此严重的影响，有缺陷的设备设施、不合理的处置流程以及不完善的应急管理体系都是导致悲剧的直接原因。大邱的事故也给地铁安全敲响了警钟，后续日常运营工作中，要加强安全管理意识，优化消防设备设施，提升应急处置能力，完善应急响应机制，进一步降低或避免应急突发事件造成的影响，确保城市轨道交通安全、有序、高效运营。

第 12 章

安全教育和职业健康

12.1 安全教育与安全文化

人的生存依赖于社会的生产与安全，显然，安全条件是很重要的一个方面。安全条件的实现是由人的安全活动去实现的，安全教育又是安全活动的重要形式，因此，安全教育是人类生存活动中的基本而重要的活动。同样，安全文化也涉及人类生存、繁衍和发展历程中所从事生产、生活及生存活动的一切领域。安全文化是随着人类的生存和发展而产生的，并随之得到不断的创造、继承和发展。

12.1.1 安全教育

1. 安全教育的内容

安全教育的内容可概括为 3 个方面，即安全态度教育、安全知识教育和安全技能教育。

1）安全态度教育

要想增强人的安全意识，首先应使之对安全有一个正确的态度。安全态度教育包括两个方面，即思想教育和态度教育。思想教育包括安全意识教育、安全生产方针政策教育和法纪教育。

2）安全知识教育

安全知识教育包括安全管理知识教育和安全技术知识教育。对于带有潜藏的只凭人的感觉不能直接感知其危险性的危险因素的操作，安全知识教育尤其重要。

（1）安全管理知识教育：包括对安全管理组织结构、管理体制、基本安全管理方法及安全心理学、安全人机工程学、系统安全工程等方面的知识。

（2）安全技术知识教育：包括一般生产技术知识、一般安全技术知识和专业安全技术知识教育。

3）安全技能教育

（1）安全技能。

借助于安全技能培训，把安全技术知识变成进行安全操作的本领，实现从"知道"到"会做"的过程。

（2）安全技能培训计划。

在安全技能培训制定训练计划时，一般要考虑：

① 要循序渐进。

② 正确掌握对练习的速度和质量的要求。

③ 正确安排练习时间。

④ 练习方式要多样化。多样化的练习可以提高兴趣，促进练习的积极性，保持高度的注意力。

2. 安全教育的意义

安全教育是事故预防与控制的重要手段之一。用安全技术手段消除或控制事故是解决安全问题的最佳选择，但在科学技术较为发达的今天，即使人们已经采取了较好的技术措施对事故进行预防和控制，人的行为仍要受到某种程度的制约。

相对于用制度和法规对人的制约，安全教育是采用一种和缓的说服、诱导的方式，授人以改造、改善和控制危险的手段和指明通往安全稳定境界的途径，因而更容易为大多数人所接受，更能从根本上起到消除和控制事故的作用。而且通过接受安全教育，人们会逐渐提高其安全素质，使得其在面对新环境、新条件时，仍有一定的保证安全的能力和手段。

安全教育主要是一种意识的培养，是长时期的甚至贯穿于人的一生的，并在人的所有行为中体现出来，安全教育的内容非常广泛，学校教育是最主要的教育途径之一。开展安全教育既是企业安全管理的需要，也是国家法律法规的要求。

3. 安全教育的原则

1）实效性原则

实效性，就是要做到实事求是，注重效果，从实践中获取真知，在真知中取得效果。安全生产教育工作要服从和服务于经济建设这个中心，要紧密结合企业生产经营实际，使安全教育工作真正为安全生产提供智力支持和思想保证；要讲求安全生产教育工作的"效益性"，讲求投入与产出，争取事半功倍，避免徒劳无功；要充分认识员工群众是安全生产工作的主体，树立"从群众中来，到群众中去"的观点，坚决反对表面热闹而实际上却毫无作用的形式主义，避免走形式、走过场以及雷声大雨点小的假、大、空等行为。

2）理论与实践相结合原则

安全生产教育培训工作具有明确的实用性和实践性特征。进行安全生产教育的最终目的是通过对事故的防范，保证生产实践活动的安全进行。因此，安全教育培训必须做到理论联系实际；教育培训计划要有针对性，符合企业安全生产的特点。同时，教育培训办法要灵活多样，务求实效。

3）主动性原则

主动性，就是要做到"未雨绸缪，因势利导"，生产未动，教育先行。安全教育部门要破除"等""靠"思想，发扬积极主动精神，不能坐等上级计划、上级安排，而要本着有所作为的思想，发挥主观能动性。要切实理解员工群众的利益和要求，掌握员工群众的基本情况，关心员工群众疾苦，倾听员工群众呼声，特别是在安全工作关键时期，要预见到员工思想中可能出现的矛盾和问题，及时采取相应的措施，把安全生产教育工作深入员工群众中去，以取得员工群众的理解、支持和参与。

4）巩固性与反复性原则

人们学习知识是一个循序渐进、不断巩固和提高的过程。安全生产教育也是一项长期性、复杂性、艰巨性的工作，不可能一蹴而就，更不可能一劳永逸。这就要求安全生产教育必须遵循巩固性与反复性原则，持之以恒，伴随企业安全生产的全过程。

4. 安全教育的对象和形式

按照教育的对象，可把安全教育分为对管理人员的安全教育和对生产岗位职工的安全教育两大部分。

1）各级管理人员的安全教育

管理人员安全教育是指对高层管理人员、一般管理人员、企业安全卫生管理人员、企业职能部门、车间负责人、工程技术人员的安全教育。

2）生产岗位职工的安全教育

生产岗位职工的安全教育一般有三级安全教育（厂级教育、车间教育和班组教育），特种作业人员安全教育，经常性安全教育，"五新"作业安全教育，复工、调岗安全教育等。

3）安全教育的形式

安全教育应利用各种教育形式和教育手段，以生动活泼的方式，来实现安全生产这一严肃的课题。安全教育形式大体可分为以下 7 种：

（1）广告式；

（2）演讲式；

（3）会议讨论式；

（4）竞赛式；

（5）声像式；

（6）文艺演出式；

（7）学校正规教学。

5. 安全教育的组织实施保障

在进行安全教育的过程中，为提高安全教育效果，应注意以下 5 个方面：

1）领导者要重视安全教育

企业安全教育制度的建立、安全教育计划的制订、所需资金的保证及安全教育的责任等均由企业领导者负责。因此，企业领导者对安全教育的重视程度决定企业安全教育开展的广泛与深入程度，决定安全教育的效果。

2）安全教育要注重效果

安全教育要想取得良好的效果，应注意以下 4 点：

（1）教育形式要多样化。安全教育形式要因地制宜，因人而异，灵活多样，采取符合人们认识特点的、感兴趣的、易于接受的方法。

（2）教育内容要规范化。安全教育的教学大纲、教学计划、教学内容及教材要规范化，使受教育者受到系统、全面的安全教育，避免由于任务紧张等原因在安全教育实施中走过场。

（3）教育要有针对性。要针对不同年龄、工种、作业时间、工作环境、季节进行预防性教育，及时掌握现场环境和设备状态及职工思想动态，分析事故苗头，及时有效地处理，避免问题累积扩大。

（4）充分调动职工积极性。应深入群众，了解工人的所需、所想，并启发工人提出合理化建议，使之感到自己不仅仅是受教育者，同时也在为安全教育的实施和完善做贡献，从而充分调动他们的积极性。

3）要重视初始印象对学习者的重要性

对学习者来说，初始获得的印象非常重要。如果最初留下的印象是正确的、深刻的，学习者将会牢牢记住、时刻注意；如果最初的印象是错误的、不重要的，学习者也将会错下去，并对自己的错误行为不以为然。

4）要注意巩固学习成果

实践表明，进行安全教育，不仅应注重学习效果，更应注重巩固学习所获得的成果，使学习的内容更好地为学习者所掌握。因而，在安全教育工作中，应注意以下 3 个问题：

（1）要让学习者了解自己的学习成果。每一个人都愿意知道其所从事的工作收效如何，学习也是如此。因此，将学习者的进展、成果、成绩与不足告知他们，就会增强其信心，明确方向，有的放矢地、稳步地使自己各方面都得到改善。

（2）实践是巩固学习成果的重要手段。当通过反复实践形成使用安全操作方法的习惯之后，工作起来就会得心应手，安全意识也会逐步增强。

（3）以奖励促进巩固学习成果。心理学家通过实验发现，对于学习效果的巩固，给予奖励比不用奖励效果好得多。对某工人通过学习取得进步的奖励和表扬，不仅能够巩固其本人的学习效果，对其他人也会产生很大影响。

5）应与企业安全文化建设相结合

安全文化是企业文化的重要组成部分，它包含人的安全价值观和安全行为准则两方面内容。前者主要是安全意识、安全知识和安全道德，以及企业的向心力和凝聚力，是安全文化的内层，是最重要、最基本的方面；后者则属于物质范畴，主要包括一些可见的规章制度以及物质设施。

企业安全文化教育是通过强化职工安全意识，达到提高安全素质的目的。由此可见，安全文化教育是传播和建立工业文明、提高职工安全文化素质的重要途径，是建立良好企业安全文化氛围的重要手段；同时，企业安全文化氛围的建立，为进一步搞好安全教育创造了条件。因此，在市场经济体制下倡导和建立企业安全文化是企业安全生产的重要举措和科学方法，也是搞好安全教育、保证安全教育取得良好效果的前提。

12.1.2 安全文化

1. 安全文化的内容

过去人们常常把安全文化等同于安全宣教活动，这是需要纠正的一种片面观点。安全教育和安全宣传是推进安全文化进步的手段或载体（还包括安全管理和安全科技），是建设安全文化的重要组成部分。虽然是建设安全文化的重要方面，但安全宣传和安全教育并不能体现安全文化的核心内容。

安全文化是一个社会在长期生产和生存活动中凝结起来的一种文化氛围，是人们的安全观念、安全意识和安全态度，是人们对生命安全与健康价值的理解和领导，以及个人或员工所认同的安全原则和接受的安全生产或安全生活的行为方式。

对于一个企业，主张安全文化的建设要"将企业安全理念和安全价值观表现在决策者和管理者的态度及行动中，落实在企业的管理制度中，将安全管理融入企业整个管理的实践中，将安全法规、制度落实在决策者、管理者和员工的行为方式中，将安全标准落实在生产的工艺、技术和过程中，由此构成一个良好的安全生产氛围。通过安全文化的建设，提高企业各级管理人员和员工的安全生产自觉性,以文化的力量保障企业安全生产和经济发展",这样才能抓住安全文化建设的实质和根本内涵。

2. 安全文化的功能

概括来说,安全文化的功能包括规范功能、导向功能、传递功能、凝聚功能、经济功能、保护功能六大功能。

1) 规范功能

安全规章制度、法律法规、理论方法等是培育安全文化的重要环节,有了这些安全规章制度、法律法规、理论方法,就能对企业员工杂乱无章的个人行为进行有序的约束和规范,消除不安全的行为方式、工作态度、操作方式等,并实现自我控制,自我形成有形与无形的强制与非强制的行为规范。

2) 导向功能

不同的员工,由于经历、知识层次的不同,因而对安全的认识及所表现出的安全行为也有很大不同。培育安全文化的规章制度、法律法规、管理理论,特别是具有鲜明时代特色的安全理念,会有效引导、约束企业员工培养共同的价值观和行为准则。这些共同的价值观和行为准则会引导企业员工齐心协力、步调一致地进行安全生产,共同实现企业的安全生产奋斗目标。

3) 传递功能

有什么样的安全文化,就有什么样的安全行动。一个企业的安全文化,既不能一朝一夕形成,也不会一朝一夕消失,它具有代代相传的传递功能。无论是优秀的安全文化,还是不良的安全文化,都会在企业的发展过程中自然地传递,并影响员工的行为。正因为如此,要努力培育良好的企业安全文化,摒弃不良的安全文化。

一个企业,一旦形成"安全第一,预防为主,以人为本"的优秀安全文化理念,其员工特别是新来的员工,也会在这些安全文化理念中受到良好的熏陶与教育,自觉形成"以人为本"的安全价值观,自觉遵从"安全第一,预防为主"的行为准则。反之,如果一个企业形成"一切向钱看""重生产轻安全"的安全文化,那么其员工就会对任何事都一切向钱看,安不安全不管,首先想到的是钱,先赚到钱再说。生产中出现了隐患,不是赶紧安排资金搞整改,而是一门心思保原料、保生产,"不见死尸不落泪"。这种不良的安全文化,会让新员工受到熏染,"自觉"遵从这些不良行为和习惯。

4) 凝聚功能

安全文化使企业员工具有共同的价值取向和行为准则,具有特色的优秀企业安全文化会让员工形成心理认同的整体力量。这种心理认同,会在员工心中产生一种凝聚力,让员工自觉产生为企业安全生产尽心尽力的责任感、压力感和荣誉感。

5) 经济功能

安全文化能有效消除企业生产过程中的不安全行为和不安全状态,从而有效防范事故的发生,保障生产经营活动顺利进行,预防和减少人员伤亡和经济损失,从而直接或间接地创造经济效益。这是企业安全文化的重要功能,也是市场经济体制下企业大力建设良好安全文化的根本目的所在。

6) 保护功能

安全文化的目的:一是保障生产安全顺利进行;二是保障员工的生命健康不受伤害。预防和减少事故的发生，保障生产经营活动的顺利进行，体现了其重要的经济功能，而其保障员工的生命健康免受侵害，则体现了重要的保护功能。

当前，随着国民经济的持续健康快速发展，人们的物质生活和文化生活水平越来越高，生命价值观也越来越强，对生命权与健康权提出了越来越高的要求。"以人为本"的安全文化理念在全社会的广泛形成，集中体现了安全文化对从业人员生命健康的保护功能。安全文化的六大功能不是孤立存在的，而是相互联系、相互作用的一个有机整体。

3. 安全文化建设的意义

在人类社会的安全策略、思路、规划、对策、办法的具体行为过程中，用安全文化建设的理论来指导，其意义有以下几方面：

（1）从安全原理的角度，在人因（人的因素）问题的认识上具有更深刻的认识和理解，这对于预防事故所采取的人因工程，在其内涵的深刻性上有新的突破。以前人们认为人的安全素质仅仅是意识、知识和技能，而安全文化理论揭示出人的安全素质还包括伦理、情感、认知、态度、价值观和道德水平以及行为准则等，即安全文化对人因安全素质内涵的认识具有深刻的意义。

（2）要建设安全文化，特别是要解决人的基本安全素质的问题，必然要对全社会和全民的参与提出要求。因为人的深层的、基本的安全素质需要从小培养，全民的安全素质需要全社会的努力，这就使得安全对策的实施，人类生产、生活、生存的安全目标的实现，必须有全社会、全民族的发动和参与。因此，在人类安全活动参与的广泛性方面有了新的扩展，即表现为从生产领域向生活领域扩展，从产业、工厂、企业向社会、学校、消防、交通、民航等领域扩展，从工人、在职人员向社会公众、居民、学生等对象扩展。

（3）安全文化建设具有的内涵，既包括安全科学、安全教育、安全管理、安全法制等精神层次和软科学的领域，同时也包括安全技术、安全工程、安全环境建设等物化条件和物态领域。因此，在人类的安全手段和对策方面，用安全文化建设的策略可以使建设更具有系统性、整体性和全面性。

在应用安全文化理论指导企业的安全生产策略方面，还有如下意义：

（1）企业安全文化建设是预防事故的一种"软"对策，它对于预防事故具有长远的战略意义。

（2）企业安全文化建设是预防事故的人因工程，以提高企业全员的安全素质为最主要任务，因而具有保障安全生产的基础性意义。

（3）企业安全文化建设通过创造一种良好的安全人文氛围和协调的人、机、环境关系，对人的观念、意识、态度、行为等形成从无形到有形的影响，从而对人的不安全行为产生控制作用，以达到减少人为事故的效果。

（4）由于安全文化建设是一项基础的、有战略意义的工程，这需要人们从长计议、持之以恒，急功近利、半途而废是不可取的。建设良好的安全文化氛围，是社会和企业有效预防事故、保障安全生存和安全生产的重要基础。

12.1.3 安全教育与安全文化的关系

1. 安全教育是安全文化的重要组成

安全教育使得人的安全文化素质不断提高，安全精神需求不断发展；通过安全教育能够形成和改变人对安全的认识观念和对安全活动及事物的态度，使人的行为更为符合社会生活中和企业生产中的安全规范和要求。因此，安全教育的好坏对安全文化的质和量都起着决定性的作用。可以这样说，没有行之有效的安全教育，就没良好的社会安全文化。从这一意义上讲，安全文化的建设和发展离不开安全教育，所以安全教育是安全文化的重要组成部分，安全教育对于不断形成和发展安全文化具有重大意义。同时，从更深层次讲，由于安全教育能使劳动者去完成进一步完善中的发展社会所赋予他们的精神、经济和文化上的艰巨任务，安全教育也是全面发展人的个性的一个必要条件。

塑造"安全人"是安全教育的一个重要目的，而安全人的含义，不仅包括工作行为和生活行为方式上的安全有效，还包含心理和精神的充实与健康。随着社会的发展，对于安全教育的争取和需要以及获得安全教育本身正在成为劳动和生活的一个重要因素，就此而言，安全教育不仅是安全文化的重要组成部分，也是社会文化的重要内容。所以从这一角度看，安全教育不仅能传授安全的知识和创造安全的精神世界，同时能够传播科学的人生价值观和世界观，即安全教育能够提高人的与安全间接相关和直接相关的行为素质。

2. 安全教育是发展安全文化的动力

建设安全文化的一个重要目的就是丰富安全的物质文化、完善安全的制度文化、优化安全的行为文化、正统安全的观念文化。对此，安全教育起着重要的作用。安全教育促进着人类安全活动的活力，对社会安全物质生产及其条件改变有间接的作用；同时，安全教育影响着劳动者的安全认识和需求，促使人们认识安全世界，认识安全科学技术的发展规律及其联系——这是自觉地、有经验地、创造性地实现和发展安全过程的一个根本前提。安全教育从态度、意识和观念上统一了人们对安全世界的认识。更为有意义的是，安全教育直接传授安全的知识和安全的技能，从而提高和完善人的安全素质，使人逐步发展成为理想的"安全人"，使人的安全行为符合生产和生活的需求。没有教育，社会的安全文化必定是落后的，人的安全素质必定是低下的，只有在教育的过程中，安全的文化才能得到发展，社会的安全风气才能得以优化，人的安全素质才能得以提高。因此，安全教育是安全文化发展的动力。

12.2　安全生产标准化

安全生产标准化，是指通过建立安全生产责任制，制定安全管理制度和操作规程，排查治理隐患和监控重大危险源，建立预防机制，规范生产行为，使各生产环节符合有关安全生产法律法规和标准规范的要求，人（人员）、机（机械）、料（材料）、法（工法）、环（环境）、测（测量）处于良好的生产状态，并持续改进，不断加强企业安全生产规范化建设。

12.2.1　安全生产标准化概述

1. 安全生产标准化的内涵

安全生产标准化体现了"安全第一、预防为主、综合治理"的方针和"以人为本"的科学发展观，强调企业安全生产工作的规范化、科学化、系统化和法制化，强化风险管理和过程控制，注重绩效管理和持续改进，符合安全管理的基本规律，代表了现代安全管理的发展方向，是先进安全管理思想与我国传统安全管理方法、企业具体实际的有机结合，有效提高企业安全生产水平，从而推动我国安全生产状况的根本好转。

安全生产标准化主要包含目标职责、制度化管理、教育培训、现场管理、安全投入、安全风险管控及隐患排查治理、应急管理、事故查处、绩效评定、持续改进 10 个方面。

2. 安全生产标准化的历史进程

2006 年 6 月 27 日，全国安全生产标准化技术委员会成立大会暨第一次工作会议在京召开。

2011 年 5 月 6 日，国务院安委会下发了《国务院安委会关于深入开展企业安全生产标准化建设的指导意见》（安委〔2011〕4 号），要求全面推进企业安全生产标准化建设，进一步规范企业安全生产行为，改善安全生产条件，强化安全基础管理，有效防范和坚决遏制重特大事故发生。

2011 年 5 月 16 日，国务院安委会下发了《关于深入开展全国冶金等工贸企业安全生产标准化建设的实施意见》（安委办〔2011〕18 号），提出工贸企业全面开展安全生产标准化建设工作，实现企业安全管理标准化、作业现场标准化和操作过程标准化。2013 年底前，规模以上工贸企业实现安全达标；2015 年底前，所有工贸企业实现安全达标。

2011 年 6 月 7 日，国家安全监管总局下发《关于印发全国冶金等工贸企业安全生产标准化考评办法的通知》（安监总管四〔2011〕84 号），制定了考评发证、考评机构管理及考评员管理等实施办法，进一步规范工贸行业企业安全生产标准化建设工作。

2011 年 8 月 2 日，国家安全监管总局下发《关于印发冶金等工贸企业安全生产标准化基本规范评分细则的通知》（安监总管四〔2011〕128 号），发布《冶金等工贸企业安全生产标准化基本规范评分细则》，进一步规范了冶金等工贸企业的安全生产。

2013 年 1 月 29 日，国家安全监管总局等部门下发《关于全面推进全国工贸行业企业安全生产标准化建设的意见》（安监总管四〔2013〕8 号）。提出要进一步建立健全工贸行业企业安全生产标准化建设政策法规体系，加强企业安全生产规范化管理，推进全员、全方位、全过程安全管理。力求通过努力，实现企业安全管理标准化、作业现场标准化和操作过程标准化，2015 年底前所有工贸行业企业实现安全生产标准化达标，企业安全生产基础得到明显强化。

2014 年 6 月 3 日，国家安全监管总局印发《企业安全生产标准化评审工作管理办法（试行）》（安监总办〔2014〕49 号），本办法自印发之日起施行。

2014 年 7 月 31 日，住房城乡建设部印发《建筑施工安全生产标准化考评暂行办法》（建质〔2014〕111 号）。进一步加强建筑施工安全生产管理，落实企业安全生产主体责任，规范建筑施工安全生产标准化考评工作。

3. 安全生产标准化的基本规范

2010 年 4 月 15 日，国家安全生产监督管理总局发布了《企业安全生产标准化基本规范》作为安全生产行业标准，标准编号为 AQ/T 9006—2010，自 2010 年 6 月 1 日起实施。

新版《企业安全生产标准化基本规范》（GB/T 33000—2016）（以下简称新版《基本规范》）于 2017 年 4 月 1 日起正式实施。该标准由国家安全生产监督管理总局提出，全国安全生产标准化技术委员会归口，中国安全生产协会负责起草。该标准实施后，《企业安全生产标准化基本规范》（AQ/T 9006—2010）废止。

其中，有关交通领域的安全生产标准化的行业规范：2011 年 6 月 29 日，交通运输部下发了《关于印发交通运输企业安全生产标准化建设实施方案的通知》（交安监发〔2011〕322号）；2012 年 4 月 20 日，交通运输部起草了《交通运输企业安全生产标准化考评管理办法》和《交通运输企业安全生产标准化达标考评指标》，并下发了《关于印发交通运输企业安全生产标准化考评管理办法和达标考评指标的通知》（交安监发〔2012〕175 号）；2016 年 9 月下发《交通运输企业安全生产标准化建设评价管理办法》，要求各企业结合实际，抓好细化落实。

12.2.2　安全生产标准化要求

1. 一般要求

1）原则

企业开展安全生产标准化工作，遵循"安全第一、预防为主、综合治理"的方针，以隐患排查治理为基础，提高安全生产水平，减少事故发生，保障人身安全健康，保证生产经营活动的顺利进行。

2）建立和保持

企业安全生产标准化工作采用"策划、实施、检查、改进"动态循环的模式，依据本标准的要求，结合自身特点，建立并保持安全生产标准化系统；通过自我检查、自我纠正和自我完善，建立安全绩效持续改进的安全生产长效机制。

3）评定和监督

企业安全生产标准化工作实行企业自主评定、外部评审的方式。

企业应当根据本标准和有关评分细则，对本企业开展安全生产标准化工作情况进行评定，自主评定后申请外部评审定级。

安全生产标准化评审分为一级、二级、三级，一级为最高。

安全生产监督管理部门对评审定级进行监督管理。

2. 核心要求

1）目标

企业根据自身安全生产实际，制定总体和年度安全生产目标。

按照所属基层单位和部门在生产经营中的职能，制定安全生产指标和考核办法。

2）组织机构和职责

（1）组织机构。

企业应按规定设置安全生产管理机构，配备安全生产管理人员。

（2）职责。

企业主要负责人应按照安全生产法律法规赋予的职责，全面负责安全生产工作，并履行安全生产义务。

企业应建立安全生产责任制，明确各级单位、部门和人员的安全生产职责。

3）安全生产投入

企业应建立安全生产投入保障制度，完善和改进安全生产条件，按规定提取安全费用，专项用于安全生产，并建立安全费用台账。

4）法律法规与安全管理制度

（1）法律法规、标准规范。

企业应建立识别和获取适用的安全生产法律法规、标准规范的制度，明确主管部门，确定获取的渠道、方式，及时识别和获取适用的安全生产法律法规、标准规范。

企业各职能部门应及时识别和获取本部门适用的安全生产法律法规、标准规范，并跟踪、掌握有关法律法规、标准规范的修订情况，及时提供给企业内负责识别和获取适用的安全生产法律法规的主管部门汇总。

企业应将适用的安全生产法律法规、标准规范及其他要求及时传达给从业人员。

企业应遵守安全生产法律法规、标准规范，并将相关要求及时转化为本单位的规章制度，贯彻到各项工作中。

（2）规章制度。

企业应建立健全安全生产规章制度，并发放到相关工作岗位，规范从业人员的生产作业行为。

安全生产规章制度至少应包含下列内容：安全生产职责、安全生产投入、文件和档案管理、隐患排查与治理、安全教育培训、特种作业人员管理、设备设施安全管理、建设项目安全设施"三同时"管理、生产设备设施验收管理、生产设备设施报废管理、施工和检维修安全管理、危险物品及重大危险源管理、作业安全管理、相关方及外用工管理、职业健康管理、防护用品管理、应急管理、事故管理等。

（3）操作规程。

企业应根据生产特点，编制岗位安全操作规程，并发放到相关岗位。

（4）评估。

企业应每年至少一次对安全生产法律法规、标准规范、规章制度、操作规程的执行情况进行检查评估。

（5）修订。

企业应根据评估情况、安全检查反馈的问题、生产安全事故案例、绩效评定结果等，对安全生产管理规章制度和操作规程进行修订，确保其有效和适用，保证每个岗位所使用的为最新有效版本。

（6）文件和档案管理。

企业应严格执行文件和档案管理制度，确保安全规章制度和操作规程编制、使用、评审、修订的效力。

企业应建立主要安全生产过程、事件、活动、检查的安全记录档案，并加强对安全记录的有效管理。

5）教育培训

（1）教育培训管理。

企业应确定安全教育培训主管部门，按规定及岗位需要，定期识别安全教育培训需求，制定、实施安全教育培训计划，提供相应的资源保证。

应做好安全教育培训记录，建立安全教育培训档案，实施分级管理，并对培训效果进行评估和改进。

（2）安全生产管理人员教育培训。

企业的主要负责人和安全生产管理人员，必须具备与本单位所从事的生产经营活动相适应的安全生产知识和管理能力。法律法规要求必须对其安全生产知识和管理能力进行考核的，须经考核合格后方可任职。

（3）操作岗位人员教育培训。

企业应对操作岗位人员进行安全教育和生产技能培训，使其熟悉有关的安全生产规章制度和安全操作规程，并确认其能力符合岗位要求。未经安全教育培训，或培训考核不合格的从业人员，不得上岗作业。

从事特种作业的人员应取得特种作业操作资格证书，方可上岗作业。

（4）其他人员教育培训。

企业应对相关方的作业人员进行安全教育培训。作业人员进入作业现场前，应由作业现场所在单位对其进行进入现场前的安全教育培训。

企业应对外来参观、学习等人员进行有关安全规定、可能接触到的危害及应急知识的教育和告知。

（5）安全文化建设。

企业应通过安全文化建设，促进安全生产工作。

企业应采取多种形式的安全文化活动，引导全体从业人员的安全态度和安全行为，逐步形成为全体员工所认同、共同遵守、带有本单位特点的安全价值观，实现法律和政府监管要求之上的安全自我约束，保障企业安全生产水平持续提高。

6）生产设备设施

（1）生产设备设施建设。

企业建设项目的所有设备设施应符合有关法律法规、标准规范要求；安全设备设施应与建设项目主体工程同时设计、同时施工、同时投入生产和使用。

企业应按规定对项目建议书、可行性研究、初步设计、总体开工方案、开工前安全条件确认和竣工验收等阶段进行规范管理。

生产设备设施变更应执行变更管理制度，履行变更程序，并对变更的全过程进行隐患控制。

（2）设备设施运行管理。

企业应对生产设备设施进行规范化管理，保证其安全运行。

企业应有专人负责管理各种安全设备设施，建立台账，定期检维修。对安全设备设施，应制定检维修计划。

设备设施检维修前应制定方案。检维修方案应包含作业行为分析和控制措施。检维修过程中应执行隐患控制措施并进行监督检查。

安全设备设施不得随意拆除、挪用或弃置不用；确因检维修拆除的，应采取临时安全措施，检维修完毕后立即复原。

（3）新设备设施验收及旧设备拆除、报废。

设备的设计、制造、安装、使用、检测、维修、改造、拆除和报废，应符合有关法律法规、标准规范的要求。

企业应执行生产设备设施到货验收和报废管理制度，应使用质量合格、设计符合要求的生产设备设施。

拆除的生产设备设施应按规定进行处置。拆除的生产设备设施涉及危险物品的，须制定危险物品处置方案和应急措施，并严格按规定组织实施。

7）作业安全

（1）生产现场管理和生产过程控制。

企业应加强生产现场安全管理和生产过程的控制。对生产过程及物料、设备设施、器材、通道、作业环境等存在的隐患，应进行分析和控制。对动火作业、受限空间内作业、临时用电作业、高处作业等危险性较高的作业活动，实施作业许可管理，严格履行审批手续。作业许可证应包含危害因素分析和安全措施等内容。

企业进行爆破、吊装等危险作业时，应当安排专人进行现场安全管理，确保安全规程的遵守和安全措施的落实。

（2）作业行为管理。

企业应加强生产作业行为的安全管理。对作业行为隐患、设备设施使用隐患、工艺技术隐患等进行分析，采取控制措施。

（3）警示标志。

企业应根据作业场所的实际情况，按照《安全标志及其使用导则》（GB 2894—2008）及企业内部规定，在有较大危险因素的作业场所和设备设施上，设置明显的安全警示标志，进行危险提示、警示，告知危险的种类、后果及应急措施等。

企业应在设备设施检维修、施工、吊装等作业现场设置警戒区域和警示标志，在检维修现场的坑、井、洼、沟、陡坡等场所设置围栏和警示标志。

（4）相关方管理。

企业应执行承包商、供应商等相关方管理制度，对其资格预审、选择、服务前准备、作业过程、提供的产品、技术服务、表现评估、续用等进行管理。

企业应建立合格相关方的名录和档案，根据服务作业行为定期识别服务行为风险，并采取行之有效的控制措施。

企业应对进入同一作业区的相关方进行统一安全管理。

不得将项目委托给不具备相应资质或条件的相关方。企业和相关方的项目协议应明确规定双方的安全生产责任和义务。

（5）变更。

企业应执行变更管理制度，对机构、人员、工艺、技术、设备设施、作业过程及环境等永久性或暂时性的变化进行有计划的控制。变更的实施应履行审批及验收程序，并对变更过程及变更所产生的隐患进行分析和控制。

8）隐患排查和治理

（1）隐患排查。

企业应组织事故隐患排查工作，对隐患进行分析评估，确定隐患等级，登记建档，及时采取有效的治理措施。

法律法规、标准规范发生变更或有新的公布，以及企业操作条件或工艺改变，新建、改建、扩建项目建设，相关方进入、撤出或改变，对事故、事件或其他信息有新的认识，组织机构发生大的调整的，应及时组织隐患排查。

隐患排查前应制定排查方案，明确排查的目的、范围，选择合适的排查方法。

（2）排查范围与方法。

企业隐患排查的范围应包括所有与生产经营相关的场所、环境、人员、设备设施和活动。

企业应根据安全生产的需要和特点，采用综合检查、专业检查、季节性检查、节假日检查、日常检查等方式进行隐患排查。

（3）隐患治理。

企业应根据隐患排查的结果，制定隐患治理方案，对隐患及时进行治理。

隐患治理方案应包括目标和任务、方法和措施、经费和物资、机构和人员、时限和要求。重大事故隐患在治理前应采取临时控制措施并制定应急预案。

隐患治理措施包括：工程技术措施、管理措施、教育措施、防护措施和应急措施。

治理完成后，应对治理情况进行验证和效果评估。

（4）预测预警。

企业应根据生产经营状况及隐患排查治理情况，运用定量的安全生产预测预警技术，建立体现企业安全生产状况及发展趋势的预警指数系统。

9）重大危险源监控

（1）辨识与评估。

企业应依据有关标准对本单位的危险设施或场所进行重大危险源辨识与安全评估。

（2）登记建档与备案。

企业应当对确认的重大危险源及时登记建档，并按规定备案。

（3）监控与管理。

企业应建立健全重大危险源安全管理制度，制定重大危险源安全管理技术措施。

10）职业健康

（1）职业健康管理。

企业应按照法律法规、标准规范的要求，为从业人员提供符合职业健康要求的工作环境和条件，配备与职业健康保护相适应的设施、工具。

企业应定期对作业场所职业危害进行检测，在检测点设置标识牌予以告知，并将检测结果存入职业健康档案。

对可能发生急性职业危害的有毒、有害工作场所，应设置报警装置，制定应急预案，配置现场急救用品、设备，设置应急撤离通道和必要的泄险区。

各种防护器具应定点存放在安全、便于取用的地方，并有专人负责保管，定期校验和维护。

企业应对现场急救用品、设备和防护用品进行经常性的检维修，定期检测其性能，确保其处于正常状态。

（2）职业危害告知和警示。

企业与从业人员订立劳动合同时，应将工作过程中可能产生的职业危害及其后果和防护措施如实告知从业人员，并在劳动合同中写明。

企业应采用有效的方式对从业人员及相关方进行宣传，使其了解生产过程中的职业危害、预防和应急处理措施，降低或消除危害后果。

对存在严重职业危害的作业岗位，应按照要求设置警示标识和警示说明。警示说明应载明职业危害的种类、后果、预防和应急救治措施。

（3）职业危害申报。

企业应按规定，及时、如实向当地主管部门申报生产过程存在的职业危害因素，并依法接受其监督。

11）应急救援

（1）应急机构和队伍。

企业应按规定建立安全生产应急管理机构或指定专人负责安全生产应急管理工作。

企业应建立与本单位安全生产特点相适应的专兼职应急救援队伍，或指定专兼职应急救援人员，并组织训练；无须建立应急救援队伍的，可与附近具备专业资质的应急救援队伍签订服务协议。

（2）应急预案。

企业应按规定制定生产安全事故应急预案，并针对重点作业岗位制定应急处置方案或措施，形成安全生产应急预案体系。

应急预案应根据有关规定报当地主管部门备案，并通报有关应急协作单位。

应急预案应定期评审，并根据评审结果或实际情况的变化进行修订和完善。

（3）应急设施、装备、物资。

企业应按规定建立应急设施，配备应急装备，储备应急物资，并进行经常性的检查、维护、保养，确保其完好、可靠。

（4）应急演练。

企业应组织生产安全事故应急演练，并对演练效果进行评估。根据评估结果，修订、完善应急预案，改进应急管理工作。

（5）事故救援。

企业发生事故后，应立即启动相关应急预案，积极开展事故救援。

12）事故报告、调查和处理

（1）事故报告。

企业发生事故后，应按规定及时向上级单位、政府有关部门报告，并妥善保护事故现场及有关证据。必要时向相关单位和人员通报。

（2）事故调查和处理。

企业发生事故后，应按规定成立事故调查组，明确其职责与权限，进行事故调查或配合上级部门的事故调查。

事故调查应查明事故发生的时间、经过、原因、人员伤亡情况及直接经济损失等。

事故调查组应根据有关证据、资料，分析事故的直接、间接原因和事故责任，提出整改措施和处理建议，编制事故调查报告。

13）绩效评定和持续改进

（1）绩效评定。

企业应每年至少一次对本单位安全生产标准化的实施情况进行评定，验证各项安全生产制度措施的适宜性、充分性和有效性，检查安全生产工作目标、指标的完成情况。

企业主要负责人应对绩效评定工作全面负责。评定工作应形成正式文件，并将结果向所有部门、所属单位和从业人员通报，作为年度考评的重要依据。

企业发生死亡事故后应重新进行评定。

（2）持续改进。

企业应根据安全生产标准化的评定结果和安全生产预警指数系统所反映的趋势，对安全生产目标、指标、规章制度、操作规程等进行修改完善，持续改进，不断提高安全绩效。

12.3　职业安全健康

12.3.1　职业安全健康管理

1. 职业安全健康管理体系发展

职业安全健康管理体系（occupation health and safety management system，OHSMS），是指为建立职业安全健康方针和目标以及实现这些目标所制定的一系列相互联系或相互作用的要素。它是职业安全健康管理活动的一种方式，包括影响职业安全健康绩效的重点活动与职责以及绩效测量的方法。20 世纪 80 年代以来，英、美、日、澳等发达国家率先开展了各自职业安全健康管理体系的制定和实施工作。

我国作为国际标准化组织的正式成员国，在职业安全健康管理体系标准化问题刚提出时就十分重视，并于 1995 年派代表参加了职业安全健康管理体系标准化的特别工作组，随后在国内就开展了该项工作。

1997 年，中国石油天然气总公司首先制定了《石油天然气工业健康、安全与环境管理体系》《石油天然气钻井健康、安全与环境管理体系指南》等行业标准；1998 年 8 月，中国劳动保护科学技术学会提出了职业安全健康管理体系试行标准，对企业进行试点实施；1999 年 10 月，原国家经贸委正式颁布了《职业安全卫生管理体系试行标准》，并下发了关于开展职业安全健康管理体系认证工作的通知。

2. 职业安全健康管理体系运行模式和基本要素

1）职业安全健康管理体系运行模式

职业安全健康管理体系的运行模式可以追溯到一系列的系统思想，最主要的是 Edwards Deming 的 PDCA（即计划、实施、检查、处置）概念。在此概念的基础上，结合职业安全健康管理活动的特点，不同的职业安全健康管理体系标准提出了基本相似的职业安全健康管理体系运行模式，其核心都是为生产经营单位建立一个动态循环的管理过程，以持续改进的思想指导生产经营单位系统地实现其既定的目标。

2）职业安全健康管理体系的基本要素

职业安全健康管理体系作为一种系统化的管理方式，各个国家依据其自身的实际情况提出了不同的指导性要求，但基本上遵循了 PDCA 的思想并与 ILO–OSH2001 导则相近似。

（1）职业安全健康管理方针。

生产经营单位应在征询员工及其代表意见的基础上，制定出书面的职业安全健康方针，以规定其体系运行中职业安全健康工作的方向和原则，确定职业安全健康责任及绩效总目标，表明实现有效职业安全健康管理的正式承诺，并为下一步体系目标的策划提供指导性框架。

生产经营单位所制定的职业安全健康方针必须包括以下内容：① 承诺遵守自身所适用且现行有效的职业安全健康法律、法规，包括生产经营单位所属管理机构的职业安全健康管理规定和生产经营单位与其他用人单位签署的集体协议或其他要求；② 承诺持续改进职业安全健康绩效和事故预防、保护员工健康安全。

（2）组织。

① 组织的目的。

组织的目的是要求生产经营单位为正确、有效地实施与运行职业安全健康管理体系及其要素而确立和完善组织保障基础，包括机构与职责、培训及意识和能力、协商与交流、文件化、文件与资料控制以及记录和记录管理。

② 组织的内容与要求。

● 机构与职责。生产经营单位的最高管理者应对保护企业员工的安全与健康负全面责任，并在企业内设立各级职业安全健康管理的领导岗位，针对那些对其活动、设施（设备）和管理过程的职业安全健康风险有一定影响的从事管理、执行和监督的各级管理人员，规定其职责和权限，以确保职业安全健康管理体系的有效建立、实施与运行，并实现职业健康安全目标。

● 培训、意识与能力。生产经营单位应建立并保持培训的程序，以便规范、持续地开展培训工作，确保员工具备必需的职业安全健康意识与能力。

● 协商与交流。生产经营单位应建立并保持程序，做出文件化的安排，促进其就有关职业安全健康信息与员工和其他相关方（如分承包方人员、供货方、访问者）进行协商和交流。

生产经营单位应在企业内建立有效的协商机制（如成立健康安全委员会或类似机构、任命员工职业安全健康代表及员工代表、选择员工加入职业安全健康实施队伍等）与协商计划，确保能有效地接收到所有员工的信息，并安排员工参与方针和目标的制定及评审、职业安全健康管理方案与实施程序的制定与评审、事故与事件的调查及现场职业安全健康检查，对影响作业场所及生产过程中职业安全健康的有关变更而进行协商等相关工作。

● 文件化。生产经营单位应保持最新的、充分的并适合企业实际特点的职业安全健康管理体系文件，以确保建立的职业安全健康管理体系在任何情况下（包括各级人员发生变动时）均能得到充分理解和有效运行。

● 文件与资料控制。生产经营单位应制定书面程序，以便对职业安全健康文件的识别、批准、发布和撤销以及职业健康安全有关资料进行控制，确保其满足相应要求。

● 记录与记录管理。生产经营单位建立和保持程序，用来标识、保存和处置有关职业安全健康记录。生产经营单位的职业安全健康记录应填写完整、字迹清楚、标识明确，并确定记录的保存期，将其存放在安全地点，便于查阅，避免损坏。

（3）计划与实施。

① 计划与实施的目的。

计划与实施的目的是要求生产经营单位依据自身的危害与风险情况，针对职业安全健康方针的要求做出明确具体的规划，并建立和保持必要的程序或计划，以持续、有效地实施与运行职业安全健康管理规划，包括初始评审、目标、管理方案、运行控制、应急预案与响应。

② 计划与实施的内容与要求。

● 初始评审。初始评审，是指对生产经营单位现有职业安全健康管理体系及其相关管理方案进行评价，目的是依据职业安全健康方针总体目标和承诺的要求，为建立和完善职业安全健康管理体系中的各项决策（重点是目标和管理方案）提供依据，并为持续改进企业的职业安全健康管理体系提供一个能够测量的基准。

● 目标。职业安全健康目标是职业安全健康方针的具体化和阶段性体现。因此，生产经营单位在制定目标时，应以危险辨识和风险评价的结果为基础，确保其对实现职业安全健康方针要求的针对性和持续渐进性；以获取的适用法律、法规及上级主管机构和其他相关方的要求为基础，确保方针中守法承诺的实现；应考虑自身技术与财务能力以及整体经营上有关职业安全健康的要求，确保目标的可行性与实用性；应考虑以往职业安全健康目标、管理方案的实施与实现情况，以及以往事故、事件、不符合的发生情况，确保目标符合持续改进的要求。

● 管理方案。制定管理方案的目的是制定和实施职业安全健康计划，确保职业安全健康目标的实现。生产经营单位的职业安全健康管理方案应阐明做什么事、谁来做、什么时间做等问题。

● 运行控制。生产经营单位应对与所识别的风险有关并需采取控制措施的运行与活动（包括辅助性的维护工作）建立和保持计划安排（程序及其规定），在所有作业场所实施必要且有效的控制和防范措施。

● 应急预案与响应。目的是确保生产经营单位主动评价潜在事故与紧急情况发生的可能性及其应急响应的需求，制订相应的应急计划、应急处理的程序和方式，检验预期的响应效果，并改善其响应的有效性。

（4）检查与评价。

① 检查与评价的目的。

检查与评价的目的是要求生产经营单位定期或及时地发现体系运行过程或体系自身所存在的问题，并确定问题产生的根源或需要持续改进的地方。

② 检查与评价的内容与要求。

● 绩效测量和监测。该程序用以确保监测职业健康安全目标的实现情况（包括主动测量和被动测量两个方面）、支持企业的评审活动（包括管理评审）、记录结果等方面。

生产经营单位应列出用于评价职业安全健康状况的测量设备清单，使用唯一标识并进行控制，并应有文件化的程序描述如何进行职业安全健康测量。

● 事故、事件、不符合及其对职业健康安全绩效影响的调查。建立有效的程序，对生产经营单位的事故、事件、不符合进行调查、分析和报告，识别和消除此类情况发生的根本原因，防止其再次发生，并通过程序的实施，发现、分析和消除不符合的潜在原因。

● 审核。建立并保持定期开展职业安全健康管理体系审核的方案和程序，以评价生产经营单位职业安全健康管理体系及其要素的实施能否恰当、充分、有效地保护员工的安全与健康，预防各类事故的发生。

● 管理评审。生产经营单位的最高管理者依据自己预定的时间间隔对职业安全健康管理体系进行评审，以确保体系的持续适宜性、充分性和有效性。

（5）改进措施。

① 纠正与预防措施。生产经营单位针对职业安全健康管理体系绩效测量与监测、事故事件调查、审核和管理评审活动所提出的纠正与预防措施的要求，应制定具体的实施方案并予以保持，确保体系的自我完善功能。

② 持续改进。生产经营单位应不断寻求方法持续改进自身职业安全健康管理体系及其职业安全健康绩效，从而不断消除、降低或控制各类职业健康安全危害和风险。

3. 职业安全健康管理体系的运行过程

职业安全健康管理体系是一个系统化、程序化和文件化的管理体系。它强调预防为主，强调遵守国家职业安全健康法律、法规及其他要求，强调全过程控制，有针对性地改善组织的职业安全健康行为，以期达到对职业安全健康绩效的持续改善，切实做到经济发展与保护员工的安全与健康同步进行，走可持续发展的道路。

1）建立职业安全健康管理体系的步骤

不同的组织在建立、完善职业安全健康管理体系时，可根据自己的特点和具体情况采取不同的步骤和方法。但是总体来说，建立职业安全健康管理体系一般要经过下列四个基本步骤：职业安全健康管理体系的策划与准备，职业安全健康管理体系文件的编制，职业安全健康管理体系试运行，职业安全健康管理体系的内部审核与管理评审。

2）编写职业安全健康管理体系文件

OHSMS 是一套文件化的管理制度和方法，所以编写职业安全健康管理体系文件是一个组织建立职业安全健康管理体系必不可少的内容，也是一个组织达到预定的职业安全健康行为、评价和改进职业安全健康管理体系、实现持续改进和事故预防必不可少的依据。

一个组织建立职业安全健康管理体系的过程主要表现为职业安全健康管理文件的制定、执行评价和不断完善。因此，如果一个组织的职业安全健康管理体系文件不正确、不准确、不完整，则有可能造成组织职业安全健康管理体系的失效，或使组织的职业安全健康管理工作成本增加，影响组织职业安全健康管理体系的实施和效果。参照 ISO/DIS 10013 质量手册编制指南，建议把职业安全健康管理体系文件分为三个层次：管理手册（A 层次）、程序文件（B 层次）、作业文件（C 层次）。

3）职业安全健康管理体系的试运行

体系文件编制完成以后，职业安全健康管理体系进入试运行阶段。体系试运行就是体系的磨合期，试运行的目的是在实践中检查体系的充分性，适用发挥体系本身各项功能，及时发现问题，找出问题的根源，采取改进措施和纠正措施，纠正各种不符合，并给体系加以修改，以达到进一步完善职业安全健康管理体系的目的。

4）职业安全健康管理体系的内部审核

内部审核是组织对其自身的职业安全健康管理体系所进行的审核，是对体系是否正常运行以及是否达到规定的目标所做的系统的、独立的检查和评价，是职业安全健康管理体系的一种自我保证手段。

内部审核一般对体系的全部要素进行全面审核，应由与被审核对象无直接负责关系的人员来实施，对不符合项的纠正措施必须跟踪检查，并确保有效性。

（1）审核的准备。

审核的准备是内审工作的一个重要阶段，准备阶段工作做得越细致，现场审核就可越深入，准备工作主要包括下列内容：制订计划，组成审核组，收集有关文件，编写检查表。

（2）审核的实施。

审核组在完成了全部审核准备工作以后，就可按预先约定的日期和时间实施审核。实施审核的步骤和该阶段的工作内容主要有：召开一次简短的首次会议；进行现场审核；确定不符合项并编写不符合报告；汇总分析审核结果；召开末次会议，宣布审核结果。

（3）审核报告的编写。

审核报告是说明审核结果的正式文件，它应包括下列内容：审核的目的和范围，审核组成员和受审核部门名称及其负责人，审核的日期，审核所依据的文件，不符合项的观察结果，职业安全健康管理体系运行有效性的结论性意见，审核报告的分发清单。

内部职业安全健康管理体系审核报告应经管理代表或其指定的负责人批准后分发至有关领导和部门。

（4）纠正错误。

职业安全健康管理体系内部审核目的重点在于发现职业安全健康管理体系的问题，查出原因并采取纠正措施予以消除，以免再次出现类似的不符合。

5）职业安全健康管理体系的管理评审

管理评审是由组织的最高管理者对职业安全健康现状进行系统评价，以确定职业安全健康方针、职业安全健康管理体系和程序是否仍适合于职业安全健康目标、职业安全健康法规和变化了的内外部条件。管理评审由最高管理者按规定的（适当的）时间间隔组织进行，所谓"适当间隔"可以是半年一次，也可以是每年或更长时间一次，可随着内外部条件的变化而及时进行管理评审。

12.3.2　职业安全健康技术

在生产过程中、劳动过程中、作业环境中存在的危害劳动者健康的因素，称为职业性危害因素。由职业性危害因素所引起的疾病称为职业病，由国家主管部门公布的职业病目录所列的职业病称为法定职业病。职业病危害因素按其来源可概括为与生产过程有关危害因素、与劳动过程有关危害因素以及与作业环境有关危害因素三大类。目前，企业中存在的职业性危害因素主要是粉尘、毒物、物理因素，均来源于生产过程，产生于设备，扩散于环境，作用于接触人群。对职业性有害因素的控制应从设备、环境、人三个方面考虑。

12.3.2.1　工业有害物质的产生及危害

1. 生产性粉尘

1）生产性粉尘的来源

生产性粉尘来源十分广泛，如固体物质的机械加工、粉碎，金属的研磨、切削，矿石的粉碎筛分，配料或岩石的钻孔、爆破和破碎，耐火材料、玻璃、水泥和陶瓷等工业中原料加工，皮毛、纺织物等原料处理，化学工业中固体原料加工处理，物质加热时产生的蒸气，有机物质的不完全燃烧所产生的烟。此外，还有粉末状物质在进行混合、过筛、包装和搬运等操作时产生的粉尘，以及沉积的粉尘二次扬尘等。

2）生产性粉尘的分类

（1）根据性质分类。

生产性粉尘根据其性质可分为三类：

① 无机性粉尘：无机性粉尘包括矿物性粉尘（如硅石、石棉、煤等）、金属性粉尘（如铁、锡、铝等及化合物）、人工无机性粉尘（如水泥、金刚砂等）。

② 有机性粉尘：有机性粉尘包括植物性粉尘（如棉、麻、面粉、木材）、动物性粉尘（如皮毛、丝、骨粉尘）、人工合成的有机染料、农药、合成树脂、炸药和人造纤维等。

③ 混合性粉尘：混合性粉尘是上述各种粉尘的混合物，一般为两种以上粉尘的混合。生产环境中最常见的就是混合性粉尘。

（2）根据在空气中停留的时间分类。

根据粉尘颗粒在空气中停留的时间可以将粉尘分为两类：

① 降尘：一般指空气动力学直径大于 10 μm，在重力作用下可以降落的颗粒状物质。降尘多产生于大块固体的破碎、燃烧残余物的结块及研磨粉碎的细碎物质，自然界刮风及沙尘暴也可以产生降尘。

② 飘尘：指粒径小于 10 μm 的微小颗粒，包括烟、烟气和雾在内的颗粒状物质。由于这些物质粒径很小、质量轻，所以可长时间悬浮在大气中，且分布极为广泛；被人体吸入呼吸道的机会很大，故很容易造成人体危害。

3）粉尘对人体健康的危害

根据不同特性，粉尘可对机体引起各种损害。如可溶性有毒粉尘进入呼吸道后，能很快被吸收入血液，引起中毒；放射性粉尘，则可造成放射性损伤；某些硬质粉尘可损伤角膜及结膜，引起角膜混浊和结膜炎等；粉尘堵塞皮脂腺和机械性刺激皮肤时，可引起粉刺、毛囊炎、脓皮病及皮肤皲裂等；粉尘进入外耳道混在皮脂中，易形成耳垢等。

粉尘对机体影响最大的是呼吸系统损害，包括上呼吸道炎症、肺炎（如锰尘）、肺肉芽肿（如铍尘）、肺癌（如石棉尘、砷尘）、尘肺（如二氧化硅等尘）以及其他职业性肺部疾病等。尘肺是由于在生产环境中长期吸入生产性粉尘而引起的肺弥漫性间质纤维性改变为主的疾病。它是职业性疾病中影响面最广、危害最严重的一类疾病。

为了更好地保护工人健康，我国 1988 年公布实施的《职业病范围和职业病患者处理办法的规定》规定了 12 种尘肺名单，即硅肺、石棉肺、煤工尘肺、石墨尘肺、炭黑尘肺、滑石尘肺、水泥尘肺、云母尘肺、陶工尘肺、铝尘肺、电焊工尘肺及铸工尘肺。在 12 种尘肺中，其病变轻重程度主要与生产性粉尘中所含二氧化硅量有关，以硅肺最严重，石棉肺次之，后者由含结合型二氧化硅（硅酸盐）粉尘引起，其他尘肺病理改变和临床表现均较轻。

2. 生产性毒物

毒物：是指在一定的条件下，以较小剂量作用于人体，即可引起人体生理功能改变或器质性损害，甚至危及生命的化学物质。各种生产过程中产生或使用的有毒物质统称为生产性毒物或工业毒物。

生产性毒物：是指在生产中使用、接触的能使人体器官组织机能或形态发生异常改变而引起暂时性或永久性病理变化的物质。

中毒：是指机体受毒物作用后引起一定损害而出现的疾病状态。职业中毒：是指劳动者在生产过程中过量接触生产性毒物而引发的中毒。

剂量：是指给予机体的化学物的数量或与机体接触的数量。绝对致死量：是指能够造成一群实验动物全部死亡的最低剂量。半数致死量：是指能杀死一半试验总体的有害物质、有毒物质或游离辐射的剂量。

最大无作用剂量：是指在一定时间内，根据目前认识水平未能观察到任何对机体的损害作用的最高剂量。

最小有作用剂量（或称阈剂量或阈浓度）：是指能使某项灵敏的观察指标开始出现异常变化或使机体开始出现损害作用所需的最低剂量。

毒物在生产过程中以多种形式出现，同一种化学物质在不同生产过程中呈现的形式也不同。毒物的来源主要有以下几个方面：

① 生产原料：如生产颜料、蓄电池使用的氧化铅，生产合成纤维、燃料使用的苯等。

② 中间产品：如用苯和硝酸生产苯胺时产生的硝基苯。

③ 成品：如农药厂生产的各种农药。

④ 辅助材料：如橡胶、印刷行业用做溶剂的苯和汽油。

⑤ 副产品及废弃物：如炼焦时产生的煤焦油、沥青，冶炼金属时产生的三氧化硫。

⑥ 夹杂物：如硫酸中混杂的砷等。

生产性毒物在生产过程中常以气体、蒸气、粉尘、烟或雾的形态存在并污染空气环境。如氯化氢、氰化氢、二氧化硫、氯气等在常温下呈气态的物质，是以气体形态污染空气的；一些沸点低的物质是以蒸气形态污染空气的，如喷漆作业中的苯、汽油、醋酸乙酯等；喷洒农药时的药雾、喷漆时的漆雾、电镀时的铬酸雾、酸洗时的硫酸雾等，是以雾的形态污染空气的。弄清楚生产性毒物以什么形态存在，对了解毒物进入人体的途径、制定预防控制措施、采集空气样品、测定毒物浓度都有重要意义。

3. 物理危害因素

作业场所存在的物理性职业危害因素有噪声、振动、辐射、异常气象条件（气温、气流、气压）等。下面介绍各种物理性职业危害因素的物理特性和对人体的危害及可能引起的职业病。

1）噪声及噪声聋

物体受振动后，振动能在弹性介质中以波动的形式向周围传播，这种振动波称为声波，受振动的物体称为声源。声波在介质中单位时间内波动的次数称为频率（f），单位是赫兹（Hz），频率决定声波的特征，高频声波听起来尖细，低频声波听起来低沉。

人耳能感受到的声波频率大致为 20～20 000 Hz。高于 20 000 Hz 的称为超声，低于 20 Hz 的称为次声，单一频率的声波称为纯音或单音，多个频率组成的声波称为复合音，人们在生活和生产环境中接触到的声波是复合音。频率的组成若有一定规律性和节奏性，能引起明确的音调和音色的感觉，称为乐音。若各种不同频率和强度的声波无规律地杂乱组合，波形呈无规律变化的声音，称为噪声。使人心理上认为是不需要的，使人厌烦的，起干扰作用的声音，统称为噪声。

（1）生产性噪声的特性、种类及来源。

在生产中，由于机器转动、气体排放、工件撞击与摩擦所产生的噪声，称为生产性噪声或工业噪声，可归纳为以下三类：

① 空气动力性噪声。空气动力性噪声是由于气体振动产生的。当气体受到扰动，气体与物体之间有相互作用时，就会产生这种噪声。鼓风机、空压机、燃气轮机、高炉和锅炉排气放空等都可以产生空气动力性噪声。

② 机械性噪声。机械性噪声是由于固体振动而产生的。在撞击、摩擦、交变机械应力或磁性应力等作用下，机械设备的金属板、轴承、齿轮等发生碰撞、振动会产生机械性噪声。球磨机、轧机、破碎机、机床以及电锯等所产生的噪声都属于此类噪声。

③ 电磁性噪声。电磁性噪声是由于电动机和发电机中交变磁场对定子和转子作用，产生周期性的交变力，引起振动时产生的。电动机、发电机和变压器都可以产生这种噪声。

（2）生产性噪声引起的职业病——噪声聋。

由于长时间接触噪声导致的听阈升高、不能恢复到原有水平的称为永久性听力阈移，临床上称噪声聋。

噪声聋可分为两种：一种是一次或几次接触高强度噪声，如爆炸声等造成的耳聋，称为急性声损伤或爆震性耳聋。另一种是长期在强噪声环境下工作而引起的耳聋，称为慢性声损伤或噪声聋，它是一种进行性感音系统的损害。

噪声聋用电纯音测听计检查，早期听力变化在 $4\,000\sim6\,000\ \text{Hz}$，出现"V"形下降，但尚未波及语言频率感受部分，一般此阶段被称为噪声性听力损伤。除有乏力、失眠等神经衰弱症状外，一般不伴有耳鸣或仅有轻度耳鸣。在持续噪声作用下，听力损伤逐渐向两侧频率延伸，累及 $1\,000\ \text{Hz}$、$2\,000\ \text{Hz}$、$3\,000\ \text{Hz}$、$6\,000\ \text{Hz}$、$8\,000\ \text{Hz}$，听力曲线可呈"U"形下降或缓型下降，这时语言听力出现异常，工作、学习和生活开始感觉到听觉困难，有些声音听不到或听不清，而且多有持续性耳鸣。

一般来说，当 $4\,000\ \text{Hz}$ 的听力阈值提高 $40\ \text{dB}$ 时，语言听力往往达到轻度聋的程度；听力阈值提高到 70 多分贝时，语言听力损伤可达到中度聋的程度。因此暴露于强噪声环境的工作人员，应定期检查听力。

（3）超声和次声及其对人体的危害。

① 超声波。职业性接触超声波可分为两类：气导超声波和液导超声波。工业上的清洗、乳化、焊接、探伤、摄影、测距作业时，接触气导超声波。接触液导超声波主要在医学领域，如超声诊断、治疗和外科手术。

接触一定量的气导超声波，可引起听力暂时性位移和血糖改变，有疲劳、头痛、恶心、耳鸣、易激动等症状；长期接触高强度超声波，可延缓骨骼生长，也可改变甲状腺功能。但超声波对人体不良影响的有关资料很少，还难以确切指出其危害范围与程度。

② 次声波。工业生产中主要的次声源有内燃发动机、涡轮机、空压机、空调系统、电炉熔炼、大型锅炉、水泵等。汽车、机车、机动船舶、地铁列车等也可产生不同程度的次声。有时次声与可听声混杂在一起，常被人们忽视。在一般情况下，车间生产设备产生的次声强度为 $78\sim97\ \text{dB}$，港口设备为 $79\sim91\ \text{dB}$。工人承受的经常性次声作用水平，一般不超过 $90\sim110\ \text{dB}$。

高强次声（强度大于 $140\ \text{dB}$）短时间作用就可造成许多不良影响，如胸骨后压迫感、肋间痛、失声、吞咽困难、呼吸困难、头痛、眩晕、视觉模糊等。一般生产环境次声长时间作用，可使人产生暂时性听力阈移。次声与低频稳态噪声联合作用 $6\ \text{h}$，对听器和前庭器的危害，比单纯接触稳态噪声要严重很多。另外，次声可引起耳部疼痛和中耳压力感。

长期在工业次声环境下工作，即使次声强度在 $110\ \text{dB}$ 以下，也可导致心理或生理改变，如情绪不稳、焦躁、注意力不集中、易疲劳和不同程度的神经衰弱综合征、植物神经功能紊乱等。

2）振动及振动病

振动，是指物体在外力作用下，以中心位置为基准呈往复振荡的现象，振动物体离开中心位置的最大位移称为振幅，单位为 m。单位时间（s）内振动次数称为振动频率，单位为 Hz。单位时间内位移的变化量称为速度，单位为 m/s。单位时间内速度变化量称为加速度，单位为 m/s^2。振幅和加速度有重要意义。

（1）接触生产性振动的机会。

生产过程中的生产设备、工具产生的振动称为生产性振动，在生产中手臂振动所造成的危害，较为明显和严重，国家已将手臂振动的局部振动病列为职业病。存在手臂振动的生产作业主要有以下几类：

① 锤打工具。以压缩空气为动力，如凿岩机、选煤机、混凝土搅拌机、倾卸机、空气锤、筛选机、风铲、捣固机、铆钉机、铆打机等。

② 手持转动工具。如电钻、风钻、手摇钻、油锯、喷砂机、金刚砂抛光机、钻孔机等。

③ 固定轮转工具。如砂轮机、抛光机、球磨机、电锯等。

④ 交通运输与农业机械。如汽车、火车、收割机、脱粒机等驾驶员，手臂长时间把持操作把手，亦存在手臂振动。

（2）振动病。

振动病，是指在生产劳动中长期受外界振动的影响而引起的职业性疾病。

按振动对人体作用的方式可分为全身振动和局部振动两种。全身振动可以引起前庭器官刺激和植物神经功能紊乱症状，如眩晕、恶心、血压升高、心率加快、疲倦、睡眠障碍；胃肠道出现分泌功能减弱、食欲下降；内分泌系统调节功能紊乱，月经周期紊乱；椎间盘突出等。全身振动引起的功能性改变，脱离接触和休息后，多能自行恢复，多次接触后可逐渐适应。局部振动则引起以末梢循环障碍为主的改变，亦可累及肢体神经及运动功能。发病部位多在上肢，典型表现为发作性手指发白（白指症），职业病名单上称为局部振动病。

振动病患者多有神经衰弱综合征和手部症状。前者有头痛、头昏、失眠、心悸、乏力、记忆力不集中等。后者以手指发麻、疼痛、发胀、发凉、手心多汗、遇冷后手指发白（雷诺氏综合征）为主，其次为手僵、手无力、手颤和关节肌肉疼痛等不适，以致无法拿稳工具进行操作、拿住筷子吃饭。这些症状多在冬季和夜间加重。

3）电磁辐射及其所致的职业病

电磁辐射广泛存在于宇宙空间和地球上。当一根导线有交流电通过时，导线周围辐射出一种能量，这种能量以电场和磁场形式存在，并以波动形式向四周传播，人们把这种交替变化的电场和磁场以一定速度在空间传播称为电磁辐射或电磁波。

电磁辐射具有波动性和粒子性双重性质。其在发射、传播、吸收过程中，都是以粒子的运动并为波动规律所制约的，频率越高、波长越短的电磁辐射，其量子能量越大，当量子能量达 12 eV（电子伏特）以上时，对物体和人体组织有电离作用，这种电磁波称为电离辐射，如 X 射线、γ 射线。量子能量小于 12 eV 的电磁辐射，如红外线、高频电磁场和微波，对物体无电离作用，称为非电离辐射。

电磁辐射按频率和波长可分为射频辐射、红外线、可见光、紫外线、X 射线、γ 射线、宇宙射线等，它们本质虽然相同，但由于频率、波长、量子能量的不同，其对人体的危害作用有明显差异，现将作业场所中可能接触的几种电磁辐射简述如下。

（1）非电离辐射。

① 射频辐射。射频辐射亦称为无线电波，量子能量很小，属非电离辐射。按波长和频率可分成高频电磁场、超高频电磁场和微波三个波段。

● 高频作业。工人作业地带的高频电磁场主要来自高频设备的辐射源，如高频振荡管、电容器、电感线路、高频变压器、馈线和感应线圈等部件。无屏蔽的高频输出变压器常是工人操作岗位的主要辐射源。对于半导体外延工艺来说，主要辐射源是感应线圈。塑料热合时，工人主要受到来自工作电容器的高频辐射。馈线也是作业地带电磁场的辐射源之一。

● 微波作业。微波最早用于雷达，相继用于通信、导航、天文和高能物理等领域。生产场所接触微波辐射可分为两类：一类是由于设备密闭结构不严，造成微波能量外泄；另一类是各种辐射结构（天线）向空间辐射的微波能量。工作场所微波辐射强度大小除与辐射源能量有关外，还与距辐射源的距离、工作人员所处的方位、周围环境中的反射物及加工介质的性质等有关。微波方向性较强，正辐射方向上的微波能量远大于偏辐射方向的微波能量。由于反射作用，生产场所的金属物体会使微波能量分布复杂化。被加工物料体积较大，含水量较高时，微波能泄漏会增加。

● 射频辐射对健康的影响。一般来说，射频辐射对人体的影响不会导致组织器官的器质性损伤，主要引起功能性改变，并具有可逆性特征，往往在停止接触数周或数月后可恢复。但在大强度长期作用下，心血管系统的症候持续时间较长，并有进行性倾向。

高频电磁场主要有害作用来源于小波和短波。高频电磁场场强较大时，短期接触即可引起体温变化，班后体温、皮肤温度比班前明显升高。

② 红外线。自然界中最强的红外线辐射源是太阳，透过大气层的红外线波长在 900 nm 以下。生产环境中，加热金属、熔融玻璃、强发光体等可成为红外线辐射源。炼钢工、铸造工、轧钢工、锻钢工、玻璃熔吹工、烧瓷工、焊接工等会受到红外线辐射。

红外线引起的白内障是长期受到炉火或加热红外线辐射而引起的职业病，为红外线所致晶状体损伤。职业性白内障已列入职业病名单，如玻璃工的白内障，一般多发生于工龄长的工人。产生白内障的波段主要是 800～1 200 nm 和 1 400～1600 nm，其损害是晶状体及周围组织吸收辐射能，导致晶状体温度升高，造成蛋白凝固所致，最终晶状体全部浑浊，呈灰白或白色。患者出现进行性视力减退，晚期仅有光感，一般双眼同时发生，进展缓慢。

③ 紫外线。紫外线对人体有积极作用的方面，长期得不到自然界紫外线照射（如井下工人），会发生机能障碍，抵抗力低下。自然界的紫外线波长在 290 nm 以上，而生产条件下产生的紫外线却含有人体不能适应的短波紫外线。

生产环境中，物体温度达 1 200 ℃以上的辐射电磁波谱中即可出现紫外线。随着物体温度的升高，辐射的紫外线频率增高，波长变短，其强度也增大。常见的辐射源有冶炼炉（高炉、平炉、电炉）、电焊、氧乙炔气焊、氩弧焊、等离子焊接等。

波长 297 nm 的紫外线对皮肤作用最强，能引起红斑反应，皮肤对紫外线的反应除与波长、频率有关外，还与其强度有关。强烈的紫外线辐射作用可引起皮炎，表现为弥漫性红斑，有时可出现小水泡和水肿，并有发痒、烧灼感。皮肤对紫外线在感受性存在明显的个体差异，除机体本身因素外，外界因素的影响会使敏感性增加。例如，皮肤接触沥青后经紫外线照射，能发生严重的光感性皮炎，并伴有头痛、恶心、体温升高等症状，长期受紫外线作用，可发生湿疹、毛囊炎、皮肤萎缩、色素沉着，长期受波长 340～280 nm 紫外线作用可产生皮肤癌。

在作业场所比较多见的是紫外线对眼睛的损伤，即由电弧光照射所引起的职业病——电光性眼炎。此外，在雪地作业、航空航海作业时，受到大量太阳光中紫外线照射，可引起类似电光性眼炎的角膜、结膜损伤，称为太阳光眼炎或雪盲症。

④ 激光。激光对人体的危害主要是它的热效应和光化学效应造成的。被机体吸收的激光能量转变成热能，在极短时间内（几毫秒）使机体组织局部温度升得很高（200～1 000 ℃），

机体组织内的水分受热时骤然气化，局部压力剧增，使细胞和组织受冲击波作用，发生机械性损伤。

光化学反应本是生物体生命过程必需的，但激光的频率单纯，有可能突出强化其中某一个光化学反应，从而导致不良后果，可引起机体内某些酶、氨基酸、蛋白质、核酸等活性降低或失活。

眼部受激光照射后，可突然出现眩光感，视力模糊，或眼前出现固定黑影，甚至视觉丧失。激光对视网膜的损伤是无痛的，易被忽视。如果长期经常接受小剂量或漫反射激光照射，工作人员一般不会感到自己视力损伤，常在工作后出现视觉疲劳、眼痛等症状。激光意外伤害，除个别人发生永久性视力丧失外，多数经治疗均会有不同程度的恢复。

激光对皮肤损伤的程度取决于激光强度、频率、肤色深浅、组织水分和角质层厚度等。大功率激光器在较大距离发出的激光也能烧伤皮肤。皮肤烧伤可表现为多种形式，如红斑、水泡、焦化等。

（2）电离辐射。

凡能引起物质电离的各种辐射称为电离辐射。其中 α、β 等带电粒子都能直接使物质电离，称为直接电离辐射；γ 光子、中子等非带电粒子，先作用于物质产生高速电子，继而由这些高速电子使物质电离，称为非直接电离辐射。

① 接触电离辐射源的机会。随着原子能事业的发展，核工业、核设施也迅速发展，放射性核素和射线装置在工业、农业、医药卫生和科学研究中已经广泛应用，接触电离辐射的劳动者也日益增多。使用永久性放射性发光涂料的工作人员，不仅会受到射线的外照射，主要是可能造成内照射。

在农业上，利用射线的生物学效应进行辐射育种、辐射菌种、辐照蚕茧，都可获得新品种。射线照射肉类、蔬菜，可以杀菌、保鲜，延长贮存时间。在医学上，用射线照射肿瘤，杀伤癌瘤细胞用于治疗。工业生产上，还利用射线照相原理进行管道焊缝、铸件砂眼的探伤等。从事上述各种辐照的工作人员，主要受到射线的外照射。

② 电离辐射引起的职业病——放射病。放射性疾病是人体受各种电离辐射照射而发生的各种类型和不同程度损伤（或疾病）的总称。它包括：全身性放射性疾病，如急、慢性放射病；局部放射性疾病，如急、慢性放射性皮炎、辐射性白内障；放射所致远期损伤，如放射所致白血病。

4）异常气象条件及有关的职业病

气象条件主要是指空气的温度、湿度、气流与气压，在作业场所由这四要素组成的微小气候与劳动者的健康关系甚大。作业场所的微小气候既受自然条件影响，也受生产条件影响。

（1）空气温度。

生产环境的气温，受大气和太阳辐射的影响，在纬度较低的地区，夏季容易造成高温作业环境。生产场所的热源，如各种熔炉、锅炉、化学反应釜以及机械摩擦和转动的产热，都可以通过传导和对流使空气加热。在人员密集的作业场所，人体散热也可以对工作场所的气温产生一定影响，如 25 ℃的气温下从事轻体力劳动，其总散热量为 523 kJ/h；在 35 ℃以下从事重体力劳动，总散热量为 1 046 kJ/h。

（2）空气湿度。

对空气湿度的影响主要来自各种敞开液面的水分蒸发或蒸汽放散，如造纸、印染、电镀、屠宰等，可以使生产环境湿度增加。潮湿的矿井、隧道及潜涵、捕鱼等作业也可以遇到相对湿度大于 80% 的高气湿的作业环境。在高温作业车间也可遇到相对湿度小于 30% 的低气湿。

（3）风速。

生产环境的气流除受自然风力的影响外，也与生产场所的热源分布和通风设备有关，热源使室内空气加热，产生对流气流，通风设备可以改变气流的速度和方向。矿井或高温车的空气淋浴，生产环境的气流方向和速度要受人工控制。

（4）热辐射。

热辐射，是指能产生热效应的辐射线，主要包括红外线及一部分可见光。太阳的辐射及生产场所的各种熔炉、开放的火焰、熔化的金属等均能向外散发热辐射，既可以作用于人体，也可以使周围物体加热成为二次热源，扩大了热辐射面积，加剧了热辐射强度。

（5）气压。

一般情况下，工作环境的气压与大气压相同，虽然在不同的时间和地点可以略有变化，但变动范围很小，对机体无不良影响。在某些特殊作业中，如潜水作业、航空飞行等，人们需要在异常气压下工作，此时的气压较正常气压相差很远，如海面下的压力，每下沉 10.3 m，则增加 98 kPa（1 个大气压）；而海拔 8 000 m 的高空，气压只有 36 kPa，氧分压则仅为 7.5 kPa。

12.3.2.2 职业危害因素控制

由于各种有害因素物理、化学性质不同，存在形态各异，因此在控制技术上有不同特点。

1. 粉尘控制措施

工厂防尘当前有两套措施办法：以湿式作业为主的防尘措施办法和密闭－通风－除尘措施办法。

1）湿式作业

湿式作业防尘的特点是防尘效果可靠、易于管理、投资经济，已被企业广泛应用，如石粉厂的水磨石英，陶瓷厂、玻璃厂的原料水碾、湿法拌料，机械厂的水力清砂、水爆清砂等。

2）密闭－通风－除尘系统

干法生产（粉碎、拌料等）容易造成粉尘飞扬，可采取密闭－通风－除尘的办法防尘。改革生产过程及工艺流程，实现机械化生产是密闭－通风－除尘措施的基础，在手工生产、流程紊乱的情况下，密闭－通风－除尘设备无法有效发挥作用。密闭－通风－除尘系统由密闭设备、吸尘罩、通风管、除尘器等几部分组成。

2. 工业毒物控制措施

生产过程的密闭化、自动化是解决毒物危害的根本途径。使用无毒、低毒物质代替剧毒物质是从根本上解决毒物危害的首选办法。但不是所有毒物都能找到无毒、低毒的替代物，因此生产过程中控制毒物的卫生工程技术措施十分重要。

1）密闭－通风－排毒系统

系统由密闭罩、通风管、净化装置和通风机构成。其设计原理和原则与防尘的密闭－通风－除尘系统基本上是相同的。但在毒物控制措施中有两个比较突出的问题：

（1）系统必须注意防火、防爆问题；

（2）合理地选择气体的净化和回收利用，防止二次污染和环境污染。

2）局部排气罩

就地密闭、就地排出、就地净化，是通风防毒工程的一个重要的技术准则。排气罩就是实施毒源控制、防止毒物扩散的具体技术装置，按构造分为两种类型。

（1）密闭罩。

在工艺条件允许的情况下，应尽可能将毒源密闭起来，然后通过通风管将含毒空气吸出，送往净化装置，净化后排放大气。密闭罩主要设计参数是排气量，为了方便，一般可使用经验数据法确定，在通风设计手册上都可查到。

（2）开口罩。

在生产工艺操作不可能采取密闭排气罩时，可安装开口式的排气罩。开口罩按结构形式，分为上吸罩、侧吸罩和下吸罩。开口罩的排气量是开口罩设计时主要的参数，它是由毒物的种类、毒源扩散状态和开口罩吸入速度场的特性所决定的。

3）排出气体的净化

工业生产中的无害化排放，是通风防毒工程必须遵守的重要准则，根据输送介质特性和生产工艺的不同，有害气体的净化方法也有所不同，大致分为洗涤法、吸附法、袋滤法、静电法、燃烧法和高空排放法。确定净化方案的原则是：

（1）设计前，必须确定有害物质的成分、含量、毒性等理化参数；

（2）确定有害物质的净化目标和综合利用方向，应符合卫生标准和环境保护标准的规定；

（3）净化设备的工艺特性，必须与有害介质的特性相一致；

（4）落实防火、防爆的特殊要求。

4）个体防护

接触毒物作业工人的个体防护有特殊意义，毒物侵入人体的门户，除呼吸道外，经口、皮肤都可侵入。因此，凡是接触毒物的作业都应规定有针对性的个人卫生制度，必要时应列入操作规程，比如不在作业场所吸烟、吃东西，班后洗澡，不准将工作服带回家中等。这不仅是为了保护操作者自身，而且也是避免家庭成员，特别是儿童间接受害。

5）毒物容许浓度

《工业场所有害因素职业接触限值　第 1 部分：化学有害因素》（GBZ 2.1—2019）公布了 339 种毒物的容许浓度，并作了重大修改，将原来的最高容许浓度（MAC）改为时间加权平均容许浓度（PC–TWA），并增加了短时间接触容许浓度（PC–STEL）和"任何时间均不应超过的"最高容许浓度（MAC）。

3. 物理因素控制措施

1）控制噪声、振动

（1）原则。

① 消除或降低噪声、振动源。主要应在设计、制造生产工具或机械过程中，尽力采取消声减振措施，使噪声、振动降低到对人体无害的水平。

② 消除或减少噪声、振动的传播。主要是从建筑工程设施方面采取措施，减少噪声、振动的传播。

③ 加强个人防护，使人体少受或不受噪声、振动的影响。

（2）控制措施。

① 降低声源本身产生的噪声。如将金属的铆接改为焊接、锤击成型改为液压成型，用

喷气织机代替有梭织机等。为了防止地板和墙壁的振动，机器设备不可直接安装在地板上，而应装在有隔绝性能的特殊基座上，并利用空气层、橡皮、软木、砂石等与房屋地基隔开。

② 用声学处理方法减低噪声。主要包括吸声、隔声、隔振、阻尼、合理控制车间温度、加强个人防护等。噪声、振动的卫生标准为：工业企业的生产车间和作业场所工作地点的噪声标准为 85 dB(A)，暂时达不到标准时，可适当放宽，但不得超过 90 dB(A)；对每天接触噪声不到 8 h 的工种，根据企业种类和条件，相应放宽。局部振动卫生标准为：使用振动工具或工件的作业，工具手柄或工件的 4 h 等能量频率计权振动加速度不得超过 5 m/s²。

2）电离辐射的防护

（1）控制辐射源的质和量。

这是治本方法，应用辐射源的工作，应在不影响效果的前提下尽量减少辐射源的活度（强度）、能量和毒性，以减少受照剂量。例如，应用开放源时选用毒性低的放射性核素，X 射线透视时采用影像增强器可以减少 X 射线输出量。当然，这种方法受到应用目的的限制，不是所有情况都能办到，但仍值得研究。

（2）外照射防护。

使用封闭型辐射源或射线装置进行工作，射线内外部对人体照射，称为外照射。常用的封闭源有钴（Co⁶⁰）、铯（Cs¹³⁷）、镭（Ra²²⁶）等。

外照射防护的基本方法有时间防护、距离防护和屏蔽防护三种，通称"外照射防护三原则"。

① 时间防护。因外照射的总剂量和受照时间成正比，在不影响工作的原则下，应尽量缩短受照时间。例如，工作要有计划，熟练、准确、迅速操作，事先进行空白模拟操作练习，减少不必要的停留时间等，都是行之有效的方法。如果作业场所剂量率较大，可由数人轮流操作，以减少每个人的受照时间。

② 距离防护。点状放射源在周围空间所产生照射量与距离的平方成反比，在不影响工作的前提下应远离放射源。即使稍有距离，都可收到降低受照剂量的防护效果。例如，使用长柄作业工具、机械手或遥控装置等。

③ 屏蔽防护。在实际工作中，单靠时间和距离防护往往达不到防护目的。根据射线通过物质后可以被吸收和减弱的原理，在放射源和工作人员之间设置屏蔽，以减少受照剂量。

根据射线种类不同，可选择不同性质的材料作屏蔽物，例如：防护 X、γ 射线可用铅、铁、水泥（混凝土）、砖和石头等；防护 β 射线可用铝、玻璃、有机玻璃；防护中子射线可用石蜡和水等。

（3）内照射防护。

使用开放型电离辐射源，放射性核素常以液体、粉末或气溶胶状态进入周围环境，污染空气、设备、工作服或工作人员体表，除了对工作人员造成外照射，还能经过人的呼吸道、消化道、皮肤或伤口等进入体内，造成内照射。内照射的基本防护方法有围封隔离、除污保洁和个人防护等三种，通称"内照射防护三要素"。

① 围封隔离防扩散。对于开放源及其工作场所，必须采取层层封锁隔离的原则，把开放源控制在有限空间内，防止它向环境扩散。

② 除污保洁。操作开放型放射源，完全不污染工作环境几乎是不可能的，重要的是使工作场所容易除去污染，操作时控制污染，随时监测污染水平。为此，对室内装修应提出特

殊要求。例如，墙壁地面应光滑，地面台面应铺以易除污染的材料，如橡皮板、塑料板等，墙面刷油漆。

③ 个人防护。使用开放型放射性核素应注意个人防护，使用个人防护用具（如口罩、手套、工作鞋和工作服等）；遵守个人防护规则，禁止一切能使放射性核素侵入人体的活动。例如，作业场所禁止饮水、进食、吸烟，杜绝用口吸取放射性液体。

（4）放射卫生防护标准。

放射卫生防护标准包括以下基本标准限值。

① 放射工作人员的剂量限值（不得超过值）。组织器官剂量当量：眼晶体 150 mSv（15 rem），其他组织器官 500 mSv（50 rem）。全身均匀照射年剂量当量 50 mSv（5 rem），特殊情况下少数工作人员一次事件中不大于 100 mSv（10 rem），一生中不大于 250 mSv（25 rem）。

② 公众中个人剂量限值。年剂量当量：全身 5 mSv（0.5 rem），任何单个组织或器官 50 mSv（5 rem）。

③ 放射事故和应急照射，控制在一次事件中 250 mSv（25 rem）。

④ 此外，标准中还规定了放射性污染表面的导出限值。

3）非电离辐射的控制与防护

（1）高频电磁场的防护。

① 首先要找出高频电磁场的发生源。据调查，高频振荡电路、高频馈线、高频工作电路三部分均可能成为强辐射的发生源。

② 屏蔽的主要要求。用金属导体将辐射源屏罩起来，屏罩要有良好接地。为了降低接地的高频感抗，应就近设置较好的接地线，接地线尽可能选用短、粗及多股的铜线或铜条，对感应加热设备的屏蔽一般采用厚度为 0.5 mm 左右（或大于 0.5 mm）的铝或铝合金作屏蔽材料。

③ 作业场所超高额辐射卫生标准。连续波：一日内 8 h 暴露时不得超过 0.05 mW/cm^2（14 V/m），4 h 暴露时不得超过 0.1 mW/cm^2（19 V/m）；脉冲波：一日内 8 h 暴露时不得超过 0.025 mW/cm^2（10 V/m），4 h 暴露时不得超过 0.05 mW/cm^2（14 V/m）。

（2）微波辐射的防护。

① 直接减少辐射源的辐射。如操纵雷达设备，在调谐和试验中，在量取工作频率、频宽等主要输出参数时，可利用功率吸收器（如等效天线）将电磁能转化为热能。不同类型吸收器可使能量损耗达千倍以上，从而可消除雷达试验中最强的辐射源——天线辐射。

② 屏蔽辐射源。

● 反射屏蔽，适用于散射的辐射波（传输线缝的泄漏及磁控管的阴极输出端等），板（片）状金属屏蔽可达良好的屏蔽效果，即使很薄，屏效也很好。

● 吸收屏蔽，在某些情况下，完全地或部分地屏蔽辐射源，可能会引起生产或工作过程的破坏，其原因是从屏蔽壁反射出来的反射波作用于辐射体，影响了它的正常工作。因此需采用吸收覆盖，即屏蔽设备的反射面，用可吸收微波的材料覆盖。此办法也可应用于微波加热设备传送装置的出入口，以降低出入口微波的泄漏。

③ 个人防护及安全规则。个人防护用品包括防护眼镜和防护服。防护服一般是在大强度辐射条件下短时间进行实验研究时用的。防护眼镜有两种：一种是网状眼镜，由黄铜网制成；另一种是镜面玻璃，有良好的透明度，镜面覆盖半导电的二氧化锡透明薄膜，这种镜面

可使微波功率衰减到一千倍以上（在 0.8～100 cm 波段）。

④ 卫生标准。作业场所微波辐射卫生标准：连续波：一日 8 h 暴露的平均功率密度为 50 μW/cm²；小于或大于 8 h 暴露的平均功率密度日剂量不超过 400 μW/cm²。脉冲波（固定辐射）：一日 8 h 暴露的平均功率密度为 25 μW/cm²；小于或大于 8 h 暴露的平均功率密度日剂量不超过 200 μW/cm²。

（3）红外辐射的防护。

红外辐射防护的重点是对眼睛的保护，严禁裸眼直视强光源。生产操作中应戴绿色防护镜，镜片中应含有氧化亚铁或其他可过滤红外线的成分。

（4）紫外辐射的防护。

生产中的紫外辐射主要来源于电焊作业，操作者必须佩戴专用的防护面罩以及防护手套，不得有裸露的皮肤。电焊工工作时应用可移动的屏障围住作业区，以免周围其他人受照射。在操作中与助手要密切配合，防止助手猝不及防遭受照射。

（5）激光的防护。

① 防护设施。操作室维护设备应使用吸光材料，色调宜暗；工作区采光应充足。操作室内不得安放强反射、折射光束的设备、用具和物件。防激光罩要用耐火材料制成，防光罩的开启应与光束制动阀、光束放大系统截断装置联动。

② 个体防护用品。主要包括防燃工作服和防护眼镜。防燃工作服颜色应深些，以减少反光。防护眼镜使用前必须经专业人员选择、鉴定，并定期测试防护效果。

③ 强化安全教育与制度。作业人员必须经过训练，了解激光的危害及安全防护知识，作业场所必须有严格的操作规程和安全制度，无论是实验室还是野外，使用激光器都必须确定操作区和危险带，设醒目的警告牌，无关人员严禁入内，严禁裸眼直视激光。对激光器进行调试时要切断电源，使电容器放电，以防止脉冲激光器偶然输出激光而伤人。有眼疾者不可参加接触激光的工作。

（6）防暑降温措施。

解决高温作业危害的根本出路在于实现生产过程的自动化，现有的防暑降温措施主要是隔热、通风和个体防护。

① 隔热。用隔热材料（耐火、保温材料、水等）将各种热的炉体包起来，降低热源的表面温度，减少向车间散热和辐射热。

② 通风。

● 自然通风。利用通风天窗的自然通风对高温车间的散热有特殊意义。有组织的自然通风系统所排出的大量风量带走了大量热量，在效果和经济上是机械通风无法比拟的，已列入高温车间设计规范。

● 机械通风。高温车间一般常选择全面送入式或全面排出式的机械通风，但多是利用局部机械通风。风扇便是一种简单的局部通风设备，气温 35～40 ℃以上的作业场所，普通风扇已无降温作用，喷雾风扇便是一种可选择的办法，但在那些高温和强辐射热的特殊作业场所，如天车驾驶室、热轧机操作室、推焦车操作室等作业岗位，采取有空调的局部送风设备可能就是唯一的选择了。

③ 个体防护。高温作业工人的防护服、帽、鞋、手套、眼镜等主要是为了防辐射热的。由于高温作业工人大量排汗，特别是暑季，可供应清凉饮料，在饮料中适当地补充盐分和水溶

性维生素就更有意义了。

4. 职业性传染病的控制措施

传染病的预防，主要在于消灭传染源、控制传染途径、增强个体抵抗力三个环节。

1）对疫源地的处理

（1）隔离病畜、禁止屠宰病畜作为肉食或加工之用，将病死动物尸体彻底焚烧，或撒上生石灰埋地下 2 m 深处。

（2）被污染的畜舍或土壤消毒处理，铲除表土深埋地下，畜舍四周洒 20%漂白粉溶液消毒。

（3）在疫源流行地区为活畜免疫，注射疫苗。

（4）疫源流行地区的皮毛、皮革禁止外运。

2）工厂的预防措施

（1）厂房布局设施应符合防疫的卫生要求。

（2）来自疫区的皮、毛等原料经检疫、消毒后再加工。

（3）产尘多的工厂设通风除尘设备。

（4）操作现场、工具消毒、搬运和初始接触皮毛的场地及工具每日消毒两次。

（5）加强个人防护，建立防护服、口罩、防尘眼镜、帽子、手套、鞋等更换和消毒制度。工作场所不得饮水，工作后洗手、消毒、淋浴。

参 考 文 献

[1] 伍爱友，李润求. 安全工程学[M]. 徐州：中国矿业大学出版社，2012.

[2] 张开冉. 城市轨道交通安全[M]. 北京：科学出版社，2013.

[3] 肖贵平，朱晓宁. 交通安全工程[M]. 北京：中国铁道出版社，2004.

[4] 刘志钢，谭复兴. 城市轨道交通安全工程概论[M]. 北京：中国铁道出版社，2013.

[5] 刘清，徐开金. 交通运输安全[M]. 武汉：武汉理工大学出版社，2009.

[6] 田水承，景国勋. 安全管理学[M]. 北京：机械工业出版社，2009.

[7] 季运文，施其洲，叶玉玲，等. 城市轨道交通灾害性天气的定义、分类及研究方向[J]. 城市轨道交通研究，2005（6）：23-27.

[8] 李毅雄. 香港地铁气象灾害防范技术[J]. 中国安全生产科学技术，2007，3（2）：92-95.

[9] CUTTER S L. Living with risk: the geography of technological hazards [M]. London: Edward Arnold，1993.

[10] 朱海燕，尤秋菊，郝敏娟. 北京市地下轨道交通暴雨内涝灾害脆弱性评估[J]. 安全，2018，2（39）：29-32.

[11] 石勇. 灾害情景下城市脆弱性评估研究[D]. 上海：华东师范大学，2010.

[12] 董幼鸿. 基于脆弱性理论范式分析公共危机事件生成的机理[J]. 上海行政学院学报，2014，15（5）：75-83.

[13] 张光普，马劲航，朱智宏. 城市轨道交通接触网的防冰害措施[J]. 都市快轨交通，2007（5）：33-34.

[14] 陈菁菁. 城市轨道交通重大运营事故和灾害分析[J]. 城市轨道交通研究，2010（5）：41-45.

[15] 钱惠静. 山区跨座式单轨交通运营安全评价研究[D]. 重庆：重庆交通大学，2009.

[16] 任星辰. 城市轨道交通运营设备设施安全评价体系研究[D]. 北京：北京交通大学，2012.

[17] 唐鹏飞. 城市轨道交通安全设备设施配置研究[D]. 广州：华南理工大学，2016.

[18] 张惠勇，王建立. 城轨机电设备维检修：电梯分册[Z]. 北京：北京地铁运营有限公司，2009.

[19] 祝冬安，张民立. 城轨变电设备维检修[Z]. 北京：北京地铁运营有限公司，2009.

[20] 刘浩江. 城市轨道交通运营安全及故障浅析[J]. 上海铁道科技，2006（5）：39-42.

[21] 刘志钢，谭复兴. 城市轨道交通安全工程概论[M]. 北京：中国铁道出版社，2009.

[22] 韩玉峰，龙涛. 城轨机电设备维检修：屏蔽门无障碍人防设施分册[Z]. 北京：北京地铁运营有限公司，2009.

[23] 朱自强. 城市轨道交通建设项目管理指南[M]. 北京：中国建筑工业出版社，2010.

[24] 应名洪. 城市轨道交通网络化建设与运营[M]. 北京：中国铁道出版社，2007.

[25] 夏晗，许琦. 城轨机电设备维检修：给排水、气灭分册[Z]. 北京：北京地铁运营有限公

司，2009.

[26] 朱顺应，郭志勇. 城市轨道交通规划与管理[M]. 南京：东南大学出版社，2008.

[27] 龚威. 中国城市地铁安全手册[J]. 中国公共安全，2005（6）：30-39.

[28] 宗雷，刘金霞. 城轨机电设备维检修：照明 FAS BAS[Z]. 北京：北京地铁运营有限公司，2009.

[29] 肖波，王海燕. 液化石油气站安全检查表的编制[J]. 安全，2005（4）：57-58.

[30] 张殿业，金键，杨京帅. 城市轨道交通安全研究体系[J]. 都市快轨交通，2004（4）：1-3.

[31] 潘颖芳. 城市轨道交通地铁自动售检票（AFC）系统[J]. 江苏科技信息，2010（6）：42-44.

[32] 何广宁，张军. 城轨自动售检票设备维检修[Z]. 北京：北京地铁运营有限公司，2009.

[33] 孙章，蒲琪. 城市轨道交通概率[M]. 北京：人民交通出版社，2010.

[34] 王望发，王健，赵岩青. 城轨通信设备维检修：传输分册[Z]. 北京：北京地铁运营有限公司，2009.

[35] 梁嘉，王学春. 城轨通信设备维检修：无线分册[Z]. 北京：北京地铁运营有限公司，2009.

[36] 郭军，马超，赵晶. 城轨通信设备维检修：有线分册[Z]. 北京：北京地铁运营有限公司，2009.

[37] 于小舟. 基于 MORT 的地铁安全评价系统研究[D]. 北京：北京交通大学，2008.

[38] 杨建明，赵辉. 城轨地面信号设备维检修[Z]. 北京：北京地铁运营有限公司，2009.

[39] 李俊鹏. 道岔轨段下道床病害整治扣轨技术研究[D]. 成都：西南交通大学，2010.

[40] 任志新，杨学海. 城轨土建设施维护与保养[Z]. 北京：北京地铁运营有限公司，2009.

[41] 韩大任，王少刚. 城轨钢轨探伤[Z]. 北京：北京地铁运营有限公司，2009.

[42] 董晶. ISM 在大城市公共交通优化中的应用[J]. 交通科技与经济，2009（2）：82-84.

[43] 邵伟中，徐瑞华，江志彬. 轨道交通运营设施安全及事故应急处理研究[Z]. 上海：上海地铁运营有限公司，2005.

[44] LEVESON N. A new accident model for engineering safer systems[J]. Safety Science，2004，42（4）：237-270.

[45] 李鹏. 城市轨道工程突发性地质灾害应急技术研究[D]. 济南：山东大学，2012.

[46] 谭铁仁，关振宇，张君鹏. 地铁屏蔽门的常见故障[J]. 现代城市轨道交通，2013（1）：28-31.

[47] 白冰. 屏蔽门系统中门机的检查[J]. 山东工业技术，2015（9）：238.